国家985项目（南京大学城市化与城市科学平台）资助成果
教育部重大攻关项目“中国城市化理论重构与城市发展战略”成果之一
（课题项目批准号：05JZD0038）

当代城市规划著作大系

从“地方”到“全球”
中国区域城市化动力与国际化路径研究

周蜀秦 著

中国建筑工业出版社

图书在版编目（CIP）数据

从“地方”到“全球” 中国区域城市化动力与国际化路径研究/周蜀秦著.—北京：中国建筑工业出版社，2010.12
（当代城市规划著作大系）
ISBN 978-7-112-12822-8

Ⅰ.①从… Ⅱ.①周… Ⅲ.①城市化-研究-中国 Ⅳ.①F299.21

中国版本图书馆 CIP 数据核字（2010）第262452号

本书通过回顾西方城市化实践与理论的演进过程，并在梳理中国城市化的相关研究历程的基础上，围绕改革开放以来的中国城市化进程，回应全球化和中国体制转型的内外条件，对中国典型区域城市化动力与国际化进程进行描述与模式分析。通过历时态与共时态分析，作者力图展现地区城市化与国际化进程的阶段性特征，即在什么样的时空背景下，城市化会表现出什么样的形式过程，在这些过程中哪些因素在驱动着地区的城市化进程；地方政府在改革开放以来以何种方式发展地方工业化，并在区域城市化进程中扮演了何种角色；经济全球化对地区城市化进程产生了哪些影响，地方政府应对全球化的政策差异对于地区城市化进程有何影响；在嵌入和对接全球生产网络的过程中，地方产业的成长特征是什么，对城市空间结构产生了何种影响？通过对两个典型地区城市化与国际化进程线性比较和截面比较的分析，作者回应于国家体制转型与全球化进程的宏观背景，对区域城市化动力与国际化发展路径和模式进行总结和概括，形成了具有“中层理论”价值的解释框架，指出正是由于地方“制度厚度”的建设，及其与国家宏观体制转型的诱致与互动、与全球化力量的联结与嵌入，造就了区域工业化、城市化与国际化的发展路径。

本书在城市发展战略规划和城市产业发展谋划领域有着很大的应用价值。

* * *

责任编辑：陆新之 焦 扬
责任设计：董建平
责任校对：张艳侠 刘 钰

当代城市规划著作大系
从“地方”到“全球”
中国区域城市化动力与国际化路径研究
周蜀秦 著

*

中国建筑工业出版社出版、发行（北京西郊百万庄）
各地新华书店、建筑书店经销
北京嘉泰利德公司制版
北京中科印刷有限公司印刷

*

开本：850×1168毫米 1/16 印张：19 字数：456千字
2010年12月第一版 2010年12月第一次印刷
定价：**49.00**元
ISBN 978-7-112-12822-8
（20084）

序

——全球城市价值链的高端介入理论的思考

当代世界区域经济与社会的发展已经进入了典型的、全球性的城市化发展期，一方面世界上已经有超过50%以上的人口居住在城市里；另一方面，因后发达地区城市化的过度资源性消耗，使得某些传统的农村生活日益恶化，形成新的两极化发展趋势。虽然问题的存在已经十分明显，但是，全球城市化和城市全球化已经成为世界发展的主流。古今中外发展的历史证明，人类的现代化和现代性的表现在某种意义上说就是城市化和城市现代化。在世界城市化的浪潮中，中国的城市化更具时代性、特殊性和典型性，甚至出现了人类以往从未有过的混合化、多梯度和制度型的城市化模式，研究中的城市化问题，本身就具有世界前沿性。中国城市化以区域性梯度城市化发展为外在样态，主体上表现为多样性、多类型性、多层次性和空间差序格局性。

应该说中国的城市化和城市现代化已经走到了关键时期。中国的城市化率从1949年的10%左右，到1978年的17.8%，再到2010年的接近50%，中国从一个典型的农业社会走到了城市社会，是一种全新的社会形态结构再造，从以传统的农业社会和农民阶层为主的社会，转变成了以中产阶级为主的社会结构，是一种典型的城市社会结构变迁，特别是从1978年以来30多年的城市化过程，城市社会出现了阶段性社会结构转型。从总体上看，中国目前设置有660座城市，在世界范围的发展竞争面前，都在寻找并建构自己的定位，很多城市已经提出了国际大都市和国际化发展的战略。为什么会这样？其重要原因之一就是，在中国整体改革开放的基础上，在全球经济一体化发展的大背景下，全世界所有的城市甚至小城镇都在不同程度上参与了国际化的市场竞争，而这种参与不论你是主动的还是被动的，都必然被世界一体化的浪潮所裹挟，抑或可以说，无论是企业还是城市，只要是想寻找新的发展，就必然参与世界范围的市场竞争，否则只有消亡。“蝴蝶效应”这一理论与概念充分地说明了全球一体化前提下的发展关系，即使是一个很小的企业，所产生的特定效应都可能影响世界的经济发展，在这个意义上，城市和企业一样，是世界体系内的经济竞争的主体形式和要素。城市（镇）在现代社会不可避免地要寻求发展，也不可避免地具有某些现代性特征，必须在不同程度和层面上参与世界范围的经济竞争。由于中国区域空间差异比较大，特别是中国的现代化进程是由传统农业社会伴随工业化进程而发展，没有经过西方历史上曾有的典型的、纯粹的工业化过程，中国在参与世界范围的竞争过程中，首先出现中国国内城市间的无序竞争，进而导致中国城市在全世界范围内的竞争也出现某种意义上的无序化和低层次化。在全世界范围产业价值链的链条中，中国的城市竞争多数处于全球价值链的低端范畴，比如低端制造业的过度发展和高耗能的工业化与城市化，不仅影响了中国城市化的发展质量，也影响了中国城市化和城市现代化的发展速度。在这个意义上，研究全球价值链、中国城市在全球产业链发展中的结构与模式就显得十分必要。

总结世界城市化和全球一体化发展的经验，可以看到当代世界的经济发展具有这样几个全新的意义和特点：

首先，人类的现代化的表现方式集中体现在城市化和城市现代化的发展上。城市化和城市现代化已经成为人类现代化的一种实践过程，发达国家和地区主要面临的是城市再现代化问题，欠发达国家和地区现代化模式在目前的主要任务是城市化的健康发展问题，而无论是发达国家还是后发达国家，城市化过程本身已经是一个全球化的过程。

其次，全球经济一体化的发展模式使国家间的经济竞争，在某种程度上直接表现为城市间的竞争，并且在国家间竞争的主体上，以“极化发展的城市的价值体现出来”。如美国的纽约、芝加哥，英国的伦敦，法国的巴黎，德国的柏林，韩国的首尔，日本的东京及中国的北京、上海和香港等，都是国家参与世界竞争的“主体单位”，城市的全球化已经成为国家全球化的象征。甚至可以说全球价值链，是以全球城市价值链为主线的；城市间的竞争是国家竞争的一种表现方式。

其三，任何经济形式和经济体的功能与发展战略定位以及城市的定位都必须从全球化的角度加以思考，国际经济一体化的深化，使得城市经济与发展的竞争及贸易竞争已然是世界意义上的竞争范式，即市场是全球意义上的市场，因此，任何经济要素想获得真正的发展，并在世界经济社会发展中占有位置，必须形成跨国、跨区的发展模式，必须参与全球价值链的竞争，而城市本身的集聚与扩散、集中与分析、侵入与接替是全球范围竞争的表现方式和生态过程。

在这样全新的世界价值体系结构内，中国沿海地区的城市发展取得了某些方面的成功。周蜀秦作为我的博士研究生，多年来一直跟随我研究中国城市社会问题、城市化与工业化的发展模式及全球城市价值链等方面的问题。在多年城市发展模式研究中，我们发现了江苏昆山和浙江玉环代表了中国沿海地区城市化发展的两种不同模式，而且这两种模式具有典型性，通过对这两种模式的科学总结和研究，可以为中国区域的工业化与城市化的发展关系及国际化的发展提供理论依据与实践经验。因此，通过多次筛选和比较分析，最后把江苏昆山和浙江玉环城市化发展模式的实证比较作为研究选题，这是一个艰难的选择，因为这一选题是一个复杂而困难的课题，资料庞杂、系统研究结构链偏长，但是，通过艰苦的努力和深入的研究，周蜀秦博士提出了中国区域城市化与工业化发展不同模式的表达方式，通过对这两个城市的工业化与城市化发展过程、方式、动力、结构和价值的比较研究，总结、提出了一套新的认知模式，并试图建构一种全球城市价值链的高端介入的模式和路径，并在总结昆山和玉环发展的异同的同时，提出一些新的思考的建议，是一部对中国城市化和城市全球价值链建构有直接借鉴价值的研究成果。

本书在全球化和中国体制转型的背景下，以创新的方式选取了中国两个地处沿海的经济发达地区的城市加以研究，这两个城市虽然不是世界一流的大城市，但是，在全球产业价值链和全球城市价值链的介入方面，给我们提供了很多有价值的启示。特别是在中国国家体制转型与对外开放的背景下，区域城市化进程的阶段性特征，给我们提出了很多新问题，因为，到目前为止，中国县域的城市化模式仍然未能思路清晰。如地方政府以何种方式推动地方工业化？地方政府在区域城市化进程中扮演何种角色？经济全球化对区域城市化进程产生了哪些影响？地方政府应对全球化资本的政策差异对于地区城市化进程有何影响？在嵌入和对接全球生产网络的过程中，地方产业的成长动力是什么？这些问题是中国所有城市面临的问题，虽然这两个城市都有成功的经验和失败的教训，但都未能在理论与实践上加以总结。这部著作在这方面作出了有效努力，提出了具有理论与应用价值的成果，为了能够让读者保证自己的独立思考，相关内容和认知在此就不一一解读了，因为对任何一种研究成果，都有可能是仁者见仁，智者见智。不论怎样，有自己的独有思想是最重要的，周蜀秦博士在书中的论述有一些新的思想、新的认知和新的观点，虽然有些方面还不十分成熟，甚至有些还是值得商榷的，但是这种努力与探索的意义是具有重要价值的。

我在我 2010 年出版的《城市文化资本论》一书中引用了托马斯在《名言集锦评注》一书中的一句话："为了人类社会能够变得和谐完美，我们当中需要有些人去过无用的沉思默想的生活。"[1] 做学问需要"沉思默想"，但不需要能用于实践。我一直在提倡作学术研究、做学问一定要有独创的新人文精神，要有价值中立的人文思考，要有"天下兴亡，匹夫有责"的意识，亦如司马迁的"究天人之际，成一家之言"一样，以学术研究正人格，正社会，推动社会的进化。虽然这条路很艰辛，现实的生活难以表现慎独的精神，但是，我们必须走下去，我的学生应该走下去。我已经走了 30 多个年头，我只是做了铺路石子，我真诚地希望我的学生能够继续走下去，去做真学问，去做解决现实问题的学问，去做真理性探索的学问，而不做"应景"的学问和"为稻粮谋的学问"。

中国的城市化正在以空前的方式发展着，中国的城市社会已经来临，预示着中国一个崭新的社会结构的发生——具有市民社会意义的结构化城市在中国的大地上崛起，中国式的城市文艺复兴正在开始，中国将以自己独有的古老文明，创造 21 世纪的中国城市化和中国式的城市文艺复兴！

21 世纪是中国城市化影响世界的世纪！

南京大学城市科学研究院院长

中国城市社会学会副会长

张鸿雁教授

于南京金陵名人居慎独斋

2010 年 10 月 23 日

---

[1] 约瑟夫・皮珀. 闲暇文化的基础［M］. 北京：新星出版社，2005.

目 录

1

绪论

1.1　问题的缘起

1.1.1　中国城市社会的来临

长期以来中外社会科学家尤其是社会学家对中国社会的研究，其中相当多的一部分学术成果都集中在关于中国农村和农民的研究，究其原因“不仅在于中国是一个农业大国，农业过去是现在仍然是国民经济的基础；也不仅在于中国众多的人口中农民占了80%……而且还在于中国的文明本质是建立在农业基础上的文明，我们民族的传统价值观、生活态度和社会行为模式都是由漫长的小农家庭的生产和生活方式酿造的。”❶ 甚至有学者提出“中华民族是在传统的精耕细作农业基础上孕育发展起来的、以农民为主体的民族，而中华民族的八千年历史可以说始终就是一部农民史”。❷

城市，以及与此概念相对应的都市景观、工业空间、公共性、广场、资产阶级、法权意识……一直以来似乎与中国传统社会格格不入。新中国成立之前，中国的地主有2000万个，资本家数量只有数万人，可谓屈指可数。在这样一个以自然经济为主的农业社会中，虽然有上海等城市在20世纪30年代前后的现代化发展，但对于在960万km^2土地上星罗棋布般散布着的数以百万计的自然村落而言，所谓的城市与城市文明则如同黑夜中一盏昏暗的烛光，虽然自身闪亮但无法形成燎原之势，相反却映衬出夜色更加的浓黑。❸ 随后的抗日战争与解放战争，各方的对峙带来的是更为广泛的乡村对城市的全面封锁，在“农村包围城市”的战略中，城市更是最终沦为被各个击破的“孤岛”。到1949年时中国城市化的水平跌到了近代以来最深的谷底，相比于1848年10.9%的城市化水平❹，此时中国的城市化水平竟比100年前还低，刚到10%。

具有近乎极致的农村工作经验的中国共产党人，早在进城之初就敏锐地意识到城市对于国家工业与国民经济的重要性。❺ 1949年年中，毛泽东有些焦虑地说：“我们熟习的东西有些快要闲起来了，我们不熟习的东西正在强迫我们去做。”❻ 在从西柏坡去往北平的路

---

❶ 周晓虹．传统与变迁——江浙农民的社会心理及其近代以来的嬗变［M］．北京：三联书店，1998：2.

❷ 孙达人．中国农民变迁论［M］．北京：中央编译出版社，1996：4.

❸ 美国密歇根大学著名汉学家罗兹·墨菲（Roads Murphey）的经典著作《上海：现代中国的钥匙》，该书第一次对上海在近代中国开放进程中的地位和角色进行了综合性研究。在书中，上海无疑已经被看成是昏睡的、受传统束缚的中国实现现代化的特殊介质，但是他同时也认为，尽管有上海这样的城市兴起，中国城市也担负不起近代化的重任，而是淹没于中国农村的汪洋大海之中。正如他在书中所强调的：“传统的中国绵亘不断，差不多伸展到外国租界的边缘为止。在乡村，人们看不到上海影响的任何迹象。”

❹ 当我们翻开同期的美国城市发展史，这个与我们同处北半球、面积几乎相等的国家，在1848年前后的城市化水平也只有10.6%，可是到1949年美国的城市化水平已经超过70%。

❺ 这场“由农村进入城市”的巨大变革并非毫无征兆和事先计划，在1945年中国共产党第七次全国代表大会上，城市命题已经开始进入中共领导人的视野。当时有着多年边区财政经济工作经验的陈云在发言中格外强调：“现在我们快由乡村转到城市”并提出了“保存城市机器”的理论。1948年3月，陈云和中共中央东北局的其他领导人再次提出：“工作重心开始由乡村向城市转移”，城市工作的地位要加强，要抽调力量做城市工作了，尤其是掌握工业，加强工业的组织领导力量。东北局于是决定将东北局与各省地、县委的“民运部”一律改为“城市工作部”。

❻ 朱文轶：进程之始——1948－1949年的沈阳［J］．三联生活周刊，2009（4）.

上他还把“进城”喻为“赶考”，坦言绝不做李自成。从接管沈阳开始，中国共产党人逐步恢复和整顿城市社会秩序，强化了城市生产功能，使城镇吸收劳动力的能力在恢复的基础上得到了扩展。随着新中国第一个“五年计划”的实施，156项重点工业发展项目布局在各大中城市，以及推行城市对农村开放的政策，积极吸收农民进入城市和工厂矿区就业。新中国建立伊始，中国城市化与工业化就迎来了一个黄金年代，到1957年城市数量就从1949年的86个增长到176个，城市人口达到9950万人，占全国总人口的15.4%。然而从1958年开始的“大跃进”运动很快打断了一切，1960年7月全国各大中小城市基本实现了城市人民公社，这是一场与农村“人有多大胆，地有多大产”相对应的疯狂性城市建设与规模膨胀运动，1960年中国城市化水平竟飙升至19.5%（成为1978年以前的峰值）。随之而来的是国民经济全面萎缩，1961年国家为缓解饥荒开始大规模压缩城市人口，动员在城市里一切可能动员出来的劳动力到农村参加农业生产，全国压缩城镇人口3000多万人，精简职工2000万人左右，出现了在城市化初级阶段罕见的“逆城市化”❶ 现象，1964年中国的城市化水平猛跌到14%。而进入“文革”，这种违背自然规律的荒诞现象在中国社会的呈现则显得更加正常化，“上山下乡”与“三线建设”使得中国出现第二次“逆城市化”现象。❷ 直到“文革”后期，经济秩序有所恢复，城市恢复招工，一部分下放知青通过招工又回到城市，城市化水平持续降低的趋势得到了遏制，1975年起，城市人口比重开始逐年上升。到1978年改革开放之前，全国城市人口为1.7亿人，城市化水平为17.8%。

十一届三中全会为中国社会的发展揭开了崭新的一页，“改革”与“开放”逐步成为中国城市发展的新的宏大背景与意识形态。“改革”的核心就是体制转型与制度变迁，这其中既包含了“自上而下”中央到地方的体制转型，也包括“自下而上”、“地方经验”的制度诱致。“开放”的过程是国家、区域、城市、地方融入全球经济体系的过程，有“引进来”当然也有“走出去”，有“流动的空间”也有“地方的黏滞”。回到中国城市化水平的数字上，相比于1978年，2008年全国城镇人口超过6亿人，城市化水平达到45.68%。这意味着在过去的30年里，有超过4.3亿人走进城市，而近46%的城市化水平也就意味着中国的城市文明普及率将接近70%。如果说30年前的中国还是一个乡土底色厚重的农妇，那么今天的中国则是一个风姿绰约的都市丽人。

马克思在100多年前指出，“中世纪是从乡村这个历史的舞台出发的，然后，它的进

---

❶ 根据Brian Berry在*Comparative Urbanization: Divergent Paths in the Twentieth Century*中关于1970年后美国逆城市化的描述：①大都市区增长慢于整个国家的增长速度，实际上很少快于美国的非大都市区；②大都市区正失去迁入非大都市区的人口；③较小都市区出现了快速增长；④大都市区和边远的周边县区迁移趋势发生逆转。Berry认为，传统的将创新发展限制在工业核心地区的核心城市的向心凝聚在消融，各个区域在形成新的就业形态，交通改善和信息技术削减了交通运输典型的地方化效应，新思想与实践快速传递着邻近性（proximity），工业被扩散到以前城市的远郊地区、非大都市区和阳光地带边缘区，这些地区正在实行私营部门的后工业化管理和控制职能。逆城市化所展现的其实是一种后福特生产机制的兴起，虽然在人口流动上呈现大都市区人口迁入净值的下降，但同时伴生外部“公司城市”成长的过程，中国的“逆城市化”只在人口流向上形式类似，过程与机理则完全不同，更多地属于一种制度安排性的人口分流过程。

❷ “大下放”的1969年，城市化水平骤降到12.2%，相当于倒退回1952年的水平。

一步发展是在城市和农村的对立中进行的；现代的历史是乡村城市化，而不像古代那样，是城市的乡村化。”❶ 经历这30年的现代城市发展史，我们说中国才第一次真正走进城市时代，迎接着城市社会的来临。站在城市社会到来的门口，今天我们有必要去梳理过去30年里的中国城市化进程，去理清城市化进程中的历史事件与过程，并回应这个伟大的年代。

1.1.2　中国城市化发展的空间不均衡

城市与区域研究的传统主题就在于历史事件发生的过程与地点，为什么会这样？应该怎么样？为什么在这里，而不是在那里？为什么在这样一个历史时段，而不是10年前或10年后？城市规模与空间结构的发展为什么大小不一？城市与区域发展的特点为什么不同，而且为什么发展程度会发生那么大的差别？30年的中国城市化进程也是中国经济社会发展空间不均衡的过程，认真考虑改革开放以来中国城市化过程的机理，我们发现，在这社会大转型、全球同步性越来越强的时期，从历时态与共时态两大方面入手，对中国城市化的动力、机理进行脚踏实地的研究，比任何时候都更为重要。这样说的理由在：①我们为之奋斗的“城市化”不应仅仅被理解为一种经济或人口形式，同时也是一种制度过程，并回应于国家整体的制度转型；②在这种开放经济越来越充分的条件下，“城市化”越来越不属于一种地方性、区域性甚至国家性事件，而更具有全球意义，也就是说我们的“城市化”不仅勾画着传统社会走向现代社会的历程，还叠加着全球化轨迹；③城乡制度壁垒、政治工作高于经济工作、孤立国经济状态等现象反映的改革开放前中国的城市化状态与西方典型城市化的过程与时空环境相距甚远，因此在短短的30年内，从传统到现代，从地方到全球，中国城市发展经历的变化、困难和震荡也最为强烈。这一切决定了对改革开放以来中国城市化进程的研究，“城市社会学绝非仅仅对那些人尽皆知的日常真理的真实性加以验证……城市社会学家必须试图对城市成长和发展的性质、城市化的过程作出解释和预测”。❷ 此外，“城市社会学不仅要为现存城市的更新献计献策，而且还涉及规划和创建新城市的方法”。

1.1.3　区域城市化比较研究的意义

长期以来中国以一个农业大国的形象展现在世界的舞台上，农耕为本的经济发展与文化土壤使得我们在近百年来困守国门，一直遭受着现代工业文明的冲击。“晚生外源”型的现代化进程，使得我们的工业化与城市化过程始终处于一种内外焦灼的环境中，不停地启动、停顿、恢复、打断。直到1949年，中国现代工业体系的成长才真正得以长足发展，但是这种相对孤立国的外在环境、国家宏观计划指令经济体制下的重工业优先战略以及“城乡分治”的制度性人口流动安排，使得很长一段时间里我们的工业化发展与城市化进程是割裂的。这种非市场条件下人口流动的制度设计，使得这一阶段的工业

---

❶ 马克思恩格斯全集（第四十六卷）（上册）［M］. 北京：人民出版社，1979：480.

❷ 康少邦，张宁编译. 城市社会学［M］. 杭州：浙江人民出版社，1986：3.

化更具有一种国家战略性的考虑，而不同于西方工业化进程中的自然发展路径。除去国家在城市和三线地区的工业布局，广大乡村以人民公社为主要组织形式从事着集体化的农业生产，为城市工业和三线工业的积累承担着“剪刀差”待遇。虽然在改革开放前的近 30 年时间里，中国建立了一个相对齐全的工业体系，但是工业空间布局的计划指令与人口流动的制度性安排，使得中国的城市化进程并没有随着工业经济比重的提高而获得发展。当 1978 年中国工业经济在工农业总产值中的比重超过 70% 的时候，中国的城市化水平仅有 17% 。

1978 年之后，起始于农村的改革与逐步深入的开放，使中国的工业化进程发生了巨大的转变。“短缺经济”下社会对轻工业产品的极大需求，国家计划经济体制向“社会主义商品经济”的松动，在原有的城市工业和三线工业建设之外，区域型的乡村工业化开始获得长足发展。苏南地区由于集体经济的传统，走出了“离土不离乡”的乡镇企业异军突起之路；温州地区因为人地关系的紧张与地方商业文化的积淀，以家庭工业和联户工业为支柱，“小商品，大市场”造就了“温州模式”；台州地区“一村一品”、“一镇一业”的地方集聚经济现象被冠以“块状经济”的称谓；从“鸡毛换糖”到“义乌指数”成就全球单体面积最大的商品批发市场的“义乌之谜”……与此同时，国家从“特区”建设、沿海开放 14 个城市开始逐步深入的对外开放中，国际资本成为驱动中国区域工业化的新力量。珠江三角洲地区由于临近香港，从开放伊始，外资的涌入强烈地驱动着区域的工业化进程，“珠江模式”的成长与嬗变，在深穗港大都市之间形成了密集的城镇体系；长江三角洲地区伴随着浦东开发开放，成为 20 世纪 90 年代以来新一轮外资涌入的热土，昆山开发区、苏州工业园区、苏州高新区等新产业空间的创造，成为中国对外贸易的晴雨表……

改革开放的 30 年为中国区域工业化和城市化的成长与互动创造了一个全新的制度空间、一个对接全球化过程的政策环境。在这样的一个国家体制转型与全球化过程对中国区域发展的“统考”中，在既有的国家城市体系与城市工业之外，中国的区域工业化与城市化呈现出一幅“百花齐放”的画面，在短短的 30 年里涌现出一批批优等生，走在了区域工业化与城市化的前列，它们中既有像苏南地区这样高度“外向型”的工业化与城市化，也有浙南这样高度“内生型”的工业化与城市化……

早在 1983 年，费孝通教授在《小城镇　再探索》一文中，提出了“经济发展模式”的概念。“模式”是指在一定地区、一定历史条件下具有特色的经济发展过程。[1] 费老认为，要从整体出发，探索每个地区的发展背景、条件和在此基础上形成的与其他地区相区别的发展特色，这促使他进入不同地区经济社会发展道路的比较研究。

因此，在改革开放 30 年后的今天，我们更有必要以一种地方中心主义的视角，检视区域的地方性惯例，分析区域因应国家体制转型和全球化过程中的“制度厚度”建设，如何开启区域工业化和城市化的路径和逻辑，引致区域发展的模式呈现。

---

[1] 费孝通．行行重行行［M］．银川：宁夏人民出版社，1992：55.

1.2 概念范畴、个案选择

1.2.1 研究概念与范畴

工业化指在一个国家和地区的国民经济中，工业生产活动取得主导地位的发展过程。工业化最初只是一种自发的社会现象，始于18世纪60年代的英国。这种以大规模机器生产为特征的工业生产活动向原有的生产方式和狭小的地方市场提出挑战，老的生产方式已无法满足日益增长的市场容量的需求。同时，资本积累和科学技术的发展又为工业化的产生奠定了基础。工业化是一个相当长的发展过程。其初期，一些先行的工业化国家为实现人口自由流动和提供充足、廉价的劳动力，迫切要求打破原有的社会劳动组织系统。为此花费约100年时间。20世纪以来，特别是在第二次世界大战后，工业化成为世界各国经济发展的目标。在一般市场条件下，工业生产的空间活动范围在工业化的不同发展阶段具有较明显的趋向性。初期时，工业生产活动往往局限在一定的地域范围内（点状分布），随交通条件的改善而呈线状或带状向外扩散，最终达到一个国家或地区相对的均衡分布状态。

工业化通常被定义为工业（特别是其中的制造业）或第二产业产值（或收入）在国内生产总值（或国民收入）中比重不断上升的过程，以及工业就业人数在总就业人数中比重不断上升的过程。在这一过程中，工业发展不是孤立进行的，而总是与农业现代化和服务业发展相辅相成的，总是以贸易的发展、市场范围的扩大和产权交易制度的完善等为依托的。在工业化进程中，主要表现为工业生产量快速增长，新兴部门大量出现，高新技术广泛应用，劳动生产率大幅提高，城镇化水平和国民消费层次全面提升。

自然发展的工业化过程，第一阶段往往是轻纺工业为先导产业和支柱产业，到第二阶段进入重化工业化，重工业和石化化学工业成为先导产业和支柱产业。反映重化工业化过程的指标是霍夫曼系数。对于后发国家和地区而言，工业化和外向型经济也有密切关系。发展中国家的工业化往往经历进口替代和出口替代两个阶段，但忽视出口替代而单纯追求进口替代的大多会失败，而先实行出口替代，完成资本积累后再进行进口替代的则大多会成功，其中亚洲四小龙是典型代表。从产业组织形式看，随着工业化进程的深入，产业链、产业集群等新生事物也被创造出来，不断提高了工业产业的组织程度和运行效率。

国际上衡量工业化程度，主要经济指标有四项：一是人均生产总值，人均国内生产总值达到1000美元为初期阶段，人均国内生产总值达到3000美元为中期，人均国内生产总值达到5000美元为后期。二是工业化率，即工业增加值占全部生产总值的比重。工业化率达到20%~40%，为正在工业化初期，40%~60%为半工业化时期，60%以上为工业化时期。三是三次产业结构和就业结构，一般工业化初期，三次产业结构为12.7:37.8:49.5；就业结构为15.9:36.8:47.3。四是城市化率，即为城镇常住人口占总人口的比重，一般工业化初期为37%以上，工业化时期则达到65%以上。[1]

工业发展是工业化的显著特征之一，但工业化并不能狭隘地仅仅理解为工业发展。因

[1] 陈佳贵等．中国地区工业化进程的综合评价和特征分析［J］．经济研究，2006（6）．

为工业化是现代化的核心内容，是传统农业社会向现代工业社会转变的过程。工业化不仅对经济产生巨大影响，而且对社会生活产生巨大影响。马克思曾经指出：“思想、观念、意识的生产最初直接与人们的物质活动，与人们的物质交往，与现实生活的语言交织在一起”。❶ 工业化带来人类生活节奏的加快，文明程度的提高，政治组织的民主，工厂管理的纪律，工会的政治影响力；同时，工业化不断提高的社会生产率为大批就业人口转向第三产业奠定了基础，使得工业社会逐步向后工业社会和信息社会迈进。

相比于“工业化”，“城市化”作为一个专业术语到目前为止似乎已经可以跻身最没有统一定义的学术概念之列，因为只要一提起“城市化”，大家都会在各自的心里明白是怎么一回事，但是当我们要求用一组相对专业化的术语来诠释“城市化”时，就会觉得自己无论如何去穷尽，却总有挂一漏万之嫌。“城市化”作为一个概念，实际上是由“城市”和“化”两个词语组成，核心的内涵与性质在于“城市”，“化”更多地作为一种表征状态或是动态过程。用最通俗的话来解释“城市化”，就是目标变成城市那样，目前处在变动过程中，并可以根据变动事实对比经验来判断当前状态。这里就涉及“城市”的本质内涵问题，即“城市”的理想状态、内涵构成、属性判断。

何谓“城市”，著名城市学家刘易斯·芒福德指出：“一个城市的基本物质方式（含义）是作为聚集、交换和贮存的固定场地、牢固蔽身所和永久性设施；城市的基本社会方式（含义）是服务于经济生活和文化进程的社会性劳动分工。城市从完整意义上来说是一种地理网络，一种经济组织，一种制度性进程，一个社会行为的场所，一种集体性存在的美学象征。一方面它是日常家庭和经济活动的物质框架，另一方面又是为人类文化更有意义的行为和更崇高的冲动而形成的一种令人关注的环境。”❷ 对于城市的类型学界定，古典社会学大师马克斯·韦伯专门写了一篇题为“城市”的著名论文论证他的观点，该文发表于1921年。韦伯考察了欧洲和中东历史上的城市，并将它们与他所知的印度和中国的历史城市加以比较，提出了“完全城市社区”的定义：一个聚居地要成为完全城市社区，它就必须在贸易—商业关系中占有相对优势。这个聚居地作为整体需要具备下列特征：①防卫力量；②市场；③有自己的法院；④相关的社团；⑤至少享有部分的政治自由……❸韦伯深知许多城市并不具有其定义中所列的全部要素，但这个定义可以作为一个出色的实例展现出韦伯称之为“理想类型”的那种东西。❹ 美国芝加哥城市社会学派代表人物沃思，对于“城市是大量异质性居民聚居的永久性居民点”、“城市是一种生活方式”❺ 的界定在很大程度上影响了后来社会学界对于城市与城市化概念的理解。更注重空间演化与空间聚合研究的地理学界认为，“城市是规模大于乡村和集镇的以非农业为主的聚落，是一定地域范围内的政治、经济、文化中心”，城市最根本的两大特征就是：人口集聚和非农业生产活动，当一定地域内具备以下条件的大部分时就可以成为城市：①人口相对集中；②商品

❶ 马克思恩格斯全集［M］. 第3卷. 北京：人民出版社，1957：29.
❷ Lewis Munford. The Culture of Cities［M］. London：Martin Secker & Warburg Ltd.，1938：480.
❸ 康绍邦，张宁编译. 城市社会学［M］. 杭州：浙江人民出版社，1986：10.
❹ 张鸿雁. 城市·空间·人际——中外城市社会发展比较研究［M］. 南京：东南大学出版社，2003：8.
❺ 林广，张鸿雁. 成功与代价——中外城市化比较新论［M］. 南京：东南大学出版社，2000：3.

交易中心以及金融、信息、服务业汇集的中心；③从事第三产业和脑力劳动者所占比重高；④拥有行政、宗教和特有的职能机构；⑤对周边村落有文化影响；⑥一定区域的交通枢纽。❶ 张鸿雁教授在广泛总结多学科观点的基础上，对于“城市”本质创造性地提出了五个观点：①城市是地域生产力构成的集中表现形式；②城市是人类社会发展的加速器和文化进化的容器；③城市是一种创新型的社会空间结构；④城市是一种生活方式，区别于乡村的一种生活方式；⑤城市是一种网状社会关系结构体。

城市作为一个地域空间及其所承载的各种构筑城市属性的元素所构成的空间与社会有机体，必须综合多学科知识予以观察和界定。正如英国现代城市经济学家 K·J·巴顿所说：“由于城市的聚集性质，对城市的研究必须具备多学科性。这并非说一个人不可以从经济角度深入研究，然而他必须经常记住，这门学科包含着更为多方面的内容。”❷ 中国城市史研究专家熊月之教授也指出，“城市作为一个实体的空间存在，政治、经济、社会、文化、建筑、生态，无所不包。这一特性，决定了城市研究作为一门学科，涉及地理学、历史学、社会学、经济学、建筑学、政治学、人口学、生态学、统计学、文化人类学等社会科学和自然科学多门学科，要求研究者具有相当丰富的学识和极其广阔的视野，这也是城市研究这门学科既有艰巨性又有吸引力的根源所在。”❸

“城市化”（urbanization）的概念即源于城市（urban），“－ization”表达一种有目标的状态发生、变化过程。尽管这一概念出现已有 100 多年的历史，由于城市研究的多学科性和城市化过程的阶段性与多样化结果❹，对城市化概念的界定一直是众说纷纭，难以统一（表 1－1）。

国外学者关于城市化概念的理解　　**表 1－1**

序号	内　涵	资料来源
1	城市化是一个社会城市人口与农村人口相比数量绝对增大的过程	《日本百科全书》
2	城市化是指人口向城镇或城市地带集中的过程。这个集中化的过程表现为两种形式：一是城镇数目的增多；二是各个城市内人口规模的不断扩充	《不列颠百科全书》
3	城市化是指城市在社会发展过程中作用日益增大的历史过程。城市化影响人口的社会结构、就业结构、统计结构、人们的文化和生活方式、生产力的分配及居住模式	《苏联百科全书》
4	城市化作为国家或区域空间系统中的一种复杂社会过程，它包括人口和非农业活动在规模不同的城市环境中的地域集中过程，非城市型景观逐步转化为城市景观的地域推进过程，还包括城市文化、生活方式和价值观念向农村的地域扩张过程，前者被称为城市化过程 I，后者被称为城市化过程 II	弗里德曼，1966 年

❶ 参见：中国大百科全书·地理卷［M］. 北京：中国大百科全书出版社，1986：32.

❷ K·J·巴顿著. 城市经济学：理论和政策［M］. 北京：商务印书馆，1984：14.

❸ 熊月之等. 中国城市史研究综述［M］//马学强，郁鸿胜，王红霞. 中国城市的发展历程、智慧与理念. 上海：上海三联书店，2008：397.

❹ 布赖恩·贝利（Brain J. L. Berry）在其著作《比较城市化：20 世纪多元化道路》（Comparative Urbanization：Divergent Paths in the Twentieth Century）中，通过世界不同国家和地区城市化过程的比较研究，指出在 20 世纪快速城市化过程中，尽管城市化存在很多共性，但是城市化的道路却各不相同，差异主要源于社会文化背景及发展阶段的不同，从而产生了多样化的后果。

续表

序号	内　涵	资料来源
5	城市化过程包括“城市居民的数字、比重和比值的提高，各种类型和各种规模的城市的发展，城市中心日益复杂的体系和区域亚体系的形成”	马什比茨，1975 年
6	对城市化过程可以作如下的一般社会学定义：现代城市化作为一种全球性现象，是城市人口比重增加、城市发展加速、城市在社会发展中作用增强、大城市文化的典型因素和生活方式特点的普遍传播、新的城市型居民点和与此有关的社会的物质—空间组织原则形成的过程	杰米坚科，1980 年
7	城市化是人口、社会生产力逐渐向城市集中和转移的过程	巴顿，1984 年
8	城市化是乡村地区转变为城市地区的过程，这种转变引起人口数量的变化	歌德伯戈，1990 年

资料来源：根据陈一筠主编，张廷玉、潘大渭等选译：《城市化与城市社会学》，光明日报出版社 1986 年版；何念如、吴煜：《中国当代城市化理论研究》，上海人民出版社 2007 年版等整理。

西方发达国家由于经历了相对自然的城市化进程，城市化的学术研究处于一种自然长入的状态，对于典型性或称理想性城市化理论贡献颇丰。英国学者帕乔内（Pacione）认为，城市化定义包含三方面的含义：第一，城市化（urbanization），城市人口占总人口比重的增加；第二，城市增长（urban growth），城市和城镇人口的增加；第三，城市生活方式（urbanism），城市生活的社会和行为特征在整个社会的扩展。美国学者 J·约翰·帕伦（J. John Palen）认为，城市化是指一个居住在城市的民族人口的比例变动，即人口移向城市的过程。[1] 德国学者阿德万德·沃德和埃克兰·海米认为，城市化是一种“定量现象”。城市转型的概念包括两层意思：一是指人口的出生率和死亡率从高到低的社会转型；二是指一种重要的革命（例如地理转型）和人口流动性的革命交互作用的结果。[2] 库兹涅茨指出：经济结构变化最重要的是产品的来源和资源的去处从农业活动转向非农业生产活动，即工业化过程；城市和乡村之间的人口分布发生了变化，即城市化过程。[3] 芒福德（Mumford）在研究城市化动力机制时认为“技术、特别是那些与交通和通信有关的技术，是城市转变的一个重要因素。”[4] 技术通过跨国公司的利用和传播，对于那些第三世界国家的城市化发展无疑是一种促动，成为城市化的一种动力形式。这种动力形式并不来源于城市本身，而是外部力量作用于城市后而产生的相应质变。日本学者森川洋认为，城市化主要是指农村居民向城市生活方式的转化过程，反映在城市人口增加，城市建成区扩展，景观、社会以及生活方式等的城市环境的形成。美国著名经济学家西蒙·库兹涅茨（1985 年）指出：“过去一个半世纪内的城市化，主要是经济增长的产物，是技术变革的产物，这些技

---

[1] J. John Palen. The Urban World ［M］. New York：McGraw-Hill Book Company，1987：9. 转引自：王旭，黄柯可主编. 城市社会的变迁 ［M］. 北京：中国社会科学出版社，1998：47.

[2] Ad van der Woude，Akira Hayami，Jan de Vries. Urbanization in History ［M］. Oxford：Clarendon Press，1995：53.

[3] 西蒙·库兹涅茨著. 现代经济增长 ［M］. 戴睿等译. 北京：北京经济学院出版社，1989：1.

[4] Mumford. The Preindustrial City：Past and the Present ［J］. American Sociological Review，1961，8：656 - 657.

术变革使大规模生产和经济成为可能，从而导致了人口向城市的转移。”❶

英国人文地理学家 R·约翰斯顿主编的《人文地理学词典》中，对城市化的解释是一个动态演变的过程，即转变为城市的过程。普遍的用法是，城市化是指一个地区的人口在城镇和城市的相对集中（即相对城市增长）。作为最普遍应用的一个人口过程，城市化表现为城镇和城市借以增加它们在空间经济中的相对重要性的过程。在此过程中，第一，生活在城市地区中的人口比重日益增加；第二，较大城市聚落的人口不断集中；于是过程的最后就是这样一个基本上完全城市化了的社会。与这些人口过程（迁移通常是城市增长的主要因素）相联系的是引发工业资本主义发展的社会结构变革。由于规模经济和所有权的集聚和集中的种种便利，城市才是作为生产方式核心的生产、分配、流通和交换的焦点。因而城市化被看做是工业化和发展的必要组成部分。最后就是所谓的行为城市化，城市区，尤其是大都市区，往往表现为社会变革的中心：价值、态度和行为方式都在城市社会环境中变更，而新的形势则通过城市体系的扩散过程传播到其他地区。❷

国内关于城市化的研究起步较晚，主要来源于社会学、地理学、历史学与经济学的相关研究，虽然国内学者涉足城市化研究时间较短，但自从城市化成为国家的一大发展战略后，城市化研究一下子变得出奇的热。同时，由于各学科对城市化研究的侧重点不同，加之跨学科研究的严重不足，林林总总的城市化研究成果，使得城市化的概念更加模糊不清（表1－2）。

国内学者关于城市化概念的不同观点　　表1－2

序号	内　涵	资料来源
1	城市化是一个变传统落后的乡村社会为现代先进的城市社会的自然历史过程，城市化的实质是乡村城市化	高珮义，1991年
2	城市化是一个农业人口变为非农业人口、农村地域转化为城市地域、农业活动转化为非农业活动的过程，包括物质上和形态上的城市化及精神上和意识上的城市化两种含义	崔功豪，1992年
3	完整的城市化内涵包括以下几方面的内容：第一，城市中工业的集聚和高度发达的第三产业提供了大量的就业机会，引起城市人口的集聚，这是城市化的重要内容和基本动力；第二，城市人口的增长及乡村人口城市化，特别是人口由乡村向城镇的迁移和集中，引起城镇规模的扩大和城市人口比重的上升，这是城市化的主体内容；第三，城市中心功能的增强，城市在区域社会活动中的地位和影响不断增大；第四，地域景观的变化是城市化最直接的表现，城市景观的扩展，以人口、产业高度集聚为特征的城市地区范围不断扩大，居民点、建筑物等面貌向城市型转变	徐刚，1993年
4	城市化是社会生产力变革所引起的人类生产方式、生活方式和居住方式改变的过程	谢文蕙等，1996年
5	城市化是指居住在城镇地区的人口占总人口比例增长的过程，即农业人口向非农业人口转变并在城市集中的过程	吴楚材，1996年
6	城市化是一个综合的、系统的社会变迁过程，它包括人口城乡之间的流动和变迁、生活方式的改变、经济布局和生产经营方式的变化，还包括整个社会结构、组织、文化的变迁	王春光等，1997年

❶ （美）西蒙·库兹涅茨著．常勋等译．各国的经济增长［M］．北京：商务印书馆，1985：87.

❷ （英）R·约翰斯顿主编．人文地理学词典［M］．柴彦威等译．北京：商务印书馆，2004：774.

续表

序号	内　涵	资料来源
7	城市化一词有四种含义：一是城市对农村影响的传播过程；二是全社会人口接受城市化的过程；三是人口集中的过程，包括集中点的增加和集中点的扩大；四是城市人口占全社会人口比例提高的过程	许学强、周一星、宁越敏，1997 年
8	城市化是指人口向城市或城市地带集中的现象或过程，它既表现为非农产业和人口向原城市集聚，城市规模扩大，又表现为在非农产业和人口集聚的基础上形成新的城市，城市数量增加	陈颐，1998 年
9	城市化是指农村人口向城市人口转移和聚集的现象，包括城市人口和城市数量的增加及城市经济社会化、现代化和集约化程度的提高	胡欣等，1999 年
10	城市化是由工业化发展引起的，伴随着现代化过程而产生的，在空间社区上人口、社会、经济、文化、政治、思想等领域变迁演化的一段承前启后的历史分化过程	王振亮，2000 年
11	城市化是一种产业结构由以第一产业为主逐步转变为以第二产业和第三产业为主的过程；是一个以农业人口为主逐步转向非农业人口为主的过程；是由一种自然、原始、封闭、落后的农业文明，转变为一种以现代工业和服务经济为主的，并以先进的现代化的城市基础设施和公共服务设施为标志的现代城市文明过程；是对居民思维方式、生活方式、行为方式、价值观念、文化素养全面改善和提高的过程	秦润新，2000 年
12	城市是指一定地域（居民点）的人口规模、产业结构、经济成分、营运机制、管理手段、服务设施、环境条件以及人们的生活水平和生活方式等要素由小到大、由单一到复合的一种转换或重新组合的复杂的动态过程	王茂林等，2000 年
13	城市化是指由于社会生产力的发展而引起的城镇数量增加及其规模扩大、人口向城镇集中、城镇物质文明和文化不断扩散、区域产业结构不断转换的过程	陈顺清，2000 年
14	城市化是在特定地域空间系统中的一种复杂的社会过程，它既包含人口和非农业活动在规模不同的城市环境中的集中过程以及乡村景观转化为城市景观的地域推进过程，即“显性城市化”，而且还蕴含着城市文化、城市生活方式和价值观念等在农村地域中的扩散过程，以及城市内部地域空间结构的分化和组合，即“隐性城市化”	张敦富等，2000 年
15	城市化（又称城镇化），是指城镇数量的增加和城镇规模的扩大，导致人口在一定时期内向城镇聚集，同时又在聚集过程中不断地将城市的物质文明和精神文明向周围扩散，并在区域产业结构不断演化的前提下衍生出崭新的空间形态和地理景观	顾朝林等，2002 年
16	城市化一般意义上是指农业人口向城市的流动，这一流动形式是伴随着城市的发生而开始的，并已经运行了数千年。其原因大体有“引力”和“推力”的作用：“引力”来自发达地区城市的生活方式。“推力”具有两个层面：一是农业生产率的提高，农业科学技术的广泛应用，使农业劳动力就业人数减少，农业必然游离出非农业人口，走向城市；二是某些地区农业经济发展呈衰退趋势，自然条件愈发恶劣，农业生产本身已经不能养活农民，农业人口只能离开土地求得生存，这种人口流动具有盲动性和某种破坏性，其负面影响也特别大。 城市化意味着社会结构日趋异质化、多样化，社会流动在增加，社会关系在不断地进行组合，人们不断地寻找适合自己的社会位置、职业等。在这种不断变动、调整过程中，每个人都能最大程度地发挥自己的潜力，寻找自己的精神寄托。特别值得指出的是，在城市化的过程中，创造出了各种各样的社会制度。正是这种制度文明，使得人类能够更有效地维持良性的社会秩序，更充分地发挥自身的潜力和创造力	张鸿雁，2000、2003 年

资料来源：根据何念如、吴煜：《中国当代城市化理论研究》，上海人民出版社 2007 年版，以及相关研究书目整理而成。

城市化是一个现象、一个过程、一个历史性事件，表现在一定的地域空间范围内；当代的城市化过程不仅表现在对现代化内容的呈现，同时也深深渗入全球化的印迹。笔者根据以上国内外学者关于城市化概念的认识，认为城市化的基本内涵在于三个方面：第一，非农业人口向都市区或者是城市体系、城市带地域范围内的城镇聚集，表现为城市建成区（住区以及相关配套的功能设施，如商业、教育等公共性建筑）与城市形态的成长；第二，人口集聚的过程中，城市与区域的产业空间生长与演化，并产生相应的空间聚合形态与产业地景，这里已不进行简单的第一、第二、第三产业划分，只是伴随着传统意义上农业比重逐步降低甚至消亡的过程；第三，生活方式、行为特征与人格心理的变化，在城市与区域的地域范围内形成一定的群体表象和都市人格特征。这三个方面的内容并不一定在时间上具有同步性或一致性，因而在不同地域的城市化的不同阶段，由于城市化动力的机制差异，三者的呈现并非一一对应。

1.2.2 研究个案的选择

中国是一个有着663座城市，超过6亿城镇人口的超大体量国家，这一现实不但决定了中国城市化问题的重要性和复杂性，也决定了我们对区域城市化进程、模式予以研究的现实可能和具体途径。首先在历时态的时间跨度上，我们可以选择改革开放以来的社会大转型时期作为研究的期限；其次在共时态的空间跨度上，我们也只能以中国城市与区域中具有某种典型意义的一地或数地作为研究对象。当然，这种一地或数地的研究是否能够反映或代表中国城市化的实际状况的问题，黄宗智也承认“区域研究的缺点在于没有一个地区能够适当地代表整个中国的复杂情况”。❶ 对于这一个案如何反映或代表整体的难题，费孝通认为“通过类型比较法是有可能从个别逐步接近整体的”❷，而黄宗智采取的则是与“过去研究过的华北平原作为参照系”❸ 的方法来克服这一拘囿。“从社会发展的整体视野来看，所谓‘模式’或‘发展模式’，是指在一定的社会历史条件下，某一国家或某一地区形成的有特色的经济社会发展实践形式。而就不同地区或区域经济社会发展的实际进程而言，因其受制于多种因素的左右和影响，所以，任何一种‘模式’都可能具有无限的、普遍的适用性。严格说来，任何一种‘发展模式’都只是一种‘发展样式’，即它至少蕴含着三个层次的内在规定性：一是所适用的地区范围具有‘特定性’；二是所处的社会历史条件具有‘特定性’；三是发展过程中形成的产权制度、政企关系、经营理念也具有‘特定性’。”❹ 故而，我们没有将本研究结论随意推广到对其他一切关于中国城市化的过程解释中去的意图，我们的结论甚至对于江苏的北部、浙江的西部都不是完全适用的。因而，本论文所指的江浙两地，只限于苏南和浙南这两个乡村工业化和城市化颇具特色的地区。

正是从研究的可行性与代表性这两方面考虑出发，我们选择了位于中国沿海发达地

❶ 黄宗智．长江三角洲的小农家庭与农村发展［M］．北京：中华书局，1992：21.
❷ 费孝通．人的研究在中国［M］//费孝通选集．福州：海峡文艺出版社，1996：369.
❸ 黄宗智．长江三角洲的小农家庭与农村发展［M］．北京：中华书局，1992：21.
❹ 童星．发展社会学与中国现代化［M］．北京：社会科学文献出版社，2005：429－430.

区江浙的城市发展历程作为研究的基本对象。其理由是，这一地区长期以来一直在上海、南京、杭州和宁波等都市的辐射之下，深受近现代工商业发展的影响，甚至在近代早期就曾被纳入全球贸易的网络之中，其城市化的发展尤其是在1978年的改革开放之后发生了翻天覆地的变化。与此相应，那里的乡村工业化、地方政府制度与政策创新、中心城市与开发区建设、特色产业发展与产业集群、生产的全球网络镶嵌与跨界的治理、城市文明的整体普及、区域创新体系的构建与城市的全球战略也最为迅即和显著。此外，两地由于社会经济状况和历史条件不同，它们走向工业化和城市化的方式也明显有别。具体说，苏南地区由于乡村工业基础好，在上海、南京、苏州和无锡等大中城市的辐射中，在短短的十多年中发展出了具有“半壁江山”之称的以集体经济为主的“苏南模式”，在20世纪90年代中后期乡镇企业下滑之后，又在很短的时间内发展出号称“中国外贸经济晴雨表”的外向型经济，并以强大的政府公共供给构建出“全面小康社会”基础上的“新苏南模式”；与此相反，温台地区由于离现代化的大中城市相对较远，工业基础薄弱，加上人地矛盾极为紧张，使得当地的工业化和现代化主要通过发展民营经济来实现，在20世纪90年代就形成了“离土又离乡”的“温州模式”，从90年代中期开始，以制造业“块状经济”，产品走向全国、世界的“台州现象”，形成了不同于苏南的乡村工业化和城市化发展模式。

在本研究中，作为“苏南模式”与“新苏南模式”之代表的是江苏省的昆山市；而作为早期受“温州模式”影响而后成为“台州现象”之代表的是浙江省玉环县。除了两个城市所分别代表的地区城市化发展有模式上的重大差异之外，对两个城市的选择还有着以下的考虑：

第一，这两座城市自1978年改革开放以来的城市化进程，几乎包含了这个阶段中国城市化进程的各种典型要素。无论是从早期的乡村工业化时代、自费开发区、自办出口加工区、地方产业集群、全球生产网络的地方联结、全球价值链中的地方升级、对外投资与技术品牌的自主创新……还是外来打工群体的涌入、“农民的终结”与区域城市社会的来临，这两座城市都堪称当代中国区域社会发展从“地方”到“全球”的经典容器。从这一点上讲，刨除这两个城市对各自区域发展模式的代表，其自身所蕴含的类型学意义就值得我们关注。

第二，两座城市都地处中国发达地区，在中国县域城市化进程中具有标杆性价值。昆山已经数年在百强县排名中蝉联第一的宝座，玉环虽然在社会经济发展的规模与总量上不是非常高，但也凭借其综合发展实力十年来一直处于百强县之列，2003年以来排名一直维持在30名以内。作为县域社会经济与县域城市化发展的佼佼者，对全中国数以千计的县域城市发展来说，其城市化发展模式有着重要的参照价值。县域城市化作为中国城市化进程的重要组成部分，未来的15~30年内，将有5亿~6亿人口的城市化进程表现在广大的县级城市，县域城市化所承载的人口转移将成为中国城市社会来临时的主体之一。从这一点上来讲，对这两座城市的城市化发展模式的研究，将对未来中国城市化过程中相当一部分人口的流向以及城市社会的建设有着重要的借鉴意义。

第三，两个城市的产业发展有着很大的特色，工业化与城市化过程的互动非常鲜明。

昆山虽然在经典“苏南模式”时代并不是很突出，但在随后的“外向型”经济发展中却有领跑和示范性效应，尤其是昆山出口加工区的从无到有更是成就了中国海关史上的奇迹，而台商的电子资讯产业集群，则让全世界流通的笔记本中每三台就有一台“昆山制造”。玉环在早期也一度处在乐清湾对面“温州模式”的光环之下，然而1992年大胆的“全岛股份化”，随后即造就了民营资本制造业的狂飙突进，一个仅有35万人口的小县拥有了八个“国”字头的生产（采购）基地，形成了汽车、摩托车零配件，阀门、眼镜配件，欧式“新古典主义”家具，医药包装等数个产业集群。

第四，个人的可接近性研究。除了个案本身所蕴含的类型意义，以及其所代表的区域模式价值，对于我个人而言，调查这两个地区的城市化发展还具备特殊的便利条件。首先，笔者曾先后参与苏州、昆山的“改革开放30年的经验总结”课题，并在其中分别承担了“苏州城市化发展与城市和谐社会建设”、“改革开放以来昆山城市化道路与模式研究”的子课题研究工作。2008年先后在苏州与昆山调研座谈两次，各有2个月之久，同时课题研究工作的承担也为本书写作的资料获取提供了强大的保证，当然昆山市政府卓越的公共服务意识也让我的资料采集过程变得轻松。而玉环的可接近性，在于我经常参与到江苏地方政府代表团赴浙江的招商活动中，从2007年起我几乎每年都要去玉环、温岭、乐清、义乌四到五次，陪同招商人员考察产业、市场与城市发展。随着2008年部分玉环家具企业落户江苏宿迁，玉环家具产业协会、阀门产业协会等成为我进一步了解玉环产业发展与城市化进程的窗口，他们的产业网络、关系网络为我进入玉环调研提供了众多的便利，在很大程度上也保证了所需资料的真实性和全面性。而且，由于个人可接近的便利性，我可以为论文的写作不断进入昆山和玉环进行补充调查和资料的再搜集。

第五，除了以上的考虑之外，本研究选择昆山和玉环作为研究对象，还因为这里的前人研究相对较多。已故的中国社会学大师费孝通先生在他的研究中，就曾格外青睐昆山地区和玉环所在的台州地区。对于“温州模式”，费老给出过“以商带工的‘小商品、大市场’”精辟界定。但是同时代的台州地区农民从手工作坊开始，逐步建立相互依存的区域性生产协作网络，形成不同于温州模式“以商兴市”的制造业生产网络，当时也引起费老的关注，并首次提出了“块状经济”的概念。比起温州和台州，费老对昆山似乎更是情有独钟的，他曾这样建议后来的社会学研究者，“每一个有志于研究中国社会发展的人，都应该去昆山看一看，住上一段时间，好好做一些调查。昆山的奇迹是怎样发生的，为什么在这里诞生，将来她还可能发生怎样的奇迹？这是一个非常好的社会学课题！”

此外，周晓虹在《传统与变迁——江浙农民的社会心理及其近代以来的嬗变》中，即选取昆山和乐清作为研究对象，而乐清与我所选的玉环恰好是相邻的城市，同处乐清湾沿岸，玉环的部分乡镇人们还操着乐清口音。周晓虹的研究主要集中在两地农村发展和农民社会心理研究方面，研究时间节点大致终于20世纪90年代中期以前，而本文的研究则在延续经典“苏南模式”、“温州模式”的乡村工业化、城市化进程后，继续20世纪90年代中期以后两地的城市化加速、城市化驱动因素更加多元、城市社会来临阶段的研究。此外，自昆山的台商聚集之后，台湾学者一直关注于台资企业在昆山的跨界生产与治理研究，其中以台大建筑与城乡研究所夏铸久、杨友仁、简旭升、柏兰芝等一批学者为代表，对全球生产网络的昆山镶嵌、台商与“大陆”政府的跨界治理和互动创新、制度绵密性的地方发展等方面作了细致的研究。最近的一段时间，美国犹他州立大学国际与公共事务学院的魏也华与我国的苗长虹，也开始关注昆山的外商投资、技术溢出、自主创新、区域创新体系建设问题，而同时也关注区域城市化进程中的地方政府角色，尤其是对温州、台州、苏州等地都市化进程中，地方政府在区域城市化发展中的地位、作用以及因应全球化的政策。

1.3 基本方法与研究思路

1.3.1 研究方法：田野调研与访谈

城市社会学的实证研究特别重视田野调研与观察，研究对象的选择决定了调查方法的侧重和调查的难易程度。相对于社会个体、组织、社区的调查研究，将两个县域城市作为整体进行调查研究和观察，对其城市化的基本历程、状况作系统性的调查，其复杂性和难度要大很多。首要的先决条件是城市化基本资料的获得，这需要地方政府的大力支持与配合。对昆山市的调查与座谈非常有幸得到中共昆山市委张国华书记、昆山市委宣传部长杭颖女士、原昆山开发区管委会主任宣炳龙先生的帮助，并得到政府各个部门以及在昆山城市化发展历程中有重要贡献的老同志们的全力配合，才使得实地调研非常顺利地开展。南京大学商学院的张二震教授、于津平教授、赵曙东教授、马野青教授、安礼伟副教授也对我的调研全力支持，在问卷设计与调研以及资料方面给予了我一切的方便。对玉环的调研也非常有幸得到玉环县建设规划局、城市管理局、史志办、玉环新闻网、玉环县家具行业协会等部门和组织的大力帮助。对昆山和玉环的具体调研过程主要有以下几个方面内容：

第一，深入部门、城镇调研座谈并获取基础资料。无论是在昆山还是在玉环，由于承担课题的缘故或是招商代表团的接待需要，我首先听取了两个城市党委和政府的领导介绍的基本情况、社会经济发展变迁的过程、城市化的发展状况、存在的问题和未来的打算等。接下来，我分别到建设局、规划局、城市管理局、劳动与社会保障局、公安局、外经贸局、经济技术开发区、统计局、乡镇企业局、史志办、农业局、民政局等部门进行调研和座谈。先请相关领导介绍相关的情况，然后我再根据具体的实际需要，对他们进行提问，以获得对我的研究有帮助的最直接的资料数据。在实地走访的城镇，我也是按照同样的路径听取领导的介绍，然后再根据需要对他们进行访谈。通过这种调查方式，我可以在短时间内获得对一个地区的比较全面的认识和了解，并确定了后期调查研究的重点。

第二，个人介入性的调查、观察。2007 年的 5 月和 10 月、2008 年春节前夕以及“五一”和“十一”长假期间，我先后十余次到玉环的县城、清港镇、楚门镇等区域实地走访调研。在楚门我几乎走遍了城镇的各个工业园区，并近距离地观察、座谈外来打工群体、当地企业家群体，获得了一种最直观的感知与认识，尤其是当我参与外地政府招商代表团与企业家们面对面地沟通，自己已经介入到企业家们的规划与战略中时，这种介入性所获得的真实与震撼更是非常难得和弥足珍贵的。2007 年暑假开始，在昆山开发区、高新区、出口加工区对企业作问卷调查期间，也亲身感受外商集群的组织治理、跨界组合和治理的制度与文化差异。2008 年 4 月 8 日到 4 月 30 日，以及后来 5 月中下旬的二次调研，40 多天时间里，我先后到昆山的开发区、高新区、花桥国际商务区、周庄、千灯、巴城、淀山湖等区域进行调研。每到一处，我都几乎走遍每条街道、每个工业园区、每个新型农民和外来人口住宅社区。

第三，个案访谈。在随机调查中，按照典型性、全面性和多层次性等原则，根据调研内容的需要，先后对 50 多个相关领导、部门、企业家、媒体、企业工人、市民、外来务工人员进行访谈。其中有些访谈还属于滚雪球性质，尤其在玉环的调研访谈中，发现企业家群体之间有着比较紧密的联系。此外，昆山的原市委书记吴克铨同志在访谈过程中也为我的调研，不断介绍经历昆山各个发展阶段的重要人物，为我的访谈带来了极大的便利。访谈地点也灵活多样，有时在外企的办公室，或者在奔波的车上，或者在访谈对象的家中，或者在农民新型住宅社区里与一群居民聊天、热议，甚至还在的士上与外来开车的小伙攀谈。

第四，问卷抽样调查。根据文献资料的梳理和座谈材料的分析，我们针对昆山比较特殊的产业发展特色，尤其是目前形成了外商投资、本土配套继而自主创新的发展路径，针对外商投资选择与公共政策、技术溢出与本土企业自主创新、城市与区域创新体系构建方面的内容，专门设计了"昆山外商投资企业情况"、"昆山本土企业创新情况"的调查问卷，并通过专家修改和当地政府的试调查对问卷进行定稿。外商投资企业问卷调查主要涉及外商投资的因素选择、社会网络、与地方政府的跨界合作与治理、招收工人情况、与本土企业的技术合作等。本土企业问卷调查主要涉及企业成长、制度变革、技术合作与创新、与外商投资企业技术溢出的关系、自主创新与政府和高校科研单位合作等情况。问卷调查从 2007 年的 6 月发放问卷到 7 月回收问卷，一共获得了 370 家本土企业的样本、303 家外商投资企业的样本。从企业类型看，本次问卷调研的 370 家本土企业中，绝大部分为民营企业，为 336 家，占 90.8%；国有企业 4 家，集体企业 14 家，其他类型企业 14 家，有 2 家企业没有回答该问卷。在问卷调研的 303 家外资企业中，外商投资企业占了绝大部分，为 280 家，占 92.4%，中外合资企业为 20 家，中外合作企业 3 家。从企业来源地看，在调研企业中，来源于我国台湾地区的企业最多，为 143 家。❶ 由于昆山地区外商投资企业与本土企业的产业类型关联度很高，形成了规模巨大的产业集群，且产业价值链上下游细分与扁平化分工呈交织状态。故而样本的选取，主要是对出口加工区、开发区、高新区以及玉山镇周围城镇工业园区的企业采取简单随机抽样。

第五，文献资料的收集。在当地政府部门领导的帮助下，我到各个部门、单位收集了大量的相关史料、文献资源。包括县志、历年的统计年鉴、乡镇企业志、相关统计数据、地方党委政府颁布的重要文件和政策报告、地方的党报、外部媒体的相关报告汇编、历次城市总体规划、城市战略规划、城市综合交通规划、外经贸委的历年总结、行业协会的各

❶ 有些合资企业的来源地有多个，所以加总数大于调研企业数。

次活动备案、从“七五”到“十一五”的发展计划纲要、区域创新体系规划、城乡社会保障发展、医疗卫生教育事业发展、对外投资报告、品牌建设规划等资料。其中有很多资料是非常珍贵的，印证和补充了访谈、调查获得的资料，为我研究两地城市化提供了重要的依据，使我对两地城市化的历程认知更加清晰，对两地城市化模式的总结与比较更加到位。

1.3.2 研究思路与技术路线

一般而言，研究思路是围绕着研究所要回答的问题而展开的。本研究的主题内容是改革开放以来中国沿海的江浙典型地区的城市化进程描述与模式概括。进程描述首先要回答的问题是在国家体制转型与对外开放的背景下地区城市化进程的阶段性特征，即在什么样的时空背景下表现出什么样的形式过程？继而就是，在这些过程中哪些因素在驱动着地区的城市化进程？我们进一步细分的话，就是地方政府在改革开放以来以何种方式发展地方工业化，并在区域城市化进程中扮演了何种角色？全球化对地区城市化进程产生了哪些影响？地方政府应对全球化资本的政策差异对于地区城市化进程有何影响？在社会转型与全球化进程中，地方产业的成长特征是什么？对城市化产生了何种影响？

围绕这些问题，我们逐步去探寻地区城市化进程的动力机制。空间经济学创始人藤田和克鲁格曼等学者通过考察19世纪美国城市发展的历史指出：城市的形成和发展及城市化进程是在市场条件下企业和个人追求自身利益或效用最大化的结果，是市场经济主体相互之间发生作用的自我组织过程。由于19世纪的美国是“自由主义”和“完美市场”盛行的时期，因此，藤田和克鲁格曼所考察的城市形成和发展以及城市化进程显然处于一个只有企业和个人二元主体参与的城市经济之中。“当市场不尽完善、存在政府部门的干预时，城市化进程就不可避免地受到企业、个人和政府的多重影响和作用。在中国建设和完善社会主义市场经济体系的进程中，中国的城市化发展和城市化实际上处于一个由企业、个人和政府三元主体参与的城市经济之中。因此，在这个三元城市经济中，企业、个人和政府部门的相互影响和作用共同决定了中国的城市化进程。如果以 U 代表城市化，那么城市化函数可以表示为如下形式：$U=f$（企业，个人，政府）。”[1] 国内学者汤茂林尝试着提出一个解释城市化发展的一般概念模型：

$$U=f(E,P,H,Po,O,N)$$

方程式中 U 代表城市化发展，E 代表经济发展，特别是工业化发展，P 代表人口，H 代表历史因素，Po 代表政治因素，O 代表其他因素，N 代表自然条件。正是由于这些因素的不同组合，造成了世界各地城市化发展道路和模式的不同。在确定区域或国家的城市化发展时，必须全面考虑这些因素的组合状况，找出主要的影响因素、限制因素和存在的问题，才可能找到切合实际的发展思路。[2]

---

❶ 左学金等主编．中国人口城市化和城乡统筹发展［M］．上海：学林出版社，2007：43－44.

❷ 参见：汤茂林等．对推进中国城市化研究的若干方法论思考［M］//张鸿雁，李强主编．中国城市评论．第4辑．南京：南京大学出版社，2008：82.

笔者认为改革开放30年的中国城市化进程是在外生因素❶和内生因素❷相互作用下的结果，而这种内生因素与外生因素的互动，本身又叠加在各自多层面上的交叉与勾连。

本书的主要研究思路就是按照历时态的梳理与共时态的比较，来细化考察不同时期政府、企业、个人在城市化进程中的功能，考察他们的微观作用机理和发展变迁过程，再现地区城市化的发展路径和景象，通过对三个因素互动差异而带来的城市化进程、路径乃至模式差异的研究，寻求对地区城市化动力发展逻辑的一般性建构。

作为比较性研究，我通过历时态与共时态分析，对两个地区进行线性比较和截面比较。

改革开放以来，玉环经济社会发展与城市化进程主要经历了四个阶段：

第一个发展阶段是1978年至20世纪80年代中后期，其主要特点是农村土地产权制度变革诱发了民间的制度创新，发展的动力主要来自地方市场的兴起、家庭工业的发展、股份合作型工业经济的萌发，政府通过初步理顺与市场的关系，来增进区域内“要素释放与市场发育”；

第二个发展阶段是20世纪80年代中后期至20世纪90年代中后期，其主要特点是出现了民间诱致与政府增进的制度创新，形成了区域性的经济体制优势，发展的动力主要来自以专业化市场为主体的市场扩展和以股份合作制为组织形式的民营企业成长，政府进一步理顺与市场、企业的关系，增进要素流动、民营企业成长与市场扩展，地方城镇化进程与工业化互动发展；

第三个发展阶段是从20世纪90年代中后期开始到21世纪初，其主要特点是在政府与民营企业的共同推动下，全岛城市化进程加快，产业集聚加速，企业和市场从初级市场经济开始转向现代市场经济，增进要素重组、产业集聚与城市化进程，嵌入全球商品链与国际贸易体系，承接发达国家的产业转移；

第四个发展阶段起始于21世纪初，其主要特点是城市逐步融入全球城市网络，地方政府通过城市战略性规划、城市空间整合与再造措施，试图从本岛城市化时代走向“海湾城市”时代，推进区域创新体系的建设，进一步嵌入全球价值链并谋求城市的等级跃升。

---

❶ 那些直接或间接影响到中国改革后社会经济重构的全球变化过程和外生因素，主要可概括为：①在资本主义国家，生产模式和积累机制从福特主义向后福特主义转变（Amin，1994年）；②更加专业化的生产体系和弹性积累机制产生了，它基于先进技术，通过小规模生产、更加多样化的产品来即刻满足日益多变的全球消费者的需求（Piore and Sabel，1984年；Harvey，1990年）；③由于交通和通信技术进步，出现时空距离压缩，资本全球扩散的速度和尺度逐渐增大，跨国公司大幅扩张（Harvey，1990年；Dicken，2003年；Walters，1995年）。

❷ 在马润潮和吴缚龙（2007年）看来，当代中国的城市转型与全球化过程有关，这个过程已经影响到空间的生产、城市的消费，以及资本、人口和技术的流通。而中国内在的多重转型至少包括了制度转变的八个主要方面：①从社会主义制度模式下的国家再分配经济向市场调节型经济转变，但最终模式尚不明确（Nee，1989年）；②从国家控制经济生产向国家调控市场转变；③从中央集中决策和资源自上而下的分配，向财政分权化和较大的地方经济自主转变；④从集中于重工业的外延式国家工业化，以满足中央计划下的强制性生产配额，向满足全球和国内市场需求的商品生产转变；⑤从低效的国家经济为主的工业化生产，向面向全球市场的消费商品的生产制造业转变，或者说是从“国家工厂”向“世界工厂”的转变；⑥从在资源约束条件下过分强调生产国家认为适当的物资，转变为较为均衡的消费品及服务业的生产；⑦从土地公有（国有和集体所有）和土地的无偿使用，向很大程度上遵循以地价的区位为原则的土地有偿使用的转变；⑧从由工作单位实质上免费供应住房向住房商品化转变。

昆山的社会经济发展与城市化进程也主要经历了四个阶段：

第一个发展阶段是1978年至20世纪80年代中后期，其主要特点是区域竞争诱发的地方政府制度性投入，发展动力来自地方政府的“地区经营性”策略，产业发展选择“农转工”战略，以积极的“横向联合”方式从外部引入各类要素，地方政府主导区域生产结构的转向；

第二个发展阶段是20世纪80年代中后期至20世纪90年代中后期，以“自费开发区”为主要标志的地方政府制度性投入，在广泛招商引资的基础上借助浦东开发逐步呈现“外向型”经济形态，通过说服中央的“国批”，地方政府的制度创新主导区域获得开放经济条件下的竞争优势，以开发区的成长重构城市空间形态，城市化与工业化有效互动；

第三个发展阶段是从20世纪90年代中后期开始到21世纪初，地方政府进一步先行，并形塑中央层面的制度创新，以陆路通关的“出口加工区”建设，形成台资电子资讯制造业的集群，构筑了硅谷—新竹—昆山的国际生产网络，地方政府以公共财政投入建设城市社会；

第四个发展阶段起始于21世纪初，其主要特点是地方政府以政策支持“外资配套型”民营经济的成长，寻求技术溢出与自主创新路径，构建区域创新体系，城市逐步融入上海都市圈与全球城市网络，地方政府通过城市战略性规划、城市空间整合措施，建设全球城市区的重要节点与“营运”中心。

通过对两个地区改革开放以来工业化与城市化互动的进程回顾与梳理，将改革开放以来两个地区城市化与工业化发展进程划分为四个阶段进行比较。首先进行区位比较和社会前提比较，其次是对两个地区的社会进程节点进行比较，第三是对两个地区工业化与城市化的动力机制进行比较，第四是对两者的表现形式和结果呈现进行比较。

1.3.3 研究的主要目标

作为城市社会、经济活动的空间投影，狂飙突进的全球化浪潮与巨大的体制转型必然在当代中国城市化进程上有着明显的表征，并强烈地影响着地区城市化的过程、特征、机制与模式。事实上，当代中国的城市化进程，已经是任何西方传统的空间发展理论、城市化理论、产业组织理论所无法解释的了。正因如此，当代中国地区城市化的模式引起了更多政治家、学者们的关注，认为其很可能形成一种非常典型的“中国经验”，甚至更进一步，对这关键的30年期间中国地区城市化的“经验研究”和“类型定性”，将成为发展中国家城市化进程的一个“理想类型”或称之为“中国范式”。[1]

当今任何一个国家和地区的发展，都不能否认全球化无所不在的穿透力。在全球社会中，资本流动的加速和跨国公司实力的不断壮大，所带来的一个直接后果是一种全球尺度上的无边界经济的出现。因此，有学者认为国家的主体性作用甚至是主权地位正在趋于弱化，而城市在全球政治、经济、社会活动中的核心与主体作用却在不断增强，成为全球经济体系的节点。全球化背景中的城市，不仅仅是传统意义上的人居场所，更是生产要素集

[1] 张京祥等．体制转型与中国城市空间重构［M］．南京：东南大学出版社，2007：16.

聚的中心、创新的中心以及各社会文化与力量相互碰撞、融会的中心。全球化对中国城市的影响是极为深远的，它促进了大城市功能的外向化与国际化，把局部地域城市体系纳入全球系统考虑。

因而我认为，中国改革开放30年来的经济与社会的巨大转型，从根本上改变了中国城市的发展环境与作用机制：

（1）中国区域城市化[1]第一次与工业化的进程呈现出正向的互动关系；

（2）30年来的中国城市化始终是在一个体制转型与制度变迁的政策背景下；

（3）刚刚起步不久的中国城市化就进入全球经济体系的空间格局；

（4）在典型意义上工业化背景的城市化过程尚未完成的情况下，直接面临环境资源压力的城市"精明增长"与集约经营时代；

（5）知识经济与信息技术革命催生网络社会的崛起，城市空间呈现出超级流动性，与此同时，"地方的黏滞"现象仍然存在；

（6）全球价值链与全球城市网络下中国城市化进程的应对，城市与区域创新体系的构建与价值链的攀升。

因此，在全球化与本土化力量的双重驱使与互动下，地区的国家与社会关系、政治系统中的中央—地方关系必然发生深层的变化。自1990年上海浦东开发开放以来，中心城市和周边地方城市的经济发展都十分迅速，成为著名跨国公司投资最多的地区。地方政府在制定发展战略、调整产业结构和产业布局等过程中扮演了一个不可或缺的角色。地方政府掌握着土地批租权，从中获得的一部分资金可用于基础设施建设，从而使开发区建设成为各地城镇经济增长的新生长点。

与此同时，国际资本的流动在部分地区产生了外向型推动的城市化（external-driven urbanization）。这样一种城市化推进过程必将产生新的经济政治焦点，诸如全球价值链中的全球组织与本土企业的联结关系、外商直接投资与地方政府的"跨界治理"关系等。这样的地区多方社会经济力量的成长、组合与嬗变，也必然强烈地反作用于地区的城市化进程，不断地推动城市空间与社会的演化与重构。

基于此，本书期望通过对中国沿海典型区域城市化动力机制的经验研究，在中国城市化模式研究领域中获得以下目标：

第一，试图寻求问题意识上的突破。近年来，出现了一批有关中国20世纪90年代新城市化动力机制的研究。但大多集中于自下而上的城市化研究，研究主题主要集中于分析农村城市化的发展阶段与内部、外部运行机制。诸如对"苏南模式"与"温州模式"的比较，这类研究基本属于20世纪80～90年代中期的乡村城镇化和对外开放的初始阶段。对于20世纪90年代中后期以来，江浙城市化模式的研究基本处于相对空白状态。尤其是国内社会学界自"小城镇论"衰落之后，对于城市化研究的涉足还是呈现逐步退出的趋势，特别是将地区城市化的过程，置于制度转型与全球化的背景下来进行研究的成果相对较少。然而，在同经济地理学的文化与制度转向交叉后，城市与区域的发展模式研究反而成

---

[1] 这里排除了国家计划经济条件下形成的城市工业体系，主要指改革开放以来自发工业化与城市化区域。

为当前国外城市社会学、地方社会学研究的热点问题。

第二，整体描述和比较地区城市化的发展过程，解析“地方经验”。本研究将中国沿海发达地区的城市化进程，视为一种跨越边界的全球性社会现象，而这种全球性的社会现象是在中国体制转型的背景下出现的。研究将通过扎根、具体的经验研究，对改革开放以来江浙地区城市化的内部结构和外部形态的空间特征、过程、机理与特征进行描述和解析，进一步深入研究引起空间变化的内在动力与机制，展现空间特征形成过程中多元化的动力共同作用、交织耦合的复杂过程。试图基于典型地区与城市的实地研究，提炼与总结“地方经验”，在“类型范式”的意义上，探求学术性与理论性解释框架的建构。

第三，在强调一种地方性的实证研究的同时，并未放弃宏观设计，仍然强调交叉的研究与继承的方法，期望就全球化背景下中国的区域城市化模式研究形成一定程度的解释框架。注重研究的情景化，始终坚持任何社会现象都是基于一定的社会背景产生的。在研究过程中挖掘对城市化模式产生影响的深层因素和动力机制，结合实证主义和经验主义的两套方法论体系，期望从扎根研究中所获取的细微现象和重要变化开始，探讨其在城市化进程中所赋予的新的理论和实践意义，并更好地预见将来的变化与发展趋势。

2

国内外城市化实践与理论的概述

2.1 西方城市化的历史实践与理论演进

2.1.1 欧洲现代性、城市化与城市社会学的肇起

马克思、恩格斯早在160多年前就注意到城市化与社会发展的关系，在他们早期的著作如《家庭、私有制和国家的起源》一书中，就论述到人类从原始社会到奴隶社会的城市发展过程，特别是到西方工业化发生以来，他们都从不同的层面论述了城市化的发展和城市的作用。中世纪晚期的城市自治运动，让具有自治法权的城市如雨后春笋勃然而兴，马克思曾说西方中世纪的城市是由“逃亡的农奴建造的”。重商主义思潮影响下的中世纪城市“使人呼吸着自由的空气”，商业、银行、信贷等业态逐步繁荣而兴盛，以手工业者、商人和银行家为主体的市民阶层发展并壮大，新兴的资本主义思想与资产阶级开始萌芽。正如恩格斯所言：“从中世纪的农奴中产生了初期城市的自由居民，从这个市民阶级中又发展出了最初的资产阶级。”

但是“作为启蒙的现代性和作为自由民主的现代性为都市和国家的权力而斗争，还经历了一个漫长的历史时期”❶，在完成了文艺复兴与启蒙运动的思想洗礼和舆论准备之后，近代西欧资产阶级革命将西方社会带入了现代资本主义时代。与此相伴的是，17世纪后期欧洲科技的突飞猛进，以及随之而来的17世纪后半叶和18世纪的生产力大飞跃，并最终导致了18世纪下半叶开始席卷欧洲的产业革命。在安东尼·吉登斯看来，欧洲社会学诞生的背景正是18世纪末的法国政治革命和英国的产业革命，社会学就是现代工业社会的产物，或者说社会学是与“现代性”（modernity）共生的现象，其目的就在研究现代性及其后果，欧洲社会学的基本概念，就是对旧制度因遭受工业文明和民主政治的打击而崩溃所产生的秩序问题的各种反映。❷

“蒸汽机、轮船、火车等现代工业发明，使人类在相当大的程度上克服了时间与空间的限制，又进而促进了工业生产规模的扩大和效率的提高，并使得工业集中在城市成为可能。”❸ 从此城市在人类历史上真正成为经济生产的绝对中心，并以它的巨大集聚效应带来了资本主义国家飞速城市化的开始。恩格斯曾高度评价过因伦敦人口聚集产生的巨大效益，“这种大规模的集中，250万人这样聚集在一个地区，使250万人的力量增加了100倍”。❹ 此时的欧洲资本主义发展，正如洛杉矶学派代表人Edward W. Soja所言，“到1850年，现代性的叙事已经采取了不同的情节和叙述形式，变得专注于讲述都市工业资本主义的发展和它更深刻的疆域治理、资本主义民族国家的革新”。

都市—工业资本主义的崛起在最根本的程度上影响了整个欧洲社会都市人口和都市化的扩展性重组。例如英国的人口变动是：从1750年大于80%的农村人口，到1900年大于

---

❶ Edward W. Soja. 后大都市　城市和区域的批判性研究［M］. 李钧译. 上海：上海教育出版社，2006：91.

❷ Giddens. Sociology：A Brief But Critical Introduction［M］. London：The MacMillan Press，1982：46.

❸ L·芒福德. 城市发展史：起源、演变和前景［M］. 倪文彦，宋峻岭译. 北京：中国建筑工业出版社，1989.

❹ 恩格斯. 英国工人阶级状况［M］//马克思恩格斯全集. 第2卷. 北京：人民出版社，1957：303.

80%的城市人口。马克思在《政治经济学批判》中明确提出，近代以来的欧洲历史是“乡村城市化的历史”。这场史无前例的城市化浪潮连同现代化，主要是由于资产阶级与无产阶级这两大新生阶级成千上万地涌入城市而导致的。“这种不同寻常的大规模迁徙从根本上重构了城市和乡村之间、城市和田园之间、有文化之人和乡巴佬之间、神圣者和渎神者之间的早期差别，并刻记下了一个新的都市秩序。在这种新秩序中，社会剩余价值的生产不仅仅被城市协调和控制，而且历史上第一次在城市的内部、在城市空间的人口密集中心周遭发生。”❶ 而社会学作为一个学科的产生与兴起，实际上正是源于近代的城市化运动，以及应对这个新秩序——都市社会概念体系的创造与解释需求。

经典社会学家们敏锐地意识到，这种自17世纪起出现的社会生活和组织模式在欧洲、随后在世界各地使得人性和社会秩序发生了有史以来最剧烈的变化，一个与传统社会迥然不同的全新的社会形态已经到来。滕尼斯对Gemeinschaft“社区”和Gesellschaft“社会”的分析、斯宾塞那里称为“尚武社会”与“工业社会”、迪尔凯姆划分的“机械团结”（Mechanical Solidarity）和“有机团结”（Organic Solidarity）的研究、雷德菲尔德创用的乡民（Folk）社会与市民（Urban）社会分析、马克斯·韦伯对“宗法传统经济”和“理性资本主义经济”的描述、索罗金的“亲密关系”和“契约关系”的结构关系研究等，无不与这场城市现象与城市过程密切相关，目的都是为了深刻地揭示城市与乡村社会结构的这种重大变化及其所产生的深远影响。从这个意义上说，我们认为古典社会学研究普遍带有着一种“城市社会学化”的烙印则并不为过。

此外，古典城市社会学还开创了另一个研究主题——“区位”。1826年，杜能（J. H. Von Thuen）出版了《孤立国同农业和国民经济的关系》，提出了农业区位论这一概念，奠定了农业区位理论的基础。杜能在农业土地利用和区位地租研究之后发现，在均质的大草原上，可以以单一的市场和单一的运输手段为条件，研究农业生产的空间组织与产地距市场间的距离关系。杜能首次将空间摩擦对人类经济活动的影响加以理论化和体系化，这一理论体系和研究方法被推广到了其他的研究领域，对城市土地利用的研究也具有重要指导意义。❷

马克斯·韦伯的弟弟阿尔弗雷德·韦伯（Alfred Weber）于1909年著有《工业区位论》一书，标志着工业区位理论的建立。阿尔弗雷德·韦伯从费用角度来分析企业经营者的区位决定。区位因子（locational factors）是韦伯工业区位理论中的一个重要概念，是指经济活动在某特定地点进行时所得到的利益。阿尔弗雷德·韦伯认为，工业受运费的影响，会向某一特定地点集中，这时运费就是区位因子中的地区性因子，这是形成工业区位基本格局的基础。阿尔弗雷德·韦伯的工业区位理论建立在以下三个基本的假定条件基础上：第一，已知原料供给地点的地理分布；第二，已知产品的消费地与生产规模；第三，劳动力存在于多数的已知地点，且不能移动，各地点的劳动费用水平是规定的，在这种劳

---

❶ Edward W. Soja. 后大都市——城市和区域的批判性研究［M］. 李钧译. 上海：上海教育出版社，2006：94.

❷ 杜能. 孤立国同农业和国民经济的关系［M］. 北京：商务印书馆，1986.

动费用水平下可以得到的劳动力是无限的。❶ 阿尔弗雷德·韦伯首次将抽象和演绎的方法运用于工业区位研究中，他的理论不仅限于工业布局，也对其他产业布局的理论研究提供了想象力。

继阿尔弗雷德·韦伯之后，霍特林（Hotelling）提出了市场区位论的概念，它认为市场不是阿尔弗雷德·韦伯工业区位论所讲的点状市场，而是在区域中分布的市场。企业的最终价格因区位不同而不同，各个企业在选择区位时，都想尽量占有更大的市场空间。霍特林的市场空间竞争模式主要是研究不完全竞争条件下均衡状态的形成过程，探讨在线状市场条件下，存在两个竞争企业时，区位与市场空间的关系。❷ 瑞典经济学家帕兰德（Palander）是对市场区位论作出重要贡献的人之一。他于1935年完成学位论文《区位理论研究》，试图把不完全竞争的概念引入区位论研究中。帕兰德在构建市场空间竞争理论时，首先将两个基本问题进行了区别：一是在假定原料的价格和分布地以及市场的位置已知的条件下，生产在哪里进行的问题，该问题也是阿尔弗雷德·韦伯努力要解决的问题；二是在生产地、竞争条件、工厂费用和运费率已知的情况下，价格如何影响生产者的产品销售空间范围。❸

随着一个国家或一个城市的经济发展，服务业在整个经济活动中所占的比重将不断提高，服务业快速发展的趋势将会导致城市内产业结构和产业区位空间的变化，为服务活动区位论的出现奠定了现实基础。应该说，服务活动的最佳区位模型是在中心地理论的基础上建立起来的。这一理论最初是由德国地理学家克里斯塔勒（Walter Christaller）于20世纪30年代创立的。随后德国的勒施（August Linch）于1939年出版了专著《经济空间秩序——经济财货与地理间的关系》，对以前的区位论进行了总结，并将研究从静态的、单方面的农业区位论和工业区位论，扩展为动态的、综合的区位论。该书被学术界普遍认为是西方区位论研究的一部承前启后的专著。❹

中心地理论认为，每个企业都需要一个市场门槛来维持它的生存，根据服务或产品的等级，企业有不同的门槛和范围。产品的等级由四个特点来决定：价格、购买率、门槛和范围。高级产品或服务价格比较高，因为购买率或接受服务的比率比较低，因此，这些产品或服务的供应商要求较高的入口门槛。高级产品或服务的市场范围也很大，它们的高售价或高服务费用意味着单位运费较低，因此人们愿意经过长途旅行来购买高级产品或享受高级服务。在中心地理论中，中心地等级取决于商品和服务的等级。这一理论主要适用于研究城市体系、零售业、集市和以个人为对象的服务业。对于一些大企业（如制造业、金融业和保险业）的事务所来说，一般总部和分社与城市的等级序列相对应而不拘。另外，包含行政职能的中枢管理职能也与都市的等级秩序相关联。❺

---

❶ 阿尔弗雷德·韦伯．工业区位论［M］．北京：商务印书馆，1997.

❷ Hotelling H. Stability in Competition［J］. Economic Journal, 3：41－57.

❸ 魏后凯主编．现代区域经济学［M］．北京：经济管理出版社，2006：96.

❹ 奥古斯特·勒施．经济空间秩序——经济财货与地理间的关系［M］．北京：商务印书馆，1995.

❺ 克里斯塔勒．德国南部中心地原理［M］．北京：商务印书馆，1998.

2.1.2 中心的转移：从曼彻斯特到芝加哥学派

1750年的曼彻斯特还是英格兰南兰开夏郡一个小型紧凑的市场小镇，但是在随后的100年里，它成为第一个几乎完全通过工业资本主义社会性空间实践制造出来的“世界的烟囱”。到1850年它是具有40万人口的区域性集合都市，昔日的小镇转型为第一个充分的工业资本主义大都市和制造厂，作为专业化的纺织品主要产地，工业生产对都市结构的侵入剧烈地重组了城市空间，烟囱林立的曼彻斯特形成了新兴工业城市的特征。费雷德里克·恩格斯的父亲在德国的不莱梅和英格兰的曼彻斯特都有自己的工厂，恩格斯于1942年前往曼彻斯特工作和生活，面对眼前巨大的城市增长机器，他评论道：“19世纪40年代的曼彻斯特与其他任何城市相比，是最不按照规划建造的城市。”

两年后，恩格斯回到了德国家乡，并将他在曼彻斯特的见闻经历与生活体验整理成书，而这就是被广泛认为是早期优秀的城市研究著作之一的《英国工人阶级状况》。在书中，恩格斯对西方工业化时期城市环境和城市空间重构带来的社会问题作了大量的批判，他奋笔疾书“世界上没有一个城镇像这样，富人和穷人之间的差距如此巨大，他们之间的障碍如此难以跨越”，深刻批判了西方工业化和城市化初期应起引导性作用的强力公共性制度缺失，致使都市空间社会生产缺乏调节而失范。

到1830年，曼彻斯特有将近100家蒸汽动力的纺织厂，主要分布在临近老市中心的区域，越来越多的棉花仓库在城市的中心建起，商人们开始放弃他们的市中心住所，远离越来越多的工业污垢。人口密集的“内城”成了工人阶级、失业者和临时工人储备群体的家园，都市化进程在空间上表征为主城的“贫穷化”与城市“贫民窟”的形成，曼彻斯特的城市空间变迁成为“中产阶级”郊区化的最早根源。

因为从一开始，都市工业资本主义新兴阶级就进入到了空间上隔离的同心圆带状城市：工人、失业者和临时工人储备群体在人口最密集、最杂乱的内部地带，新兴的“中产阶级”居住在网格状规律性规划的第二圆形地带，上层阶级居住在郊区，他们在那儿有带有花园的别墅和乡下不动产，有公交车相连。❶ R·费希曼在《资产阶级乌托邦：郊区的起落沉浮》中高度强调了曼彻斯特在城市郊区化历史中的重要性，他指出曼彻斯特为“中产阶级”郊区化建立的模式，后来在美国迅速发展的城市建立了起来，但在法国遭到了果断的排斥，资产阶级仍保持着对都市核心的把持，并且警告对于来自盎格鲁—萨克逊的都市经验过于随便地在扩展。❷

面对工业资本主义和机器化大生产对城市空间残酷的冲击与隔离，工厂、学校、军队、医院、监狱等大规模科层化组织带来的“铁笼”困境，以霍华德与格迪斯为代表的人文主义城市社会学家、城市规划思想家开始倡导将城市规划、建设与社会改革联系起来，

---

❶ Edward W. Soja. 后大都市　城市和区域的批判性研究［M］. 李钧译. 上海：上海教育出版社，2006：99.

❷ R·费希曼这种对郊区化历史的两分法引发了一个重要问题：为什么这种“中产阶级”郊区化仅仅在“盎格鲁—萨克逊”资产阶级中占据了阵地，而同样是资本主义的法国却采取了不同的道路？与R·费希曼对郊区化历史的两分法相类似，城市设计师对于都市形态也有法俄式与“盎格鲁—萨克逊”的划分，其中最著名的就是关于巴黎和伦敦的都市经验比较，巴黎被称为是“典雅的专制”，而伦敦则是“杂乱的民主”。

重新关注人的发展与人性的解放。霍华德的《Garden Cities of Tomorrow》是对“无贫民窟无烟尘的城市”、“无地主地租”的“社会城市”（Garden Cities）的理想类型的建构，他倡导的是一种社会改革思想：用逐步实现土地社区所有制、建设社会城市的方法，来逐步消灭土地私有制，逐步消灭大城市，建立城乡一体的新社会结构形态来取代城乡分离的旧社会结构形态。❶ 作为理想类型的“社会城市”在工业资本主义狂飙突进的年代毫无疑问是一个“乌托邦”的梦想，但是他留下的是非常宝贵的精神财富。“他关心的不是迎合权势者的私欲，也不是解决城市的某些局部问题，而是城市发展的大方向——依靠城市基本活力之所在——广大劳动人民”。❷ 同时，他还首开了在城市规划中进行社会研究的先河，以改良社会为城市规划的目标导向，将物质规划与社会规划紧密地结合在一起。

与霍华德集中建构“社会城市”理想类型不同，格迪斯是一个综合性的城市社会学家与规划思想家，他把生物学、社会学、教育学与城市规划融为一体，创造了“城市学”（Urbanology）的概念。1904 年他发表了《城市学：社会学的具体运用》（Civics：As Concrete and Applied Sociology）的演讲，指出“城市改造者必须把城市看成是一个社会发展的复杂统一体，其中的各种行动和思想都是有机联系的”。在 1915 年出版的《进化中的城市：城市规划运动和文明之研究导论》（Cities in Evolution：An Introduction to the Planning Movement and the Study of Civics）一书中，格迪斯系统地阐述了他的规划思想，首创了区域规划的综合研究，“人们不能再以孤立的眼光来对待每一个城市，必须认真进行区域调查，以统一的眼光来对待它们。”❸ 正如 L·芒福德所言，“真正的城市规划，必须首先是区域规划”。❹

当工业资本主义的发展进入 19 世纪下半叶，新兴的美国取代英国成为世界现代化进程的领跑者，而跟现代性共生的社会学传统也在酝酿着从欧洲大陆向更为实用主义的北美大陆转移。1850 年只有 3 万人口的芝加哥，在 19 世纪后半叶在美国都市工业快速西进运动的促动下，1900 年人口增加到 170 万人，1934 年增至 340 万人，大量的各国移民的涌进与人口异质性的迅速增强，使得芝加哥成为一个更为纯粹的用来研究工业资本主义城市形成及其空间效应的都市实验室。它的发展甚至比 19 世纪上半叶的曼彻斯特更快，“而且芝加哥是在一个更平整的土地上建造的，它于是具有更规则的街道和住所，可以让人对表面的空间结构、新的都市工业秩序的‘趋势表面’有更清晰的阅读”。❺

深受 G. Simmel 关于 The Metropolis and Mental Life 富有创造性的理论想象力影响的芝加哥大学社会学系，涌现出以 R. Park、L. Wirth 为代表的一批以社会学家为主体的学者们，开始关注到复杂的社会文化问题对城市发展、城市规划的深刻影响，从宏观、中观和微观三个方面对城市化和城市社会问题及其影响作了理论与实证相结合的深入的研究，从而形

---

❶ E. Howard. 明日的田园城市［M］. 金经元译. 北京：商务印书馆，2002：17.

❷ E. Howard. 明日的田园城市［M］. 金经元译. 北京：商务印书馆，2002：29.

❸ 金经元. 近现代西方人文主义城市规划思想家［M］. 北京：中国城市出版社，1998.

❹ L. Mumford. The Culture of Cities［M］. Harcourt，Brace and Company，1934.

❺ Edward W. Soja. 后大都市　城市和区域的批判性研究［M］. 李钧译. 上海：上海教育出版社，2006：106.

成了西方城市社会学的第一个理论派别——古典城市人类生态学。1915年第一次世界大战期间，芝加哥学派的灵魂人物理查德·帕克发表了著名的《城市》一文，他认为城市"是一个实验室，或诊所，在其中，人类本性和社会过程可以被有利地进行研究"，自此"作为受过训练的社会学家和地理学家，他们从工业资本主义的地理性历史（和批判）中有益地抽象出城市空间，把它重新概念化为一个拟生物有机体，并自由地把它的形态作为自然连同社会或社会达尔文主义所说的'有机体'演化过程的一部分来普泛化。"❶ 芝加哥学派的描述焦点是都市生态，新正统城市生态学（Amos Hawley、James Quinn、Otis Duncan、Leo Schnore）、社会文化生态学（Walter Firey、Chrison Jonassen）等都是该理论的延伸。

以W. Burgess于1925年发表的论文《The Growth of the City：An Introduction to a Research Project》为标志，Burgess分析了社会空间发展与城市物质空间发展的关系，他认为即使没有正规的规划，城市形态也具有它自身的生长逻辑，并提出了著名的同心圆模式，这被普遍认为是城市"社会生态学"研究的开始。他与同期在芝加哥大学的城市社会学家L. Wirth、R. Park、D. Mckenzie等一起将芝加哥的大街作为城市的"活动实验室"，将自然生态学的基本理论体系系统地运用于对人类社区的研究，后来被统称为"芝加哥学派"（Chicago School）。在Burgess提出同心圆模式以后，另外又产生了几种可以看做是对同心圆模型进行批评和延伸的城市空间结构模型，其中最具代表性的是霍伊特的扇形模式（1939年）以及哈里斯与乌尔曼的多核心模式（1945年），它们被并称为城市社会空间结构的三大经典模型。

1938年"芝加哥学派"的L. Wirth又发表了《Urbanism as a Way of Life》一文，对由人与人的相互作用的不同而形成的城市生活方式进行了全面的分析和论述，并提出未来城市生活方式的一些特征，这些内容几乎都被20世纪60年代后西方的城市问题所验证。❷ L. Wirth发现，"城市已形成自身特有的心理，与乡村心理迥然不同。城市人的思维方式是因果论，理性方式的；而农村人的思想方法则是自然主义的，幻想式的"。❸ L. Wirth的这篇文章也正式奠定了城市社会学在城市规划理论中的里程碑地位，使得城市社会学中强调的"都市生活意义"成为城市规划理论的最高意义和逻辑基础。❹

而与"芝加哥学派"几乎同时代的L·芒福德，是20世纪城市发展研究领域最具影响的人文主义大师。1937年芒福德发表了著作《What is a City》，在芒福德看来，"城市就是一个文化的容器"，城市不只具有生产性、服务性功能，同时也具有象征性、表达性功能。1938年他出版了著名的《城市文化》（The Culture of Cities），这本书与《城市发展史：起源、演变和前景》一起并称为芒福德生平最重要、最有影响的两部著作。在书中，芒福德始终认为城市中人的精神价值是最重要的，而城市的物质形态和经济活动是次要的。芒福德的城市社会学思想对后来的城市规划理论与实践产生了重要的影响。后来简·雅各布斯的"街上芭蕾"（Street Ballet）、A·雅各布斯的"规划需要畅想"等概念的提出，在相当

---

❶ Edward W. Soja. 后大都市　城市和区域的批判性研究［M］. 上海：上海教育出版社，2006：107.

❷ M. Northam，Urban Geography［M］. New York：John Wiley & Sons，1978.

❸ R. Park. 城市社会学［M］. 北京：华夏出版社，1987：5.

❹ 孙施文．城市规划哲学［M］. 北京：中国建筑工业出版社，1997.

程度上源自芒福德上述两本著作中的思想。❶

2.1.3 战后重建：现代化与比较现代化理论

二战结束后的50年代，为弥补战争创伤与满足重建家园的强烈需求，福利资本主义成为国家主导的政策，产业的飞速发展带动了工业移民，大量的黑人与有色人种从南部种植园移民到工业城市。工业化的过程也可以被视为国民经济结构变动的过程，其中工业部门和农业部门之间结构关系的变动是根本性的。美国著名经济学家、1979年诺贝尔经济学奖获得者阿瑟·刘易斯在1954年发表的《劳动无限供给条件下的经济发展》一文中，把传统部门（以农业部门为代表）和现代部门（以城市工业部门为代表）的劳动力转移作为核心得出发展中国家的经济增长模型❷，由此创立了著名的“二元经济模型”，该模型是发展经济学提出的第一个人口流动模型，为发展中国家的工业化和城市化过程提供了系统的解释，是研究乡村人口迁移的重要理论基础。

刘易斯二元经济结构模型的基本要点有如下几点：①发展中国家的经济普遍可以划分为传统农业部门和现代工业部门，是一个二元经济结构。换句话说，国民经济是由传统农业部门和现代城市工业部门组成的。②农业部门只是一个仅仅用以糊口、只能维持最低生活水平的自给自足的产业，劳动生产率极低，其生产规模也不可能随着人口的增加而扩大。③传统农业部门由于各方面的原因存在着无限供给的劳动力，以至于农业部门的实际工资水平只能维持在一个极低的水平线上，此外，农村存在大量的剩余劳动力，处于就业不足或隐性失业状态，逐渐导致农业部门的劳动边际生产率为零或为负值。④现代工业部门以现代工业为主体，主要采用现代化的生产方法和组织模式，工业生产的规模不断扩大，资本迅速积累，技术快速更新，劳动生产率不断提高，工业部门的工资水平明显高于农业部门。⑤在城市工业部门高工资的诱惑下，大量的农村剩余劳动力源源不断地涌向城市工业部门。由于农村大量过剩劳动力的存在，这部分人转出传统农业部门并不会影响传统农业部门的生产。

在刘易斯的二元结构模型中，很显然地将农业视为一个被动的过程。在模型的整个运行过程中看不到农业劳动生产率的提高、收入的增加。费景汉和拉尼斯就针对这一点提出了修正意见。他们认为刘易斯的模型存在着两点缺陷：第一，不重视农业在工业生产中的重要性，这会造成农业的停滞。第二，忽视农业生产率的提高而出现剩余产品，应该是农业中的劳动力向工业流动的先决条件。费景汉和拉尼斯对刘易斯模型作了修正，他们把农业劳动力向城镇的迁移和工农业发展联系起来，把经济发展过程划分为三个阶段：农业经济、二元经济和成熟经济。农业经济的主要特征是传统农业在经济中占据主导地位，其他经济活动都与传统农业有直接联系；二元经济的特征是传统农业部门与现代城市部门的共存；成熟经济阶段的特征是整个社会经济的商业化、市场化，所有的生产者都是追求利润最大化的生产经营者。他们纠正了刘易斯“二元经济模型”忽视

❶ 张京祥. 西方城市规划思想史纲［M］. 南京：东南大学出版社，2005：132.

❷ （美）阿瑟·刘易斯. 劳动无限供给下的经济发展［M］. 北京：商务印书馆，1984：89.

传统农业部门发展和对整个经济的粮食供给问题，认为农业部门不仅为现代工业部门提供所需的劳动力，而且为工业部门提供农业剩余，农业剩余是现代城市工业不断发展的基础，也是二元经济发展到成熟经济的关键因素。另外，费景汉和拉尼斯认为刘易斯片面夸大了城市资本主义部门吸收剩余劳动的能力，忽视了农村的技术进步、劳动生产率的提高以及农村收入提高的可能性，将城市工业部门当做农村剩余劳动力的唯一出路，必然会导致城市化中大城市人口过于集中的弊端。“费景汉和拉尼斯不仅指出农业部门技术进步是解决粮食短缺的根本途径，而且指出农业部门和工业部门之间的平衡发展是成功实现结构转变的关键。另外，费景汉—拉尼斯模型系统研究了技术进步对工业部门就业增长的影响，他们认为技术进步可以推动工业部门的扩张，加快剩余劳动力的吸收速度。”❶ 但是，费景汉和拉尼斯模型也是建立在城市充分就业的前提条件上的，对发展中国家的城市失业问题难以具有解释力。

美国经济学家托达罗在研究中发现，自20世纪60年代末以来，许多发展中国家出现了严重的城市失业、贫民窟等城市病，在这种情况下，由农村向城市迁移的人口规模不但没有放慢，反而不断地加快。刘易斯等人的二元经济结构模型难以解释此种现象。于是他于1969年在《美国经济评论》上发表了经典性论文“欠发达国家的劳动力迁移模式和城市失业问题”，并提出了人口流动的模型。

与刘易斯等人的观点相反，托达罗认为，农村劳动力向城市转移的决定因素是城乡经济结构差异以及迁移者对迁移成本和收益的理性权衡，其进城的动力不仅取决于城乡实际收入差异，还决定于城市的就业率，即取决于城乡预期收入水平的差异。预期收入是由城乡部门的职业差异而带来的实际收入差距和一个新的迁移者获得一项城市职业的可能性来计量的。他把农业人口迁入城市就业和城乡劳动力供需因素有机结合起来，建立了人口流动模型。“从本质上看，这个理论假定中，一个现实的或是潜在的劳动力将把在城市部门中一定时间的预期收入（即劳动力迁移的费用和所得报酬的差）与现时农村普遍的平均收入相比较，如果前者大于后者，那么他就会迁移。”❷

就业概率在迁移决策中起着十分重要的作用。托达罗由此在模式中引入了就业概率这一变量，并假定农业劳动力迁入城市的动机主要决定于城乡预期收入的差异，差异越大，流入城市的人口越多。用公式表示为：$M=f(d)$，$f'>0$；其中，M 表示人口从农村迁入城市的数量，d 表示城乡预期收入差异，且 $d=w\times\pi-r$；这里，w 表示城市实际工资水平，r 表示农村实际收入，π 表示城市就业概率。$f'>0$ 表示人口流动是城乡预期收入差异的增函数。当城市不存在失业，迁移者一迁入城市就可以找到工作时，就业概率等于1，这时，劳动者迁移的动机就决定于城乡居民实际收入差异。托达罗认为，任一时期，迁移者在城市部门找到工作的概率取决于两个因素，即城市部门新创造的就业机会和城市失业者人数。就业概率与前一个因素成正比，与后一个因素成反比，用公式表示为：$\pi=\gamma N/$

❶ 参见：叶静怡．发展经济学［M］．北京：北京大学出版社，2003：65－127.

❷ （美）M·P·托达罗著．第三世界的经济发展（上册）［M］．于同申等译．北京：中国人民大学出版社，1988：354.

$(S-N)$，γ 表示现代城市部门工作创造率，N 表示城市现代部门总就业人数，S 表示城市地区总劳动力规模。于是，γ 和 N 的乘积表示现代城市部门在某一时期创造工作的机会，S 与 N 之差表示城市失业人数。在城市部门新创造的就业机会一定时，城市失业人数越多，在城市部门找到工作的概率越低。因此，只要城市的失业率不超过 50%，农村劳动力就会源源不断地流入城市，这在一定程度上使城市的失业状况很难消除。

托达罗人口流动模型将与其收入差异作为分析人口迁移问题的基本假设，突破了早期发展经济学的局限，为理论上透视人口迁移的深层动力打开了新的认识路径，同时对发展中国家的工业化及城市就业战略的综合效应进行了深刻的反思。然而，托达罗人口流动模型也有其明显的缺陷。托达罗将所有农村人口向城市的流动视为一次性的和永久性的流动，只要农村人口向城市的流动速度大于城市就业岗位增长的速度，就必然加剧城市人口的失业，这无论在逻辑上还是在实践中，都不符合人口迁移的一般机制。另外，托达罗人口流动模型也忽视了城市非正规部门和传统部门对促进经济和解决就业的积极作用。

1970 年马卜贡杰（Mabogunje）在“关于由乡村到城市的人口迁移的系统论研究”一文中全面阐述了城乡人口迁移的系统分析模式。该模式认为，城乡人口迁移系统除了包括潜在的迁移者外，乡村控制性次系统、城市控制性次系统及整个社会经济文化的调节机制也是影响迁移者的重要因素，它们是控制移民数量的机制。在这个模式中，环境因素对人口的迁移决策和行为的影响是主要的。环境因素主要有四类：①经济发展情况，包括工资、物价和工商业发展情况等；②政府的决策，包括农业政策、市场组织和人口迁移政策等；③社会发展环境，主要包括教育和卫生状况；④科技状况，特别是交通和通信的发达程度。所有环境因素都通过一定的反馈和负反馈渠道对移民的决策和行为产生影响。

此外，乡村控制性次系统主要通过农村各种组织机构、家庭和家族等来实现。如果农村地方政府能通过各种渠道发展农村经济，为农村居民提供大量的就业机会，就有可能减少农民移居的可能性。当然，家庭和家族不可能同意未成年人单身移居外地。赡养老人的需要、婚姻状况也是潜在移民的控制性因素。此外，财产是由子女平分还是由长子继承也会对移民产生影响。

城市控制性次系统主要通过寻找城市住房和城市就业的难易来实现。城市住房和城市就业的难易程度会对农民移入城市产生影响。城市的政策也会对移民产生影响，如房屋价格的制订，对贫民窟居民的态度，对小商贩的管理等都会对移民的数量产生影响。马卜贡杰城乡人口迁移系统分析模式如图 2－1 所示：❶

马卡贡杰城乡人口迁移系统分析模式不仅分析了某个环境要素各自对人口迁移的影响，此外，这个模式还突破了单纯的经济分析框架，将诸多非经济因素作为影响人口迁移的环境要素，可以更为全面和准确地分析现实的人口迁移和城市化过程。事实上，人口迁移的主要动力是经济因素，但经济因素并非影响人口迁移决策和行为的唯一因素，在特定的社会文化环境或政策条件下，经济因素也可能不是主要因素，这一模型对中国的人口迁移和城市化过程具有较强的解释力。

---

❶ 许学强，周一星，宁越敏．城市地理学［M］．北京：高等教育出版社，1996：45.

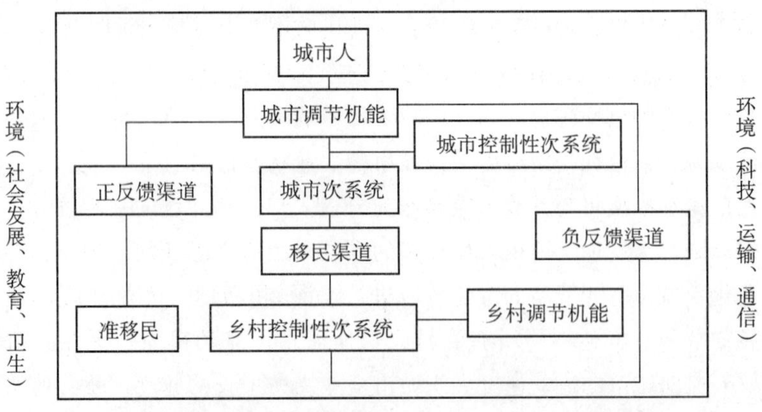

图2-1　马卜贡杰模式

与此同时，现代化理论在20世纪60年代的美国首先开始流行。在某种程度上可以说，起源于启蒙思想的社会科学的产生本身就是"现代化理论"的最初形态。因而，广义现代化理论是对启蒙运动以来研究现代化进程理论的总称。❶ 富永健一分广义现代化理论的演进为三期。第一期是从洛克的古典市民社会理论开始，经斯密的古典经济学和孔多塞的人类精神进步史观，到圣西门、孔德、斯宾塞的实证主义工业社会理论这一系列的理论体系。这一期的现代化理论是与帕森斯所说的在"西北欧"（英国、法国、荷兰）进行的第一波现代化（以18世纪后期到19世纪中期的英国的产业革命和法国的民主革命为代表）相适应的。第二期现代化理论是滕尼斯将亚当·斯密开始的古典经济学同黑格尔的市民社会理论结合起来，根据马克思社会学的商品分析所建立起来的"从礼俗社会到法理社会"的发展图式，以及被马克斯·韦伯归结为合理化和科层制化的现代社会认识论。这是与帕森斯所说的在"东北欧"（德国）的第二波现代化（19世纪晚期到20世纪初期）相适应的又一"现代化理论"。20世纪60年代首先开始的"现代化理论"则是以战后成为世界最先进国家的美国为主导、与远远超出第一波和第二波现代化的第三波现代化相适应而产生的理论。

相对广义现代化理论而言，战后的现代化理论往往被称为狭义现代化理论，指的是对20世纪50年代在西方，主要是美国产生的"经典"现代化理论及其变体（修正理论）的总称。"经典现代化理论"（Classical Modernization Theory）或"传统现代化理论"，是西方20世纪50~60年代的主流现代化理论。20世纪60年代，以美国为中心，出现了一系列后来被称为"现代化理论"的研究著作。❷ 从现代化理论的内在理路来看，早在20世纪40、50年代中，西方经济学界以增长理论为核心的发展经济学已经在形成之中。这一研究的深

❶ 富永健一．"现代化理论"今日之课题——关于非西方后发展社会发展理论的探讨［M］//罗荣渠主编．现代化——理论与历史经验的再探讨．上海：上海译文出版社，1993：109.

❷ 富永健一．"现代化理论"今日之课题——关于非西方后发展社会发展理论的探讨［M］//罗荣渠主编．现代化——理论与历史经验的再探讨．上海：上海译文出版社，1993：107.

入推动了政治、社会、历史发展等多方面问题的研究，从而引起了西方社会科学研究的重大转向。另外，此时正处在东西方“冷战”时期，虽不能说现代化理论都具有明确的政治目的，但可以说，都不同程度地受到“冷战”意识形态的影响，因而从“全球战略”的角度，美国非常注意研究发展中国家和地区的发展策略。20 世纪 60 年代，现代化理论几乎在整个社会科学领域取得了进展，是现代化研究的高潮阶段。[1]

现代化理论首先由经济学家发起，随后政治学、社会学、历史学等学科纷纷跟进。发展经济学、发展政治学、发展社会学、发展历史学相继出现。代表人物与著作主要有：1951 年帕森斯著《社会系统》；1955 年刘易斯发表《经济增长理论》；1958 年，丹尼尔·勒纳发表《传统社会的消逝》；1960 年 W·W·罗斯托出版《经济成长的阶段——非共产党宣言》，提出了现代化的五阶段图式（1975 年扩充至六阶段图式）；[2] 1960 年阿尔蒙德（Gabriel Almond）和科尔曼编《发展中地区的政治》；1960 年阿普特著《现代化的政治》；1962 年哈贝马斯著《公共领域的结构转型》；1964 年沃德和拉斯托著《日本和土耳其的政治现代化》；1966 年艾森斯塔德著《现代化：抗拒与变迁》；1966 年，西里尔·布莱克发表《现代化的动力》；1966 年列维著《现代化与社会结构》；1966 年摩尔著《民主与专制的社会起源》；1966 年派伊著《政治发展的各个方面》；1968 年亨廷顿著《变动社会中的政治秩序》；20 世纪 60 年代还出版了韦伯特·摩尔（Wibert E. Moore）和斯梅尔塞（Neil J. Smelser）合编的一套丛书（共 12 种）《传统社会的现代化》。发展经济学家希施曼将他的回顾 20 世纪 60 年代、展望 80 年代的著作定名为《超越——由经济学到政治学到其他学科》，指出：现代化并不仅仅是经济学的问题，而是整个社会科学的问题。可以说在 20 世纪 60 年代，整个社会科学各个领域的现代化理论，无论从方法上，还是从研究对象上来说，都出现了一种奇异的统一现象。在 20 世纪 60 年代，现代化理论开始脱离“东西争论”的政策轨道，转向对历史发展过程的研究。换言之，即现代化理论开始从一种政策科学向理论的历史观发展，并由此展示出自己的基本架构。[3]

比较现代化与比较社会学的创始人是法国早期著名社会学家杜尔克姆（Emile Durkheim）。1897 年，他创办了《社会学年鉴》，并以此形成了一个学派。这个以杜尔克姆为首的年鉴学派广泛地进行了比较社会学的研究。所涉及的论题有自杀、社会控制、宗教、社会团结，以及不同社会的时空观念的差异。杜尔克姆在早期的研究中，把各种社会不同的法律制度进行比较，并把法律当做社会道德特征的知识来建构他的假设。在他著名的有关自杀问题的研究中，他把不同群体的自杀率加以比较，表明这些比率是同社会凝聚力的程度和道德规范的稳定性程度成反比的。后来，英国的马林诺夫斯基（B. Malinowski）和布朗（R. Brown）把功能人类学科称为比较社会学。他们把文化看做是个各相关部分的

---

[1] 塞缪尔·P·亨廷顿. 导致变化的变化：现代化，发展和政治［M］//（美）西里尔·E·布莱克. 比较现代化. 杨豫等译. 上海：上海译文出版社，1996：50－51.

[2] 罗斯托把现代社会的形成划分为“传统社会”、“为起飞创造前提条件”、“起飞”、“向成熟推进”、“高额大众消费”五阶段，1975 年增加“追求生活质量”，形成六阶段图式。

[3] 薮野佑三. 现代化理论的今天［M］//罗荣渠主编. 现代化——理论与历史经验的再探讨. 上海：上海译文出版社，1993：125.

总体，要了解相关部分，必须了解某一部分在整个体系中的功能，而且研究任何一方面时，必须研究和其他方面的联系，才能看出它们在整个社会生活中的地位，为此就应该采取比较的方法。1909年，布朗在剑桥大学讲社会人类学时即使用比较社会学这一名称。比较社会学的另一含义是从具体的社会出发，对不同社会制度和国家级某一社会中的各个方面进行比较和分类。如马克斯·韦伯（M. Weber）研究世界六大宗教（孔教、印度教、佛教、基督教、以色列教、犹太教），比较其各自的经济理论对于经济组织与社会生活的关系，确认宗教经济现象的相互依赖关系就属于比较社会学研究。比较社会学研究的目的在于通过分析整体内各组织结构间的关系，以及组成部分与整体之间的关系，找到推动社会向前发展的动力及其规律。

从20世纪初到第二次世界大战结束，比较研究作为一种系统的方法也逐渐被历史学家所接受。1900年，在海牙召开的“国际比较历史学代表大会”，标志着比较史学作为一个史学流派开始出现。这一时期最杰出的从事历史比较研究的学者是年鉴学派的创始人马克·布洛克。布洛克在1928年发表的《欧洲社会历史的比较研究》中，提出了比较完善和系统的比较史学的理论。他认为历史比较研究应当具备两个条件，一是对象之间要有一定的类似性，二是要有一定的共同点。比较研究在历史学中大致有三种用法：验证和解释假说；发现不同社会的独特性；提出新的问题。布洛克还身体力行，写出了《封建社会》这部被认为是历史比较研究典范的著作。巴勒克拉夫在《当代史学主要趋势》一书中说：“当代历史学家之所以非常重视比较史学，皆因在很大程度上是由于布洛克的教导和他做出的榜样”。

第二次世界大战以后，比较史学进入了新的发展阶段，历史学家把历史比较研究的范围从欧洲扩大到全世界；更多地注意借用其他学科的概念和方法；在整个西方兴起一个比较史学“热”，专门从事历史比较研究的学者越来越多。1952年，联邦德国史学家阿尔诺和安内利赛出版了《比较世界史》一书，受到广泛欢迎。1958年，一些西方史学家在荷兰海牙宣布成立社会和历史比较研究会，并出版了《社会和历史比较研究》季刊。史学家还加强了在比较史学方面的国际合作，20世纪50年代以来的历次国际史学家大会都有比较史学方面的议题。20世纪60年代中期，比较史学的中心从欧洲转移到了美国，1966年，美国出版了两部比较史学巨著，轰动世界。一部是美国普林斯顿大学教授布莱克的《现代化的动力——一个比较历史的研究》；另一部是巴林顿·穆尔的《独裁与民主的社会起源》。布莱克的《现代化的动力——一个比较历史的研究》一书主要是在全世界范围内对现代化的不同道路进行了比较研究，他不是以经济为标准，而是以社会结构和政治为标准，把各个国家的现代化进程分为七类：①英国、法国；②美国、加拿大、澳大利亚；③西欧、北欧、东欧；④拉美；⑤前苏联、日本、中国；⑥亚洲大部分地区和北非；⑦中南非洲和亚洲少数地区。名次越前，现代化程度越高。这部书在当时却代表了比较历史学的最高水平。布莱克后来还从比较历史学的角度对日本、德国、中国的现代化进行了专门的探讨，受到学术界的高度评价，1976年，他出版了《比较现代化论文集》。穆尔的《独裁与民主的社会起源》也是探讨现代化问题的，但是他不像布莱克那样注重国家结构和文化传统，而是注重社会阶级，特别是农民阶级的作用。他认为世界各国现代化走了三条不同的途径：①通过资产阶级革命走向资本主义民主制；②通过上层改革走向法西斯主义；③通过农民革命走向共产主义。穆尔的书出版以后，在西方引起巨大反响，先后再版了9次，和马克斯·韦伯的《新教伦理与资本主义精神》、埃米尔·德克海姆的《论自杀》并称为20世纪社会科学的三大名著。在布莱克和穆尔之后，更多的学者参加到比较史学的行列。❶

国内学者孙津对于当代全球化进程中的中国社会研究，也指出"在这种情况下，一方面是单一或若干学科的道理已不足以解释变化了的人和社会，另一方面，社会学的研究领域也更加拓展了，因为这门学问所研究的人和社会都越来越难以捉摸了。因此，需要有一种新的视角，以解释变化着的人和社会。这个视角就是比较社会学，不仅是各种学科综合交叉，更重要的是如何使明智的行为有一个可供选择的参照。"❷

2.1.4 区域不均衡、增长极与空间集聚理论

增长极理论最早是由法国经济学家弗朗索瓦·佩鲁（Francois，Perroux）于20世纪50年代最先提出的。他在著名论文《略论增长极概念》中写道："增长并非同时出现在所有的地方，它以不同的强度首先出现于一些点或增长极上，然后通过不同的渠道向外扩散，并对整个经济产生不同的终极影响。"❸ 佩鲁在当时提出了支配效应（domination effect），即"一个经济单元对另一个经济单元施加的不可逆或部分不可逆的影响。由于其规模、影响力和活动性质等原因，或者因其占据了优势区位，一个经济单元能够对其他经济单元产生支配效应。"据此，他又提出了推进单元（propulsive unit）概念，认为这些单元的增长和创新诱导其他经济单元的增长。进而，"如果把产生支配效应的经济空间看做力场，那么位于这个力场的推进单元就可以描述为增长极"。佩鲁将经济空间定义为："存在于经济元素之间的经济关系。"经济空间可以分为三种主要类型：作为计划内容的经济空间；受力场的经济空间；匀质整体的经济空间。其中，作为受力场的经济空间与增长极概念关系最为密切，它"由若干中心（或极、焦点）所组成。各种离心力或向心力分别指向或发自这些中心。每一个中心的吸引力和排斥力都拥有一定的场，并与其他中心的场相互交汇。"❹

布德维尔（J. R. Budville）1966年则将增长极研究扩展到地理空间。他与佩鲁不带地理色彩的抽象经济空间概念相反，强调经济空间的区域特征，认为"经济空间是经济变量在地理空间之中或之上的运用"，他将经济空间分为同质空间（homogenous space）、极化空间（polarization space）、计划空间（planned space）三类，并认为地理空间的增长极形成于极化区域之中。并通过空间概念的转换，把增长极概念同城镇联系起来。据此，布德维尔

❶ 参见：齐世荣．高校世界史配套教材·现代卷［M］．北京：高等教育出版社，2008.

❷ 孙津．比较社会学引论——为了人和社会的延续［M］．北京：北京广播学院出版社，2004：1.

❸ Perroux F. Note Sur la Notion de PÉle de Croissance［M］. Translated by I. Livingstone//I. Livingstone，ed. Development Economics and Policy：Selected Readings. London：George Allen &Unwin，1955.

❹ Perroux F. Economic Space：Theory and Application［J］. Quarterly Journal of Economics，1950（64）：89－104.

认为：“区域增长极是配置在城市的一组扩张性产业，能通过其影响范围而引导经济活动的进一步发展。”

针对佩鲁、布德维尔等人在分析增长极机理上的缺陷，英美一些学者则完全转而强调城市等地理单元在区域发展中的作用。事实上，发展经济学家艾伯特·赫希曼（Albert O. Hirschman）就在其代表作《经济发展战略》（1958年）中谈道：“经济进步并不同时在每一处出现，而一旦出现，巨大的动力将会使得经济增长围绕最初的出发点集中。”对于任何具有较高收入水平的经济来说，它“必定而且将会在一个或几个区域实力中心首先发展；而在发展过程中，增长点或增长极出现的必要性意味着增长在国际间与区际间的不平等是增长本身不可避免的伴生物和条件。”赫希曼还进一步分析了城市中心与周围腹地之间的相互关系。他认为中心对腹地具有一系列直接的经济影响，有利的影响称为“涓滴效应”（trickling-down effect），不利的影响称为“极化效应”（polarized effect）。涓滴效应主要是通过中心对腹地的购买力或投资的增加而发生，或通过吸收腹地的隐蔽性失业人员而实现。引起极化效应的部分原因是由于中心效率高的生产者可以通过竞争来使腹地的经济萎缩；部分原因是由于选择性移民，掠走了腹地的关键技术人员、管理者以及更具有企业家精神的青年人。

罗德文（L. Rodwin）将这一思想具体应用到了区域规划实践中，他认为，发展中国家城市工业的增长可以通过逐步向落后地区扩散来进行，即对少数几个具有经济发展潜在能力的小区域选择一些点，布局服务设施，进而进行生产投资，随着这一过程的不断进行，增长可以从大城市区域向不发达区域逐步过渡。❶ 在把城市作为区域性的发展极时，多数学者所强调的是大城市及其体系在区域发展中所起的“创新”及其传播作用。

增长极概念最初只涉及工业部门之间的关联和乘数效应，而并不是经济空间的据点式开发。关键产业（Key Industry）是增长极战略得以实现的重要基础，这些产业往往生产规模很大，能产生强大的增长推动力并与其他的产业有着密切的关联。增长极概念的提出对区域经济发展产生了极大的影响，在很多国家的区域发展战略中都应用了这一思想。增长极对周围落后地区的推动作用及其经济影响，主要反映在通过极化效应和扩散效应形成的经济空间上。这一理论主要被应用于一些落后地区，通过建立关键产业，配置区域增长极，从而带动整个落后地区的社会经济发展。但是由于这种模式在空间上表现为点的开发，由于区域经济的落后，一些建立起来的增长极很难对边缘区产生所预想的带动作用，而事实上是强化了空间差异。同时，由于市场的选择，在政府意愿下建立起来的增长极很难真正完成最初的意图。

之后，围绕区域不均衡发展的讨论又引出了“核心—外围”的系统理论，对“核心—外围”理论的阐述，首推美国城市与区域规划学者约翰·弗里德曼（John, Friedmann）。他于1966年在其代表性著作《区域发展政策》（Regional Development Poliy）中提出了核心—外围理论的基本思想。1969年他在《极化发展理论》中，又进一步将“核心—外围”这个具有鲜明特色的空间极化发展思想归纳为一种普遍适用的主要用于解释区际或城乡之

❶ 甄锋，顾朝林．信息时代空间结构研究［J］．地理研究，2002（2）．

间非均衡发展过程的理论模式。❶

弗里德曼指出，任何空间经济系统均可分解为不同属性的核心区和外围区。该理论试图解释一个区域如何由互不关联、孤立发展，变成彼此联系、发展不平衡，又由极不平衡发展变为相互关联的平衡发展的区域系统。发展是经由一个断断续续而又累积的创新过程而发生，并通过一系列体制改革而展现出一个社会的创造性潜力。发展来源于相对很少的几个“变革中心”，这几个中心位于某个信息场内具有最高潜在相互作用的点上。创新经由这几个中心扩散到具有低一些潜在相互作用的地区。“核心区”是主要创新变革中心，其余所有地区都构成“外围区”，它们依赖核心区，其发展取决于核心区的制度。核心区往往通过支配效应、信息效应、心理效应、现代化效应、联动效应和生产效应等六种主要反馈效应而巩固其对外围区的支配地位。空间系统是在核心能左右其他各地区所有人的重大决策时存在的，核心区位于一种从省级到世界的多层级空间系统内，外围区既由于行政管理组织，又由于供给和市场联系而依赖于核心区。创新从核心区到外围区的扩散，会使得核心区的增长促进相关空间系统的发展。然而，当核心区与外围区之间紧张关系加剧并最终阻滞核心区的发展时，只有加速核心区的扩展效应，并削减外围区对核心区的依赖才能得以缓和。

弗里德曼强调伴随着区域经济的增长，必然导致经济空间结构的改变。随着社会经济的发展，经济空间结构的变化可划分为如下四个阶段：①前工业化阶段：生产力水平低下，经济结构以农业为主，工业产值比重小于10%，各地经济发展水平差异较小。城镇发展速度慢，各自成独立的中心状态。区际之间经济联系不紧密，城镇的产生和发展速度慢，城镇等级系统不完整。②工业化初期阶段：城市开始形成，工业产值在经济中的比重在10%～25%之间，核心区域与边缘区域经济增长速度差异扩大。区域内外的资源要素是由经济梯度较低的边缘区流向梯度较高的核心区。核心区域经济实力增大，必然导致政治力量集中，使核心区域与边缘区域发展不平衡进一步扩大。③工业化成熟阶段：快速工业化阶段，工业产值在经济中的比重在25%～50%。核心区发展很快，核心区域与边缘区域之间存在不平衡关系。在工业化成熟期，核心区的资源要素开始回流到边缘区，边缘区工业产业群开始集聚。④空间相对均衡阶段：后工业化阶段，出现资金、技术、信息等从核心区域向边缘区域流动加强。整个区域成为一个功能上相互联系的城镇体系，形成大规模城市化区域，开始了有关联的平衡发展。

另外，弗里德曼还建立了一个动态多区域模型来解释空间结构均衡时动态力量趋于形成沿地形大概等距离分布的聚集点（城市）。❷ 他通过区域跑道模型演绎了区域运行的几何结构。该模型反映了区域经济体系中各个构成部分呈环状分布，制造业的同一布局总是处于均衡分布状态。弗里德曼的理论涉及所有的空间，尤其是把文化和政治过程纳入到经济发展过程之中，并把各具体地区的变量看成是一个更大系统的组成部分，而不是一种孤立

---

❶ Friedmann J. A General Theory of Polarized Development [M] //N. M. Hansen, ed. Growth Centers in Regional Economic Development. New York: The Free Press, 1972.

❷ Krugman Paul. On the Number and Location of Cities [J]. European Economic Review, 1993 (37): 293–298.

的现象。

20世纪60年代初期，学者们认为资本跨国界流动与国际贸易遵循同样的原理，即是由于生产要素价格和生产成本的差异引起的。Hanink基于韦伯区位论中的最小成本理论，提出跨国界的投资也流向生产成本较低的区域。[1] Hymer等人从产业组织的角度来解释外商直接投资（foreign direct investment）[2]，认为跨国公司是一种国际生产组织，而不是国际交换组织。Rugman等人将科斯（Coase）的交易成本理论推广到跨国公司，提出了跨国投资的内部化理论。[3] 内部化理论认为，由于世界商品和要素市场的不完善，阻碍了国际贸易和国际投资的顺利进行和企业的高效运营。这就促使跨国公司创建自己的内部市场，以克服外部商品、要素、信息市场的不完善，通过交易成本的内部化而提高企业的经营效率。Dunning则认为已有的几种理论是相互补充的，故提出了外商直接投资的折中理论，即各地生产要素的区位优势（locational advantage）、内部化经营优势（internalization advantage）以及跨国公司的所有权优势（ownership advantage），是资本跨国流动的原因。Dunning在随后的研究中不断地对折中理论进行补充，认为随着经济活动全球化的发展，跨国公司的区位选择不仅要考虑传统的要素及生产成本，同时更重视交易成本、动态的外部经济、知识积累和技术创新等因素。但也有学者认为跨国投资的折中理论只解释了企业跨国投资经营决策的原因，并没能表明投资经营的地理趋向。[4][5][6] Amin等借鉴了社会经济学的研究思想，认为制度厚度（institutional thickness）是与所有权优势、区位优势和内部化优势同样重要的因素，四者共同作用，影响到一个地区是否能吸引投资及经济成功与否。[7]

进入20世纪80年代以来，在国际上，迈克尔·波特（Michael，Porter）、保罗·克鲁格曼（Paul，Krugman）等著名主流经济学家开始介入空间或区域问题的研究，从而带动了一大批经济学家致力于将空间问题引入到主流经济学研究之中。哈佛大学商学院教授波特从20世纪80年代晚期起，开始对产业集群进行详细的研究，形成了集群学派区域发展理论。他在其代表性著作《国家竞争优势》中，对加拿大、德国、意大利、日本、美国的产业集群现象进行了研究，并从企业竞争优势的角度对集群现象进行了理论分析。他提出，国家竞争优势的产业是通过一个高度本地化过程创造和发展起来的，这些产业的竞争优势

---

[1] Hanink D. M. The International Economy：A Geographical Perspective [M]. New York：John Wiley & Sons，1994.

[2] Hymer. S. The International Operations of National Firms：A Study of Direct Investment1 Ph. D. Dissertation [M]. Cambridge：MIT Press，1960.

[3] Rugman A. A New Theory of the Multinational Enterprise：Internationalization Versus Internalization [J]. The Columbia Journal of World Bussiness，1980.

[4] Dunning J. H. Reappraising the Eclectic Paradigm in the Age of Alliance Capitalism [J]. Journal of International Business Studies，1995（26）：461－497.

[5] Dunning J. H. Location and the Multinational Enterprise：A Neglected Factor [J]? Journal of International Business Studies，1998（29）：45－67.

[6] Dunning J. H. The Eclectic Paradigm as an Envelope for Economic and Business Theories of MNE Activity [J]. International Business Review，2000（9）：163－190.

[7] Amin A.，Thrift. Globalization，Institution and Regional Development in Europe [M]. Oxford：Oxford University Press，1994.

主要体现在能够进行持续的创新和升级，而产业的创新和升级关键取决于“钻石模型”：一国的生产要素条件；需求条件；相关支撑产业；以及企业战略、结构与竞争等四个方面因素的相互配合，并通过地理集中而大大得以强化。因此，集群是指在一国内一群有着纵向紧密联系的企业，它们在整个产业内的紧密协作能有效地提升整个产业的竞争力，并进而提升产业所在国家的竞争力。❶ 波特继而在《集群与新竞争经济学》论文中进一步对产业集群理论进行了阐述。他首先将集群具体定义为：“在某特定领域中，一群在地理上毗邻，并相互关联的企业和相关法人机构，它们以彼此的共通性和互补性相互联结。”波特认为，集群产生于多种因素，比如历史传统、已有的供应商渠道和相关产业（甚至集群）、一两个具有创新精神的大企业、偶然事件等。集群一旦形成，一种“自我强化循环”机制就推动其自然成长。随着集群的不断壮大，内部新的企业、产业会不断地产生和消亡，地方制度也不断完善，从而增强了集群所在地区的竞争力。波特认为，政府作为产业政策的制定者应该制定适宜的集群发展政策，政府应加强和建立现存的和正在出现的集群，而不是努力去创造一个全新的产业集群。❷

自20世纪80年代末期以来，克鲁格曼开始致力于“新经济地理学”的研究。他主要研究报酬递增规律如何影响产业的空间集聚，即市场和地理之间的相互联系。他的基本观点是，产业在空间上分布的不均匀性是报酬递增的结果。他运用一个简单的“核心—外围”模型来分析一个国家内部的产业集聚的形成原因。在该模型中，处于中心或核心的是制造业地区，外围是农业地区，区位因素取决于规模经济和交通成本的相互影响。假设工业生产具有报酬递增的特点，而农业生产的规模报酬不变，那么随着时间的推移，工业生产活动将趋向于空间集聚。❸

克鲁格曼还进一步详细地论述了产业集聚的形成过程。他首先肯定了早期马歇尔的外部经济性思想，认为它使经济活动在地理位置上趋向集中，接着重新诠释了马歇尔的观点，认为产业地方化现象有三个原因，分别与基本要素、中间投入品和技术的使用有关，它们都产生了来自于供应方面的外部经济性：①劳动力市场的“蓄水池”效应。在同一个地方，来自同一行业的多数企业的聚集能集中越来越多的技术工人。这个“蓄水池”的不断扩大，能帮助企业克服种种不确定性，加上规模经济的作用，报酬递增的效应便出现了。②中间投入品效应。一种产业长期集聚一地，可以吸引许多提供特定投入和专业化服务的供应商，并使之逐渐成为地区的生产中心；并由于规模经济和范围经济的作用，这种生产中心规模越大，越能吸引许多有效率的供应商。③技术的“外溢”效应。如果关于新技术、新产品和新工艺的信息在一个地区内部相对于在远处更容易流动和获得，那么聚集在一个产业里的企业相对于较远离该地区的企业在理论上更容易获得正的外部性效应。❹

---

❶ Porter M. The Competitive Advantage of Nation［M］. New York：The Free Press，1990.

❷ Porter M. Clusters and the New Economics of Competition［J］. Harvard Business Review，1998，76（6）.

❸ Krugman P. Increasing Returns and Economic Geography［J］. Journal of Political Economy，1991（99）：483－499.

❹ Krugman P. Geography and Trade［M］. Cambridge：MIT Press，1991.

2.1.5 后工业社会与后福特城市：社会与空间的转型

工业化作为经济组织化和社会一体化的普遍过程是西方现代都市发展的基础，然而进入20世纪70年代后，劳动社会分工的复杂分支、生产的交换结构以及地方劳动力市场形成的动态开始了剧烈的资本主义工业重构进程。社会学大师丹尼尔·贝尔教授发表的《后工业社会的来临——对社会预测的一项探索》被广泛认为是美国进入后工业社会的宣言书。而后工业社会的来临，则预示着都市工业资本主义的结构和逻辑发生了根本性变化。贝尔在《后工业社会的来临——对社会预测的一项探索》一书中写道：“后工业社会这个概念是本书的主题，它是有关西方社会结构变化的一种社会预测。”❶ 他认为：“分析起来，社会可以分为社会结构、政体和文化等三个部分。社会结构包括经济、技术和职业制度。政体则调整权力的分配和评判个人之间与集团之间发展矛盾的权力和要求。文化是指表达象征和含意的领域。”❷“后工业社会的概念首先涉及社会结构方面的变化，就是经济改造和职业体制改组的方式，而且也涉及理论与经验，特别是科学与技术之间的新型关系”❸，贝尔将揭破社会结构变化的重点放在了技术的影响之上，他将技术“作为一种分析的因素，以观察新技术出现以后会产生什么样的社会变迁，以及社会及其政治制度必须设法解决什么样的问题”。❹ 贝尔强调，在社会进步过程中，技术已经成为一种主要力量，尤其是进入20世纪以来，各种高新技术的发展，特别是原子能、电子计算机和各种通信技术的发展，极大地促进了信息技术和新能源的开发利用。而且，技术不仅在经济领域起作用，同时，也对社会的政治、文化、宗教、艺术等起着巨大的甚至是根本性的变革作用。因此，他以技术为中轴，将社会划分为前工业社会、工业社会和后工业社会三种形态。这种划分是共时性的，又是历时性的，共时性体现在这三种社会在目前世界上是并存的，分布在不同的国家和地区；历时性体现在这是人类社会发展和进步的必然规律。

贝尔指出由于信息产业的发展、工业的衰退以及服务业人口的增长，以生产为主的工业社会特色，已经逐渐被新的后工业特质取代，美国已经进入了一个新的不同于工业社会的社会形态，也是第一个进入后工业社会的国家。“广泛地说，如果工业社会以机器技术为基础，那么后工业社会则是由知识技术形成的。如果资本与劳动是工业社会的主要结构特征，那么信息和知识则是后工业社会的主要结构特征”。❺

在《后工业社会的来临——对社会预测的一项探索》一书中，贝尔将社会划分为三种理想类型：前工业社会、工业社会和后工业社会，并且从许多不同的角度对它们对比地加以观察（表2-1）。

---

❶ 丹尼尔·贝尔. 后工业社会的来临——对社会预测的一项探索［M］. 北京：商务印书馆，1986：8.
❷ 丹尼尔·贝尔. 后工业社会的来临——对社会预测的一项探索［M］. 北京：商务印书馆，1986：12.
❸ 丹尼尔·贝尔. 后工业社会的来临——对社会预测的一项探索［M］. 北京：商务印书馆，1986：12.
❹ 丹尼尔·贝尔. 后工业社会的来临——对社会预测的一项探索［M］. 北京：商务印书馆，1986：8.
❺ 丹尼尔·贝尔. 后工业社会的来临——对社会预测的一项探索［M］. 北京：商务印书馆，1986：9.

社会变化的总图式❶ **表 2－1**

	前工业社会	工业社会	后工业社会
地区	亚洲 非洲 拉丁美洲	西欧 前苏联 日本	美国
经济部门	第一产业 采掘业 农业 矿业 渔业 木材业	第二产业 商业生产 制造业 加工业	第三产业 交通运输 公用事业 第四产业 商业 金融业 保险业 地产业 第五产业 卫生保健 教育 研究 政府 娱乐
职业高低	农民 矿工 渔民 非技术工人	半技术工人 工程师	专业人员与技术工人 科学家
技术	原料	能源	信息
意图	同自然界的竞争	同经过加工的自然界竞争	人与人之间的竞争
方法论	常识 经验	经验主义 实验	抽象理论：模式，模拟，决策论，系统分析
时间角度	面向过去 特定反应	特定适应 计划	面向未来 预测
中轴原理	传统主义 土地/资源的局限性	经济增长：国家或私人对投资决策的控制	理论知识的集中与具体化

前工业社会的“意图”是“同自然界竞争”；它以传统主义为轴心，相对应的产业是第一产业，资源来自采掘工业，受到报酬递减律的制约；主要从业人员是农民、矿工、渔民、非技术工人。工业社会的“意图”是“同经过加工的自然界竞争”，以经济增长为轴心，以人及其之间的关系为中心，相应的产业结构是第二产业，利用能源把自然环境改变成为技术环境，主要从业人员是半技术工人、工程师。而后工业社会的“意图”则是“人与人之间的竞争”，在这种社会里，以信息为基础的“智能技术”同机械技术并驾齐驱，其产业结构是第三产业、第四产业甚至第五产业，主要从业人员则是各类专业人员、技术人员和科学家。通过对以上三个不同社会的分析，我们可以看出：技术在社会发展中不仅改变了生产力，同时也改变了生产关系，即劳动力逐渐分化为不同的阶层，白领阶层不断壮大，蓝领阶层相对缩小；生产工具也从传统走向现代化、精密化。贝尔指出，由于这些不同的意图，因此在经济部门分布的特点以及职业高下方面存在巨大的不同。最为重要的是，这些社会的体制特点和组织特点所依据的中轴原理是有明显不同的。

自贝尔之后，1969 年，图尔纳撰写了《后工业社会》一书，他从社会学层面对信息社会所形成的新的政治—经济支配形态，以及由此产生的种种新的社会问题尤其是新的社会

❶ 丹尼尔·贝尔．后工业社会的来临——对社会预测的一项探索［M］．北京：商务印书馆，1986：130.

纷争和社会运动进行了深入研究。图尔纳首先对后工业社会的性质进行了界定。他指出，“如果我们按照权力支配的性质进行划分的话，那么可以将这种新的社会形态称为技术支配社会。但如果按生产形式与经济组织模式的性质加以区分的话，那么我们就可以将这种社会称为程序化社会”。与贝尔相比，图尔纳更关心后工业社会出现的新的社会问题、新的阶级对立以及新的社会纷争。

美国未来学家阿尔温·托夫勒在《第三次浪潮》一书中首次系统地描述了未来的信息社会。他将始于1万年前并且延续至今的“农耕时代”称之为人类社会发展的“第一次浪潮”。在这个时代，财富的主要形式就是关于“农业、种植”的相关知识的积累和应用。接下来的是始于17世纪并且延续至今的所谓“第二次浪潮”，亦称“工业时代”。工业时代的特点是：财富的创造和积累依赖于“产品制造”的知识的创造和积累。托夫勒将“超工业社会”定义为“继农业革命和工业革命之后的第三次浪潮”，这次浪潮大约始于20世纪的50年代后期，托夫勒说道：“1956年，美国白领及服务业员工的人数，首度超过了蓝领的工厂工人数，这是第二次浪潮烟囱工业经济式微、新的第三次浪潮经济兴起的一个早期标志。”❶ 第三次浪潮经济，以包括资料、信息、影像、符号、文化、意识形态及价值观等在内的知识为中心资源，在第三次经济浪潮中，微电子工业、宇宙工业、海洋工程和生物工程等低能耗工业得以迅速发展，实现了人和自然的协调发展。相关统计数据证明，在这一时代，农业人口只占总人口的2%以下，工业人口占总人口的28%以下，服务业人口占总人口的70%以上。这里的“服务业”是指“知识服务业”。比如：管理、法律、会计、金融、电信、医疗、教育以及政府相关服务等。

尤其是到了20世纪70年代，福特主义的大规模生产、完整装配线与它的巨大公司在当时已经达到了规模经济的极限，而世界石油危机造成的战后繁荣的结束，也直接引发了对资本主义工业的重构。M·皮洛和C·萨贝则认为，正是“福特方式的危机为新经济的光芒腾出了空间，新经济建立在灵活专业化生产的基础上，解除了僵化的劳动—管理关系并且改造了生产方法和技术，产生了成群的小型和中等规模的公司，不再限制于旧的福特方式都市聚集，在‘新工业空间’里带领经济改革和产生新的‘繁荣可能性’”。❷

“后福特主义”就是在这样的社会背景下应运而生的。撇开对“后福特主义”是否存在的争论，大多数学者认为西方资本主义经济进入20世纪70年代以来，“后福特主义”的生产方式已经开始在其整体经济体系中出现。世界石油危机造成的战后繁荣的结束，也直接引发了对资本主义工业的重构。后福特主义泛指一个与大众生产（mass production）时代截然不同的时期，所谓大众生产的主要特征是以“泰勒式的”工作组织与纪律为生产基础的标准化工业生产模式。❸ 与福特主义相比，后福特主义代表着一种新的经济市场与经济文化原则，它与福特主义相反，通常与更小型、更灵活的生产单位相关，这种生产单

---

❶ 托夫勒．再造新文明［M］．北京：中信出版社，2006：37.

❷ Edward W. Soja. 后大都市 城市和区域的批判性研究［M］．李钧译．上海：上海教育出版社，2006：220.

❸ 戴维·格伦斯基．社会分层［M］．北京：华夏出版社，2006：745－746.

位能够分别满足更大范围以及各种类型的特定消费者需求。❶

后福特模式的生产也被称为“弹性生产”或“弹性专业化”（Flexible Specialization），简言之，就是传统的生产过程可以拆散为不同的步骤，在不同的地区进行，以分散的生产方式逐步取代传统的大规模生产。弹性专业化学派发源于意大利，因此又称意大利学派，其代表人物主要有 Bagnasco、Becattini 等。该学派对马歇尔产业区理论的复兴，最先源于20 世纪 70 年代意大利一些社会学家和经济学家对意大利工业发展与区域差异的研究。1977 年，意大利社会学家 A. Bagnasco 率先对意大利地区二元结构提出了挑战。他基于对意大利工业化进程的观察，独创性地提出了“第三意大利”（Third Italy）的概念。作为对传统二元结构模式的替代，它用于指在 20 世纪 60 和 70 年代经历快速工业化过程的意大利的中北部和东北部地区，这些地区的发展同不发达的南部以及传统的工业化的西北部形成了鲜明的对照，而这些地区经济发展的最显著特征就是中小企业的地理集中以及部门专业化，也就是说，依附的、无效率的小企业主导的工业模式向小企业作为面向最终市场的、自主的、有效率的经济成分的转变。到 20 世纪 80 年代初，意大利学者的研究引起了美国社会学家皮洛（Piore）与萨贝（Sable）的高度重视。他们于 1984 年合作出版的《第二次产业分水岭》，就基于意大利以及前联邦德国等区域经济发展的经验材料，提出了资本主义由福特主义的大规模生产体制向后福特主义的弹性专业化生产体制转型的观点，极力推崇意大利基于专业化的、技术先进的中小企业空间集聚的工业发展模式，并将其作为弹性专业化生产的典范。

弹性专业化学派最忠于马歇尔的产业区理论传统，同时广泛吸收了美国经济社会学家格兰诺维特（Granovetter）的“嵌入”理论（Embeddedness）❷，它关注于中小企业的分工、专业化、信息网络和生产弹性，重视既竞争又合作的本地网络及其对本地独特社会文化的根植性，强调地方产业增长的社会、文化和制度基础，认为制度、劳动分工和学习创新之间存在紧密的相互作用，这种相互作用是区域发展的关键，马歇尔所强调的共享知识、信任和“产业空气”不仅能够降低交易成本，更重要的是它们能够促进合作、创新和创新扩散，特别是通过非正式的“干中学”和“用中学”等意会知识的转移而不断创新。因此，这一学派认为，新产业区作为弹性生产综合体，它具有两个最根本的特征：弹性专业化的本地网络（包括企业网络和劳动力市场网络）和本地网络对本地社会制度文化的根植性。故而，对于后福特方式再工业化过程的讨论焦点，关注的是通往更大的弹性之路，即新信息技术、公司组织改革、“范围”的交易经济学、企业和企业家的地方和区域网络……空间性经济性实践的弹性，尤其是从国际化视角在弹性化与专业化主题下探讨全球性变化——一个“新国际劳动分工”的模式。

这种经济的转型与生产空间的重组，产生了空间发展的新形式，推动了城市空间的地缘政治经济学的重建，对“郊区化”的都市秩序产生了新的调整：在 20 世纪 70 年代早期

---

❶ 胡大平．弹性生产，全球资本主义和社会主义改革——20 世纪后半叶资本主义的变化及其政策启示[J]．南京大学学报（哲学社会科学版），2003（4）．

❷ Granovetter M. Economic Action and Social Structure: The Problem of Embeddedness [J]. American Journal of Sociology, 1985 (91): 481 - 510.

至80年代，人口迁移的方向发生了更大的倒转，大城市和大都市区经历着人口的净迁出，人口数量进一步减少，人口不仅由市中心迁向郊区，而且由市中心区和郊区迁向更远的小城镇和乡村，而小城市和城镇以及部分乡村地区人口迅速增长。P·O·穆勒1976年写了一篇题为《外部城市：郊区都市化的地理结果》的文章，第一次明确指出，美国郊区已经发生了许多极度非郊区化的情况。而面对这种变化中的都市地理状况，当时流行的用以描述该变化的概念是芝加哥大学的地理学家B·J·L·贝里创造的“逆城市化”。外部城市的发展使得大都市被同时“去中心化”和“重复中心化”，后福特方式的工业化重组则在远离市区的新工业空间建立了高新技术园区。“这些‘绿色区域’（Green Field）和城市有着平等地位的全球经济新型工业化乡村，已经不仅仅是中心城区的卫星，而是其自身已经成为特征鲜明的城市了。其中最成功的地区已经发展成为崇尚消费主义以大购物场为中心的闹市，这也是后福特方式、后大都市外部城市的人口特点。”❶

20世纪70年代以来，面对复杂的全球形势变化，有些学者提出了世界体系分析（World System Analysis）理论，其中的代表人物是沃勒斯坦（Wallerstein），他认为国际间的城市互相联结，全球正成为一个紧密的、互相依存的世界体系。沃勒斯坦提出了一套较为细致的划分方法，他认为有些国家（城市）在这个体系中占据核心（Core）位置，有些国家（城市）则处在边缘（Peripheral）地位，还有一些处于中间位置的半边缘（Semi-peripheral）。随着通信设施现代化，交通运输的更加便捷，生产可以精细分工，部分非技术性的工序可以在边缘或半边缘的国家（城市）进行。跨国公司的总部、研发机构可以留在核心地区，半技术的生产可以转移到半边缘地区，而非技术性的生产则设到边缘地区。

在这种新国际分工条件下，全球范围的城市与地区都面临经济转型、空间重组。跨国公司成为这种跨界弹性生产的主要实现力量，通过广泛地在发展中国家和落后地区设立工厂，以吸取当地廉价的劳动力，同时通过与该地区的政府官员、地方精英合作，利用当地的低税率、廉价土地、环保法律的缺失、劳工保障制度的缺乏等得以转移生产成本，进一步增加利润。生产的跨界与大规模制造业的转移，使得广大发展中国家进入独立之后的快速城市化阶段，从城市增长的平均率和居民增加的绝对数字两方面来看，第三世界的都市化已经很轻易地超过了19世纪欧洲和北美城市的增长。但是大卫·史密斯在《全球视野中的第三世界城市》一书中也指出：无论是都市化的结构形式方面，还是社会后果或城市增长的轨迹方面，第三世界的都市化都与发达国家大不相同，而且在大多数第三世界国家中增长的不平等与持续的经济停滞，尤其突出地表现在城市之中。

进入20世纪90年代，曼纽尔·卡斯特尔（Manuel Castells）写就的《信息时代》（The Information Age）三部曲，包括《网络社会的崛起》（The Rise of the Network Society）、《认同的力量》（The Power of Identity）和《千年的终结》（The End of Millennium），更是进一步阐述了在信息化、全球化、网络化的新经济中，区域的地方性将被逐渐打散，而城市、国家、世界都将由一个信息的回路组成。卡斯特尔认为，在网络社会里，作为经济活动的

❶ Edward W. Soja. 后大都市　城市和区域的批判性研究［M］. 李钧译. 上海：上海教育出版社，2006：317.

主体的企业组织改变了其组织形式，以适应快速的经济技术变化。❶ 网络企业组织对传统的科层组织形式的改造，使企业组织由工厂化时期的大量生产转变为弹性生产，或者说从“福特式”生产转变为“后福特式”生产，也即根据客户的需求来从事生产。❷ 在网络社会的新经济中，传统的大型企业由于制度僵化而面临许多危机和挑战，而一些中小型企业则由于灵活的经营机制和广泛的关系网络而更加具有活力。可以说，中小型企业是更能适应国际经济弹性生产体制的组织形式。❸ 在网络社会里，以信息为基础的生产必然引起产业内部明显的技术和社会劳动分工，这种技术和社会劳动分工必然导致产业内部的生产分割，这就带来了劳动空间的分工以及不同生产工序的分割式分散化。

“信息时代正在展现一种新的城市形式，即信息城市。”❹ 信息城市是信息经济的集聚地。信息城市的兴起不是通过某种模仿就能形成的，信息城市的出现有其特殊的规律。正如工业城市不是曼彻斯特在世界范围的复制一样，正在出现的信息城市也将不是“硅谷”的复制，洛杉矶还只是洛杉矶。卡斯特尔认为，由于建立在知识基础之上、围绕网络组织起来和部分地由流的空间组成的特性，使信息城市不是一种形式，而是一个过程，一个以流的空间的结构性支配为特征的过程。信息城市是社会信息化的体现。卡斯特尔还分析了世界城市形成的力量基础，构造了所谓“发展的信息模式”（information mode of development），并认为所谓的世界城市就是他所说的信息城市。他指出，在信息时代开始时，作为我们生活的物质基础的技术、社会和空间的相互作用逐渐产生了一个新的“城市—区域”过程，信息城市的兴起成为一种必然。在这个“城市—区域”过程中，信息流空间正逐渐取代城市空间。信息流空间也具有一个特殊的结构，即网络。在信息流空间中，新的产业和新的服务性经济根据信息部门带来的动力运行，然后借由信息交流系统来重新组合。由于信息没有空间特征，信息技术也使得地理摩擦几乎为零，因此，世界经济当然会由地方空间转向流的空间。这时，新的专业管理阶层控制着城市、乡村与世界相互联系的专用空间，生产与消费、劳动与资本、管理与信息之间发生着新的联系，从而创造出新的国际经济。这就是信息技术使得信息空间成为不可逆转的经济和实用组织的空间逻辑，也就是网络社会信息城市得以出现的技术逻辑。

2.1.6 面向全球化的城市空间与世界城市

“世界的压缩和世界作为一个整体的意识的强化”❺，不仅仅是对全球化的一种理解，更重要的是建构了一种全球化的话语。信息技术与弹性生产使得生产变得比以往任何时候都要广泛，遍布了世界所有有人居住的地方。东亚新兴工业化国家的兴起，硅谷和南加州市郊科技园的新工业空间的创造，类似于鲁尔工业区的许多老制造业区域蓬勃生长的文化创意产业，生产的全球性与全球性的生产已经要求我们必须跨域地区的界限，以一种全新

❶ Castells M. The Rise of the Network Society［M］. Oxford：Blackwell，1996.
❷ Castells M. The Rise of the Network Society［M］. Oxford：Blackwell，1996：154
❸ Castells M. The Rise of the Network Society［M］. Oxford：Blackwell，1996：156.
❹ Castells M. The Rise of the Network Society［M］. Oxford：Blackwell，1996：398.
❺ R·罗伯森．全球化［M］．伦敦：萨吉，1992：8.

的全球化术语来研究重构中的全球性空间经济与全球化的城市社会空间。正如曼纽尔·卡斯特尔所言，“从以信息为基础的生产和竞争中产生的全球经济是以它的独立性、不对称性、区域化、各个地区不断发展的多样化、选择性的综合、排他性的分割，以及作为所有这些特征结果的用于揭示历史的经济的地理学的可变几何学为特征的。”全球化将对城市和区域的社会和空间产生有史以来最全面的冲击。

早在1966年，英国城市社会地理学家彼得·霍尔（P. Hall）发表了《世界城市》（World City）一书，将具有世界性影响的大都市称为世界城市，第一个提出了“世界城市”概念。他指出，在经济全球化背景下，由大城市组成的城市网络，成为跨国界经济活动的主要组织框架。其中，世界城市作为全球化经济的空间节点，承担着世界性调控和集散功能。

1986年，代表着全球化时代城市理论新传统的“洛杉矶学派”尚处于萌芽阶段，当时的代表人物弗里德曼发表了《世界城市的假设》，他把世界城市的假设归为互相联系的七部分：①城市与世界经济整合的形式和范围，在新的劳动力分工中赋予城市的功能，这些都对出现在其内部的结构性变化起到决定性作用。②世界主要城市都被全球性资本用作生产和市场的空间组织和联结的“基本点”。最终的联结可能导致世界城市成为复杂的空间等级体系。③世界城市的全球性控制作用直接反映在生产部门和雇佣领域的结构和动态中。④世界城市是国际资本集中和积累的主要地点。⑤世界城市是大量国际和（或）国内移民的目的地。⑥世界城市的形成使工业资本主义的主要矛盾——空间的和阶级的分化——成为焦点。⑦世界城市的成长使社会成本增长速度超过了国家的财政能力。世界城市的假设有效地明确了一种以城市为中心对全球化进行讨论和研究的路径，引导了一代“世界城市”学者的研究。从20世纪90年代后期开始，以英国Loughborough大学为基地的全球化与世界城市研究小组（Globalization and World Cities）也开始成为这一研究领域中最具影响力的学术机构之一。其中特别引人注目的是泰勒（P. Taylor）等人采用“网络方法”（network approach）研究全球化时代的世界城市体系，与弗里德曼的“属性方法”（attribute approach）形成鲜明对比。所谓“网络方法”是以生产性服务领域（如金融、保险、会计、法律、广告、管理咨询等）中世界知名企业的总部和分支机构的全球分布状况为线索，由此不仅可以判断世界城市体系中各个枢纽城市的等级关系，而且能够分析它们之间的关联程度。从“属性方法”到“网络方法”，对于全球化时代的世界城市体系的研究取得了重要进展。

在全球化进程中，世界城市体系不仅具有等级化（hierarchy），而且表现出区域化（regionalism）的趋向，即以国际大都市为核心的城镇密集区域在全球经济中的影响越来越显著，被称为全球城市区域（global city-regions）。1999年出版的由斯科特（A. J. Scott）主编的《全球城市区域：趋势、理论、政策》（Global City-Regions：Trends，Theory，Policy）一书，从经济、社会、文化和政体等方面探讨了全球城市区域的最新发展动态和未来趋势及其与全球化进程的关系。斯科特也与Edward W. Soja等，还有之前的弗里德曼共同汇合成全球化时代城市理论的新典范：洛杉矶学派。

然而在洛杉矶学派另一位领军人物Edward W. Soja看来，包括弗里德曼在内的世界城市研究越来越偏离全球化对城市空间的影响，转向了世界范围内城市间联结的研究，讨论的是如何更好地辨别“世界体系中的世界城市”和描述世界城市的等级体系。而跨越这一研究方法重新把握都市全球性的则是另一种研究路线，这就是芝加哥大学社会学系教授丝奇雅·萨森（Saskia Sassen）所倡导的全球城市研究。她把注意力集中在全球的“社会秩序”和“支配功能”，而非世界城市，尤其集中在世界城市体系的三个顶点：纽约、伦敦和东京。当然，萨森的研究路线事实上也源自于弗里德曼的研究谱系。20 世纪 80 年代早期，萨森开始着手全球城市的研究，并曾在 UCLA 都市规划系作短期的访问，主要受到世界体系理论和弗里德曼等学者的影响。在 Edward W. Soja 看来，她一开始就把视点落在都市全球化的一个特性上，即“核心”城市的“边缘化”，使用的术语都带有沃勒斯坦世界体系理论和历史社会学的影响。❶

直到 1991 年，萨森发表了《全球城市：纽约、伦敦、东京》一书，成为创建全球城市理论的代表人物，并被视为有关全球化带来的经济、政治和社会影响的主要代言人之一，萨森的全球城市研究才与弗里德曼分道扬镳。她从世界经济体系的视角切入，探讨城市中服务业的国际化程度、集中度与强度，通过分析来诠释城市。萨森把全球城市定义为发达的金融和商业服务中心，功能主要表现在四个方面：①作为全球经济组织中高度集中的控制点；②作为金融和特殊服务行业的主要场所，且这些行业已取代制造业成为主要的经济产业；③作为包括创新生产在内的主导产业的生产所在地；④作为产品和创新的市场……对大量的资源集中控制，同时金融和特殊服务业也重构了城市的社会经济秩序。萨森强调，全球城市不仅是协调过程的节点，而且还是特殊的生产基地。全球城市所生产的是高度专业化的服务和金融产品。她认为，生产者服务业集中在全球城市，这些城市逐渐成为“全球性服务中心”，形成以金融、保险等生产者服务业为核心的新的产业体系。2002 年，萨森又主编了《全球网络：相互关联的城市》（Global Network：Linked City）一书，邀请各国学者，从全球城市网络的角度进行大都市的案例研究。

全球城市的出现，使得跨国公司对全球经济的正常运行正在发挥越来越重要的作用。他们通过在世界各地的生产资源的整合，采用投资建厂或业务外包的形式，建立起世界范围的工厂或制造飞地。在这一生产体系下，不同生产环节之间产生大量的零部件或中间品贸易，其中大量的零部件或中间品贸易体现为国际贸易或离岸贸易的形式，并对所在地的进出口和就业产生重要影响。❷ 然而，彼得·霍尔（2001 年）指出，全球城市仅仅指明少数、单个城市的属性特征，忽视了城市体系内个体间的相互联系，他认为全球城市区域能够概括散布诸多全球城市的巨大、复杂、混合的城市区域范围。其他学者也试图论证这种更加均衡和具有包容性的城市（区域）模型：Douglass（2001 年）认为，以资源争夺为目的的城市竞争具有局限和浪费性，建议建立新的生产方式，以城市合作代替城市竞争；Ohmae 认为全球城市区域将带领一种更大网络和具有共同目标的经济组织形式产生，那些

---

❶ Edward W. Soja. 后大都市　城市和区域的批判性研究［M］. 李钧译. 上海：上海教育出版社，2006：290.

❷ 徐康宁. 国际生产网络与新国际分工［J］. 国际经济评论，2007（6）.

发展较好的区域在提升自身实力的同时，也将为其他欠发达城市和地区提供发展机会。弗里德曼（2002年）反对当前外生的城市发展模式，认为内生发展能以协作关系让每个城市获得发展机会，将总体成本降到最低。Stren认为，全球城市区域兼顾到不同层级城市（区域）发展，必然成为带动发展中国家经济增长的重要引擎。

全球化时代的城市被广泛地联结在一个巨大的网络中，在这个网络中，城市之间不仅有合作和共赢，同时也有着竞争和取代。美国卡耐基·梅隆大学公共政策学院的理查德·佛罗里达教授新近出版了《创造阶级的兴起》，该书迅速被列入畅销书排行榜前列。佛罗里达在书中试图回答的一个重要问题就是，为什么有的城市欣欣向荣、蓬勃发展，而有的城市毫无生气、没有发展。他给出的解释是，关键在于这座城市有没有创造阶级。该论述随后被《哈佛商业评论》评为2004年最具突破性的观点之一。创造阶级就是有创造力的人，在开放的社会系统中，创造阶级本身即是区域间竞争和抢夺的对象。2002年佛罗里达用美国有创造力的人在区位选择方面的证据，说明过去是公司区位吸引了人，现在是有创造力的人（比钱财更有价值）吸引公司；区域经济发展依赖有创造力的人，公司将会搬到有创造力的人居住的地方。而这些有创造力的人喜欢住在对技术、才能和宽容（3T）三方面排名很高的城市，喜欢在多样化、容易接受新想法、容忍度高的地方发展。❶

全球化和信息化的加速使得城市经济不再停留于国家经济体系一个等级，而是跨越国家范畴、打破垂直界限、链接全球运行的若干自然、经济和机构的网络。城市密集地区从传统意义的地区内“城市—区域”关系演化为“城市（区域）—全球”新的关系形式。这一趋势一方面使得城市聚集能力（经济、政治与文化能量）和空间极化更加明显，国家内的城市密集地区数量和作用不断提高；另一方面，随着城市密集地区内具有国际经济强大支配力的全球城市数量不断增加，这些全球城市以及城市之间的合作联盟带动整个城市（区域）成为全球性核心区域。全球竞争时代城市发展的新特征，激发了学者研究城市（区域）发展趋势的兴趣。Batten的网络城市（Network Cities）、斯科特的“都市区—腹地”系统、Ohmae的“区域国家”（Region-state）等都是对未来空间形态的大胆构想，虽然他们的图景构想不尽相同，但其中不乏共性观点：①世界是展开城市竞争的基础平台；②全球经济功能分工将促使地域空间联系更加紧密；③某些节点在全球经济网络中的地位将更加突出和明显。与此同时，Douglass（1992年）和McGee（1997年）等人预测未来城市（区域）空间发展将形成二级层级的全球城市体系：①全球性核心、具有强大支配力的全球城市（Global City）处于首要地位；②随着发展中国家（尤其是亚太地区）的都会区地位和作用不断提升，其将构成次级全球城市体系。❷

全球经济和网络社会并没有带来一个均衡和对称发展的世界环境，从全球生产与社会要素的集聚形态看，大部分经济文化活动仍具有相当的地方性和区域性。受城市与区域之间高度联系与有机分工的影响，城市密集地区表现为不同的形态特征，如大都市带、都市

❶ 参见：R. Florida. The Rise of the Creative Class: And How It's Transforming Work, Leisure, Community and Everyday Life [M]. Philadelphia: Basic Books, 2002.

❷ 易千枫，张京祥．全球城市区域及其发展策略［J］．国外城市规划，2007（5）．

圈、都市区等，但任何城镇空间聚集体的生长、演化及其内部经济的发展过程都是相互促进、紧密相关的。随着城市密集地区作为"全球经济发展的控制中枢"、"制度与文化创新的源空间"、"技术和信息广泛交流的地区"的战略地位日益明显，逐渐成为包括发展中国家在内的各个国家和地区经济增长最快的区域。从全球整体来看，由于全球化作用的进一步深化，某些城市密集地区正在成长为全球经济体系的重要节点——全球城市区域（Global City Region）。❶

由于资本控制能力和商品链不断"上调"（upscaling）到全球或超国家层次，生产能力和产业竞争力不断"下调"（downscaling）到地方区域层次（萨森，1991 年），全球二级城市体系网络日益明显，全球化已经扩散到世界每一个角落并席卷几乎所有国家和地区。随着 21 世纪"区域"成为参与全球竞争的基本单元，为了在全球经济中不被边缘化和保持可持续发展地位，通过区域复兴、区域联盟以及区域创新等手段来强化城市（区域）整体实力，已经成为各个国家政治权力机构与经济发展机构的主动要求。

自 20 世纪 90 年代后期开始，伴随着制度经济学、经济社会学的兴起，新增长理论、新地理经济学以及竞争优势与战略研究的展开，有关创新、学习、知识、空间集聚的研究日益成为城市社会学研究的一个中心议题。而关于福特主义向后福特主义转型的争论以及对"新产业空间"、"新产业区"、"高技术产业"、"文化经济"、"老工业区"的研究，则受到了经济全球化与地方化论争的强烈冲击，同时也受到了如何将局部经验案例所提炼出的理论模式一般化的挑战。这些学科内外因素促使城市社会学家、经济地理学家进一步思考在全球经济组织中区域竞争优势的根本源泉，从而出现了围绕创新、学习、知识来重塑区域发展理论—区域内生能力的思潮，并由此形成了关于区域竞争优势的"新区域主义"。欧洲一些新经济地理学家有效吸收了经济社会学家格兰诺维特的"嵌入"思想，并将其同经济全球化联系起来，从而调和了全球化与地方化两种极端的观点，强调全球地方化的过程及"制度厚度（绵密性）"❷ 的作用，认为制度化过程支撑和激励着区域创业精神的扩散、共有的编码知识与意会知识的建构、创新能力的提升及信任与互惠的拓展，从而使全球经济的"增长极"成为全球网络中的"新马歇尔节点"。❸

新区域主义致力于探索有效的地域空间组织模式和区域协调发展机制，以实现社会、

---

❶ 易千枫，张京祥．全球城市区域及其发展策略［J］．国外城市规划，2007（5）．

❷ "Institutional Thickness"是西方经济地理学与城市社会学研究交叉后，产生"文化转向"与"制度转向"的新经济地理学研究范式中的一个关键概念。美国犹他州立大学国际与公共事务学院的魏也华教授将它译为"制度厚度"，台湾大学建筑与城乡研究所的杨友仁博士则译为"制度绵密性"，概念被理解为一种"制度化过程"，支持并刺激一种扩散了的企业家精神与发展意识，环绕着一个共同发展目标（agenda）的地方制度动员与结盟过程。Amin 和 Thrift 界定了"Institutional Thickness"的四种要素：①制度性存在（安排），即各种关乎社会、经济和政治实践之组织的存在，包括地方政府、厂商、社会组织等；②网络，这些组织之间具有"镶嵌"特性的互动联系存在，强（弱）连带使得持续的创新行为可以帮助信任关系的社会镶嵌；③权力结构，支配、控制不同的资源与权力基础，是有机的联盟和有效的支配结构，有助于不同利益的调整、减少莽撞的个体自私行为，导向经济生活的"统合化"；④地方共同的企划，一种关乎"进展式的地方感"的共识建立，而非狭隘的封闭式的地方发展心理结构。参见：杨友仁．经济地理学的制度转向——一个理论性回顾与研究取向的建议［J］．"国立"台湾大学建筑与城乡研究所学报，2004：69－80.

❸ 苗长虹，魏也华．技术学习与创新：经济地理学的视角［J］．人文地理，2007（5）．

经济及生态环境的综合可持续发展。相比传统区域政策，新区域主义的先进之处在于：①强调区域不可或缺的价值，并认为区域应该成为现代经济政策关注的焦点；②鼓励区域内多元主体互动、激发内生发展潜力的各种长期政策与行动；③各种区域政策的关键在于增强“合作网络”的集体认识、行动与反应能力，强调经济与社会行为的区域化特征；④改进区域发展的经济、社会与制度基础，培育区域的持续发展能力等。[1]

区域的持续创新能力被广泛认为是获取全球竞争优势的决定因素，英国学者菲利浦·库克（P. Cooke）在1992年首次指出区域创新体系（RIS：Regional Innovation Systems）是由地理上相互分工与关联的生产企业、研究机构和高等教育机构等构成的区域性组织体系，这种体系支持并产生创新。在此之后，关于区域创新体系的研究不断加深，特别是在所谓的全球地方化与地方全球化的论争中，区域竞争优势、产业集群和产业升级、地方政府行为、区域创新环境营造、创新支持体系的研究成为20世纪90年代后期以来尤其是21世纪以来城市社会学家、新经济地理学家们探索的热点。一般而言，区域创新体系主要是由参与技术创新和扩散的政府机构、企业、大学和研究机构组成的，具备内在的相互关系，为创造、储备和转让知识、技能和新产品提供媒介的网络系统。[2] 在区域创新体系中，充足的相互联系的机构组织（大学、研究院、中介咨询机构、政府部门等）以及“边干边学”（learning by working）的精神促使创新、传播带来知识外溢和技术外溢，技术、制度以及管理等多种形式的创新保持了集群区内稳定、活跃的发展环境。同时，地域性社会文化基础本身的良好特质也是产业集群的重要人文环境。

从古典时代到现今的全球城市网络，西方城市化进程与城市社会学理论的发展已经走过了100多年从“地方”到“全球”的历史转向。在当今信息化、全球化、网络化的社会时空中，区域的地方性将被逐渐打散，城市、国家、世界都是由一个信息的回路组成。城市、郊区、农业区将不存在绝对差别，我们无法用传统的工业—农业模式去审视可居住地表的社会空间差异。在当下每个地方的全球化与本地化过程都在同时进行，并重新形成自己的文化属性，比如硅谷与橙县所形成的高科技产业聚集带不仅仅是经济的产物，而且形成了自己的空间文化特质。在世界的“平”与“不平”之间，如何实现城市、区域竞争的创新优势正在成为讨论的主题。与此相关的“创造阶级”、“创造场”（creative field）、集体学习、实践社区等也正成为新锐城市社会学家们关注的焦点。

通过对西方城市化进程与城市发展理论发展的回顾，我们可以获得一个典型城市化实践历时态的观察轨迹，同时与城市化实践变迁相伴的西方城市化理论的不断发展，也为我们观察中国城市化进程提供了极其丰富的想象力和拓展空间。正如前文中提及的那样，改革开放以来中国城市化的进程恰恰同样是当代中国经济社会发展空间不均衡的过程，尽管2008年全国的城市化水平已经达到45.68%，有超过6亿的城镇人口，但是由于中国是一个超大体量国家，发展上有严重的空间不均衡性，“当代的中国正处于一个梯度社会转型

---

[1] 易千枫，张京祥．全球城市区域及其发展策略［J］．国外城市规划，2007（5）．

[2] 李建强，屠启宇等．大学校区、科技园区、公共社区联动发展：区域创新体系建设的理论与实践［M］．上海：上海社会科学院出版社，2007：50.

与进化的过程之中，在'自然经济的原始村落'和'后工业社会'之间还存在着多种社会类型，还有一个长长的序列阶梯类型，这才是当代中国社会存在的完整意义。"❶ 如此剧烈的空间不均衡过程，其实从另一个侧面也折射出，在当代中国的东部相对发达地区，其城市化的进程与内容要远比内陆区域更加丰富，两者经历的社会时空完全不可同日而语，当很多内陆地区还在为"城市化"还是"城镇化"争论时，被称为"中国对外贸易晴雨表"的昆山出口加工区已经在谈论区域创新体系构建，拥有8个"国"字头生产（采购）基地的玉环已经在讨论全球价值链中的地方升级问题。因而在某种程度上说，对中国城市化先发地区的研究已经涵盖了后发地区的城市化内容，正如城市社会学家卡斯特尔在《网络社会的崛起》一书中所说的，"空间是个时间的切面"❷，全球化让空间流动、让"距离"死亡，但是时空感的无法抹平无法让世界真正变成平的，同一个切面同时意味着先到者的起点和后来者的终点，前者所经历的过程和展现的社会时空背景就是对后者作一种展示，即昭示着后者将面对的一个怎样的历史图景，为后者在这份历史图景前如何抉择带来一份想象和参考。

2.2 关于中国城市化进程与研究的讨论

2.2.1 对改革开放前中国城市化进程的研究

中国是世界上城市起源和发展较早的国家，但关于城市和城市化的研究起步较晚。1949年以后，新中国建立社会主义制度，城市化一度被认为是资本主义的特有规律，在社会主义条件下并不存在城市化现象，受这一意识形态影响，中国大学和科研机构的设置基本很少涉及城市方面，无论是历史学、经济学、社会学还是地理学开始转向城市与城市化研究，在时间上都与改革开放这一重要历史篇章紧密相关。故而在20世纪70年代以前，中国学者几乎很少有进行相关的城市与城市化研究的。

然而中国城市化的海外研究可以追溯到20世纪初，早期的研究者大部分是从事中国学研究的汉学家，他们一般从历史学、社会学、人类学、民俗文化等角度进行研究。❸ 马克斯·韦伯在《中国宗教》与《城市》两书中，就对中国城市的起源、特征作出了解释，他将西欧城市视为城市的理想类型，而中国城市则不然。对韦伯而言，城市是现代西方工业资本主义特有的产物，是资本主义、理性精神、自由平等的理念及民主制度的体现，而中

❶ 根据南京大学张鸿雁教授的判断，当代中国城乡社会的多梯度的社会类型，大体上可以分为六种社会文化类型。简单概括为：①以自然经济为主的典型传统封闭型区域社会类型；②以传统农业为主，农业与局部工业经济混合的区域社会类型；③农业与工业相辅相成发展的区域社会类型；④以工业化为主、农业经济为辅的工业成长型区域社会类型；⑤新兴工业化发展的区域社会类型；⑥（准）后工业社会的区域社会类型。可以这样断言，在某种程度上中国现代化集中体现在城市化与城市社会变迁的过程之中。中国存在着"六阶段区域社会类型"的"城乡多梯度差异社会结构"，必然催化中国城乡社会的结构性变迁，向社会的整体城市化及后工业社会转型。参见：张鸿雁．论当代中国城乡多梯度社会文化类型与社会结构变迁——依据"社会事实"对"二元结构"的重新认知［J］．南京社会科学，2007（11）．

❷ 曼纽尔·卡斯特尔著．网络社会的崛起［M］．夏铸久，王志弘译．北京：社会科学文献出版社，2001：504.

❸ 顾朝林，于涛方，李王鸣等．中国城市化 格局·过程·机理［M］．北京：科学出版社，2008：5.

国城市在这方面则是失败的，韦伯将其原因归结为，政治体制的特性与中国的特殊社会结构，并以欧洲城市作为普世模式，断言中国历史上根本没有城市。❶ 这个断言后来被学术界广泛称为“韦伯命题”，对“韦伯命题”的讨论后来还被更多地演绎为另外一个广泛受人文社会科学界讨论的问题，就是关于中国作为具有悠久历史文化传统的国家，自近代以来却一直未能实现资本主义，并因而未能实现西方式城市化的讨论。对于中西方城市发展的历史逻辑比较，傅筑夫从中国与西欧古代城市形态及城市经济的特点入手，指出从古代到近代，中国的都城是统治阶级根据政治、军事需要而有目的、有计划兴建的，从秦汉到明清，城市的性质结构的管理制度基本类似。❷ 张鸿雁教授曾先后将中国先秦时期、春秋战国时代的城市国家与古希腊的城邦制度，将西欧中世纪城市与中国封建社会城市进行比较（表2－2）。赵纲也认为“中国历史上的城市化过程并非一个正常过程，在世界上是独一无二的特例”❸，而所谓的“正常过程”就是欧美国家（以及日本）近代城市发展的过程。

西欧中世纪城市和中国封建社会城市要素比较❹ **表2－2**

西欧中世纪城市	中国封建社会城市
私营商人是有独立地位的阶层	私营商人未能形成独立的阶层
手工业者是独立阶层	手工业者未能形成独立阶层
大量纯工商业城市存在	个别现象
工商业者自己的行会	无
以工商业者为主体的市民社会	无
城市联盟（工商业保护联盟）	无
开放型城市市场	宋代始出，又一度萎缩
“城市法人”及城市自治地位	无
市民及市政府选举	无
无	郡县治所城市制度
城市所属银行	无
城市居民以工商业者为主；乡村以王公、贵族、僧侣、农民为主	城市里以皇族、贵族和官吏及平民为主；乡村是农民

在韦伯和杰尔斯看来，儒教作为中国的统治思想客观上阻碍了中国的资本主义和城市化发展，促进了乡村主义的壮大。受到“韦伯命题”的影响，20世纪60年代以前美国的中国研究主要有三大流派：以费正清（John K. Fairbank）为代表的“冲击—反应”模式（impact－response model），以李文森（Joesph R. Levenson）为代表的“传统—现代”模式

❶ 熊月之等. 中国城市史研究综述［M］//马学强，郁鸿胜，王红霞. 中国城市的发展 历程、智慧与理念. 上海：上海三联书店，2008：376.

❷ 傅筑夫. 中国古代城市在国民经济中的地位和作用［M］//中国经济史论丛（上册）［M］. 北京：三联书店，1980：321－386.

❸ 赵纲. 中国城市发展史论集［M］. 台北：联经出版事业公司，1995：139－140.

❹ 张鸿雁. 论中国封建城市经济发展的总体特点［J］. 中国史研究，1997（3）.

(tradition - modernity model)，以及“帝国主义论”，对于中国近代社会的剧变，他们普遍认为中国社会基本处于一个长期的循环往复或停滞状态，尽管总有突破传统社会框架的内部动力，但直到19世纪中叶遭遇西方列强冲击后才发生近代社会的剧变。从20世纪60年代中后期开始，有学者对上述解释中国社会的分析框架提出批评，柯文（Paul A. Cohen）就指出这种观点是典型的“西方中心主义”。这批新一代的中国学研究者一方面尖锐地批评“西方中心论”的弊端，另一方面积极倡导以中国为出发点进行实证研究，在20世纪70年代出现了“中国中心观”的新潮流。

所谓中国中心取向，是指“从中国而不是从西方着手来研究中国历史，并尽量采取内部的（即中国的）而不是外部的（即西方）准绳来决定中国历史哪些现象具有历史重要性”。为了避免不必要的误解，柯文提醒人们：“我使用‘中国中心’一词时绝对无意用它来标志一种无视外界因素，把中国孤立于世界之外的探讨这段历史的取向；当然我也无意恢复古老的‘中国中心主义’（Sinocentrism），即含有世界以中国为中心的意思。我是想用‘中国中心’一词来描述一种研究中国近世史的取向，这种取向力图摆脱从外国输入的衡量历史重要性的准绳，并从这一角度来理解这段历史中发生的事变”。❶ 斯坦福大学人类学教授施坚雅也是“中国中心观”的代表人物，他的中国中心取向、注重区域与基层的跨学科研究方法被视作“中国中心观”方法论的经典，而他稍后主导的国际学术界对中国城市史的研究则是一场精彩的跨学科研究协同作战。1977年主编完成的《中华帝国晚期的城市》（The City in Late Imperial China）集结了来自历史学、社会学、地理学、政治学、人类学、宗教学等不同学科的学者，这本书被柯文誉为“一种带有划时代意义的创举”。

施坚雅解析中国社会变迁状况的分析模式也被称为“施坚雅模式”。“施坚雅模式”包括集市体系理论和区域体系理论，前者主要研究中国乡村社会，后者主要研究中国城市化。❷ 黄宗智认为，“施坚雅的贡献是把中国的基层社会做出了一个极其清楚的模型，使下一代的学者清楚地分辨自然村、集市、镇、县城等中国基础社会结构的不同部分”❸，施坚雅也因此被公认为美国中国学研究的第二代领军人物。在施坚雅看来，“中华帝国晚期的城市，总的说来并不具有沃思或雷德菲尔德所谓‘城市’的特色，只是‘前工业化城市’的可怜样板而已，而且还只是极不完满的‘东方型城市’”。“中国”城市与“前工业化”城市或“东方型”城市一样，也是一种构想出来的理想类型。❹ 从比较分析的观点上说，前现代中国城市是一个比较独特的文化类型。

施坚雅综合考察商业贸易、人口密度、劳动分工、城市腹地等因素，并结合流域分布图，认为中华帝国晚期存在九个具有经济史意义的区域，提出了将中国本土划分为岭南、东南沿海、长江下游、长江中游（施坚雅曾从长江中游分出长江—赣江区域作为另一区域）、长江上游、西北、西南、华北、东北的大区域研究模式，并将中国的市场体系划分

---

❶ 柯文．在中国发现历史——中国中心观在美国的兴起［M］．林同奇译．北京：中华书局，1989：167，174.

❷ 任放．施坚雅模式与国际汉学界的中国研究［J］．史学理论研究，2006（2）.

❸ 黄宗智．三十年来美国研究中国近现代史（兼及明清史）的概况［J］．中国史研究动态，1980（9）.

❹ 施坚雅主编．中华帝国晚期的城市［M］．叶光庭等译．陈桥驿校．北京：中华书局，2000：4.

为八个等级的区域经济中心模式，从上至下依次为：中央首府、地域首府、地域都市、大城市、地方城市、中心市镇、中间市镇、标准市镇。他的这种划分，不仅打破了传统的以政治边界（即省份）划分中国的方法，而且直接改变了自20世纪20年代以来西方学界认为中国城市化无从谈起的韦伯模式。施坚雅强调，把中国疆域概念化为行政区划的特点，阻碍了我们对另一空间层次——由经济中心地及其从属地区构成的社会经济层级——的认识，他甚至认为中国九大区域是有序的整体，均有独特的结构功能和以中心城市为核心的经济发展周期，而这种周期应该取代王朝周期，成为学者们考察中国城市化水平、研究中国社会的基石。

施坚雅区域研究方法对中国城市化研究的一大贡献，还在于向人们展示了区域系统在实践和空间上的动态感，"因为它不是把城市作为离散的、孤立的单位加以讨论，而是把它们看做与腹地之间，以及其所在之区域的其他大大小小城市之间相互作用的单位。在时间上，这种分析方法也动态的，因为它认为所有的区域系统都经历了发展与停滞的循环过程，这种过程在某种程度上与王朝的兴衰更迭相一致，但是在某种程度上又按照自己特有的节奏发生变化"，该方法的另一特点在于"突出了各个区域之间以及每一区域内部的中心地带与边缘地带之间，在空间与时间上存在的差异"。❶"施坚雅模式"强化了中国问题研究应该具备的时空感，启发人们将地理条件、时间及空间因素纳入到研究思路之中。在施坚雅的影响和推动下，国际学术界在20世纪70年代集中力量研究中国城市化问题，出版了多本论文集。❷同属加州尔湾学派的王国斌和彭慕兰在驳斥西方中心主义时均借鉴了施坚雅的研究成果，王国斌指出，施坚雅对中国城市和市场网络的重要性作出了"开拓性"研究❸；而彭慕兰也强调，他把研究重点放在区域性经济现象的分析上，是受到了施坚雅的启发，并在具体研究过程中借鉴了施坚雅人口史、城市史及流动策略的观点。❹值得注意的是，在近年黄宗智与彭慕兰之间关于近代江南经济是"发展"还是"内卷"的论战中❺，双方均引用施坚雅人口统计数据作为论辩的证据。斯波义信在研究宋代江南社会经济的变迁时，也自称受到"施坚雅教授地域社会分析法的启蒙"❻，尤其是斯波义信对宁波的个案研究，不仅得到施坚雅的指点，而且成为运用施坚雅模式研究中国城市史的经典之作。施坚雅称："斯波义信关于宁波城市经济的描述，再现有论述传统中国城市的英语著作中，很可能是最完备的一种了。他的分析把城市内部结构与其腹地结构联系起来，也

❶ 柯文．在中国发现历史——中国中心观在美国的兴起［M］．林同奇译．北京：中华书局，2002：181.

❷ 20世纪70年代施坚雅、伊懋可（Mark Elvin）、约翰·威尔逊·刘易斯（John Wilson Lewis）等人主编的三册中国都市史论文集是《共产中国的城市》、《两个世界之间的中国城市》和《中华帝国晚期的城市》，由斯坦福大学出版社出版，是战后西方中国城市研究中的开创之作。

❸ 王国斌．转变的中国——历史变迁与欧洲经验的局限［M］．李伯重，连玲玲译．南京：江苏人民出版社，1998：34.

❹ 彭慕兰．大分流：欧洲、中国及现代世界经济的发展［M］．史建云译．南京：江苏人民出版社，2003：（"中文版序言"）6.

❺ 黄宗智．发展还是内卷？十八世纪英国与中国——评彭慕兰《大分岔：欧洲，中国及现代世界经济的发展》［J］．李放春译．历史研究，2002（4）；彭慕兰．世界经济史中的近世江南：比较与综合观察——回应黄宗智先生［J］．史建云译．历史研究，2003（4）.

❻ 斯波义信．宋代江南经济史研究［M］．方健，何忠礼译．虞云国校．南京：江苏人民出版社，2001：4.

愈加值得注意。他对宁波的地区和城市贸易体系的论述，为拙作中光有骨架的模式添加了血肉；在强调地区经济所依的地方体系专业化时，他以理论上很重要的方式补充了我的叙述。”❶

《中华帝国晚期的城市》一经译出中文版，对中国学界的城市与区域的社会经济研究及城市群研究产生了理论上的启蒙作用。王笛运用“施坚雅模式”详尽分析了清朝时期长江上游地区的区域贸易、城市系统与市场网络，包括集市的作用与功能、市场密度与农民活动半径、高级市场与城镇发展等一系列问题❷。王笛充分肯定“施坚雅模式”，称“美国学者施坚雅将中心地理论运用于长江上游城市系统的研究，取得了令人瞩目的成果”。❸单强关于江南城市与市场的研究也借鉴了施坚雅的概念，指出“建立在初级、中级市场基础之上的是城市高级市场，该体系又可分为三个层次，区域性大都市、地区性大城市和一般城市”。❹

事实上，施坚雅模式的影响还跨越了中国农村基层社会与中国城市和区域市场研究的学术边界，渗入了中国研究的政治学领域，施坚雅以市场结构与层级为切入点，但在视角上同时契合了西方学者对中国政治发展的关注。“他抓住了政府行政结构和市场结构的交叉点，尖锐地揭示了朝廷管理和驾驭文官及准官僚政府组织时多样化的、分别对待的策略和手段以及进行总控制的基本目标。同时，他也指出了整个中华帝国一个长期延续的发展趋势，即朝廷对地方事务的干预程度，无论在市场交易还是行政管理方面都在不断地降低，这种降低与帝国版图的扩大和区域间的不平衡发展是相辅相成的”。当施坚雅将中国农村市场结构首先作为一种经济体系，然后作为一种社会体系加以审视时，不可避免地要面对基层社会与市场的管理问题。施坚雅指出，基层市场与社会的权力结构与该结构对市场的控制不可分离，各种民间自发组成的团体和其他正式组织——复合宗族、秘密会社、庙会董事会、宗教团体等，都把基层市场社区作为组织单位，而控制这些组织的不是农民，而是乡绅和商人。❺ 对此，施坚雅提出了著名的“非正式管理”概念，即政府行政体系之外的有效运转的民间管理体系，这一体系与市场体系的层级、范围及功能相一致。从历史上看，传统中国乡村社会处于国家行政体系之外，施坚雅的基层市场社区基本上位于行政体系的最后层级——县级以下。随着近代国家政权建设，乡村社会也被逐步纳入行政体系而被结构化，但是施坚雅关于行政结构与市场结构交叉以及衍生的管理策略多样化或称区别对待，对于区域发展的空间不均衡有着极其深刻的意义。

当代中国区域经济的空间不均衡与地区城市化水平的差异，其背后的结构化动因、地区所处行政层级与市场层级以及地域社会非正式管理的控制策略，则正是我们观察当代中国城市化过程所要探寻的重要机理。当传统社会中的乡绅与商人被施坚雅认为是基层社会

---

❶ 施坚雅主编．中华帝国晚期的城市［M］．叶光庭等译．陈桥驿校．北京：中华书局，2000：303．斯波义信对宁波的研究成果，最先以《宁波及其腹地》为题收入施坚雅主编的《中华帝国晚期的城市》（1977 年）一书。

❷ 任放等．施坚雅模式与中国传统市镇研究［J］．浙江社会科学，2000（5）．

❸ 王笛．跨出封闭的世界——长江上游区域社会研究（1644—1911）［M］．北京：中华书局，1993：226．

❹ 单强．江南区域市场研究［M］．北京：人民出版社，1999：71．

❺ 参见：任放．施坚雅模式与中国近代史研究［J］．近代史研究，2004（4）．

与市场的主导者和控制者，那么当代中国基层地区城市化的过程，主导者与控制者又是谁？而又是什么样的地区管理策略的不同，带来了地区城市化过程的差异、地区经济社会发展水平与模式的区别？“施坚雅模式”不属于一种地方志或是民族志式的实证研究，它带给我们的更多的是一种构筑中层理论与地区解释框架的想象，而且施坚雅模式中对于多学科知识的驾驭实际上在为中国城市研究的学者们树立一个里程碑式标杆，这从另一个侧面也说明观察中国城市与区域发展的复杂性，当然这种复杂性也确实来源于中国社会各个区域中国家政权建设的混沌与市场体系的难以充分。

“施坚雅模式”对于“韦伯模式”的打破，使得中国“城市”研究重新被赋予意义，“简言之，首先，关于中国城市只存在单一模式的观点逐渐变得站不住脚；其次，以前认为受西方影响的开埠港口城市和中国本土城市之间存在着差别的观点也变得勉强，至少这两者之间的界限已经难以判断；再次，过去对于中国社会城市和农村较为流行的认识，不论认为两者间是自发的对立，还是相反认为两者彼此之间不存在明显的差异，都逐渐让位于对城市中心地及其区域腹地发展的相互联系程度的研究。最重要的是，我们开始越来越注重过去时代中国城市变革的一种或多种模式。”❶ 故而自“施坚雅模式”以后，中国的城市化历程特别是江南地区城市化发展的研究开始备受学术界的关注。

江南地区经过长期的开发，到明代“改田为桑”之后更是进入经济高度成长时期，最先显示出传统社会正在发生的变革，农家经营的商品化程度日益提高，以农民家庭手工业为基础的乡村工业化，在丝织业、棉织业领域达到了世界先进水平。15 世纪末 16 世纪初的“地理大发现”或者说“大航海时代”，第一次将全世界联系在一起，江南地区工艺精湛的生丝、丝绸、棉布不仅在国内广泛流通，同时也进入全球贸易的网络之中，海外的白银货币源源不断地流入中国。贡德·弗兰克（Andre Gunder Frank）把西方国家这种结构性贸易逆差称为“商业上的‘纳贡’”，他在《白银资本——重视经济全球化中的东方》一书中写道：

（1500 ~ 1800 年）整个世界经济秩序当时名副其实地是以中国为中心的……外国人，包括欧洲人，为了与中国人做生意，不得不向中国人支付白银，这也确实表现为商业上的“纳贡”。

“中国贸易”造成的经济和金融后果是，中国凭借着在丝绸、瓷器等方面无与匹敌的制造业和出口，与任何国家进行贸易都是顺差。因此，正如印度总是短缺白银，中国则是最重要的白银净进口国，用进口美洲白银来满足它的通货需求。美洲白银或者通过欧洲、西亚、印度、东南亚输入中国，或者用从阿卡普尔科出发的马尼拉大帆船直接运往中国。❷

---

❶ 罗威廉．导言：长江下游的城市与区域［M］//林达·约翰逊主编．帝国晚期的江南城市［M］．成一农译．上海：上海人民出版社，2005：1.

❷ 弗兰克．白银资本——重视经济全球化中的东方［M］．刘北成译．北京：中央编译出版社，2000：166 – 167，169.

从这个意义上讲，江南市镇已经领先一步进入了“外向型”经济的新阶段。❶ 基于此，赵纲认为，中国城市应分为“政治意义很强烈”的“行政区划的治所”即“城郡”（cities），和“基于经济因素而自然形成”的“市镇”（market towns），并指出“中国历史上的城市和市镇两者的性质不同，发展的过程也不同，要研究中国历史上的都市化过程，应该把城郡与市镇分开讨论”。❷ 罗威廉也认为，到19世纪早期，长江下游地区尤其是江南地区作为一个整体越来越繁荣而且明显地成为中国的一个城市地带。在彭慕兰的研究中，他在进行东西方比较时所选取的具有可比性的“单位”，就是将江南与英格兰相比，认为1750年的长江三角洲有人口3100万~3700万，相当于一个欧洲国家，其经济发达程度可以与英格兰加以比较研究。❸ 在书中他用大量篇幅批评黄宗智的“内卷化”理论，认为18世纪江南市镇的手工业经济比同时期英国的大地主经济更接近新古典经济学的原则（斯密的交换导致分工的原则），更能避免“内卷化”。吴承明在评论黄宗智与彭慕兰的论战时，也认为“18世纪，中国与西方比，无论在国富或民富上都胜一筹，至少旗鼓相当。但是富的不一定先进，往往更保守。中国在科技和制度（尤其法律和经济制度）改革上，已落后于西方了”。❹

从上述视角来看，明清时代江南市镇的乡村工业化已经达到相当高的水平，工业比重的升高，也使得江南市镇的社会经济结构发生变化。在大陆学者中，傅衣凌早在1964年就发表了《明清时代江南市镇经济的分析》，在“资本主义萌芽”研究框架下，最早涉足江南市镇研究，尤其是他提出的“专业市镇”概念，对后来的研究起了引领性作用。1970年台湾学者刘石吉通过对江南区域作的系统而全面的研究，以“专业市镇”为核心概念，刊布了其成名作《明清时代江南地区的专业市镇》。他将江南市镇划分为棉织业市镇、蚕桑业市镇、米粮市镇等类型，并认为明清以来江南专业市镇的兴起，配合与代表了新兴商业资本主义的扩张，在近代以前，有些市镇已经发展成为现代人文地理学者所定义的“充分成长的城市”（Full-Fledged City）。❺ 傅衣凌破除了将前现代中国城市简单地分为政治性城市和经济性城市的做法，从经济的层面对明清城市的特点进行分类：明清时代的城市经济，大约可以分成两个不同的类型：①“开封型城市”。这是典型的亚洲的消费城市，又是封建地租的集中地，工商业是为这个城市的地主服务的……②“苏杭型城市”。这些城市虽然也是封建地租的集中地，但工商业的比重较大。此外，还有不少和工商业生产直接有关的新兴市镇，如盛泽、濮院、王江泾、枫泾、洙泾等。他并且强调在“开封型城市”，“工商业是贵族、地主的附庸，没有成为独立的斗争力量，封建性超过了商品性”，“充满着腐朽、没落、荒淫、腐败的一面”；而在“苏杭型城市”，“工商业是面向全国的”，出现了“清新、活泼、开朗的气息”。❻ 李伯重在此基础上提出，实际上存在着第三种类型的城

❶ 樊树志．江南市镇：传统的变革［M］．上海：复旦大学出版社，2005：2.

❷ 赵纲．中国城市发展史论集［M］．北京：新星出版社，2006：186.

❸ 彭慕兰．大分流：欧洲、中国及现代世界经济的发展［M］．史建云译．南京：江苏人民出版社，2003：（“中文版序言”）2.

❹ 吴承明．从传统经济到现代经济的转变［J］．中国经济史研究，2003（1）.

❺ 参见：刘石吉．明清时代江南地区的专业市镇［M］//刘石吉．《明清时代江南市镇研究》论文集．北京：中国社会科学出版社，1987.

❻ 参见：傅衣凌．明清社会经济史论文集［M］．北京：人民出版社，1982：152，158.

市，将其命名为“新兴工商业市镇型城市”，并借用现代城市化研究的理论与方法，来分析明清江南城市化的情况，进一步将明清江南城市分为两种类型：“苏杭型”城市与“众星拱月”型城市（卫星城），以及“新兴工商业市镇型”城市与“群芳争艳”型的城市（中小城市群）。❶

而在新兴工商业市镇，由于乡村手工业的兴盛，“重织轻耕”开始越来越成为一个普遍的现象，农民不再把农业作为主业，而把工业作为主业。早在明代中后期，以出产“濮绸”文明的濮院镇四乡农家的经营重心就已由纯农业转移到蚕桑丝织业，而把农业看做副业，因无暇顾及，不得不雇石门、桐乡农民来“种跨脚田”。❷ 根据民国时代的调查，“盛泽的纺绸业，也是农村副业的一种……不过，盛泽纺绸业之为农村副业，和普通的副业有很大的不同的地方，普通所谓副业，如其名所示，是从属于农业的一种农暇时的职业，农民的主要收入，当然还是以农业为主。而盛泽的情形恰恰相反，从事纺绸业的农民，固然都有土地，而大部分都是自耕农，可是对于农业并不重视。他们的重要经济来源在于纺绸，这一年纺绸业如果兴盛，他们竟至于让土地区荒芜”。❸ 根据《盛泽镇志》，“盛泽农村，土著乡民多事机织，大部分农田归客籍人耕种。客民中务耕者，多来自温州、台州、处州及绍兴等地。”❹ 这种“重织轻耕”、“客籍人耕种”的历史景象，很容易让我们联想起20世纪80年代“苏南模式”之下，苏南农民“离土不离乡”进厂务工，农田雇佣外地农民耕种的一幕。而当代昆山的农业产业比重更是微乎其微，不管是农民控股的现代工业化都市农业企业，还是以电子资讯产业制造为主导的产业集群，都雇佣了来自全国各地的工人，世界笔记本30%以上的产量从这里流向全球市场……这一幕幕，虽然时空相隔，却又何其相似。

欧洲工业革命与工业资本主义强势崛起时，我们依然处在无法睡醒的制度与技术革新的前夜，自然萌发的江南早期工业化与城市化“久已凝固而无进步”。西方资本主义用坚船利炮敲开了中华帝国封闭的大门，这种野蛮式的进入敲打和改变着中国既有的工业化与城市化进程。用毛泽东的话来说，“外国资本主义对于中国的社会经济起了很大的分解作用，一方面破坏了中国自给自足的自然经济的基础，破坏了城市的手工业和农民的家庭手工业；另一方面，促进了中国城乡商品经济的发展。”这种解体首先表现在，在由外国资本主义入侵所带来的强大的现代工业文明面前，原有的耕织结合的纽带被大量低价倾销的外国纺织品的进口强行“剪断”。❺ 到了19世纪八九十年代，江南的土布市场已经基本上被洋布占领，传统的手工棉纺织业遭到破坏。以至薛福成会忧心忡忡地说，洋布所到之处，“中国之织妇机女束手坐困者，奚啻千百万人”。❻ 除了织布业以外，到了20世纪30

❶ 参见：李伯重．多角度看江南经济史（1250－1850）［M］．北京：三联书店，2003：391－393．李伯重．工业发展与城市变化：明中叶至清中叶的苏州［J］．清史研究，2001（1～3）．

❷ 樊树志．江南市镇：传统的变革［M］．上海：复旦大学出版社，2005：6．

❸ 河冰．盛泽之纺绸业［J］．国际贸易导报，1932，4（5）．转引自：吴江蚕丝业档案资料汇编［M］．南京：河海大学出版社，1989：187．

❹ 新编《盛泽镇志》［M］．南京：江苏古籍出版社，1991：451．

❺ 周晓虹．传统与变迁——江浙农民的社会心理及其近代以来的嬗变［M］．北京：三联书店，1998：91．

❻ 薛福成．强邻环伺谨陈愚计疏［M］//庸庵海外文编．第二卷．

年代，受现代丝织技术的影响，中国乡村的传统丝业也开始衰退。1934 年，由于日本向美国市场倾销蚕丝，中国蚕丝出口量仅为 1930 年的 20%。费孝通在《江村经济》一书中曾深入描述了世界市场的缩小是如何“带来了农村地区传统家庭蚕丝手工业的破产”的。❶外国资本主义对中国传统经济的冲击不仅表现在促使了家庭手工业与农业的分离，而且表现在将中国经济卷入了世界经济的洪流之中。19 世纪中叶以后，中国“经济确实变得越来越随着世界市场而变化，因而也变得更为脆弱”。❷ 在强大的工业资本主义面前，基于乡村手工业的中国早期工业化与城市化被迫让步，既有的进程不复存在，在现代工业文明的不断敲打下向其艰难而缓慢地转变。

然而，伴随着古老的中国向外部世界的开放，沿海地带尤其是长江沿岸城市也从传统经济中剥离出来，开始了自己的现代发展，并形成了一系列与内地相对立的特色：在物质和文化上都置于西方的示范效应之下；经济以现代商业和现代工业为主轴；文化上向工商社会的价值观念转移；租界的存在使行政和司法具有中国和西方双重主权和标准；最后，社会具有了面向世界的全方位的开放性质。❸ 到 20 世纪 30 年代前半期，中国经济面貌比 19 世纪末发生了根本变化，从割让香港、五口通商开始，西方列强随即又获得长江航运权，中国被打开的窗口开始从沿海、沿江、沿边到越来越深入内部，外贸口岸由 60 处增至 100 处以上；铁路由 370km 增至 1.4 万 km，运河的凋敝与铁路运输的兴盛，沿交通线的新型城市的出现；西方国家开采权的获得，带来资源工矿城市的出现，等等。在这样特定社会经济条件的影响下，中国城镇体系的职能组合机构与城市化进程发生了根本的变化。主要表现在：商埠开放，半殖民地半封建性贸易港口城市产生；近代交通（主要是铁路、公路）路线敷设，现代交通枢纽城市兴起；工矿资源被掠夺，近代工矿城市（镇）得到相应发展。❹ 数千年来传统社会条件下“欲开欲闭”的机制被彻底打破了，我们的自然城市化与工业化进程被敲碎，沿海、沿江、交通型、工矿型城市的发展进一步加剧了城乡之间、沿海与内地之间的不平衡。根据 1933 年的资料统计，当时全国总人口约 4.5 亿人，全国的大、中、小城市人口总计约 4600 万人，其中上海市的人口规模已达 348 万人，沿江城市约占全国城市总数的 2/5 以上（41.5%），主要城市的首位度可见一斑，城乡社会割裂程度严重。城市间、城镇间的经济联系相对被加强，中国城镇体系核心由政治、经济合一，逐渐演化为政治、经济、交通、贸易中心的分化，一个以沿海、沿江城市发展轴线为主体，具有分区中心城市的现代城镇体系基本框架开始形成。然而短暂的建设与发展，很快就被 20 世纪 30 年代以来的世界经济危机和随之而来的日本侵华战争所打断，城市在空间节点上作为控制一个国家的主要标志，成为战争各方反复争夺的焦点。到 1949 年解放战争结束时，中国的城市化水平跌到了近代以来的最低点，仅为 10.6%，甚至低于 100 年前 10.9% 的城市化水平。

新中国成立后到 1978 年改革开放之前的 29 年里，中国城市化的水平有了一定的提高，但是总体速度非常缓慢。在 1950～1980 年的 30 年中，全世界城市人口的比重由 28.4% 上

❶ 费孝通．江村经济［M］．南京：江苏人民出版社，1985：12.
❷ 谢和耐．中国社会史［M］．南京：江苏人民出版社，1995：353－354.
❸ 柯文．在中国发现历史——中国中心观在美国的兴起［M］．林同奇译．北京：中华书局，1989：143－144.
❹ 顾朝林．中国城镇体系——历史·现状·展望［M］．北京：商务印书馆，1992：132.

升到41.3%，其中发展中国家由16.2%上升到30.5%，但是中国大陆仅由11.2%上升到19.4%。❶ 这种城市化的缓慢并不是建立在工业发展停滞或缓慢的基础上的，正相反，改革开放前的29年，中国内地的工业和国民经济增长速度并不算慢，工业总产值1978年比1949年增长了38.18倍，工业总产值在工农业总产值中的比重，由1949年的30%提高到1978年的72.2%；社会总产值增长了12.44倍，其中非农产业在全社会总产值中的比重，则由1949年的41.4%上升到1978年的77.1%；国民收入总额则从1949年的358亿元增长到1978年的3010亿元（按当年价格计算），提高了7.41倍，其中非农产业在国民收入构成中的比重，也由1949年的31.6%上升到1978年的64.6%（图2-2、表2-3）。❷

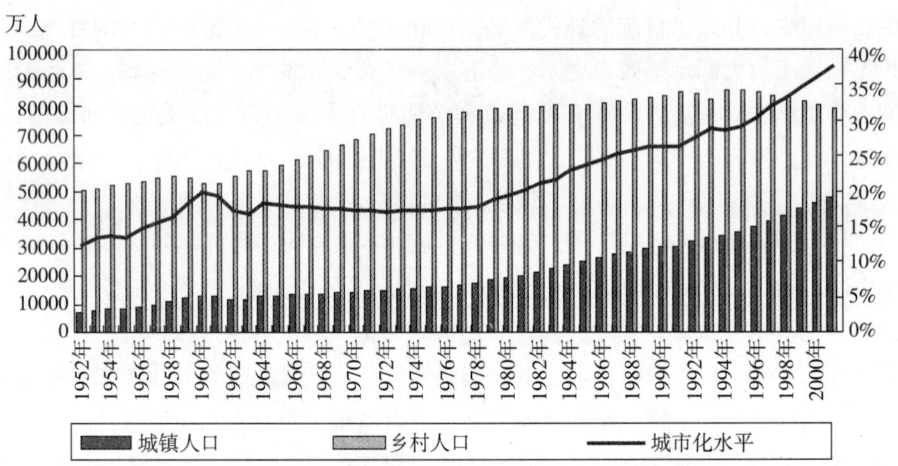

图2-2 中国1952~2001年的城市化历程

资料来源：叶裕民．中国城市化之路：经济支持与制度创新［M］．北京：商务印书馆，2001.

1949~1978年全国城镇人口变化情况❸ 表2-3

年 份	总人口（万人）	城镇总人口（万人）	城镇人口占总人口比例
1949年	54167	5765	10.6%
1950年	55196	6169	11.2%
1951年	56300	6632	11.8%
1952年	57482	7163	12.5%
1953年	58796	7826	13.3%
1954年	60266	8249	13.7%
1955年	61465	8285	13.5%
1956年	62828	9185	14.6%
1957年	64653	9949	15.4%
1958年	65994	10721	16.2%

❶ 许涤新主编．当代中国的人口［M］．北京：中国社会科学出版社，1988：294-295.

❷ 国家统计局．中国统计年鉴（1983）［M］．北京：中国统计出版社，1983：20，22，216.

❸ 许涤新主编．当代中国的人口［M］．北京：中国社会科学出版社，1988：493.

续表

年　份	总人口（万人）	城镇总人口（万人）	城镇人口占总人口比例
1959 年	67207	12371	18.4%
1960 年	66207	13073	19.7%
1961 年	65859	12707	19.3%
1962 年	67295	11659	17.3%
1963 年	69172	11646	16.8%
1964 年	70499	12950	18.4%
1965 年	72538	13045	18.0%
1966 年	74542	13313	17.9%
1967 年	76368	13548	17.7%
1968 年	78534	13838	17.6%
1969 年	80671	14117	17.5%
1970 年	82992	14424	17.4%
1971 年	85229	14711	17.3%
1972 年	87177	14935	17.1%
1973 年	89211	15345	17.2%
1974 年	90859	15595	17.2%
1975 年	92420	16030	17.3%
1976 年	93717	16341	17.4%
1977 年	94974	16669	17.6%
1978 年	96259	17245	17.9%

这种中国城市化滞后于工业化的独特现象，是与改革开放前中国大陆所选择的经济发展战略和由此导致的计划经济体制分不开的。二战后，前苏联的中央计划经济和重化工业超前发展战略，在短时期内取得了巨大成功。在前苏联的影响下，和许多发展中国家一样，中国在建国后也选择了重工业优先的赶超战略，并通过前苏联的帮助在第一个五年计划中模仿发达资本主义国家的工业化模式，基本建立起了高度分工的城市工业体系。但此时中国经济在整体上仍是以农业经济为主，1952 年中国的农业产值比重为 57.7%，工业仅为 19.5%，农业就业人口比重高达 83.5%。重工业优先的赶超战略的实施，需要大量的资金以购买设备和进行大规模的工业和城市基础设施建设，在建国初期仍以农业经济为主的情况下，只有依靠过度汲取农业积累来提供初始资本，为此中国建立起了高度集权的计划经济体制，根本目的就是最大限度地提供生产积累（特别是农业积累）来投资重工业。在农村通过“统购统销”的流通体制和“人民公社”的组织体制，以最大程度地获取农业剩余，为城市工业提供低价的原材料和食品供给；在城市里，以计划体制的内部分配，通过低工资的消费品的计划配给方式，获取城市工业剩余，以投入重工业的扩大再生产。

英国学者柯克比在其著作《中国的城市化：1949－2000 年的发展中经济下的城市与国家》（Urbanization in China：Town and Country in a Developing Economy 1949－2000AD）中也

认为，新中国城市化的缓慢增长是由于过分注重既定的工业化大目标，为了实现这一目标，中国忽视了城市基础设施建设和农村经济的扩大再生产，而将大量的资金集中于重工业建设，从而削弱了城市进一步发展的动力。坎农（Cannon 年）进一步阐释了这一论点，认为中国工业向“三线”地区分散化的布局是特定历史背景下的务实选择，而这种分散化的工业布局在很大程度上阻碍了中国城市化的发展。❶ 对于重工业优先战略的一系列制度安排对城市化的作用机制，叶裕民指出，由于重工业优先战略“重生产、轻消费”，限制了城镇中轻工业和第三产业的发展，并把城镇建设标准降低到最低限度，从而大大减弱了城镇化所具有的吸纳农村剩余劳动力的能力；同时，由于重化工业是资本密集型产业，其本身所需要的劳动力较少，以重工业为主的城市经济甚至不能完全解决城镇人口自身的就业需求，为此，中国建立了相当严格的城乡分割的户籍管理、粮油供应、城镇就业和社会福利制度，以限制乡村人口进入城镇，并把大量农村剩余劳动力束缚在土地之上。在“文革”时期（1966~1976年），由于城市里创造的就业不足，还将约3000万知青下放到农村；而大跃进时期（1958~1960年），由于粮食的极度短缺，约有2000万城市居民被送回农村。直到改革开放前，中国的城市化水平始终被控制在17%左右的低水平。❷ Young 和 Deng 引入城市化供需模型（supply-demand model of urbanization），基于工业和农业的共同作用来考察中国的城市化过程，指出在改革开放前粮食供给是决定城市增长的关键性因素，农民生产积极性不足、农业生产效率低下、农民生活的贫困所带来的农业发展的缓慢与农业积累的不足，约束并导致了城市和工业发展的滞后。武力在考察1978年之前的中国城市化历程时指出，改革开放以前中国的城市化呈现出以下几个特点：①政府是城市化动力机制的主体；②城市化对非农劳动力的吸纳能力很低；③城市化的区域发展受高度集中的计划体制的制约；④劳动力的职业转换优先于地域转换；⑤城市运行机制具有非商品经济的特征。❸

在这种重工业优先战略下的城市化结果，就是形成了城乡之间相互隔离和相互封闭的城乡二元经济结构和“二元社会”。这里所说的“二元社会”结构，是指政府对城市和市民实行“统包”，而对农村和农民则实行“统制”，即由财产制度、户籍制度、住宅制度、粮食供给制度、副食品和燃料供给制度、教育制度、医疗制度、就业制度、养老制度、劳动保险制度、劳动保护制度、甚至婚姻制度等具体制度所造成的城乡之间的巨大差异，构成了城乡之间的壁垒，阻止了农村人口向城市的自由流动。正是在这样的困境中，开始酝酿着中国经济体制的全面改革，而这一划时代改革正是从中央计划控制相对薄弱的农村开始的，城市的改革是相对滞后的。

2.2.2 改革开放后中国城市化进程：有关“中国经验”的讨论

由于1978年以前中国城市化发展的迟滞不前，相当多的学者都认为中国城市化历程真正的启动，实际上源于20世纪80年代开始的改革开放。改革开放之前虽然出现过“建制

---

❶ 顾朝林，于涛方，李王鸣等．中国城市化　格局·过程·机理［M］．北京：科学出版社，2008：6.

❷ 参见：叶裕民．中国城市化之路：经济支持与制度创新［M］．北京：商务印书馆，2001.

❸ 参见：武力．1978－2000年中国城市化进程研究［J］．中国经济史研究，2002（3）.

城市化”或称“表面加速”的现象，即城市数量增长很快，但非农业人口比重仅有缓慢上升。然而西方传统的城市化理论认为，工业化与城市化是息息相关、相辅相成的，工业化是城市化的必要条件，而城市化是工业化的产儿。城市的建设发展史并不等于城市化的历史，城市化是随着近代工业革命而大力发展的。因此，一般性的城市化理论似乎难以解释中国城市化与工业化的关系。新中国建立后，在很短的时间内就建立了比较齐全的工业体系，但是这并没有使中国经历一个典型意义上的工业社会与城市化过程。

1. 道路选择：从“小城镇论”到“综合发展”

1979 年南京大学吴友仁发表“关于中国社会主义城市化问题”的论文，标志着中国城市化开始被学界纳入到重要的研究领域。1980 年，国务院批转《全国城市规划工作会议纪要》，制订出“控制大城市规模，合理发展中等城市，积极发展小城市”的方针，中国才进入推进城市化的社会发展阶段。与此方针相呼应，中国的工业化与城市化才重新产生整体意义的整合关系。从 20 世纪 80 年代中期开始，苏南农村创造出了一种农村工业化的形式——乡镇企业。中国的城市化首先表现为农村人口向小城镇转移而非传统意义上的大中城市吸纳农村人口的过程，这种具有中国特色的城市化现象引起了学者们的关注，尤其是社会学家的关注。

从经验中构建中国城市化本土化理论的角度来看，中国社会学家一开始就将研究的重点定位在建立根植于中国且独创性的中国城市化理论研究上。1982 年费孝通提出了小城镇在“四化”建设中的地位和作用问题。1983 年，费孝通进行江苏省吴江县的社会调查，并发表《小城镇　大问题》的长篇报告，认为小城镇是农村政治、经济、文化中心，小城镇建设是发展农村经济、解决人口出路的一个途径，并认为“20 世纪 80 年代初小城镇兴起的主要和直接原因是社队工业的迅速发展”，并以莘塔镇为例，说明“社队工业的发展为镇的基本建设提供了主要的资金来源，增加了农民的年终收入，而且吸收了接近五分之一的农村劳动力”。更为重要的是他指出了“现在所谓‘离土不离乡’的遍地开花的社队小工业，根植于农工相辅的历史传统”，“办社队工业是‘逼上梁山’，是将人多地少的压力转化为动力”。由于工业发展自身的特点，“它必须有一个集中的地方，这个地方一是要交通便利，二是对来自各个村庄的务工社员来说地理位置适中，这两个要求使社队工业找到了处于衰落的原有小城镇。”❶ 1985 年费孝通又发表《小城镇　再探索》，提出小城镇大力发展乡镇企业，带动了农业剩余劳动力的转移，从而确立了乡镇企业在农村多行业经济综合发展中的特殊作用。❷ 1986 年费孝通又发表《小城镇　新开拓》，论证了小城镇在四个现代化（农业现代化、工业现代化、国防现代化、科学技术现代化）建设中的地位和作用。❸ 在 1986 年，“江苏小城镇”课题组发表《小城镇区域分析》，费孝通在序言中强调了小城镇发展的意义，也对“离土不离乡”的城镇化“苏南模式”及当时农业家庭联产承包责任制后，家庭小规模土地经营方式是否能持续保持农村经济水平的提高提出质疑。费老

❶ 费孝通．小城镇　大问题［M］//论小城镇及其他．天津：天津人民出版社，1986.

❷ 费孝通．小城镇　再探索［M］//论小城镇及其他．天津：天津人民出版社，1986.

❸ 费孝通．小城镇在四化建设中的地位和作用［M］//论小城镇及其他．天津：天津人民出版社，1986.

对小城镇的经典研究在学界刮起了“小城镇论”的旋风，中国的城市化研究好像进入了一个“一统天下”的时期。在20世纪80年代，似乎整个学界只有一种声音，这或许是中国特殊的城市化进程的结果，又或许是政府政策的作用，总而言之，改革开放初期的城市化研究决定了中国城市化的理论研究主线——城市化道路的确定，并且是从发展小城镇是中国“城市化”的正确道路的立论开始的。❶

到20世纪90年代初期，乡镇企业对中国的财政税收、出口创汇和国内生产总值的贡献超过了1/3。与此同时，中国大部分的大中型城市还依然扮演着政治中心和重工业基地的角色，对农民采取“进镇不进城”的政策。1988年年底，甚至还出现了一次全国性“清退城市农民工”的措施。1987年深圳市首次出让国有土地使用权，1988年宪法修正案肯定了土地使用权通过市场流动的必要性，并赋予它以宪法地位。自此国家对土地制度的改革，使得土地使用从行政划拨到有偿使用，大量可用资金用于城市基础设施建设，这一重大的改革措施在相当程度上影响了中国城市发展以及相关的城市化实践。

改革开放初期以工业化推动的经济增长在20世纪80年代末开始衰落，并以1989年治理整顿政策效应的直接后果——市场疲软而告结束，经过1991年的经济复苏，1992年开始了新一轮的经济高增长，普遍认为中国经济开始起飞。1990年4月1日开始实施的《城市规划法》中，提出“严格控制大城市规模，合理发展中等城市和小城市”的方针，使得20世纪90年代整体上延续了前10年的城镇化政策。然而，与之前20世纪80年代不同的是，此轮经济增长出现了重工业增长速度持续快于轻工业的态势，而这种不同以往的重工业化态势是“中国进入以非必需品消费为主阶段后城市化滞后带来一系列矛盾的必然结果”，在此基础上周振华提出中国“增长轴心的转移”，已经“进入城市化推动型经济增长阶段”的命题，即这次经济增长是城市化背景下以基础产业、基础设施为主导的产业关联带动性发展。而这种增长轴心转移所表现的强大的内在动力就是中国城市化长期滞后的累计效应。这种累计效应主要表现在：第一，在消费需求日益成为影响和制约经济增长的重要变量的情况下，消费需求升级受到城市化滞后的制约；第二，工业化需要借助城市的集聚效应和扩散效应，也要借助于城市较先进的基础设施和生产基础，城市化滞后从供给方面对工业化的制约越来越严重；第三，乡镇企业的发展在20世纪90年代遇到了瓶颈，要突破原有的局限性，必须与农村城市化发展结合起来；第四，农村剩余劳动力向城镇转移已成为不可阻挡的潮流，这股潮流正在深刻地改变着旧的城乡格局，成为一种促进城市化的强大力量。❷ 这种长期扭曲的累计效应在20世纪90年代市场化条件下进行了调整，在改变原先城市化与工业化割裂状态的过程中，经济增长的主要拉动因素转变为以基础设施建设为主体的投资需求。从这个意义上讲，20世纪90年代中国经济的增长轴心已转移到基础设施为主体的投资需求拉动上来，进入了一个以城市化推动的经济增长新阶段，即“城市化将为新一轮的经济增长提供极大的可能性”。❸

---

❶ 参见：何念如，吴煜．中国当代城市化理论研究［M］．上海：上海人民出版社，2007：47.

❷ 周振华．增长轴心转移——中国进入城市化推动型经济增长阶段［J］．经济研究，1995（1）.

❸ 王小鲁，夏小林．优化城市规模　推动经济增长［J］．经济研究，1999（9）.

这个阶段城市化对经济增长的作用，主要体现在城市化推动型经济增长与众不同的特征上：第一，以基础设施建设为主体的投资需求居于主导地位，成为最强劲的需求因素；第二，在投资方面也形成了新的特点，项目大型化、外延化趋势、时序集中化、周期拉长化、来源多元化；第三，产业发展将出现明显的倾斜趋向，不平衡将加剧，第三产业将有飞跃发展；第四，物价总水平将居高不下，居民基本生活必需品价格有较高涨幅，城镇居民的生活费用上涨幅度居于领先地位。而且由于此轮的城市化发展是对于长期严重滞后的被迫调整，因此对经济增长的推动作用是非常规性的，即“补短释放增长潜能的持续增长势头”、“高物价—高收入—低消费—高积累—高投入的经济循环格局”以及“大裂变中的不平衡反差增大趋势”。这种城市化推动型的经济增长虽然持续时间不短，但仍然还只是一种过渡，是城市化严重滞后形势下的特殊增长阶段，最终中国还是要进入“工业化与城市化互动的经济增长新阶段”。❶

随着“短缺经济”时代的告别，乡镇企业在20世纪90年代中期发展到顶峰后开始衰落，与此同时，“小城镇论”一统天下的局面开始逐渐被打破。早在20世纪80年末期，已经有相当多的学者指出“小城镇论”忽视城市规模效益的缺点，提出对大中型城市尤其是发展大城市的重视。李迎生用具体的指标说明“从实际发展状况来看，中国大城市的主要经济效益指标也是明显高于中小城市的，百万人口以上大城市的经济效益尤其突出”。❷饶会林甚至在1989年就指出，“中国现阶段大城市不是太多，而是太少”。同时也有学者开始怀疑这种以规模为标志的“道路”来对城市化进行约束的思路。周一星提出，用规模来判定一个城市是要发展还是要控制的做法对于城市化这个论题是不适合的，这种来源于计划经济管理模式下的思维定势，延误了我们关于利用市场机制来调节城市规模的思考和探索。也许可以说，“道路论”从一开始就是一种不自觉的误导。❸ 许学强等从区域发展的角度分析了中国各个省区发展的差异，并以此为基础提出了“多元论”、“综合发展”的具体实践方案——区域城市化。王胜今和崔功豪也明确提出了“区域城市化”的概念，即指某一区域或某一地区，而不是泛指全国人口在城市和农村之间、农业与其他产业之间的转移过程，以及城市空间外延、生活方式的扩散过程。区域城市化的提出，也为各个地区根据自身发展情况的不同，采用不同的速度和选择模式提供了参照。进入20世纪90年代中期，随着城市化对中国经济增长的贡献增加，有学者提出城市化必须“大中小并举”，即“挖掘大城市的潜力，扩大和建设中等城市，择优和适度发展小城市”。❹ 在此基础上，牛凤瑞还预测了未来中国城镇体系的大致轮廓，即“有近百座100万人口以上的大城市，数百座30万~100万人口的中等城市，数千座10万~30万人口的小城市和3万~5万人口以上的建制镇”。❺

然而，中央在1998年党的十五届三中全会通过的《中共中央关于农业和农村工作若

---

❶ 周振华．增长轴心转移 中国进入城市化推动型经济增长阶段［J］．经济研究，1995（1）．
❷ 李迎生．关于现阶段中国城市化模式的探讨［J］．社会学研究，1988（2）．
❸ 参见：何念如，吴煜．中国当代城市化理论研究［M］．上海：上海人民出版社，2007：55．
❹ 廖丹清．中国城市化道路与农村改革和发展［J］．中国社会科学，1995（10）．
❺ 牛凤瑞．中国城市化应走大、中、小并举的道路［J］．中国农村观察，1995（1）．

干重大问题的决定》中，仍然把发展小城镇正式提升为中国的“一大战略”，即“发展小城镇，是带动农村经济和社会发展的一个大战略，有利于乡镇企业相对集中，更大规模地转移农业富余劳动力，避免向大中城市盲目流动，有利于提高农民组织，改善生活质量，也有利于扩大内需，推动国民经济更快增长”。但是，进入20世纪90年代中后期，地方政府对城市的改造实践和对城市化的推进并未按照“十五”计划的设想展开，中国城市化进程的大大加速是始料未及的。尤其是自2000年以来，“浦东开发”和苏州工业园区的成功，开始成为各地城市化推进的普遍经验，各地普遍启动并呈现活力的是中心城市的都市区规模急速扩张以及与此相应的新产业空间建设。原本滞后的城市化进程，叠加着“补课”型的速度，更加粗犷地展开，同时区域发展的差异进一步显现，在城市化过程、道路与模式上显现了很大的地区差异性，区域经济发展的差距也在惊人地拉大。

2006年10月中共十六届六中全会通过《中共中央关于构建社会主义和谐社会若干重大问题的决定》，提出了构建和谐社会的九大目标任务，在其中位列第二的就是“到2020年城乡、区域发展差距扩大的趋势逐步扭转”。中共十七大报告中也先后在几个部分论及了当前中国的城市化进程与城乡统筹问题，并且在中国城市化道路的选择上，胡锦涛同志提出要“走中国特色城镇化道路，按照统筹城乡、布局合理、节约土地、功能完善、以大带小的原则，促进大中小城市和小城镇协调发展。以增强综合承载能力为重点，以特大城市为依托，形成辐射作用大的城市群，培育新的经济增长极。”至此，关于中国城市化道路是“小城镇”还是“大城市”的争论已经不再成为城市化研究的核心问题，而关于中国各区域城市化的动力机制、发展路径与模式的研究逐步被学术界重视。

2. 动力机制：从“二元模式”到“内—外”多元互动

对20世纪90年代以前中国城市化动力机制的理解，可简化为二元理论模式，即自上而下型和自下而上型。前者指国家（主要由中央政府）有计划投资建设新城或扩建旧城以实现乡村—城市转型；后者以乡村集体或个人为投资主体，通过乡村工业化实现乡村城市化。自上而下型城市化支配了中国20世纪50～70年代的城市化进程，至今仍在起作用。而发端于20世纪70年代的乡村工业化从80年代起出现了迅猛增长的势头，由此导致的县域城镇的发展已成为具有中国特色的城市化道路。❶ 张庭伟（1983年）最早对农村城市化的动力问题进行了研究，他将城市化的动力分为自上而下的动力和自下而上的动力，国家投资兴建小城镇就属于自上而下的城市化动力，农村剩余农副产品的交换而促进城市的发展属于自下而上的城市化动力。自上而下的城市化主要是依靠政府的制度性投入而推动的一种城市化，自下而上的城市化则是农村乡镇企业的发展、乡村内部经济的发展、村民个人等民间力量发动的城市化。❷

崔功豪和马润潮在对中国“自下而上”城市化发展机制的研究中，认为所谓“自下而上”城市化其实就是指动力“自下”发展起来的城市化过程，即指发生在农村地域，由基

❶ 阎小培，林初，许学强．地理·区域·城市——永无止境的探索［M］．广州：广东高等教育出版社，1994：151－152.

❷ 张庭伟．对城市化发展动力的探讨［J］．城市规划，1983（5）.

层社区政府发动和农民自主推动的，以农村人口在农村内就地转移，建立小城镇为中心的城市化过程。他们将1978年至今的“自下而上”的城市化发展阶段进行了细分：20世纪70年代末至1983年，是新一轮城市化的启动阶段，农业生产责任制使粮食生产大幅度提高，政策支持使乡镇企业实现了逐步发展推进，种种因素繁荣了建制镇，提高了乡村城市化水平；1984～1988年城市化快速起飞阶段，在中央1984年1号、4号文件进一步积极发展乡镇企业的政策推动下，出现了全国乡镇企业发展的第一次高潮，与此同时国家对人口流动政策的放宽，加剧了农民向小城镇的流入，大大推进了农村城市化进程；20世纪90年代起城市化进入了提高和扩展阶段，乡镇企业的调整提高，促进了农村经济和人口向小城镇集聚即空间转移过程的加快，从而提高了农村城市化水平及在全国城市化中的地位。此外，这一时期城市化的发展还出现了两个现象：第一，随着内陆的中西部地区乡镇企业的增长速度超过沿海地区，农村劳动力的非农化过程加快，全国城市化范围扩大；第二，由于沿海地区乡镇企业向中西部扩张，加速了这些地区城市化的发展。❶

20世纪80年代末，许学强（1986年）等认为沿海开放地区农村城市化的动力因素为交通运输与市场的发展、乡镇企业的发展与集中、国家宏观政策的推动、大中城市的辐射扩散以及外来资本的作用等方面，它们共同推动了农村城市化的发展。❷ 郑弘毅将农村城市化的动力因素划分为内力和外力，内力主要是指作用于农民的力量，包括了对农民的内部推力、外部拉力和价值观念的转变等；外力主要是指来自农村外部的力量，主要包括政策环境、经济基础等因素（表2－4）。❸

中国“自下而上”的城市化特征比较　　表2－4

比较特征	苏南模式	温州模式	珠江三角洲模式	胶东模式
起步环境	准市场经济	准市场经济	准市场经济	准市场经济
起步方式	从农副业中发展出工业	从商贩业发展出工商业	从出口加工业发展出新兴工业	从农副业中发展出工业
发展主体	社区集体	个人或家庭	集体或个人	社区集体
产权制度	社区集体范围内转移	私营、个体所有制为主体	集体、个人、合资和股份制	社区集体所有制为主体
要素转移	社区集体范围内转移	个人资本自发与自由流动	外来资本、劳动力大量流入	土地、劳动力跨社区转移
与本地农业的关系	互为一体，从以农补工到以工补（建）农	农业要素流出较多，反哺型农业投入相对较少	非农化、工业化导致土地增值，农民从中受益	工农业互为一体，从以农补工到以工补农
发展结果	集体经济实力增强，个人收入比较平均	个人发家致富，集体经济实力依然比较弱小	集体和个人共同致富，多种经济成分齐发展	集体经济实力增强，个人收入随之提高

❶ 崔功豪，马润潮．中国自下而上城市化的发展及其机制［J］．地理学报，1999（2）．

❷ 许学强，张文献．对外开放地区农村城镇化动力初探——以广东四邑为例［J］．热带地理，1986（2）．

❸ 郑弘毅．农村城市化研究［M］．南京：南京大学出版社，1998：3－7．

续表

比较特征	苏南模式	温州模式	珠江三角洲模式	胶东模式
发展走向	从公社走向社区集体，再走向城乡联合	从个体私营走向自愿互利基础上的联合或合作	从三来一补到吸引外资，从进口替代到出口替代	从社区内发展走向互惠型合并与重组
发展模式	辐射型城市化	自生型城市化	辐射型城市化	自生型城市化
制度安排	需求诱导型	需求诱导型	需求诱导型	需求诱导型
适宜地区	中心城市附近集体经济实力较强的地区	集体经济实力差、个体经济意识强的偏僻地区	经济高度开放地区、侨区	社区经济发展不平衡且严重受资源约束地区

资料来源：刘传江．中国城市化的制度安排与创新［M］．武汉：武汉大学出版社，1999：228.

20世纪90年代以来，中国展现了一种新城市化进程：以多元城市化动力替代以往单一的或以二元为主的城市化动力，以较为集中的城市开发模式替代分散的乡村工业发展模式，这对于提高经济绩效，推动城市化的健康发展无疑具有重要意义。在这一时期，“自上而下”和“自下而上”的城市化已经显示出不足之处，政府、企业、个人成为城市化新的动力机制，“资本以不同形式流通所产生的城市化后果”。❶ 当然，这种新城市化进程表现最为明显的是沿海部分地区，内地城市化动力在相当程度上仍表现为一元或二元结构。但是，新的发展趋势证明了20世纪80年代小城镇一枝独秀的发展态势只是城市化总进程中的一个阶段。随着中国加入世界经济体系及走向社会主义市场经济体制，城市化必然会进入更高级的发展阶段，并体现出与世界城市化发展相一致的特点，这就是形成以国际城市为中心的、大中小城市协调发展的城市体系。而且，在当代中国城市化发展过程中，除了内部的推力与拉力的作用，还有外部全球化、跨国资本力量的带动。❷

尤其是进入20世纪90年代后期，随着中国城市化的加速，特别是珠江三角洲、长江三角洲地区城市化的发展和中国城市群及都市带的崛起，使人们更加关注城市化动力机制的综合研究。石忆绍、顾荫青通过对长江三角洲地区城市化发展的研究发现，改革开放以来，吸引外资改变了中国自上而下的政府推动型城市化的单一模式，形成了与依靠民间资本推动的自下而上的内生型城市化模式并行的另一种自下而上的外生型城市化模式，被称为“外向型城市化”。❸ 张晓平、刘卫东认为开发区是近20年来中国经济发展的重要空间载体。经济活动在开发区的集聚，对所在地区的空间结构产生了深刻的影响。他们提出中国开发区与城市空间结构演进的基本类型可分为双核结构、连片带状结构、多极触角结构等，并指出开发区与城市空间结构的演进主要是由跨国公司主导的外部作用力、城市与乡村的扩散力和开发区的集聚力共同作用的结果。❹ 张弘通过对位于长江三角洲地区内的各开发区城市化发展过程的分析后，提出以开发区为先导带动区域整体发展是当代中国极富

❶ 参见：Harvey D. The Urbanization of Capital［M］. Oxford：Blackwell，1985.
❷ 宁越敏．新城市化进程——90年代中国城市化动力机制和特点探讨［J］．地理学报，1998（5）.
❸ 石忆绍，顾荫青．外资驱动下长江三角洲地区城市化发展［J］．现代城市研究，2003（4）.
❹ 张晓平，刘卫东．开发区与中国城市空间结构演进及其动力机制［J］．地理科学，2003（4）.

特色的城市化模式之一。❶

在麦基（McGee）看来，“在中国的地方建设与城市化过程中，值得被讨论的是由于国家政策的改变，导致生产方式的去中心化，改由地方政府主导治理权。造成在地方、省份、国家等层级，都因外资大量涌入而产生改变。此外，工业快速成长（部分由于国际间的高度竞争）也重组了中国的工业发展形态，成为近年来的研究焦点。起初由地方政府所主导的地方都市化政策，引起新消费市场的兴盛，以前由政府配给的房屋，现在改由消费市场供应，变成带动商业发展的指标。都市人口的大量增加，也使得都市基础建设日益重要，影响到日后的都市成长性。”❷

随着20世纪80年代以来的全球化进程，世界工业空间分布发生了重大的变化与重组，重心从老牌的工业资本主义国家（美国、西欧国家、日本）向亚太、拉美和迅速工业化的其他国家与地区转移。根据联合国人居中心1998年的世界人居与城市发展报告，当代世界经济增长与国际化大城市的发展相互促进，经济全球化正在重塑全球城市体系，使得加入全球化进程的城市增长迅速，而远离全球化过程的城市则普遍处于衰退。而20世纪90年代中期以来，中国逐步成为世界上重要的制造业国和国际直接投资（FDI）的流入国，与经济全球化和世界城市化浪潮相对应，中国自1992年确立社会主义市场经济体制改革、中央—地方分税制改革、中国地方经济力量的崛起、地方政府作用的加强、地方性社会结构的抵抗与嬗变等，使得中国城市化出现了许多不仅与过去发达国家、新兴工业化国家不同，也与国内过去城市化特征迥异的新的城市化现象和过程，这个特殊而复杂的过程，对西方经典城市化理论和传统发展中国家城市化假说均提出了挑战。跨国资本在中国城市化尤其沿海地区城市化，以及地方政府在珠江三角洲和长江三角洲都市连绵区形成上的作用，都成为当代中国城市化独特的现象。

顾朝林等总结了全球化背景下的城市化进程研究主要有以下几个方面：①城市的全球化——全球城市。全球城市是世界的“指挥和控制”中心，大量的金融公司、生产性服务业和跨国公司总部综合体的大本营。全球城市作为交互作用的舞台，允许面对面接触、政治联系、艺术和文化活动。每一个城市通过投资、贸易、移民和通信的庞大的触须同世界上的客户和市场、供应者和竞争者、消费者和生产者联系起来。全球城市的政府被迫贡献大量公共资源以创造容纳全球投资的建成环境，产生一系列关键政策项目，城市不仅是经济集聚体和世界市场的顾客集体，而且是政治共同体形成的舞台，全球化了的城市化过程表现为两个特征：城市区域的全球化与城市市民社会和政体的碎化。②新空间秩序。全球化背景下的城市化正在营造一种新空间秩序，如后福特主义城市作为产生文化和技术创新的源泉——创新性场所，创意产业结构的模块化、网络结构和地理聚集倾向。在全球化时代，城市之间的联系更加紧密，多极多层次的全球城市网络正在形成。❸

故而，随着中国加入世界贸易组织以后更加积极地参与国际劳动地域分工、更大程度

---

❶ 张弘．开发区带动区域整体发展城市化模式——以长江三角洲地区为例［J］．城市规划汇刊，2001（6）．

❷ Terry G. McGee于2005年5月17日在东吴大学社会学系作的题为“中国的都市化与全球化发展”讲演。石计生，林[illegible]如译。

❸ 顾朝林，于涛方，李王鸣等．中国城市化　格局·过程·机理［M］．北京：科学出版社，2008：19.

地参与经济全球化，中国城市化与全球化的飞速发展交织在一起，中国城市化动力机制的研究开始逐步引入全球化的框架。全球化带来的全球生产要素的自由流动、产业结构的重构与转移，以及全球市场的建立，进一步推动了中国工业化的发展，并拓展了对中国商品的国际需求，对中国市场经济建设、产业结构升级与城市化进程产生了极其重要的影响。吴丽娅认为，全球化视角下的城市化动力机制主要包括三个部分：①生产要素市场建设是中国城市化的发展动力；②全球化和地方化共同构建中国城市化的产业基础；③国际贸易加速了中国城市化进程。[1] 这种新视角下的动力机制研究突破了原有研究的框架，把中国城市化动力机制研究纳入更广阔的全球化时代背景中，初步构建了当代中国城市化动力机制研究的框架，并开始与国际城市化研究的趋势相融合。

此外，在当代中国城市研究领域，改革开放以来的中国城市化进程这一议题，由于其蕴涵的元素众多、“类型化”意义突出，已经受到国际顶级研究机构（如联合国人居署、世界银行、福特基金会、日本振兴会等）和一流学者（如 John Friedmann、John R. Logan 等）的广泛关注。尤其是进入 21 世纪，中国城市化已被公认为是世界经济增长与社会发展的两大驱动因素之一。一部分欧美城市研究学者逐步注重对于改革开放以来中国城市化与城市转型的研究，尤其是将中国城市化进程与城市转型置于体制转型的背景下进行分析，形成了一系列具有国际影响力的研究成果。

美国布朗大学（University of Brown）的约翰·罗根教授（John Logan）主编的《新中国城市：全球化与市场改革》（Logan J. R.，et al. The New Chinese City：Globalization and Market Reform [M]. Oxford：Blackwell Publishers，2002）；洛杉矶学派代表人物之一的弗里德曼 2005 年出版了《中国的城市转型》（China's Urban Transition），2006 年弗里德曼还在《城市与区域研究国际杂志》（International Journal of Urban and Regional Research）发表“中国城市化研究的四个论点”（Four Thesis in the Study of China's Urbanization），强调：①根据任何历史上的度量指标，中国的城市化是一个非常新的现象。中国城市化研究首先必须认识到中国是一个拥有古老城市文明的国度，但同时今天所见的城市化过程又是史无前例的，中国城市化过程具有二元性特征。②城市化是一个动态的、多层面的社会空间过程，其空间发展过程至少包括人口、社会、文化、经济、生态、物质、管治七个方面；每一个层面的研究都有其特定的话语、研究方法论和理论背景；同时，为了达到全面理解，需要把这些层面看做是相互关联的，而不是彼此孤立的，每一个都要由特定的学科来审视。正是由于这一特性，因此，对城市化的研究必须看做是一个跨学科的工作。③需要通过双向透镜看待城市化，同时包含乡村和城市现象。然而，现在必须优先考虑城市，而且城市要进入思维的前台。中国正在快速城市化，这样就会根本改变我们思考乡村经济和乡村生活方式的方法，乡村经济和乡村生活方式正在经历巨大转型。弗里德曼称这是“从城市出发的观点”。④中国城市化过程虽与全球化过程相互交织，但涉及城乡关系，首先应理解为一种内生的诸力量的一个结果，这一过程将引导特殊的中国式的现代化。全球力量——经济、技术和文化影响——对中国的发展起一定作用，但更多的在于它们是基于中国的词汇来接

---

[1] 吴丽娅．当代中国城市化机制研究［D］．南京：南京大学博士论文，2005：26.

受和管理的。中国已经开始向外界作出承诺，并正在充当“世界社区”负责任的一员。但是，无论上海建设的办公楼和豪华宾馆有多少是由西方建筑师设计的，中国城市正在以其自己的方式演化，而且仍将是植根于中国现代性的城市。[1] 2007年弗里德曼又在同一杂志发表了“中国城市中场所及场所营造的思考”（Reflections on Place and Place-making in the Cities of China），对中国城市中的小空间进行了深入研究。在分析中国城市中场所及场所营造的过程中，大致将其分为四个时期：帝国时期、民国时期、毛泽东时期、自邓小平改革以来的时期，并提出了一些可作进一步深入研究的主题。

英国卡迪夫大学（University of Cardiff）中国城市研究中心主任吴缚龙教授等合著的《改革后中国城市发展：国家、市场与空间》（Wu F. L.，Xu J.，Yeh Anthony. Forthcoming. Market, State and Space：Urban Development in Post－Reform China［M］. London：Routledge，2006）；美国Akron大学地理与规划系的荣退教授马润潮教授（Ma L. J. C）是国外最早开始研究中国城市的著名城市社会地理学家之一，最近主编了《重构中国城市：转变中的社会、经济与空间》（Ma. L. J. C.，Wu F.，et al. Restructuring the Chinese City：Changing Society，Economy and Space. London：Routledge，2005）。《城市研究》（Urban Studies）杂志2002年第12期集中发表了中国城市化的研究成果，其中包括乡村工业化和内部移民、城市移民的决定因素（Chen and Coulson，2002；Li and Zahniser，2002）、中国城市失业问题、中国城市流动人口、中国城市转型（Sit，2001；Logan，2002）、中国城市经济增长（Lin and Song，2002）、中国城市生产力（Pan and Zhang，2002）、中国改革期间城市化增长的解释（Zhang，2002）、中国城市化和城市规模分布（Song and Zhang，2002）、中国人口增长、城市化与地方政府角色的政治经济学分析。在进入新世纪之后，国际学者关于中国城市化的研究与国内城市研究逐步形成有效的互动，建立了国际中国城市研究网络（UCRN），并引发了关于全球化背景下后发国家、地区城市化研究的“中国范式”讨论。

当代中国城市化的发展背景远比西方发达国家城市化高潮时期以及大多数发展中国家面临的状态和问题更加错综复杂。一方面，中国持续、快速的经济增长和工业化对城市化的拉动作用越来越强；另一方面，数以亿计的农村剩余劳动力形成的城乡迁移、跨区流动对城市化的推动作用无与伦比；与此同时，全球化、信息化也在对沿海发达地区的城市化施加越来越重要的影响。从这个意义上来说，西方学者创立的城市化理论，无论是发达国家的城市化理论，还是第三世界的城市化理论，其理论框架均不能完全适合中国的国情和城市化研究的现实。

中国改革开放30年来的经济与社会巨大转型，不仅从根本上改变了中国城市的发展环境和作用机制，而且使得中国正经历着世界上最令人瞩目的发展转型与城市化进程，“中国城市化”不仅是一个经验过程，更是一个城市化理论本土化重构的“中国范式”。

然而在城市社会学研究领域，将改革开放以来的中国城市化，置于全球化过程的“外部流动性框架”和中国体制转型的“内在变动性结构”双重条件下的研究成果不多，或者说才刚刚开始。

---

[1] 参见：约翰·弗里德曼．中国城市化研究的四个论点［J］．汤茂林译．现代城市研究，2007（7）．

3

传统与变迁：地方工业化启动与城市化萌发

3.1 农业文明的底色与区位禀赋分析

3.1.1 “农业为本”的社会发展基础

传统中国是在农耕经济基础上形成的乡土社会，乡土社会的基本单位是村落，聚村而居的农民则是乡土社会的基本成员。乡土社会涉及的不仅是人与人之间的社会关系，还包括了人与自然即农民与其耕种的土地之间的关系，用一句最平常的话来说，土地就是农民的“命根子”。正如费孝通先生所说：“乡下人离不开泥土，因为在乡下住，种地是最普通的谋生办法…… 我记得我的老师史禄国先生也告诉过我，远在西伯利亚，中国人住下了，不管天气如何，还是要下些种子，试试看能不能种地。——这样说来，我们的民族确是和泥土分不开的了。从土里长出过光荣的历史，自然也会受到土的束缚，现在很有些飞不上天的样子。”❶ 对土地的依恋，对土地的崇拜，对土地的歌颂……充斥在传统中国的各式文本之中。用中国老百姓自己的话说，“人吃土一辈，土吃人一回”，讲究“入土为安”；用中国知识分子的话来说，“你是大地的儿子”，“为什么我眼中常满含着泪水？因为我对这片土地爱得深沉”；用中国军人的话来说，“保家卫国，守土有责”。

正是这种“农为邦本”的早熟的农耕文明，使得我们先民的精神世界过早地打上了封闭保守与内向的烙印。虽然近代以来，这种封闭与保守不停地接受来自外部现代工业文明的敲击，同时国内风起云涌的政治运动与变革也在一次次地用鲜血洗礼，但是这种人与土地的相互锁定却始终没有被打开，“直接靠农业来谋生的人是粘在土地上的……以农为生的人，世代定居是常态，迁移是变态”。❷ 相反，饱受欧风西语影响的城市却陷入到广袤无垠的农村包围之中，现代都市文明与公共性淹没在乡土社会与农业文明的汪洋大海之中。周晓虹在对江浙农民的社会心理研究中，也指出“土地改革以及自 1949 年起的一次比一次更为剧烈的革命以及极端的阶级意识取代了或冲击了传统的血缘关系，但却丝毫未能改变中国农民的传统性。考察中国农村 1979 年前的变化便会发现，在数十年间几乎什么都变了，土地的占有制度变了，农村的基层组织变了，原有的家庭劳作形式变了，分配和消费的方式变了，家庭（家族）和婚姻制度变了，甚至连农民的信仰体系都被强行扭转了，唯独没有变并且反而更加走向极端的是农民的定居方式，或者说是土地对农民的束缚。从土地改革，到合作化运动，再到人民公社，强大的地方行政组织通过严格的户籍和口粮分配制度，用超经济的手段将每一个农民控制在原地，经年累月地从事单一的农业生产。”❸ 对于近代历史上曾一度以市镇繁荣而著称的江浙而言，建国后的数十年里由于国家重工业的宏观计划与城乡之间的制度控制，一度从中国经济发展的重要角色中淡出，甚至“在 20 世纪 50 ~ 70 年代之间，江浙一带自近代以来由于土地的压力和城市的吸引产生的农村人口向城镇的流动，基本不复存在。与此相应，中国农民在上述 30 年间虽几度因各种重大社会

❶ 费孝通．乡土中国［M］．北京：三联书店，1985：2.

❷ 费孝通．乡土中国［M］．北京：北京出版社，2005：4.

❸ 周晓虹．传统与变迁——江浙农民的社会心理及其近代以来的嬗变［M］．北京：三联书店，1998：42.

事件激发出狂热的‘革命’热情，但很快都迅速地复归于冷漠。历次运动乃至人民公社的‘一大二公’对传统发起过一次次冲击，却丝毫没有改变中国农民的传统性和特征鲜明的小农意识”。❶ 不过，同样也是在昆山和玉环，在1978年以后我们却看到，随着大批的农民走出土地甚至走出家乡，不但他们的经济条件，而且包括他们所从事的行业、产业类型、生活的空间等在内的各个方面都发生了前所未有的变化。一句话，伴随着改革开放以来地方工业化的狂飙突进，江浙地区不仅再现“白银资本”时代的市镇繁荣，而且正以一种前所未有的方式逐步进入现代性、全球性的都市文明时代，告别着千百年来难以释怀的乡土底色。

昆山，历史上素称“江南鱼米之乡”。在改革开放以前的很长一段时间里，这个以田多劳少为优势的产粮大县，地方经济发展速度极为缓慢。20世纪60年代，全县工农业总产值年均仅1.75亿元；到70年代年均也只有2.73亿元。根据《昆山县志》记载，改革开放初期，作为一个传统的农业县，昆山还是苏南地区少有的地多人少县，人均土地2亩多，而当时江苏有的地方人均只有五六分田，这个特点在土地资源宝贵的苏南很突出。故而，昆山的农业一直不错，昆山每年向国家提供商品粮2亿kg，解决苏州地区居民及数十万棉农的部分口粮问题，被称为“天堂里的半碗饭”。而当时昆山的工业基础薄弱，综合实力是当时苏州地区所属8个县中的“小八子”，市管县以后的“小六子”，在当时的苏州经济圈中，是不折不扣的落伍者。根据昆山统计年鉴，1978年昆山地区生产总值为2.4亿元，占苏州地区生产总值的比重为8.76%，其中农业比重为51.4%，工业基础十分薄弱，全县仅有化工、化肥、通用机械、农机和油脂、粮食加工等十几家县属企业；而到1980年，昆山地区生产总值为3亿元，占苏州的比重为7.37%，较1978年还下降近1.6%。当时的人均储蓄存款仅为22元，被称为苏南的苏北。——“刚到昆山时，这里和苏北没什么分别，甚至比不上苏北的一些地方。‘穷土、恶水、血吸虫’，当时一位县委书记对昆山作了这样的形象概括。”杨守松，一个在昆山生活40年的作家，这样评价昆山。

玉环是全国13个海岛县之一，是一个传统意义上的海岛小县。据志书记载，玉环县名源自海岛奇观：晨雾绕岛，形状如环；上有流水，洁白如玉——玉环由此得名。改革开放之前，玉环经济社会发展相对台州市内、浙江省内其他地区而言，受“海岛困境”的制约更为严重。自然资源极为短缺，全县陆域面积仅378km^2，人均耕地面积0.27亩，仅为浙江省平均水平的54%；人均水资源量469.2m^3，仅为全国和浙江省平均水平的1/5，矿产资源拥有量几乎为零，而祖祖辈辈赖以生存的渔业资源，也从20世纪60年代开始逐渐枯竭。1978年玉环的工农业总产值仅为8669万元，其中工业产值仅占26.3%。同时由于地理、历史和政策等原因，玉环县被称为“50年代是海防前线、60年代是‘文革’火线、70年代是建设三线”。国家没有投资，集体经济发展缓慢，直到1978年，玉环仍然维持“一农二渔三盐”的传统经济格局，经济基础十分薄弱。而从居民构成来看，在20世纪70年代以前，玉环的居民大部分从事传统的渔业、养殖业和农业生产，不要说科技和管理人才，就连产业工人也极度缺乏。

---

❶ 周晓虹．传统与变迁——江浙农民的社会心理及其近代以来的嬗变［M］．北京：三联书店，1998：42.

3.1.2 地方发展的区位禀赋差异

昆山处江苏省东南部、上海与苏州之间。北至东北与常熟、太仓两市相连，南至东南与上海嘉定、青浦两区接壤，西与吴江、苏州交界。东西最大直线距离33km，南北48km，总面积927.68km^2，其中水域面积占23.1%。新石器时期，昆山地方已有人类活动。周时地称娄邑（见载于清代《昆山县志》），属吴国。秦汉时为娄县，属会稽郡。

永建四年（129年），分会稽郡置吴郡，娄县属吴郡。三国、晋、宋、南齐时娄县属吴郡。隋开皇九年（589年），撤昆山县（撤县后地属苏州），此后一直隶属于苏州（平江）府。

民国时期民国元年（1912年），昆山、新阳两县合并，仍名昆山县，属江苏省上海道。民国三年6月，省改设5道，昆山属苏常道。民国十六年废道，直属江苏省。民国二十二年，省设13个行政督察区，昆山属第三区行政督察专员公署。同年12月，省改设9个行政督察区，昆山属无锡区督察专员公署。民国二十四年9月，省改设10个行政督察区，昆山属第二区行政督察专员公署。民国二十六年11月15日，日军占领昆山。次年5月，直属日伪江苏省政府。民国二十九年3月，汪伪国民政府在南京成立，昆山直属伪江苏省政府。民国三十四年8月，抗日战争胜利，伪政府倒台。9月，昆山属江苏省江南行署。10月，省撤江南行署，建第二区行政督察专员公署，昆山为属县。民国三十七年4月，省改设9个行政督察区，昆山隶属不变。1949年5月13日昆山解放，属华东军政委员会苏南苏州行政区专员公署。1950年10月14日，苏南苏州行政区专员公署改称苏南人民行政公署苏州专员公署，昆山属苏州专员公署。1953年1月1日，江苏省人民政府成立，昆山属江苏省苏州专员公署。1968年3月26日，苏州专员公署改称苏州专区革命委员会，1971年4月13日更名苏州地区革命委员会，1978年7月改为苏州地区行政公署，昆山均为属县。1983年1月18日，经国务院批准江苏省实行市管县新体制，3月1日撤苏州地区行政公署，昆山属苏州市。1989年昆山撤县建市迄今。

相比于昆山邻近上海这个远东地区的国际化大都市，早年的玉环真可以比喻成一个"鸟不生蛋的荒岛"。根据《玉环县志》，现在的玉环县，元朝与明朝初期仍为乐清县玉环乡。明洪武二十年（1387年），因倭寇扰边，徙居民为内地，今楚门港（漩门港）以南玉环本岛等地全部被迁弃。成化十二年（1476年），析乐清县山门、玉环两乡六都地隶太平县（今温岭市），属台州府（今台州市），县境港北地区归属太平县，港南地被游民私种。清初，县境港北仍为太平县地，港南仍被游民私种。顺治十八年（1661年），清政府下令撤边海30里，境民全被内迁。楚门半岛地区亦遭迁弃。境内塘塌地废，一片荒芜。清雍正五年（1727年），浙江巡抚李卫奏请展复玉环。钦准招徕沿海居民（大部分来自温州、台州两府沿海居民），报荒垦种，展复玉环，境业再衍。雍正六年（1728年），始建玉环厅，隶属温州府（今温州市）。至此，玉环始有独立行政建制。

民国元年（1912年），行道县制，玉环厅改为玉环县，属温处道（今温州市）。民国十六年，废道县制，玉环县隶属省行政督察区管辖。玉环所属行政督查区屡有变更。民国三十七年（1948年），县境属浙江第五行政督察区。1949年4月7日，玉环解放。4月14

日，建立中共玉环县委和玉环县民主政府。5月12日，玉环县民主政府改为玉环县人民政府。中华人民共和国成立后，亦称玉环县，属浙江省温州专区（今温州市）。玉环县下辖5个区49个乡镇。

土地改革完成后，对区、乡、镇重新作调整。1952年1月15日，原三盘区重获解放，原乡、镇建制亦恢复。8月建陈屿区。10月三盘区分洞头、大门两个区。至年底，县辖7个区79个乡、镇。1953年5月，洞头、大门两个区19个乡、镇析出，建立洞头县。1956年2月，因农业合作化发展需要，区、乡、镇又作调整，建立3个直属镇，6个直属乡，2个区辖13个乡镇。1958年7月，洞头县建制撤销，下辖11个乡、镇地重新归入玉环县。同年11月，全县以区为单位实现人民公社化，下辖生产大队（后又称管理区）。至年底，全县共6个人民公社，46个生产大队。1959年4月，玉环县建制撤销。原洞头县地划归温州市，余皆并入温岭县（今温岭市）。1962年4月，玉环县建制恢复（未包括原洞头县地）。其后区、公社均有撤、析、建变更。至1967年1月，全县共设置3个区、3个镇、26个人民公社（从原生产大队升格为人民公社）。至此，今日玉环县的基本轮廓才算稳定下来，后来的行政区划调整基本以县域内部乡镇撤并与街道调整为主。

玉环位于浙江东南沿海，由玉环本岛与楚门半岛组成，“地处东南沿海一隅，资源禀赋先天不足，区位劣势相对明显，资金沉积比较匮乏”，是我们在访谈中听到的相对较多关于玉环地理区位的总结。玉环背山面海，陆路交通不便，作为省内公路交通的末端节点，至今未通高速公路，港口条件因为毗邻宁波港而无法得到充分发挥，铁路交通仍然还是玉环人的梦想。历史上一直远离政治中心，由于处于地理位置的边缘，在行政区划上曾经被几乎无数次地调整，玉环这个地名也反复在中国城镇体系的行政区划序列中消失与归复。

3.1.3 一般区位规律下的比较分析

欧洲近代工业的发展首先得益于技术革命，继而通过交通运输方式的提升以及全球化的过程，在全球范围内建设工业空间与地景。然而工业地景的产生，有一个重要的因素就是当地的区位元素。地点的区位价值与区位环境，直接影响着该地区是否能够吸引工业企业生长或外来工业企业的落地。工业区位论起源于19世纪20～30年代，是研究工业布局和厂址位置的理论，其主要内容是探讨人类经济活动的空间法则及一般规律，寻找工业、农业、商业等经济活动的最佳地点，即研究各种经济活动布局在什么地方最好。可分为宏观经济和微观经济两个内容。前者指一个地区或国家的工业布局；后者指厂址的选择理论。传统区位论研究的是如何在一国国内进行生产布局，如果我们把研究的地域范围扩大，把全球作为可供选择的生产布局地点的话，就会发现，区位论在一定程度上可以用于分析解释跨国公司对外直接投资的地点选择策略。

区位一词来源于德语“standort”，英文于1886年译为“location”，即定位置、场所之意，中国译成区位，日本译成“立地”，有些意译为位置或布局，在某些情况下也可用。“区位”的基本解释是：“某事物的区位包括两层含义：一方面指该事物的位置，另一方面指该事物与其他事物的空间的联系。”对区位一词的理解，严格地说还应包括以下两个方面：①它不仅表示一个位置，还表示放置某事物或为特定目标而标定的一个地区、范围；②它还包括人类对某事物占据位置的设计、规划。区位活动是人类活动的最基本行为，是人们生活、工作最初步和最低的要求，可以说，人类在地理空间上的每一个行为都可以视为是一次区位选择活动。例如：农业生产中农作物种的选择与农业用地的选择，工厂的区位选择，公路、铁路、航道等路线的选线与规划，城市功能区（商业区、工业区、生活区、文化区等）的设置与划分，城市绿化位置的规划以及绿化树种的选择，房地产开发的位置选择，国家各项设施的选址等。

18 世纪一些古典经济学家就提出了区位论的思想。如爱尔兰的 R・坎特龙于 1755 年发表的著作中和英国的亚当・斯密于 1776 年发表的著作中，都论述过运费、距离、原料等对工业区位的影响。从理论上系统研究工业区位论首推德国的 W・G・F・罗舍尔，他于 1868 年发表的论文，提出“区位”就是为了“生产上的利益”，受原料、劳动力、资本的制约；原料地对区位发生的牵引力大小，依赖于原料加工过程中减少量的多少等。用数学方法论证工业区位的是德国的 W・劳恩哈德，他在 1882、1885 年发表了一系列著作，给区位论开拓了一条精密化、计量化的道路。直到目前工业区位论中所用的“运输吨公里最小地点的区位决定公式”、“市场总需要量的计算公式”、“市场地域大小与运费之间关系的公式”等，都是劳恩哈德设计的。

杜能在《农业区位论》中考察区位问题的方法是“孤立化的方法”。利用这一方法是为了排除其他要素（像土质条件、土地肥力、河流等）的干扰，而只探讨一个要素（即市场距离）的作用。即不考虑所有的自然条件差异，而只是考察在一个均质的假想空间里，农业生产方式的配置与距离城市路途长短的关系。创建现代工业区位理论基础的是德国经济学家 A・韦伯，他于 1909 年发表《工业区位论》一书，为工业区位理论建立了完整的理论体系，并提出了严密的研究方法。他认为，运输成本和工资是决定工业区位的主要因素。但是韦伯的工业区位论是抽象的、孤立因素分析的静态区位论。1924 年，美国经济学家弗兰克・弗特尔提出“贸易边界区位理论”。他认为，贸易区的边界是被该区产品的单位生产成本和单位运输成本之和决定的。1924 年，瑞典经济学家俄林在其《贸易理论》和 1933 年的《区际贸易和国际贸易》等书中开始讨论整个工业布局问题。从 20 世纪 40 年代末开始，美国学者胡佛・伊萨德提出了工业区位的多种成本因素综合分析的理论。❶ 这些理论探讨的中心问题是：如何以最低成本和最大利润的原则选择厂址。

改革开放之前的中国经济发展是建立在重工业优先战略、宏观计划调配与城乡分治的经济社会条件下的，中央指令式的划拨、分配、投入制度在相当大的程度上抹去了经济发展中的“区位”概念。在非市场经济条件下各种经济要素的流动处于一种非自发性状态，或者称之为一种受控状态，除去国家投入的工业建设所在地区，其他的区域大致处在一种“区位”均势状态。此时的昆山和玉环基本上都属于国家投入的工业建设之外的地区，这本身也在客观上导致从建国后一直到改革开放之前，两地以农业经济为主体的经济结构。昆山地处苏州与上海的交界之处，由于毗邻着上海这座大都市，长期以来被称为上海的

❶ 参见：王铮等．理论经济地理学［M］．北京：高等教育出版社，2003.

“后花园”。靠近上海的地区，我们一般都会认为其属于区位优势的地区，因为它可以接受来自上海这座国际化大都市的经济、社会与文化辐射。尤其是随着1978年的改革开放，国家从农村改革先行逐步过渡到城市改革，从“有计划的商品经济”逐步过渡到社会主义市场经济体制。与这个市场性逐步成长的过程相应的是，地域空间的经济比较优势开始逐渐显现。按照常理，我们都会认为昆山的区位优势应该开始显现了，因为它是如此地靠近上海。在苏州民间，也曾常常有这样的坊间传闻，因为昆山的闺女都想嫁到嘉定、青浦和上海人套近乎，当地人经常担心自己的儿子找不到老婆。而对于这一纷争，上海人的态度倒非常明朗：阿拉喜欢昆山，那是上海人的后花园。然而在我的访谈中，却发现在当地政府的视野中，昆山与上海的关系似乎不是那么的紧密，或者说比较微妙。

靠近上海作为一个地理方位上的事实，也是我曾经毫不思索地将昆山列入经济区位优势明显的地区行列中的最重要理由，认为昆山的“近端”区位毫无争议。但是随着在昆山调研的深入逐步地改变了我这个原本很简单的想法，因为一个很重要的现实问题出现在我的面前。如果我们说昆山如此靠近上海，那么在与昆山接壤的嘉定、青浦、松江是不是更加靠近上海的都市区？甚至我们更要问，相比昆山只是靠近上海，这些县区直接就隶属于上海市域范围，应该说不仅仅是区位优势了，更应该具有直辖市的制度优势了，至少这些县区在中国城市行政区划等级里属于“地厅级”，而昆山的级别还只相当于这些县区中的乡镇或者街道。但是放在我们面前的事实却是，在上海的经济总量中，县域经济的贡献长期以来是微乎其微的。2003年全国县域经济国内生产总值为6.45万亿元，占全国国内生产总值的55.15%，而其中县域经济占比重最小的就是上海市，仅为1.1%。也就是说，长期以来支撑上海这座大都市经济总量的更多的还是来源上海市辖区的贡献。

这让我们陷入一种思考的困境，即当我们谈论昆山受到来自上海的辐射时，我们如何放置这些上海的郊县呢？按照地理和区位的一般性描述，似乎这些上海的郊县应该更好地接受辐射，并与上海都市区形成很好的经济互动。而且毕竟这些郊县与上海都市区同属于上海直辖市，相比于我们作为昆山区位“近端”与优势的理由，似乎嘉定、青浦、松江等更加充分。但是为什么经济崛起的现象却出现在昆山，而不是在这些郊县。

在我们的访谈中，一些经历着改革开放之初创业的老昆山人回忆起当年的情况时说：

“我们是上海的‘后花园’，但是我们不是上海人，早年行政区划调整时，一度要将我们昆山和太仓一起划给上海，人家上海硬是瞧不上我们昆山，嫌我们穷啊。”

于是我们接着就问：“如果当时划给上海了呢？会不会发展就更快了？”

“哈哈，这个不太好假设了。如果我们划给上海，那么就不一定像现在这样发展了。”

正是这种比较微妙的回答，引起了我们进一步的思考。相比于嘉定、青浦后来的发展，我们还真的难以设想。这样类似的区域发展问题还曾经出现在嘉兴，我们几年前在嘉兴调研时，围绕与大都市上海的关系问题，也曾经听到过这样的微妙的声音。“在20世纪90年代的浙江省区域发展讨论中，曾经认定地区增长极的发展极有可能黑洞似地吸光周边资源，进而如果任凭上海的中心地位发展，必然会把浙江的资源吸走从而导致浙江的空壳化。在这个背景下，浙江省的政策制定和基础设施建设明显地偏向了越地的甬绍而冷落了吴地的湖嘉……当年上海的主要领导来自嘉兴，但当上海将沪杭高速修到嘉善路口多年时，浙江的杭沪高速还是纹丝不动，因为此时浙江的基建重点集中在北仑港和杭甬高速的建设上。”❶同样的争论在昆山也出现过，身处一个强大的增长极周围，对于“区位”的优势与劣势而言，往往就在一念之间。很多官员也坦承，如果当年继续抱着“大树底下种好碧螺春”的想法，就不会有今天昆山的城市发展与工业经济。

对比于昆山毗邻上海的地理位置与“江南鱼米之乡”的农业资源，玉环却是“八山一水一分田”的自然资源禀赋与近乎难以正常到达的区位。然而正是历史上反复被迁弃又重新迁入垦种和展复，这种反复过程在一定程度上构成了玉环地域性格具有自强、自立的主体意识。玉环人戏称，玉环的历史是一部“开放”的历史。它不断接纳外来的移民，而且迁徙定居玉环的移民是在不同的历史时期、从不同的地方来到玉环的，实乃移民流民聚居之所，文化背景之多元，居民方言之复杂，一个陆域面积378km^2、户籍人口40.6万人的弹丸小岛，方言居然多达六七种。异质文化在长期交流中，相互兼容，让玉环更具“移民文化”的特征。而玉环濒临大海，全岛居民面海而居，讨海是基本生存和生活方式，出行不便，用水不足，资源贫乏，只能向海洋讨取基本的生活资料，渔民群体占了玉环居民的主要部分。缘于对海洋自然属性的认识和利用，海洋文化中广纳百川的特性，浸润和培育了玉环人的开放精神。海洋文化从总体上来说不是限于一域一地的文化，在它的绵延中，多种异质文化的交融使它显得更为博大，在长期碰撞、融合的过程中，相互激荡，求同存异，逐渐形成了玉环开放兼容的集农耕、移民、海岛、海洋文化于一体的多元文化。

玉环既无空间上的区位优势，又无国家优惠政策的享受和良好经济基础的承继，在建国后较长一段时间内，还因为属于中国国防“前线”、文革“火线”和投资“短线”，经济社会发展非常滞后，还属于农业、渔业等自然经济为主的欠发达地区。然而这样一种近于穷山恶水状况下的自然资源基础，交通异常不便的区位“末端”，在漫长的历史发展过程中地域文化的积淀与传承，却影响着玉环人的思想和行动。这种思想融入玉环人特有的精神世界与人格秉性之中，日渐孕育了玉环人不安于现状、不囿于本土、吃苦耐劳、敢冒善变、敢闯敢拼、勇于创新的精神特征，这些特征可能在改革开放之前并没有施展的空间，或者说更多地被集中到政治工作领域。但是其中某些成分却契合了市场经济和竞争要求，因而玉还人擅长办厂经商，走南闯北，开拓市场。所以，当改革开放潮起潮涌时，玉环潜在的独特地域文化特质便融入区域经济发展之中，成为玉环改革开放、经济发展的内在动力。所谓的区位，所谓的“近端”还是“末端”，并不意味着某种地理决定，“区位”归根结底还是需要人的运作。

3.2　农转工：工业文明的启蒙运动

3.2.1　从“米袋子”的称号到“农转工”的政府动员

“江南鱼米之乡”的昆山在改革开放以前的很长一段时间里，这个以田多劳少为优势

❶ 龚浔泽．江苏脉动——网络时代的区域新观察［M］．南京：江苏人民出版社，2008：29－30.

的产粮大县，地方经济发展速度缓慢。改革开放初期，作为一个传统的农业与粮食大县，昆山还是苏南地区少有的地多人少县。1979年，昆山的粮食总产量达到9亿3800万斤，超过了历史最高水平，当时昆山每年向国家提供商品粮2亿kg，解决苏州地区居民及数十万棉农的部分口粮，被称为苏州的一只“米袋子”。在这么大的一片地区里，作为传统的农业县，当时粮食很不值钱，农民在工农产品“剪刀差”中承受着巨大牺牲，虽然农民温饱有余，对国家贡献不小，但是从城到乡，昆山都相对于“无常江”（无锡、常熟、江阴）而言则比较穷困。费老在《小城镇，再探索》一文中也提到，1982年江苏全省社员人均收入309元，比1978年增加了154元，四年翻了一番，这些地区农民富裕起来的主要因素是“农村经济结构发生了变化”。这些年江苏全省的农副工三业各以不同的速度逐年增长，其中农产品产量的增长率最低（约为4%），乡镇工业（即社队工业）的产值增长幅度最大（约90%）。这意味着在农民的收入中，来自农业的比重降低，而来自工业的比重越来越大。据1983年的统计，江苏已有塘桥、乐余、前洲等七个乡的工农业总产值超过了1亿元，这些乡的工业产值都占90%，由此可见“农民富裕靠工业，已成了普遍的事实”。当时乡镇企业在苏南地区异军突起，无锡、江阴、常武成了全国的排头兵，昆山在经济上差了一大截。

在这样的产业结构基础上，昆山要走出一条突破性的道路，必须去跨越早期的“农业资源陷阱”，而这关键的一步就在于“农转工”战略的大胆提出与坚定不移地执行。1984年，W同志任昆山县县长，面对农业县的现状，坚决认为要摘掉苏州“小六子”的“帽子”，靠农业不行，必须搞工业。同时这位对昆山早期发展有着重要贡献的人物[1]把当时昆山落后的原因分析为：

“纵观历史，昆山的落后，源于思想的落伍，主要表现在小富即安，不思进取，背上了‘田多劳少’和‘产量不高、贡献不小、收入不少、生活蛮好’的包袱，守着自家门户，不谙外面世界，因循守旧，迈不开改革开放的步伐。”

这个带有行政动员色彩的产业转型在当时引起了很大的争议，更多的声音是当好“上海的后花园”、苏州的产粮基地……今天回溯当年“农转工”的战略提出，其意义绝不仅仅在于产业基础建设的本身，在更大的广度上，更像是一场思想解放运动，一场告别农业社会呼唤工业文明的启蒙运动。时任江苏省委书记的H在回忆当时昆山发展起步时这样写道：

“昆山发展的起步并不顺。党的十一届三中全会以后，随着农村普遍推行家庭联产承包责任制及乡镇企业的崛起，昆山的经济有了较快的发展。但人们的头脑还被传统计划经济模式和‘小富即安’等小农意识所禁锢，许多人满足于‘土地资源多，分配不算少，生活蛮可以’的状况。‘小富即安’，不仅没有主动向外开拓，而且还把外地来的合作者一次次拒之门外。”

[1] 昆山在20世纪80年代初的“农转工”战略之后，一系列创造性的工作使昆山在奔小康的征程上名列全省乃至全国前茅，费孝通将其赞誉为“昆山之路，吴氏经验”。

“这样，在乡镇工业起步早、发展快的苏南，本来就基础薄弱的昆山工业经济掉队了。1983年3月，我当江苏省委书记了。昆山还是一个产业结构单一的农业县，靠种水稻、蔬菜为主。它的工业经济排到了当时苏州市（1983年江苏省实行市领导县新体制，撤销了苏州地区）所辖六县之末，人称‘小老六’。原来昆山人少地多，农民经济收入还名列前茅，但是它工业太落后了，拖累农民经济收入也开始落后于周边的兄弟县了。”

正是在“苏南模式”强势崛起，而昆山起步较晚的情形下，“1983年年底，经过机构改革的新一届昆山县委领导班子，通过认真反思，审时度势，认准了‘无农不稳，无工不富，无副不发，无商不活’的发展方向，作出了实行‘三个转移’的战略决策，即从单一农业经济向农副工全面发展转移，从产品经济向有计划的商品经济转移，从内向型经济向开放型经济转移；工作的重点是发展工业经济。”❶ 同时，为了使用工业经济发展与开放型经济的启动，昆山市政府开始开办对外贸易、工业经济发展方面的业务研讨班，对各级基层干部进行不间断的、定期性的培训，这种培训活动一直延续到当代，学习与研究逐步融入到了政府的实际工作中。❷

开发，是一项新兴的事业，有些人不理解，说不能让肥水外流，不能让上海人赚昆山人的钱。有人甚至扣帽子，这是出卖主权，是当上海人的“殖民地”……他们主张，肉要烂在自家的锅里。问题就是这样尖锐地摆在人们面前：是开发，还是闭守？

开发就是在广阔的范围里，实行生产要素大跨步、多方位的优化组合，形成新的生产力，进而向周围辐射；闭守就是在封闭的范围内，固守原有生产要素的自然组合。开发就是借鸡生蛋、借船出海、借梯上楼、借资生财、借财兴邦；闭守就是万事不求人、不理人、不问人，自成一统，关门大吉。开发是远缘杂交；闭守是近亲繁殖。开发，仿佛是肥水外流，其实是肥水互流，而且越流越活，越流越肥，越流越涌；闭守，可算是滴水不漏，但也绝无外面的肥水流进来，不免是死水一潭。开发是社会化大生产的必然条件；闭守是小生产的传统定势。❸

在经典的“苏南模式”年代，昆山虽然不是“苏南模式”的主要发源地与中心地区，没有锡山江阴、常武地区那般强势崛起，但是也没有在农业资源颇丰的环境下自我放逐，而是知耻而后勇。农村工业化与小城镇建设作为“苏南模式”的基本内涵，昆山虽然不如当时的常武锡山等主角那样风云一时，但是比起上海的几个郊县如嘉定、青浦、松江、金山等，昆山显然要先一步地接受工业化的洗礼。在20世纪80年代初普遍政治性内容浓厚的政府工作报告中，昆山就将“无农不稳，无工不富，无副不发，无商不活”作为发展方向写进去，在昆山市内部先自上而下地要求“解放思想，勇于改革创新……放宽政策，凡是不利于生产发展的条条框框，要敢于改革，勇于创新。要在人事、体制、经济承包等方

❶ 吴克铨等．唯实　扬长　奋斗——昆山经济发展的探索与实践［M］．苏州：古吴轩出版社，2005：（前言）2.

❷ 当《世界是平的》一书中译本刚出版时，昆山市政府就曾要求各级干部与工作人员必须人手一本，后来又引发了对《世界是平的吗?》等书的讨论，曾一度引发网上的热议。

❸ 吴克铨等．唯实　扬长　奋斗——昆山经济发展的探索与实践［M］．苏州：古吴轩出版社，2005：147.

面，给工厂企业‘松绑’。”❶

农村工业化的启动，相伴的是昆山的城市化进程，1981 年首次编制《昆山城区总体规划》，以拓宽疏浚娄江为先导，加快老城改造。1984 年昆山在全省率先编制了《昆山县县域规划》。规划期限为近期 1986～1990 年，远期 1991～2000 年。确定加快改造旧城开发新区，在酝酿昆山发展成为城市的同时，加快建设一批新型集镇，并提高城镇化水平。主要规划指标为：①中心城区设市。②城区向东扩展，规划面积 $14km^2$，人口 13.9 万人。③工农业总产值达 79 亿元。④建制镇由 3 个发展为 13 个。⑤城镇化水平达 48.3%。

3.2.2 “好”还是“糟”：股份合作企业的正名

1949 年后，中国农村的工业化先后经历了三次浪潮：第一次在 1958 年，随着人民公社运动的兴起，包括乡村在内全国出现了“大办工业”的高潮，在这次浪潮中诞生了属于人民公社或生产大队所有的社队企业。社队企业的来源主要有三个方面：一是 20 世纪 50 年代经济社会主义改造产生的一部分手工业合作社。二是国家下放了部分国营企业到农村，成为社队企业的一部分。三是在“大跃进”期间乡村自己兴办的一些与机修、采矿有关的“五小”工业企业。第二次工业化浪潮始于 1970 年，这一年国务院召开的北方农业会议提出加快发展农业机械化，这一决策将中国农村的工业化再度推向高潮。当然，当时允许农村兴办的社队企业被严格限制在工业尤其是农业机械行业内。

此时城市工业由于受到“文化大革命”的影响和破坏，大多出于停产瘫痪状态，但城乡人民群众对工业品的需求仍然存在，这就为重新萌生的社队工业提供了现成的市场。尽管国家规定社队企业只能生产、维修农机产品，但在市场需求的刺激下，农民常常会自发地越过这些规定。费孝通在《江村五十年》中就提到，江苏江阴的一家队办厂“很巧妙地在厂门口挂上农具厂的招牌，偷偷摸摸地生产着与农具不沾边的塑料制品”。❷ 这种现象在昆山和玉环也不鲜见。此外，同样由于“文化大革命”的影响，一大批城里的知识分子、技术人员、熟练工人及知识青年，因为受批斗、冲击而下放劳动，或因工厂瘫痪无事可做而返乡，还有因为回乡或插队而在农村落户，都为农村工业化提供了现成的技术和经营人才。

1970 年 11 月，玉环县芦浦回乡知识青年肖生知等人成为办厂领工资的第一人，按每股投资 150 元，每投一股安排一人进厂当工人，募集了 16 个股份，筹资 2400 元筹办了剪纸工艺厂，这种“打硬股”的方式成为玉环股份合作经济的开端，为后来的民营经济奠定了基础，成为改革开放初期的特定模式。

“资金从 5 块、30 块、40 块，甚至逐步投资到 150 块，发展到 18 个人，全县办起了第一家私营的股份制企业”。

但在当时还时常要割资本主义尾巴的年代，这种“打硬股”合伙经营的小企业只能改

❶ 昆山市（县）历届人民代表大会政府工作报告决议汇编（1949－2002）（下卷）：11.
❷ 费孝通．江村五十年［M］//载费孝通．爱我家乡．北京：群言出版社，1996：149.

头换面，戴上集体经济的“红帽子”，才有生存下去的可能。1973 年，在原芦浦公社书记毛崇友的亲自带领下，芦浦工艺厂才通过了工商登记，领到了营业执照，玉环县的第一个股份合作企业戴着“社办”企业的“红帽子”诞生了，也是台州地区第一家戴着“红帽子”以社队企业名义经工商注册的股份合作制企业。这家小工艺厂从剪纸工艺品做起，后来又制作塑料宫灯，办厂当年实现产值 5 万元。1972 年，18 个农民，各出资 300 元，在没有领到正式营业执照的背景下，办起了小沙大队鱼粉厂，后发展到十八股半，也同样戴着集体的红帽子，现任厂长回忆道：

“说起来真是让人笑话，当时我连镇子都没有出过，还叫着要联系业务，都不知道业务究竟在哪里，抱着试一试的心态，带着粮票车票，坐轮渡到上海，也不知道上海往哪里去订业务。当时我的工资每月 30 元，每日补贴 3 角，后来业务做到 35 万元的时候，我的工资涨到每月 40 元”。

到 20 世纪 80 年代初，芦浦公社股份合作企业迅速发展，同时反对之声又起。因为股份合作已越出芦浦公社，所以玉环县和区里都传出话来，说芦浦的“集资办厂”方向有问题，是“假集体，真单干，姓‘资’不姓‘社’”。面对芦浦经济迅速发展的现实，他们说：“芦浦家大、业大、问题也大!”。对于 1978 年的 4 月 29 日，今年已 80 多岁的县工商局离休老干部老 W，依然有着较为深刻的记忆：

“这一天，县工商局恢复了中断 12 年之久的工商企业登记，开始对社队企业颁发证照。”

1951 年，玉环县人民政府成立了工商科，专管工商企业登记管理工作，直到 1962 年 12 月。在此期间，由于各种原因，工商企业登记工作也停止过。1963 年 6 月，县工商行政管理局成立，与县商业局合署办公，但单独行使工商企业登记工作职能。1966 年年底，根据登记情况统计，全县共有工商企业 556 户，分支 203 个，从业人数 7679 人。

“‘文革’开始后，工商管理机构瘫痪，企业登记工作停办。这一停就是 10 多年啊……1976 年，虽然‘文革’还未全面结束，但我县社队企业已开始迅速发展起来。由于未经政府批准，在生产中社队企业遇到了许多问题，如银行无法开户和贷款，税务部门不发营销票据，物资部门不供应原材料和燃料等。为此，社队企业纷纷向县革委会提出解决要求。”

1952 年就开始从事工商工作的老 W 感叹道。针对社队企业提出的问题，经过当时的县领导和有关部门研究后，决定由工商、财税、社队、农行等四单位抽调人员对全县社队企业进行全面调查，历时 2 个月。作为调查队的主要负责人，老 W 在 1976 年的 5、6 月份，带领调查队成员深入全县各个镇乡，并在各镇乡的社队管理人员配合下，对社队企业进行逐家走访。目的主要是检查这些企业的生产设备是否齐全、制度是否健全、销路是否稳定等。在调查了全县的 321 户社队企业后，经审查，基本符合“三就”（即就地取材、就地加工、就地销售）和“四为”（即为工业生产、为农业生产、为群众生活、为外贸出口）条件的只有 217 户。为此，县革委会要求由工商、社队两局以文件形式批准 217 户社队企业，而不符合条件的104户企业，帮助转业或闭歇。

"文件下发后，原先'黑户'的社队企业有了合法的身份证，他们别提有多高兴了。这种以文件形式代表社队企业合法身份的做法延续了两年，直到1978年恢复工商企业登记、开始颁发证照为止。"

1978年4月，玉环恢复工商企业登记，并为全县534户社队企业颁发了证照。其中：玉城区94户、楚门区235户、坎门区120户、陈屿区85户。

20世纪70年代的农民办"硬股厂"，是玉环县第一代创业者的缩影。1978年年底十一届三中全会上通过的《关于加快农业发展若干问题的决定》（草案），明确指出："社队企业要有一个大发展"，并同意"国家对社队企业，分别不同情况实行低税和免税政策"。党的十一届三中全会以后，改革开放首先在全国农村展开。而在此之前，作为东海前沿的一个海岛小县，玉环就已悄然地将工作重心转移到了经济建设上来。这一重心悄然转移的标志性事件，就是1977年的玉环县工业交通局"一分为三"事件。1977年，县工业交通局被分解成工业局、交通局和社队企业管理局三个部门，工业局主要管理发展历史相对较长的国有工业和集体工业企业，社队企业管理局主要负责公社和生产大队办的企业的管理。同年，县政府成立工业交通办公室，1979年改称为玉环县经济委员会，对这三个部门和邮电局进行统筹管理。

"工业交通局一分为三是当时形势发展的需要，那时，玉环的乡镇企业已经有了一定的基础，国有、集体企业和交通也需要单独发展。"

"那个时候，改革开放快要开始了，以阶级斗争为中心已逐渐转变为以经济建设为中心。在这样的前提下，我县的社队企业外出跑业务的人很多，企业发展得越来越快，目前的两大工业经济支柱——阀门和汽摩配，就是在那个时候开始发展起来的。"

——曾担任过工业局党委书记、局长一职，从1958年就与工业结缘并在与工业相关部门工作了30多年的一位老同志说。

20世纪五六十年代，玉环就有了一些规模相对较大的国有工业和集体工业，1962年以后尤其是"文革"期间，又出现了小制药、小纺织、小印刷等"五小企业"，既有县里办的，也有公社和生产大队办的。与此同时，城镇的手工业者又组织形成了手工业合作社，规模较大的发展成手工业合作工厂。跟其他地方相比，玉环的社队企业虽然起步较晚，但发展速度比较快。到文革结束时，已具备了一定的基础，需要有一个独立的管理部门。

后来的历史数据证明，将县工业交通局一分为三的举措，确实大大促进了玉环县工业的发展。根据《玉环县志》记载，1976年，玉环县有企业数164个，工业总产值为2635万元；到1978年，企业数增长到532个，工业总产值达4451万元。

"那时，我们到台州地区开会经常挨批，说玉环人的思想意识有问题，精神文明抓得不好。不过，挨批归挨批，回来后我们照旧发展。如果那时不坚持的话，玉环的工业就不可能走得这么快、发展得这么迅猛。"

1981～1982 年，玉环县带着红帽子的股份制企业，开始了阀门生产之路。成为玉环工业经济的第二大支柱产业，促成省级水暖阀门协会落户玉环。当时在县工业交通办公室任职的老 S，清楚地记起阀门被引进玉环生产的历史。

“1977 年和 1978 年间，我们玉环许多社队企业的业务员从青岛、大连等地的外贸出口公司了解到，他们需要出口大量的阀门，包括水龙头和柱塞阀等。清港和干江栈头的社队企业就开始做这些产品，但由于力量太过薄弱，根本做不大。于是，县政府工业交通办公室就牵头组织了一批社队企业进行探讨。”

“做这种产品只需要最简单的车床，而且主要靠人工来做，因此，企业越大机器越好工人上班时间越固定反而成本越高，最后很多企业都放弃了。”老 S 告诉笔者，后来，楚门航运站的一个家属厂接手生产，因为企业小，职工上班时间可以灵活支配，产品成本低，销路好，结果规模倒是越做越大，最后就发展成了玉环县球阀总厂。

这之后，凭借着灵活的运作机制，玉环的社队企业发展得越来越快。从三中全会召开之后到 1984 年，港南的群众纷纷以闲置私宅为生产场地，以亲友关系为合作伙伴，以股份合作经营方式，纷纷创办了各种工厂。到 20 世纪 80 年代初期，经常出现社队企业到国有、集体企业挖人的事情。与此同时，温州的私有化改革之风也影响到玉环，使玉环人的商品经济发展意识益发强烈，私营企业也开始发展。

1979 年后，芦浦、龙岩、坎门等地出现了多家股份合作企业，但引起社会种种说法。现在的玉环凯凌集团，计划经济时代，一切都靠计划调拨，汽车零配件坏了，没有相应的配件供给，瞄准此市场，开始做汽配企业。1983 年，以股份制形式，创建了独资的环城汽车标准件二厂，如今成为玉环工业经济的第一支柱产业。1983 年，玉环又引进武汉沙市冰箱部件厂搁置的项目，通过技术创新，“微机控制焊机”在玉环研制成功，通过了省级产品鉴定，填补了国内空白。这后来被认为是玉环在科技创新中第一次得到高级别的体现。

而对于这种以个人股权为基础的股份合作企业在玉环的发展，中共台州地委办公室的《台州工作通讯》，1980 年 11 月 29 日发表了《芦浦兴办社队企业诀窍多——资金依靠社员股，工厂办到社员家，原料发给社员做》一文，对芦浦镇兴办工业企业作了含蓄肯定，玉环人纷纷兴办“红帽子”企业。1981 年 5 月 21 日《浙江日报》刊登了原玉环县委书记的调查报告：《好还是糟：调查芦浦公社社队企业后的感受》，大胆地肯定了股份合作企业，热情地赞扬了芦浦“打硬股”办厂创举，引起了岛内一场思想解放大讨论，为玉环工业经济的发展起到了推波助澜的作用。

“芦浦公社的现实告诉我们，社员集资联合办厂，一不要国家分文投资，二不要集体为它解决厂房、机器等劳动设备，群众把大批闲散资金集中起来，自找门路，自负盈亏，做到资金自己筹，设备自己搞，厂房自己找，技术自己学，产品自己销，为社会创造财富，向集体提供积累，同时，也增加了社员收入，提高了生活水平，这有什么不好呢？顾名思义，社员集资联合办厂，仍然是一个小型的集体，是一个规模较小的经济联合体，实行的是按劳分配，企业利润除上缴积累外，一般还都提取部分作为扩大再生产的资金，属于小集体性质，同旧社会的资本家私人办厂、雇用劳力、进行剥削，有着本质上的区别，这怎么能说它是资本主义性质的企业呢?”

——《好还是糟：调查芦浦公社社队企业后的感受》

当时写作这篇文章时，还没有概括出股份合作制这个说法，通常称这种企业为“社员集资厂”。

“‘集体厂’这是芦浦发展社队企业走过来的一条主要路子。持否定态度的同志说，社员集资办厂是‘硬股厂’，是个人发财，少数人致富，对集体无益，甚至把它同资本主义等同起来……我们必须肯定社员集资联合办厂的方向，认清它是发展社队企业、搞活农村经济的一条切实可行的新路子。那些简单地把它看成是私有性质，甚至与资本主义等同起来，当做洪水猛兽一样加以非议的做法，则是非常错误的。”

——《好还是糟：调查芦浦公社社队企业后的感受》

依靠股份合作制，芦浦经济发展走到了玉环县各乡镇的前列，1983 年全乡工业产值比前一年增长一倍，超过千万元，1991 年芦浦成为台州地区第一个工业产值超亿元的乡。

“80 年代初到 90 年代初，是芦浦工业经济最辉煌的时期，工业总产值是玉环县的第二名，许多想办厂的人都到芦浦参观学艺，参股创业”。

——原芦浦镇工办主任

1984 年，即家庭联产承包责任制取得全面胜利、人民公社完全终结时，中共中央下发 1 号文件：提倡农村发展商品经济，搞活流通。在随后的中央和国务院发布的第 4 号文件中，根据人民公社已不复存在的情况，明确将社队企业更名为乡镇企业。在苏南地区积极发展以集体所有为主的乡镇企业的同时，玉环及整个温州、台州地区的农民走上了另一条别具特色的乡村工业化道路。玉环的乡镇两级集体经济相对薄弱，大多数人转入的是分散的、以一家一户为生产单位的家庭工商业和私人企业，还有就是“打硬股”形式的股份合作企业。农民大多依靠自己的力量，“打硬股”合作办厂、跑运输。

而针对中央对乡镇企业发展的支持，玉环县政府制定县、乡（镇）、村、联户办、个体办五个轮子一起转的发展企业方针，特别是县委下发的股份合作制企业享受与集体企业同等的政策待遇，立即带来了各类企业迅猛崛起。1985 年后，股份合作制在玉环县各个经济领域里蓬勃展开，到 1989 年年底，股份合作制企业发展到 1886 家，从业人数 36332 人，实现工业产值 61553 万元。原玉环科技局副局长：

“当时的景象，出现了村村点火，户户冒烟，民营企业已经达到两千多家，职工也有五万多人，当时的工业产值，我记得大概也有几十亿元。”

受温岭家具横扫玉环的刺激，1985 年 31 岁的木工匠胡再贵凑了 1 万块钱，与弟弟一起带领五个徒弟，合股创办了玉环第一个家具厂——楚门家具厂（今天的诺贝家具集团），成为后来古典欧式家具的第一代创业人，也被称为玉环派家具的创始人之一，在企业创办的第一年就赚了 31 万块。随即一批家具企业在玉环诞生，从此玉环的家具产业开始逐步走上产业集群的道路。

1984 年 1 月第一家股份合作企业玉环县坎门东沙水产品加工厂经工商部门登记注册。1995 年，在玉环县国民经济统计过程中，正式把该企业列入统计范围，从而结束了玉环县股份合作制企业“落地无根”的历史，股份制企业获得法律意义上的承认。到 1991 年时，以个体私营经济和以个人股权为基础的“公众所有制”经济已成为玉环经济的支柱，以“民有、民管、民享”为主要特征的民营经济成为县域经济最具活力、最有前途的经济形式。经过 30 多年的打拼，凭借股份合作制的先发优势，玉环人民成功走出了一条工业立县的发展道路，跻身全国百强县行列。2007 年全县实现工业总产值 724 亿元，并形成汽摩配件、水暖阀门、金属制品、药械制造、家具制造、眼镜配件等六大支柱产业集群。

从早期的“打硬股”到以股份合作方式“戴红帽子”，玉环的早期工业化伊始就在产权制度上比较明确，而这种产权相对明确的企业制度也对后来玉环的“老板经济”产生了很大的奠基作用。股份合作企业的汹涌发展，不仅转移了玉环当地的剩余劳动力，同时随着生产规模的不断扩大，产业分工的不断细化，积累原始资本的股东们更多地转向自己当老板，而从厂里拿工资的人群中越来越多地出现了外来打工群体。以股份合作企业快速成长为主体的玉环乡村工业化，加剧了人口、资本与生产要素的流动，城市化的进程开始萌动。美国学者钱纳里和塞尔昆在 1975 年的研究中指出，城市化可以看做是“以导致工业化的贸易和需求的变化为开端、以农村劳动力向城市就业的源源不断转移为结果”❶的一个过程。他们通过研究得出基本的模式：随着人均收入水平的上升，工业化的演进导致产业结构的转变，从而带动了城市化程度的提高。❷

3.2.3 早期工业化：跨越农业资源的双重陷阱

中国城市化历程真正的启动，实际上源于 20 世纪 80 年代开始的改革开放。1980 年，国务院批转《全国城市规划工作会议纪要》，制订出“控制大城市规模、合理发展中等城市、积极发展小城市”的方针，中国才进入推进城市化的社会阶段。随后出现了“建制城市化”或称“表面加速”的特征，即城市数量增长很快，但非农业人口比重仅有缓慢上升。然而西方传统的城市化理论认为，工业化与城市化是息息相关、相辅相成的，工业化是城市化的必要条件，而城市化是工业化的产儿。西方近代城市化的历史实践逻辑是：城市的建设发展史并不等于城市化的历史，城市化是随着近代工业革命而大力发展的。

直到改革开放后，中国的工业化与城市化才重新产生整体意义的整合关系。从 20 世纪 80 年代中期开始，苏南农村创造出了一种“离土不离乡”、“进厂不进城”的农村工业化形式——乡镇企业。到 20 世纪 90 年代初期，乡镇企业对中国的财政税收、出口创汇和国内生产总值的贡献超过了 1/3。与此同时，中国大部分的大中型城市还依然扮演着政治中心和重工业基地的角色，对农民采取“进镇不进城”的政策。1988 年年底，甚至还出现了一次全国性“清退城市农民工”的措施。在这一阶段的中国城市化发展是基于这样一个宏

---

❶ （美）霍利斯·钱纳里，莫尔塞斯·塞尔昆著．发展的格局［M］．李小青等译．北京：中国财政经济出版社，1989：56.

❷ （美）霍利斯·钱纳里，莫尔塞斯·塞尔昆著．发展的格局［M］．李小青等译．北京：中国财政经济出版社，1989：56.

观的政策背景，即农村改革先行，城乡二元结构的壁垒依然高筑，严格的户籍制度将城市发展的门槛抬得很高。与此同时，由于国家长期以来的重工业体系倾斜政策，导致国内市场需求的商品生产产能长期严重不足，"短缺经济"现象凸现。农村改革的适时启动，首先解放了农村的农业社会生产力，作为国家根本与产业根本的基础农业迅速焕发出勃勃生机。

然而，在这样一个特殊的历史时刻，中国的区域经济发展开始于一个新的起点之上。为什么说是一个新的起点，或者称为一个共同的起跑线（至少对于广大农业资源相对丰富的中国东部地区来说）？这是因为从这个时刻开始，从农村社会生产力被普遍解放开始，中国的区域经济发展将再次进入一个相对不均衡与相对差异化的发展阶段，而且这种不均衡将伴随着中国改革开放的逐步深入而越来越显性化。这个历史时刻往往也引起30年后的今天，很多地区的政府领导、民众常常反思的一个问题，即在改革开放之初，我们也获得了很好的发展机遇，我们的农业资源禀赋也很好，我们也曾一度辉煌，那个阶段是我们农民生活变化最大的一个时期，而为什么后来我们在区域发展中就掉队了，甚至越来越落后了呢？

这里其实出现了一个全球经济时代后发地区工业化进程中的"农业资源"陷阱问题。一个有趣的现象是，20世纪50年代以来，所有靠市场而非计划方式成功推动工业化的新兴工业化国家和地区，自然禀赋无一例外地都很贫乏。并且在二战后力图追赶发达国家的发展中国家和地区中间，竟形成了这样一个奇特的规律：自然资源的贫乏程度与自主工业化的水平呈现正相关关系。

二战后的日本和20世纪70年代以后崛起的亚洲四小龙，虽然实现了快速的经济增长，成为重要的世界制造业中心，但他们本身的矿产资源和农业资源却不丰富，其中的中国香港和新加坡，还近乎零自然资源。与此同时，自然资源十分丰富的，比亚洲四小龙起步更早、基础更好、起点更高的拉美国家工业化进程越过早期高峰后却几乎停滞了。巴西、阿根廷和墨西哥、智利、秘鲁、委内瑞拉，这些拉美国家中的任何一个，就其自然资源而言，都比韩国、中国台湾丰富。同样地处东南亚，不论是受意识形态影响显著的越南、老挝、柬埔寨、缅甸，还是一直推崇市场经济的泰国、马来西亚、菲律宾、印度尼西亚，自然资源禀赋也都远强于中国台湾、韩国，但发展却始终没有中国台湾、韩国的势头迅猛。

这应验了这样一个基本道理：在相对孤立国经济状态下，在自发的原生型的工业化萌芽阶段，自然资源禀赋的丰缺是发展的重要前提；但在世界市场形成和交通技术发展导致运输日益便捷后，丰富的自然资源禀赋，在某种程度上反而会成为后发达地区追赶先进的陷阱。尽管韩国和中国台湾、中国香港、新加坡的崛起不能完全从没有资源陷阱阻碍这一角度解读，但是没有丰富的自然资源可以依赖的这个显著的客观缺点，却可以作为刺激和促发区域忧患意识的重要来源。浙江的温州、台州在改革开放之初，因其相对恶劣的自然资源禀赋，在经济发展上甚至不如刚刚承包到户的苏北农村，但正是在相对恶劣的资源条件下，获得了区域忧患意识与自主承担风险意识，最终创造了中国经济的另一个奇迹——"浙江模式"。而在"苏南模式"的熏染和竞争之下，昆山"农转工"战略下的非农化仅仅是"昆山之路"的开弓第一箭。从此之后，昆山在绝大多数的时间里不再以一个农业县的印象出现，在中国的区域经济格局中，少了一个产粮大县，多了一个生产世界40%笔记本电脑的制造业基地。

3.3 重塑区位：跨越封闭的区域

3.3.1 从“横向联合”到“外引内联”

“区域”并不是指一个由一些关键因素如语言、宗教或大宗经济产品所构成的具有同一性和一致性的地带，而是指由一些层级地位会发生变化的地区所组成的系统。一个区域被定义后并不是指一个固定的和封闭的地区，而是出于不同程度不断嵌套的体系中。[1] 早年的昆山，和全国大多数县一样，是个产粮为主的农业县，乡镇工业基础薄。县城最高的建筑是四层楼房，公共汽车只有两辆……谈及旧时窘迫，昆山人大都一笑，当年的昆山属“三无产品”：无资金、无技术、无人才。唯一的优势在于昆山靠近上海。当时中国工业企业布局的政策与制度环境是绝无仅有的，很难用西方一般区位理论进行直接解释，理论更多的起到对地方经验的关照与启发想象力的作用。

在国家整体计划经济的条件下，工业区位的谈论意义不大，资源处于划拨调配之下，区位的因素容易相对均质化，同时因为国家整体安全的需要，反而会出现与市场要求截然不同的工业布局，例如“三线建设”。昆山的“横向联合”，恰恰处在中国国家计划经济体系松动，区位、市场因素萌动的关键阶段。但是这种区位与市场因素的萌动，并不足以显性化与构成相对竞争优势，还需要地方政府的制度与政策创新，将区位、环境、成本的优势放大与凸现。

特别是进入20世纪80年代，昆山工业基础薄弱，全县自上而下提出“农转工”战略，但是缺资金、缺项目、缺产品、缺技术和缺人才。而周围的其他县都抓住城镇职工下放、知识青年插队、社队企业政策优惠等机遇，比昆山更早打下乡村工业化的基础。在这样的情况下，昆山的“农转工”战略如何实施。在区域的竞争中，首先必须清楚地认识到自己可能拥有的比较优势和目前所处的劣势。老W在回忆当年搞“横向经济联合”时提到，

“进入20世纪80年代以后，各地的工业已经发展到一定的水平，如果我们要走人家社队工业发展走过的恶路子，从小打小闹起家，步人家的后尘，显然是走不通的。而且我们昆山县既无矿产资源，又无棉花等原料资源，工业所需的燃料、木材、钢材、原料都要从外省、市进来，甚至石头也要从外地进来，难度确实很大。”

“在看到我们劣势的同时，我们也分析了昆山的有利条件，可以归纳为三大优势：一是地理位置好，全国的经济中心上海近在咫尺；二是土地较多，水面宽广，农副产品丰富；三是劳动力资源丰富，劳动者素质较好。我们的地理位置得天独厚，东邻上海，西接苏州，沪宁铁路横贯全县，312国道穿越县城直达上海，水路更是四通八达，去上海港、

---

[1] 参见：罗威廉．导言：长江下游的城市与区域［M］//林达·约翰逊主编．帝国晚期的江南城市［M］．成一农译．上海．上海人民出版社，2005：7.

张家港十分方便。到上海一天可以打两个来回，乘飞机到北京可当天返家。”

“经过深入分析我们昆山的优势、劣势，我们认识到：要振兴昆山，必须充分发挥我们的优势，这个优势，正是上海所需要的，而上海在技术、设备、人才、资金等方面的优势正是我们所缺少的。因此，我们从自己的实际情况出发，选择走横向联合之路，‘借鸡生蛋’、‘借梯上楼’、‘借船出海’。我们在1984年初就提出和上海搞联营，到上海‘找靠山’，有的乡镇还提出‘要发展，靠上海’等口号……我们主动和上海有关部门及企业界进行了广泛的接触、洽谈。这样，就很快使一批与上海大企业联合、联营、协作的企业在我县兴办，给昆山的经济发展注入了新的活力。”

昆山显然是将自己靠近上海这个优势放大到极致，搞“横向联合”，为了第一个纺丝厂的项目，从签订合作协议到批准项目，花了两年多时间。1985年年初，生产“金星”电视机的上海电视一厂与昆山联营办了一个分厂，总投资600万元。昆山依托“金星”的品牌和销售网络以及人才、技术、设备优势，而上海电视一厂凭借昆山与上海仅在咫尺，有土地和劳动力，而且加上昆山地方政府的积极热情与办事快捷，一谈即拍，双方仅用了6个月时间，就建好了7000m^{2}的厂房，实现当年谈判、当年土建、当年投产、当年见效、生产了2万台金星牌电视机，不到3年时间就实现利润1000多万元，收回全部投资额而且还上交国家税金800多万元。[1] 这个厂对昆山后来发展电子资讯产业起到了先导作用，培养了一批管理人才和熟练员工。

金星电视机厂的实践，成为“横向联合”的标杆，“讲速度、论效益”开始成为流行在昆山的时髦语，“横向联合”一时间在昆山成为兴办工业的主旋律。“横向联合”的概念也被进一步放大，地方政府也号召各行各业不仅要到上海找“靠山”，还要到“三线”找项目，通过各种渠道，采取多种形式，与外地的科研单位、大专院校、城市大厂和三线军工企业，多层次、全方位搞各种形式的联合，包括合资经营、技术协作、来料加工、定点配套、补偿贸易、产销挂钩等各种紧密型、松散型的联合。

20世纪80年代以后，大批的上海知青及其家属开始返城，但是在这过程中，一些人由于种种原因尤其是一些支援“三线建设”的知识分子无法回到上海。昆山的地方政府洞悉了这个信息后，敏锐地发现了潜在的机遇。在他们的游说和努力下，一批批没有回到上海的工程师、技术人员留在靠近上海的昆山，一批批“三线”的企业也把办事处、分厂设在了昆山。1985年5月，江西897厂与昆山联营在开发区创办了昆山万平电子实业有限公司，生产以出口外销为主的各种电子产品。万平电子的成功落户，对迫切希望到沿海开放地区发展的“三线”企业产生了重要的示范效应。从一个“万平”很快发展为8个“万”字号企业，其中内联企业4家，中外合资企业4家。如此他们“东依上海，西托‘三线’”，“横向联合”到全国、海外，就是现在的外向型经济的含义。昆山提倡的“横向联

---

[1] 昆山在从上海引入上海电视机一厂设立分厂的过程中，还遭遇当时上海一些主要领导的非议。在计划经济条件下，行政壁垒的跨越是相当困难的，这样的“外联内引”往往被认为是挖角，当时地方区域经济发展的一条原则是“肥水不流外人田”。一位上海的领导同志甚至责问当年的厂长，为什么不把分厂设立在嘉定或是青浦，非要跑到昆山。这位厂长后来因为此事不再担任领导职务，这件事后来成为W老心中一直的遗憾。

合”第一次打破禁区，以自身劳力、土地、农副产品的优势交换上海资金、技术、设备的优势，这样的设想在经过不懈的攻关后得以实现。用当时的一些昆山地方官员的话来说，“昆山走活了一盘死棋”。

20世纪80年代，中国乡镇企业异军突起。昆山在1984年以后，在社队企业基础相对滞后的条件下，通过大力发展“横向联合”，确立了“东依上海，西托三线，内联乡村，面向全国，走向世界”的工作方针，通过内联外引，从外部获得技术、人才、资本的优势。全市的乡镇工业从无到有，从少到多，由小变大，由土变“洋”，不论是数量还是质量都有了明显提高，成为全市经济的“半壁江山”，促进了昆山工业经济上台阶。到1990年，全市工业产值达到58.9亿元，占全市工农业总产值的89.1%，其中乡镇工业达到41.7亿元，占全市工业总产值的70%。

3.3.2 跨越海峡与区位的重塑

而我们将目光再投向前文所说的区位“末端”的玉环。事实上，玉环本岛在1977年以前与楚门半岛之间还隔着漩门湾，漩门口是个水流湍急的海口，它的作用类似于一个喉口。来往于两岸只能通过摆渡，因为栈头与漩门和乐清湾与漩门的距离和地形条件完全不同，所以在漩门的东西两侧有很大的潮差，从而形成大小漩涡暗流，自古便称作漩门，以形容其凶险。根据一些老人的回忆，“当年大坝渡口水流急，经常翻船，而且会有成群的鲨鱼游弋”。这种天堑阻隔使得玉环在相当长的时间里，难以获得重要的工业基本设备，虽然从20世纪70年代早期玉环的“打硬股”社队企业就已经有所发展，总体处于一种规模小、行业分散的状态，无论从交通出行还是物质流通上，玉环在区域发展中都处于极其边缘和末端的位置。1975年，在专家认为不可能的情况下，玉环作出了“精卫填海式”的第一个大胆的措施——漩门港堵港截流促淤，在本岛与楚门半岛之间构筑漩门大坝。

“当时的县委书记命令用小舢板载着石块填海筑坝，开始石块放下去就被冲走了，水流非常急，有的拖拉机装满了石头，对着海里倒石头，装的石头太重，直接把拖拉机都带下去了，太危险了……后来我们还有人专门退潮后潜下去摸情况，发现底下有石柱的，上面水流急就形成大漩涡了。为了放土方石料，我们还发明了土起重机……”。

至今说起漩门一期，玉环的老水利们还有不少的自豪。与现在的机械施工相比，那时的堵坝完全靠双手。漩门湾两岸，每天少则五六百人、多则千余人，日夜开岩采石、车拉船运，候潮抛石截流。玉环人自己制造了集装、运、吊于一体的土起重机，将52万方土石方投入到漩涡急流之中……1977年5月19日早晨，漩门港口大坝开始最后合龙。5天后，漩门港口大坝顺利合龙，玉环本岛和楚门半岛间，从此“天堑变通途”。1977年10月1日，玉环县在漩门大坝上召开了庆祝大会，客车第一次从玉环岛上开出，经大坝开往杭州。不久后，《人民日报》的“祖国新貌”栏目以《玉环人民改画地图》为题，头版头条报道了这一重大新闻。文章开头这样写着：

翻开浙江省地图，可以看到东南沿海有一个玉环岛，和大陆隔着一条狭窄的海峡。但是，今后地图上的这一处要作一些改动了——玉环县的人民以辛勤的劳动在海峡中填出了一条宽阔的大坝，已经把玉环岛同大陆连在一起，通向浙江沿海和腹地的公路线将一直通到岛上……玉环，永远结束了被孤悬于大海的历史！

一期完工后，天堑变通途，但同时因为水流截断，大坝东侧严重淤积。❶ 尤其是进入20世纪90年代以来，围绕乐清湾生态破坏的问题，乐清和玉环互相指责就从未停止。

但是漩门大坝的通车，确实对玉环后来工业经济的狂飙突进有着不可估量的影响。正如玉环人自己所说的，玉环不产铁，却造就了年产值180多亿元、占全国总产值12%的汽摩配件产业，成为“中国汽车零部件生产基地”；玉环没有铜，却形成了产品总产值、外贸出口值、国内市场份额均超过50%的阀门业，成为“中国水暖阀门生产（采购）基地”；玉环不产木头，但玉环是“中国新古典家具精品生产（采购）基地”，是华东地区重要的家具生产销售和出口基地……几乎所有的生产资料都要从外部进入，在玉环生产后再经过漩门大坝走向外面的世界。

早期“打硬股”的股份合作企业与社队企业大多规模小，技术层次低下，高污染、高能耗，玉环本来就极其短缺的自然资源难以承受这样的粗放式发展。经历了早期乡村工业化的企业发展也迫切需要得到外来的技术、设备，来扩大规模和技术升级。与楚门半岛的连通，也为玉环早期工业化的转型创造了条件。

当时玉环的第一任科委副主任——今年79岁高龄的离休老干部J老，时任县政府办公室主任，被调派到科委任副主任，主持全面工作。

“为了多渠道、多层次地开发工业新技术、新产品，考虑工业科技项目经费没有政府补助，我们便以低息贷款、无息贷款的形式鼓励企业搞科研。”

J老至今仍记得当年楚门一家乡镇企业——玉环县电子设备厂开发新产品等离子去胶设备时的情景。

“由于我县缺乏专业的技术人才，科委的工作人员便和该厂的技术人员跑到上海，专门并长期租了一间房屋，然后请上海一些科研单位的工程师业余时间来帮忙搞技术攻关。用了半年多时间，等离子去胶设备成功研发，成为当时行业内最先进的设备，并在省级科技成果评比中获四等奖。”

“除了等离子去胶设备，这家电子厂还开发了好多新产品，不少都获了奖，最厉害的地方是它还能把国内一些知名的电子专家请到厂里来帮他们搞科研，这在当时是很了不起的事情。”

在20世纪70年代初至80年代中期，坎门镇的汽摩配产业还处于萌芽阶段，产品以加工型为主，设备简单、产品附加值低。政府积极引导，及时出台相关政策，从20世纪80年代中期至80年代末，形成了汽摩配产业发展的第一个“高峰”成长阶段，产品多达千个规格品种，产品普遍上了新的档次。在整体工业经济方面，到20世纪80年代末，玉环县开发研制名优新特产品近百种，其中有12种产品填补了国内空白，“科技作为第一生产

---

❶ 漩门大坝目前仍然是玉环对外联系的唯一通道，从20世纪90年代开始，一些有环保意识的人提出炸毁大坝以桥取而代之，以利水流水体交换。

力”，在玉环无论是政府还是企业，都逐渐将其摆到“第一”的位置。

3.3.3 “短缺经济”时代的外向意识

通过自身的制度与政策创新将区位优势放大，“横向联合、内联外引”的昆山跨越了行政意义上的地理与区位。这里往往又出现一个问题，就是嘉定、青浦等地区作为上海郊县，在地理上比昆山更靠近上海，获得的区位优势原本应该比昆山更好，为什么是昆山而不是其他靠近上海的地区？这实际上是一个城市工业空间集聚与扩散的问题，是区域发展中增长极的“极化”作用即“回波效应”还是“扩散效应”的问题。

冈纳·缪尔达尔（Gurmar Myradal，1974 年荣获诺贝尔经济学奖）提出了著名的“回波效应”和“扩散效应”。所谓的“回波效应”是指经济活动正在扩张的地点和地区将会从其他地区吸引净人口流入、资本流入和贸易活动，从而加快自身发展，并使其周边地区发展速度降低；而“扩散效应”是指所有位于经济扩张中心的周围地区，都会随着与扩张中心地区的基础设施的改善等情况，从中心地区获得资本、人才等，并被刺激促进本地区的发展，逐步赶上中心地区。

缪尔达尔和赫希曼对增长极的运行机制作了补充。缪尔达尔在其《进退维谷的美国：黑人问题和现代民主》中提出“循环的或积累的因果关系”原理，即“累积的地区增长和下降”理论，并在《经济理论和不发达地区》（1957 年）和《亚洲戏剧：各国贫困问题考察》（1968 年）等著述中，使用“回波”和“扩散”概念，说明经济发达地区（增长极）对其他落后地区的双重作用和影响，因此而形成的“地理上的二元经济结构论”以及相应的政策主张，丰富和发展了区域经济和增长极理论。[1]

缪尔达尔认为，社会经济发展过程是一个动态的各种因素（其中包括产出与收入，生产和生活水平，制度和政策等六大因素）相互作用、互为因果、循环积累的非均衡发展过程。任何一个因素“起始的变化”会引致其他因素相应变化，并促成初始因素的“第二级强化运动”。如此循环往复的累积，导致经济过程沿初始因素发展的方向发展，进而提出两种循环积累因果运动及其正负效应：一种是发达地区（增长极）对周围落后地区的阻碍作用或不利影响，即“回波效应”，促进各种生产要素向增长极的回流和聚集，产生一种扩大两大地区经济发展差距的运动趋势；另一种是对周围落后地区的推动作用或有利影响，即“扩散效应”，促成各种生产要素在一定发展阶段上从增长极向周围不发达地区的扩散，从而产生一种缩小地区间经济发展差距的运动趋势。

同时，由于市场机制的作用，回波效应总是先于和大于扩散效应，因为一个区域的发展速度一旦超过了平均发展速度，这一地区就获得了连续积累的竞争优势，市场的力量通常倾向于增加而不是减少区域经济差异，即在市场机制作用下，发达地区在发展过程中不断积累对自己有利的因素，而落后地区则不断积累对自己不利的因素。因此，由于循环积累因果的作用使经济在空间上出现了“地理二元经济”结构：即经济发达地区和经济不发达地区同时存在。

---

[1] 参见：李小建等．经济地理学［M］．北京：高等教育出版社，2007.

当年的上海虽没有浦东开发之后所展现的区域影响力，但是作为一个强大的增长极而事实存在着，同时拥有着在技术、文化、科教资源上无与伦比的优势。而周边郊县并没有实现自身对经济发展的积极干预，同时也有行政隶属大上海服从经济布局的因素。昆山临近上海，但不属上海，没有来自上海的直接行政束缚，加上更早的“农转工”与“苏南模式”的熏染，实现地方政府自主积极干预经济的过程，在一定程度上改变了昆山与上海的经济结构关系。

佩鲁在《略论增长极概念》（1955 年）一文中指出，“增长并非同时出现在所有地区，而是以不同的强度出现在增长点或增长极，然后通过不同的渠道扩散，对整个经济具有不同的终极影响。”❶ 缪尔达尔寄希望于政府采取积极的干预政策（不应消极等待发达地区或增长极的“扩散效应”）来刺激“增长极”周围落后地区的发展，填补累积性因果循环所造成的经济差距。后来的学者把这种情况归结为国家干预主义占上风的“诱导的增长极”现象，这是缪尔达尔增长极理论的精髓。从对昆山、嘉定、青浦等地区与上海的区域经济关系分析中，我们也可清晰地看到，昆山带有积极行政干预色彩的“农转工”、“横向联合”、小城镇建设，让自己在中国市场经济与区域经济萌动的阶段获得有力的支点，不仅没有陷入“回波效应”，还开始作为一个独立的城市形象出现在中国经济布局中，同时在这个支点上，昆山开始了从“中国的昆山”往“世界的昆山”的过程。

昆山的“横向联合”、“内联外引”将自己临近上海，同时拥有着比上海更加便宜的土地、劳动力与商务成本的优势放大，还共享了虹桥机场与浦东大开发的开放效应。以相对独立的姿态，活跃在中国县域经济的区域竞争中。

早年的玉环是一个什么都缺的海岛，没有资源、没有人才、没有技术、没有设备，作为一个荒芜的小岛是难以通过自身资源的开发形成累积性发展而获得内源动力的。恶劣生存环境的逼迫，使得玉环人必须敢于“走出去”，想办法“引进来”。早在 20 世纪 70 年代初，没有漩门大坝的玉环本岛还与大陆相隔，“文革”期间的玉环县芦浦公社就创办了可能是全国首家的股份制企业——“玉环县芦浦工艺厂”。几位当年的办厂老人，回忆当时的芦浦工艺厂、农机厂、水泥厂的工程师，都是公社党委从乐清、温岭等地聘请过来的，且在当年就取得了近乎“立竿见影”的成效。这成为玉环在创业创新之路上“短距离、小范围”引进智力的雏形。继而玉环的一些有识之士开始外聘沪杭等地的工程技术人员，有些是退休的高工，作为“星期日工程师”、特聘的技术顾问等。此后的“筑巢引凤”、“借鸡生蛋”、“借船出海”、“企研联姻”等就是玉环在这方面的不断实践和摸索。❷

跟昆山的“横向联合”、“内联外引”不同，玉环的社队企业与股份合作企业发展有一定的基础，故而后来两地政府对待地区经济发展所采取的策略有所偏差。昆山在“横向联合”与“外联内引”的过程中获得了巨大成功，实质上是一种地方政府以行政力量主动介入地方经济发展的行为，用地方政府在公共服务上的积极，将外部资源引入地方经济发展，进而实质扮演了主导地方经济发展的角色。玉环的社队企业与股份合作企业发展基础

❶ 弗朗索瓦·佩鲁．增长极概念［J］．经济学译丛，1988（9）．

❷ 张宏．招才引智的模式演化及机制建构——以台州市玉环县为个案［J］．台州论坛，2008（4）．

不错，地方政府对经济行为的直接介入并不多，但是在改革开放之前和改革开放早期，却为地方发展承担了可能的政治风险，为地方性市场力量的发展创造了相对宽松的制度环境。在工业发展过程中，地方政府注重地方性产业与企业的成长，为企业成长、技术创新和产业升级营造环境。两个地区在早期乡村工业化时期发展路径的分异，以及两地政府对地区发展的公共物品供给方式的差异，对未来两个地区工业化与城市化的进程、特征产生了重要的影响。

4

制度投入与政策创新：工业化发展与城市化起步

4.1 地方的“先行”：制度绵密与诱致

4.1.1 区域城市化的发展路径：政府与市场

1990年4月1日开始实施的《城市规划法》中，提出“严格控制大城市规模，合理发展中等城市和小城市”的方针，使得20世纪90年代整体上延续了前10年的城镇化政策。然而，进入20世纪90年代中期，地方政府对城市的改造实践和对城市化的推进并未按照“十五”计划的设想展开，中国城市化进程的大大加速是始料未及的。

作为一个经济社会发展和结构变迁的综合过程，中国的城市化发展始终受到两股力量的作用：

一是市场力的作用，内在的机制是工业化和城市化的一般规律，市场力始终是城市化发展的根本动力，其作用的方向是推动城市化发展（图4－1）。

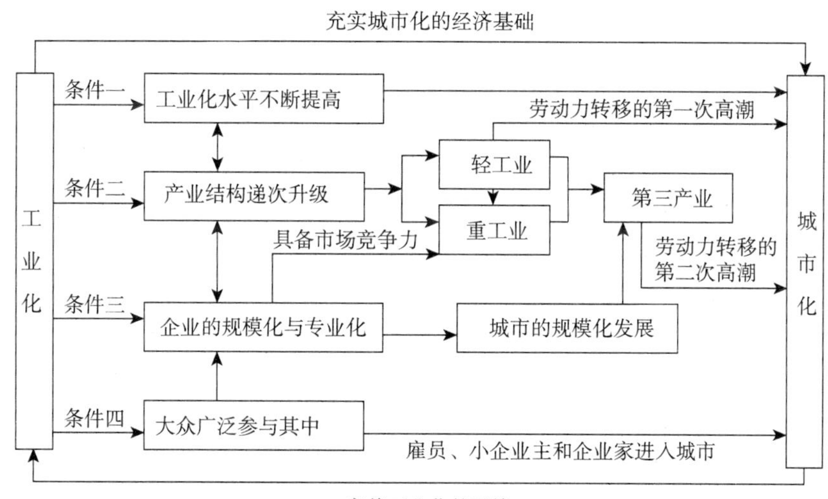

图4－1 工业化与城市化的一般逻辑框架[1]

二是行政力的作用，政府的经济发展战略、社会资源（主要指机会和福利等资源）、分配制度、人口迁移政策和城市发展方针等方面形成的一系列制度、政策或战略导向，都可能构成影响城市化进程的行政力，行政力是城市化发展的调节力量，它可能有完全不同的作用方向：既可能是城市化发展的助力，也可能是城市化发展的阻力，这主要取决于相关的制度、政策和战略是否符合经济社会发展和城市化发展的基本规律。如果将没有直接行政干预或者行政干预较弱的城市化过程称为市场主导型城市化，那么，受到直接行政干预的城市化过程就可以称为政府主导型城市化。

改革开放以前，单一的公有制和计划经济一统天下长达20多年（20世纪50年代的情况有所不同），在相当长的时期内，行政力甚至是影响城市化进程的唯一力量；行政力的

[1] 叶裕民．中国城市化之路：经济支持与制度创新［M］．北京：商务印书馆，2001：52.

作用方向也一度严重背离工业化和城市化发展的一般规律，城市化进程因此而曲折、波动，甚至停顿。改革开放以来，市场经济从无到有，逐步发展，市场力对城市化的推动作用越来越显著；制度变迁的基本方向是顺应工业化和城市化规律，行政力对城市化的影响逐步从阻力向助力转化，两股力量作用方向的吻合度不断提高，城市化也经历了从长期停滞、缓慢启动到当前的快速推进的过程。

回顾中国改革开放20多年来的城市化历程，中国的城市化发展确实取得了前所未有的成效，城市化发展的速度和水平、城市数量、城市经济在国家经济中的作用和地位都以惊人的速度在提升。改革开放之初的1978年，中国仅有城镇人口1.72亿人，城市化水平仅为17.92%，全国仅有192个城市，到2001年，全国城镇人口总数达到4.81亿人，城市化水平达到37.66%，23年中提高了近20个百分点。其中，1995年以后的城市化发展速度更为迅速，1995年的城市化水平为29.04%，比1978年增加了11.12个百分点，平均每年增加0.65个百分点；而2001年比1995年增加了8.62个百分点，平均每年增加1.44个百分点。尽管其中含有统计口径变化的因素，仍然可以认为自改革开放以来，中国城市化发展的速度是相当快的。❶ 这一时期基本上对应于美国从1860年到1900年的城市化发展阶段，但美国的城市化水平从19.8%提高到39.7%经历了40年的时间。1860~1880年，美国的城市化水平从19.8%提高到28.2%，年均提高0.47个百分点；1880~1890年，城市化水平从28.2%提高到35.1%，年均提高0.69个百分点；1900年，又提高到39.7%，年均提高0.46个百分点。❷ 由此可见，尽管与经济发展相比，中国的城市化水平仍然有一定的滞后性，但改革开放以来的这20多年，仍然可以视为一个城市化超高速发展的时期，是一个绩效最为显著的时期。

这一时期城市化发展的绩效还集中表现在各级城市功能的提升和规模的急剧扩张上。如果说改革开放之初，城市的改革和发展滞后于农村，今天的城市已经成为各项改革的策源地，成为市场经济成长的中心。城市自身的功能更是发生了巨大的变化，改革开放以前，除了少数大中城市以外，大多数城市一般以行政功能和文化功能为主，经济功能十分薄弱。20多年的改革和发展，城市在国家经济和社会发展中的作用日益凸现；大、中、小各级各类城市的数量、规模和功能都迅速扩大和提高，城市的集聚和辐射能力不断增强，尽管因规模的不同，集聚力和辐射力有很大差别，但各级城市都无疑是一个区域范围内的增长极。这一时期城市发展的差异在很大程度上也反映了政策导向的不同。

然而对于不同区域的城市化发展而言，首先是建立在国家整体性的城市化发展的制度框架内。从改革开放开始，国家进入一个体制转型的时代，整体上处于一个计划经济体制向市场经济体制转化的过程，这个转型过程涉及一系列的制度变迁、制度设计与制度安排。“中国的城市化发展在传统的社会关系中形成了制度化发展动力机制，并构成了制度

❶ 根据《中国统计年鉴》（2000年），1999年中国的城镇总人口为3.89亿人，城市化水平为30.89%。2000年由于采用第五次人口普查的统计方法，城镇人口跳跃性地增加到4.58亿人，城市化水平也猛增为36.22%。在《中国统计年鉴》（2002年）中，将1996~1999年的城镇人口数量调整为3.73亿、3.94亿、4.16亿和4.37亿人，城市化水平也相应地调整为30.48%、31.91%、33.35%和34.78%。

❷ 参见：田明，何流．中国城市化的发展趋势及未来模式［J］．现代城市研究，2000（6）．

关系内特有的城市化发展过程和特点。"❶ 中国的城市化与工业化进程伴随着这样一个体制转型与制度变迁的过程，张鸿雁教授甚至直接认为，中国的城市化进程就是"一个'制度投入'的城市空间生产过程"。我们在上一章讨论江浙地区早期乡村工业化与城市化进程启动的时候，也涉及制度变迁对地区工业化和城市化的直接影响。

分析中国城市化与地区城市化的发展，制度投入与制度变迁既是一个背景，又是一个过程，牢牢地与地区城市化和工业化缠绕在一起。关于制度的理解，新制度经济学家诺斯认为："制度是社会博弈的规则，并且会提供特定的激励框架，从而形成各种经济、政治、社会组织。制度由正式规则（法律、宪法、规则）、非正式规则（习惯、道德、行为准则）及其实施的效果构成。"❷ 对于制度变迁，日本学者青木昌彦曾说过："制度变迁可以理解为一种均衡（序列）到另一种均衡（序列）的移动过程，其中伴随着参与人行动决策规则和他们对于制度共同认知表征（信念）的系统性变化。"❸ 在稀缺性和竞争的经济环境中，制度和组织之间连续的相互作用是制度变迁的关键。❹ 制度变迁是一个系统的整合，包括制度变迁的形式、速度、方式、时间、路径等的总和。诺斯认为，"一个社会的制度的主要功能在于建立一个人们交往的稳定的（但不一定是有效率的）结构来减少不确定性。但制度的稳定性决不意味着它们不发生变化……所有这些制度不断地演进着，从而不断地改变着对我们来说可行的选择"。❺ 制度变迁是政府权力的表征，是一个社会的利益集团之间权力结构偏好的结果。一般来讲，制度变迁分为需求诱导型和政府主导型两种。需求诱导型主要是社会个体在社会发展的过程中越来越受到现有制度的约束，急需突破这种限制和约束，自身的需求向上传导从而引发的制度变迁。政府主导型的制度变迁，主要是政府权势集团利用政府和国家的种种手段自上而下组织实施的一种制度变迁。

从制度变迁角度来看中国城市化的发展进程，我们发现除了要将城市化与工业化的进程置于国家宏观层面的体制转型与制度变迁的背景下，同时还要关注那些直接影响地区城市化进程的制度安排。影响城市化发展的制度性安排有很多，但主要可以分为两类：一类是直接影响和改变城市化进程的制度方式，它们主要体现在基于人口向城镇的转移和集聚来直接影响城市化进程，比如行政区划制度的调整、规划制度、户籍制度、土地制度、社会保障制度等。另一类是通过地区工业化进程作用于城市化发展的制度方式。工业化是与城市化相辅相成的过程，也是城市化进程的基础和前提，为地区城市化进程提供非农化的产业空间与就业机会，是城市化的直接经济支持，比如民间资本投资制度、财税制度、投融资制度等。

进入 20 世纪 90 年代以后，各个地区的城市化进程并没有完全遵照国家关于优先发展

---

❶ 张鸿雁．"制度投入主导型"城市化论［J］．城市管理，2006（2）．

❷ （美）约翰·N·德勒巴克，（美）约翰·V·C·奈编．新制度经济学前沿［M］．张宇燕等译．北京：经济科学出版社，2003：14．

❸ （日）青木昌彦著．比较制度分析［M］．周黎安译．上海：上海远东出版社，2001：238．

❹ （美）道格拉斯·诺斯．新制度经济学及其发展［M］//孙宽平主编．转轨、规制与制度选择．北京：中国社会科学出版社，2004：10．

❺ North D. Institutions, Institutional Change and Economic Performance. Cambridge: Cambridge University Press, 1990: 6.

小城镇的战略，而是呈现出多样化发展的特征，同时各地区城市化的速度也是国家始料未及的。尤其在沿海发达地区，像昆山和玉环这类工业化起步较早的地区，地方政府针对自身的发展状况，其实在有意识地进行制度安排。地方政府事实上直接介入到地区工业化与城市化进程的战略选择上，并且有意识地规避当时的制度障碍，同时为谋求工业化发展的先发优势，在中央与地方之间寻求制度创新与政策变通的空间，为地方工业化发展赢得相对宽松的政策环境或者以说服中央的形式对现有制度进行创新。

从昆山和玉环20世纪80年代后期到90年代的工业化与城市化进程来看，这种来自地方政府对政策的变通行为开始越来越正常化，似乎地方政府每一次的制度创新与政策变通都能为地方发展赢得更多的机遇，处于体制转型关键时期的国家也并没有明确地否定地方政府的行为，而是采取一种默许的支持态度，甚至出现了“地方经验”促使中央制度变迁的更高层面的制度诱致。

4.1.2 尺度调整：地方的政策选择

“近代国家政权建设逐渐把行政机构嵌入了中国乡村社会，改变了中国乡村社会的基本结构，行政区域成了基层社会一个结构性的因素”。❶ 自1978年以来，迅速的经济发展与城市化使得中国城市经历了巨大转变，这一转变与中国政府的权力下放过程紧密相关。1978年以前，等级分明的行政体制使权力高度集中，20世纪80年代初期以后，经济、财政的管理与决策权力下放，重组了不同尺度和形式的政府活动，其中涉及管治和尺度的复杂过程。西方国家，地方政府成为城市空间重构的主要参与者，美国城市的地方参与者组成了各种各样的地方发展联盟，商业利益是地方联盟的中心，企业家型的政府管治体制愈来愈流行。为推动经济发展，地方政府由过去主要负责日常事务（如交通）转变到提出和采用主动的冒险策略，显示出管理主义到企业家主义的转变。❷

沈建法认为，中国的城市政府在地方发展中承担着愈来愈重要的角色，不同尺度和形式的国家活动正在重组，关注的四个尺度分别为国家、城市、企业和个人。萨森也指出，全球化过程中将出现国家权力的“退中央化”（decentrolization），地方发展出现“分权化”特征。与改革开放前社会主义计划经济时期中央的严格控制相反，1978年以来企业和地方政府得到了很多自主权去追求发展与繁荣，这样一种以权力下放和市场化过程为主要特征的政治经济的尺度调整，对中国的工业化与城市化进程有着最强的影响力（图4－2）。“中国的经济体制改革，重构了中央和地方政府、计划和市场、国内和国际力量的关系”。❸ 中央计划经济制度逐步被市场机制取代，到1998年，大部分工农业产品的生产已由市场决定，只有9种农产品及12种工业产品的部分生产仍然根据国家指导

---

❶ 参见：刘玉照．村落共同体、基层市场共同体与基层生产共同体——中国乡村社会结构及其变迁［J］．社会科学战线，2002（5）．

❷ 沈建法．空间、尺度与政府——重构中国城市体系［M］//吴缚龙，马润潮，张京祥主编．转型与重构——中国城市发展多维透视．南京：东南大学出版社，2007：25.

❸ Wei Y. D. Decentralization，Marketization and Globalization：the Triple Processes Underlying Regional Development in China［J］. Asian Geographer，2001，20（1/2）：7－23.

性计划生产。❶ 中央—地方关系也被重组，中央政府下放了更多、更大的权力予以地方政府，尤其是财政权力在中央与地方政府之间的调整和转移，对地方政府相应所采取的对中央制度、国际资本的因应策略有着重要的影响。

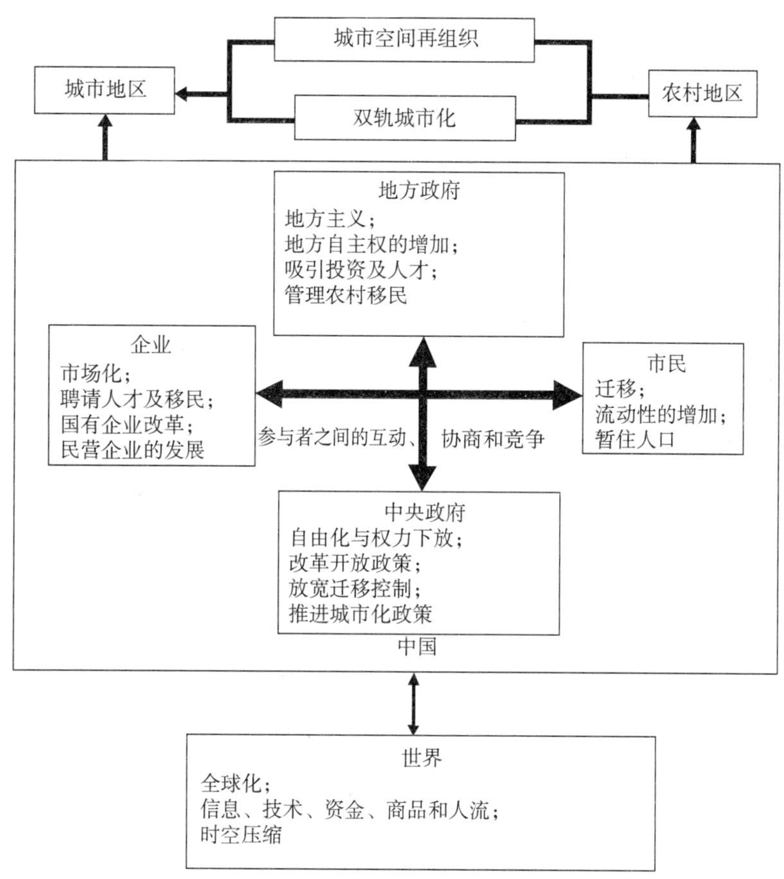

图4－2 改革时期中国政治经济的尺度调整❷

1978年以前奉行社会主义计划经济体制的中国，财政体制高度集中，最极端的中央控制出现在1949～1953年间，由于受到朝鲜战场的影响，中央政府全权控制收入和支出，形成高度集中型的“统收统支”财政体制，中央财政收入占财政总收入的44%。1953～1979年间，主要表现为“统一领导、分级管理”的以中央集权为主，适度分权的财政体制，地方预算的收支管理权限很小，不能构成一级独立的预算主体。20世纪70年代中国曾试图以不同形式安排中央和地方财政，1976年中央财政收入的份额减至13%。面对日益恶劣的财政状况，1980～1994年期间，中央政府引入财政承包制度的激励机制，使得中央的财政

❶ 参见：汪玉凯，刘旭涛，郎佩娟．中国行政体制改革20年［M］．郑州：中州古籍出版社，1998：43－49.

❷ 沈建法．空间、尺度与政府——重构中国城市体系［M］//吴缚龙，马润潮，张京祥主编．转型与重构——中国城市发展多维透视．南京：东南大学出版社，2007：25.

状况不断改善。[1] 中国的财政制度有四次主要的改革：

第一次改革于1980～1984年推行。中央和地方政府征收收入的范围根据“分灶吃饭”的理念进行分配，形成了“划分收支、分级包干”的财政体制。有财政盈余的地方政府，其盈余按固定的比例上缴中央；有财政赤字的地方政府，中央政府给予定额的财政资助，这种比例或配额五年保持不变。在此期间，地方财政可以多收多支，自求平衡。对15个省、区，中央将全部财政收入划分成中央固定收入、地方固定收入和共享收入三个部分，共享收入的80%归中央，20%归地方。其他省、市、自治区实行定额上缴、定额补贴或保留老体制的做法。这一改革措施鼓励地方政府刺激经济发展以增加收入并控制支出，其后的改革与此次改革的基本精神同出一辙。

第二次改革于1985～1987年间推行。实行“划分税种、核定收支、分级包干”的财政体制，以适应1984年两步利改税改革的需要。与1980年财政体制的主要区别在于：收入划分方法由分类类改为分税法，即在两步利改税后的税种设置范围内，将税收分为三部分：中央财政收入的项目、地方财政收入的项目及中央和地方共享收入的项目。仍然采用之前根据比例和配额的承包制度，以1983年的地方财政收入和支出作为基数。

第三次改革于1988～1993年实施。为了配合国有企业普遍推行的承包经营责任制，全国39个省、市、自治区、直辖市和计划单列市中，有37个地区分别实行不同形式的财政包干办法，即收入递增包干、总额分成、总额分成加增长分成、上解额递增包干、定额上解、定额补助等6种办法。16个省级单位按比例提交总收入或递增收入的一部分给予中央政府，16个省或自治区由中央政府提供固定的财政资助，广东和湖南上缴的收入依照固定的速度递增，上海、山东和黑龙江则按定额向中央财政上缴收入。与中央和省的财政关系相似，省与其下级行政单元也实行财政承包制度：省政府和各地区或地级市政府签署财政合约，两级政府之间的财政关系有许多形式，具体由协商决定。

第四次改革即分税制于1994年正式实施。深度和广度都是新中国成立以来财政体制改革力度最大的一次，虽然没有能够从根本上突破“统一领导、分级管理”的财政体制，但是对原体制也有实质上的突破。在收入划分上引入分税法，改变了以往企业按照行政隶属关系划分收入的方法。关税、消费税、中央企业和金融机构的企业所得税属于中央税，营业税（不含各银行总行、铁道部门、各保险公司总公司）、地方企业所得税、个人所得税、房产税等属于地方税，增值税、资源税、证券交易税属于共享税。流通税，即工商税（包括产品税、增值税和营业税）成为主要的税收来源。中央和地方政府的收入来源于不同的税种，地方政府减免税收的权力被削弱，中央政府的收入则因此而增加。实施这一改革之后，中央政府占财政收入的比例由1993年的22%增加到1994年的55.7%。中央也实施税收返回制度，把因实施新的分税制而额外征收的税收退还地方政府。但是这种额外征收的税收每增加1%，地方政府只能获退还其中的0.3%，使中央政府税收增长更快。

一般来说，新分税制增大了中央财政收入的份额，并为地方和中央分配财政收入提供

[1] 参见：杨志勇，杨志刚．中国财政制度改革30年［M］．上海：上海人民出版社，2008.

了一个法律框架。1994年分税制改革以后，中央财权大幅度提高，地方财权大幅度下降，进而形成一个巨大的纵向财力差距。1994～2002年期间，中央财权平均为52%，地方财权平均为48%，中央事权平均为30%，地方事权平均为70%。根据中央的事权范围确定相应的中央财政支出范围包括：国家安全、外交、中央国家机关经费（国防费、外交和援外支出），调整国民经济结构、协调地区发展、实施宏观调控。地方政府财政则要提供义务教育、本区域内基础设施、社会治安、环境保护、行政管理、价格补贴等多种地方公共产品，同时还要在一定程度上支持地方经济发展，地方政府依然拥有绝大部分经济管理的自主权。但是，没有稳定的财政收入，地方政府的这些目标无从实现。因此，如何扩大地方财源，增加地方政府的财政收入，成为各级地方政府首要考虑的问题。另一方面，现行税制规定产品税、增值税、企业所得税及其有关的城市建设维护税和教育附加税等大部分税收，仍是在生产项目下征收的。由此，生产型企业多的地方，财政收入自然就高，生产型企业少的地方，财政收入就低，尤其是增值税作为第一大税种，由中央和地方政府按照七五、二五比例共享，这对地方政府来说影响是举足轻重的。

20世纪90年代中后期开始，地方政府、外资企业和地方企业成为地方发展的主要投资者，中央政府在资本积累和投资分配中的作用不断减少，Walder指出："中国城市的财政收入差不多全来自企业的利润和税收，这些收入根据协议与省或中央政府分享。城市政府分得的份额用于支持社会服务、公共事务和基础设施的建设"。❶ 地方政府采用了若干策略来增加其管辖范围内的收入：第一，地方政府热衷于改善基建如高速公路、电力供应和通信设施，以促进当地的发展。第二，地方政府推出各种税收减免和其他优惠政策来吸引外商投资，提供廉价甚至免费的土地给港澳台和外国投资者。第三，通过直接或间接的参与和干预，地方政府与企业之间建立了紧密的关系，成为地方政府"企业化"、"公司化"的象征，地方政府和企业之间结成了非正式的城市发展联盟：地方政府利用中央收入或公共资产资助企业，企业则以缴费和捐助等不同方式回馈地方政府。第四，1988年以来土地和住房的商品化和市场化产生了与土地相关的巨大收益。当土地用途由农田转化为商业、办公楼、住房和工业等城市建设用地时，地方政府从两种土地用途转换之间巨大的地租差别中获得了丰厚的土地收入。因此，地方政府在利益驱动下不断扩大其行政地域范围以控制更多的土地，并在农田上大规模发展工业和城市，这已成为中国城市空间扩展的一个主要推动力。

4.1.3 区域发展中的地方政府角色

由于"中央—地方"关系的全新调整，改革开放以来地方政府在区域工业化与城市化进程中的角色问题，近年来逐渐成为社会科学界的研究热点，不同地方政府在地方发展中的"作为"与"不作为"的现象，直接带来了地区工业化与城市化发展路径的差异化。诸

---

❶ Walder A. Local Bargaining Relationships and Urban Industrial Finance [M] //Lieberthal K. G., Lampton D. M. Bureaucracy, Politics and Decision Making in Post-Mao China. Berkeley: University of California Press, 1992: 308-333.

斯也认为政府最重要也是最困难的任务是建立一系列游戏规则，并将之付诸实施，以鼓励全民充满活力地加入到经济活动中来。❶ 区域地方性文化与社会基础的不同，在某种程度上影响甚至决定了地方政府的策略选择，尤其在中央分权化、市场化改革的过程中，地方自主性的扩大，地方政府在分权化、分税制与市场化改革中的因应策略，对于地区工业化与城市化发展路径的确定有着极其重要的意义。

对于改革开放之后“分权化”、市场化与财政改革激励下的地方政府行为，戴慕珍在进行经验描述的基础上提出了“地方法团主义（local state corporatism）”理论。她认为，在经济发展过程中，地方政府具有公司的许多特征，官员们完全像一个董事会成员那样行动，这种政府直接参与经济的制度形态，可以称之为地方法团主义，即一个地方政府协调其辖区内各经济事业单位，似乎是一个从事多种经营的实业公司。❷ 戴慕珍认为激励地方政府积极推动乡村工业化的制度性因素有两个：一是财政体制改革，二是农业的非集体化。分灶吃饭的财政体制改革极大地激励了地方政府发展当地经济的积极性；而农业的非集体化使发展工业成为地方政府推动经济发展的首选。这两个制度激励因素促使地方政府积极推动地方经济的发展，扮演了“企业家”的角色。20 世纪 90 年代末戴慕珍进一步探讨了地方法团主义的进化问题。进化主要表现在，一方面通过有选择性的私有化加强集体经济，即除了对少数重要的、获利较多的成功企业继续保持直接控制之外，关闭问题严重的集体企业，对其他集体企业进行租赁、出售等形式各异的改制；另一方面把扶持的对象和范围扩展，延伸到私营企业，地方政府官员与一些重要的私营企业之间形成了共生关系。地方政府运用对合同及资源的控制以及政府与私营企业之间形成的共生关系，把私营企业整合进了法团主义的框架之内。❸

沃尔德（Andrew Walder）考察不同层级的政府之间在组织特征方面存在的差异，阐明了为什么地方政府与高层政府相比，具有更大的动机和能力行使作为所有者的权益，形成了“地方政府即厂商”的理论。20 世纪 90 年代中期以前中国的经济发展展现出一幅“无私有化的进步”的奇异图景。为什么中国的现实与理论如此不同？魏昂德提出了两个解释：第一个是预算软约束分析通常假定只有一个“所有者”，即“国家”，然而事实上公有制企业的潜在所有者与政府的各级行政区的数目一样多；第二个与第一个密切相关，不同层级的政府在企业中的利益和对企业的控制能力不一样。沃尔德提出了他的中心论点：科尔奈关于组织假定的有效性随着行政级别的变化而变化，这可以对地方政府所辖的公有企业为何发展得如此之好作出解释。关于地方政府的财政激励，沃尔德也认为财政体制改革给地方政府提供了财政激励——激励随着政府级别的降低而增强。20 世纪 80 年代开始的财政改革改变了中国各级政府间的关系：企业按固定的税率纳税，替代了原先自动把全部利润上缴的做法。向自己辖区内企业征税后，各级政府向上级政府上交合约确定的数额并可以保留剩余。地区的经济发展越快，企业财务绩效越好，当地政府的收入增长也越多。

---

❶ （美）诸斯著．经济史中的结构与变迁［M］．陈郁等译．上海：三联书店，1991：12.

❷ 朱虹．中国乡村经济的起飞——结构性动因与地方政府法团化［J］．二十一世纪，2001.

❸ 戴慕珍．中国地方政府公司化的制度化基础［M］//甘阳，崔之元编．中国改革的政府经济学．牛津：牛津大学出版社，1997.

除此之外，更强的激励来自于不与上级政府分享的预算外收入。[1]

沃尔德强调“财政包干”、“分灶吃饭”的财政体制改革给地方政府带来压力的同时，也刺激了地方政府谋求经济发展以获取较大的财政收益。这导致地方政府角色和行为的变化。他认为在中国的公有部门中，产出和生产力最迅速的增长发生在政府所有权最清晰并且最容易实施的地方。地方官员可以把公有企业当做一个多样的市场取向的公司来管理，地方官员成了市场取向的代理人和行动者。中国工业以年平均13%的速度增长了十几年，其中超过每年20%的速度是由县、乡和村级政府所有的新兴公有企业部门实现的。政府与企业的关系类似于一个工厂或公司内部的结构关系，即政府作为所有者，类似于一个公司中的董事长，而企业的管理者则类似于厂长或车间主任的角色。[2]

林南（Nan Lin）认为地方法团主义从根本上说是一种经济学范式，它把财政改革作为农村改革的基础，因而无法清楚解释为什么全国性的政策下会出现多元化的地方模式。他主张用地方性市场社会主义（local market socialism）的视角来分析社会主义社会的改革进程，认为地方性市场社会主义是地方法团主义在农村工业化中的具体体现。地方性市场社会主义共有三个轴线：政治因素与意识形态成分的相互作用（作为政治轴线的社会主义），经济体制不断变化的性质（作为经济轴线的市场机制），以及社会文化方面的地方性根源（作为社会轴线的网络）。林南认为应从科层协作、市场调节和地方协调来分析改革中的经济体制，其中地方协调的角色至为关键。[3] 以大邱庄为案例，林南分析了“地方性市场社会主义”在中国农村的运行情况。大邱庄以一个核心家庭及其宗族成员所构成的家族网络支持一位至高无上的领导权威，通过动员社区内部传统社会文化力量来推动社区的经济发展。在地方性市场社会主义中，至高无上的领袖的权威是源自对社区内所有经济、政治、社会资源的控制，而非源自于由上而下的国家科层体制的政治权力及意识形态。

杨善华、苏红则分析了在市场转型背景下乡镇政权角色的转变。他们在张静提出的“政权经营者”概念的基础上进一步区分了“代理型政权经营者”和“谋利型政权经营者”两个概念，认为在市场转型过程中乡镇政权的角色从“代理型政权经营者”转向“谋利型政权经营者”。改革之前的乡镇政权由于行政管理职能上的单一化和上下级政府职能的一致性，使它的主要特征表现为对国家意志的贯彻及对上级指令和政策的服从和执行。他们把这种特征归结为“代理型政权经营者”。20世纪80年代以来的财政体制改革使乡镇政权获得了谋求自身利益的动机和行动空间。乡镇政权扮演着国家利益的代理人和谋求自身利益的行动者的双重角色。一些乡镇政权的行为实际与企业无异，在工业化程度较高的地区更是如此。乡镇政府直接参与经营活动，但其目的却不是为了（至少不是完全为了）完成国家的指令，也不是为了社区的福利，而主要是为了满足本乡镇政权这个利益集团的利益；乡镇政府以董事会为其组织模式，用企业化的方式管理其职员，以经济增长速度作

---

[1] 安德鲁·G·沃尔德．作为工业厂商的地方政府：对中国过渡经济的组织分析［J］．应星译．国外社会学，1996（5-6）．

[2] 丘海雄，徐建牛．市场转型过程中地方政府角色研究述评［J］．社会学研究，2004（4）．

[3] Lin Nan. Local Market Socialism：Local Corporatism in Action in Rural China［J］. Theory and Society，1995，24（3）．

为衡量职员表现的基本标准；为了最大限度地获取利润，不惜利用手中的权力争夺可资利用的资源；以“将政策用足，打政策的擦边球”等方式谋求更多的自由政治空间，以将变通普遍化和常规化作为一种正当的体制运作方式为自己集团的利益服务。地方政府不是将行政管理事务看做自己的主业，而是将经济活动看做自己的主业。因此，改革后的地方政权因其自身利益的出现而具有不同于以往基层政权的特性，他们把这种特性概括为“谋利型政权经营者”，以区别于改革前的“代理型政权经营者”。❶

杨瑞龙从制度变迁的视角分析了地方政府在转型期的特殊功能和角色。他认为随着放权让利改革战略和“分灶吃饭”财政体制的实施，拥有较大资源配置权的地方政府成为同时追求经济利益最大化的政治组织。地方政府经济实力的提高所引起的谈判力量的变化导致了重建新的政治、经济合约的可能。当利益独立化的地方政府成为沟通权力中心的制度供给意愿与微观主体的制度创新需求的中介环节时，就有可能突破权力中心设置的制度创新进入壁垒，从而使权力中心的垄断租金最大化与保护有效率的产权结构之间达成一致，化解“诺思悖论”。这样一种有别于供给主导型与需求诱致型的制度变迁方式，作者称之为中间扩散型制度变迁方式。❷

中间扩散型制度变迁方式的特征是：地方政府成为中间扩散型制度变迁方式中的“第一行动集团”；非平衡改革战略下的“潜在制度收益”与地方政府对“制度创新进入权”的竞争；地方政府自发制度创新获得“事后追认”。作者推断：一个中央集权型计划经济的国家有可能成功地向市场经济体制渐进过渡的现实路径是，改革之初的“供给主导型”制度变迁方式逐步向中间扩散型制度变迁方式转变，并随着排他性产权的逐步确立，最终过渡到与市场经济内在要求相一致的“需求诱致型”制度变迁方式，从而完成体制模式的转变。

杨瑞龙和杨其静随后又设立了一个“阶梯式的渐进制度变迁模型”，再次讨论了地方政府在中国制度变迁中的作用。❸ 模型验证了他们的假设，中国的市场取向改革是在中央治国者、地方政府官员和微观主体之间的三方博弈中向市场经济制度渐进过渡的，三个主体在供给主导型、中间扩散型和需求诱致型的制度变迁阶段分别扮演着不同的角色，从而使制度变迁呈现阶梯式渐进过渡特征。在这样一种制度变迁的框架内，中央治国者因缺乏制度创新的知识而依赖于地方政府的知识积累和传递，但为了控制由不确定性带来的风险，也需要防止地方政府的“过度”改革；在行政性放权的条件下，地方政府官员希望通过引入市场经济制度搞活本地经济，赢得中央或上级政府认同的最佳政绩，因而具有捕捉“潜在制度收益”的动机，但他们的制度创新既要获得中央的授权、默许或事后认可，也需要微观主体在不给他们带来政治风险的前提下积极参与；微观主体为了经济自由和机会也渴望能扩大其自主决策能力的市场经济制度，但难以直接成为中央政府的谈判对手，同时搭便车心理的广泛存在也使集体行动难以形成，因此地方政府便成为他们廉价的集体行

❶ 参见：杨善华，苏红．从代理型政权经营者到谋利型政权经营者［J］．社会学研究，2002（1）．

❷ 参见：杨瑞龙．中国制度变迁方式转换的三阶段论［J］．经济研究，1998（1）．

❸ 杨瑞龙，杨其静．阶梯式的渐进制度变迁模型——再论地方政府在中国制度变迁中的作用［J］．经济研究，2000（3）．

动组织，再者，微观主体还受到来自中央和地方政府的制度创新约束。

可见地方政府是连接中央治国者的制度供给意愿和微观主体制度需求的重要中介，也正由于他们的参与给制度变迁带来了重大影响。地方政府参与制度创新大大降低了改革演变成“爆炸式革命”的可能性；地方政府在市场取向改革中扮演主动参与者的角色使中国的制度变迁轨迹呈现阶梯状，从而减弱了制度遗产对渐进式市场取向改革的约束；地方政府参与制度创新可减弱市场取向改革的“政权约束”，使改革具有帕累托改进的性质。

杨瑞龙强调了地方政府在制度变迁的不同阶段扮演不同的角色，认为中国的制度变迁将经历“供给主导型”、“中间扩散型”、“需求诱致型”三个阶段，地方政府作为一方行动者在三个阶段的作用不同，在“中间扩散型的制度变迁”中地方政府扮演了第一行动集团的角色。他的研究对我们的启示是，中央—地方财政分权、产权改革和市场化作为渐进的过程，地方政府的行为会在不同的阶段发生相应的改变，其过程是动态、演化性的。

昆山和玉环的地方政府在早期乡村工业化时期的行为差异非常明显，虽然两者在地方发展中所采取的策略不同，如果我们借用杨瑞龙的“阶梯式的渐进制度变迁模型”，两者都处于“中间扩散型”。如果继续细分两者的类型，会发现两者所靠拢的阶梯是迥异的。昆山后来越来越成为中央政府制度创新进行知识累积的试验田，其本身的逐步升级也致使其越来越朝着“主导型”制度变迁的方向发展。而玉环则恰恰相反，早先的“诱致型”逐步获得国家性制度框架的认可之后，其实就基本完成了制度变迁的过程，而更加侧重于公共服务领域的拓展，在地方经济发展中呈现引导者、裁判者以及对外谈判的地方“公共型服务型政府”形象。

4.2 “自费”的开发区：新产业空间带动城市化

4.2.1 新产业空间与城市形态演变

1990年以前，小城镇获得了较快的发展，因为当时国家政策充分肯定小城镇发展的合理性和合法性，但对各级城市的发展依然采取了严格的限制措施，这种限制是全方位的：从经济体制、人口流动和迁移、投资模式到城市规模等，只有几个特区城市的发展得到了国家的政策支持。在这种制度安排下，来自农村的推力以及由此形成的发展动力难以通过市场化渠道向城市集聚，只能向小城镇这个介于农村与城市之间的过渡地带集聚。1990年，国家决定对浦东实行开发开放，浦东新区规划的集中化城市化地区为200km^2，人口为200万人，这标志着中国政府关于城市化和城市发展的思路发生了根本性转折。从此，国家对城市规模扩展的限制性政策和法规基本上不再发挥实质作用。❶

1984年，邓小平同志亲临深圳视察，在对兴办经济特区的决策给予充分肯定之后，提出：“我们建立特区，实行开放政策，有个指导思想要明确，就是不是收，而是放。”“除现在的特区之外，可以考虑再开放几个点，增加几个港口城市，这些地方不叫特区，但可以实行特区的某些政策。”1984年3月26日至4月6日，根据中共中央书记处和国务院的

❶ 参见：徐琴．政府主导型城市化的绩效与成本［J］．学海，2004（6）．

决定，沿海部分城市座谈会在北京召开。会议学习了邓小平同志关于对外开放和特区工作的重要意见，着重讨论了如何加快步伐，扩大开放，更好地利用外资、引进先进技术的问题。会议《纪要》中，提出了逐步兴办经济技术开发区。

在这一历史背景下，1984～1986 年，国务院陆续批准设立了中国首批 14 个国家级开发区。同时在经济全球化作用下，生产活动的空间区位表现出快速发展和复杂的形式。开发区的创办和发展，作为中国改革开放进程中的一个重要战略步骤，经过 20 多年的发展，随着中国经济体制改革的不断深化，全方位、宽领域、多层次对外开放格局的形成和西部大开发、振兴东北等老工业基地两大战略的实施，不少开发区已成为所在地区经济增长最快的地区，因而也是学术界关注的焦点之一。❶

国际上对新产业空间的研究基本可以分为社会学、地理学与经济学三个视角，并且是从社会学向地理学、经济学延伸的。社会学家对一些重要的人文地理现象与城市发展理念做出了原创性贡献。他们提出的问题、发现的趋势以及建立的观念，成为人文地理、城市规划甚至经济学的研究基础和方向，尤其对于新产业空间的研究。新产业区（new industrial district）研究最早就是由意大利社会学家 Bagnasco 在 1977 年首次通过意大利东北部和中部地区中小型企业分布区（“第三意大利”）的研究进行的。20 世纪 80 年代末期，产生了新产业区的概念并进行了扩展分析与验证，出现了对硅谷的研究等，同时社会科学领域对新产业模型也进行了分析。20 世纪 90 年代早期开始，出现了许多对世界各地新产业区类型的研究，同时新产业区概念从欧美向发展中国家引入。随着中国的快速发展，对中国新产业空间的研究也成为国外学者关注的焦点，Susan 以深圳河西安高新区、上海浦东新区以及苏州新加坡工业园区为例，研究了中国高新技术开发区的发展阶段、功能与作用，并指出中国城市的新产业空间已经成为带动经济发展的重要载体和对外开放的重要领域。

中国的开发区型的城市新产业空间是国家改革开放的产物，也是国家与地方政府实施区域开发的工具。因此，在宏观区位的形成机制上，开发区型新产业空间的宏观区位是为改革开放政策和区域开发战略所左右的，是国家和地方政府政策的产物。就这一点而言，与中国大都市传统产业空间的形成机制是一致的，具有较强的国家计划性特点。与国家对外开放的时空布局相一致，开发区型新产业空间总体具有较强的沿海指向性，其中经济技术开发区、保税区等是高度沿海指向性的。❷

20 世纪 90 年代以来，由于新经济的兴起和全球化进程的加快，发达国家纷纷将传统产业，尤其是劳动密集型产业和资本密集型产业向发展中国家转移，一个产业转移的浪潮在中国特别是东部沿海地区形成。大中城市均设立了不同规模的工业区和开发区，并加快产业规模化进程，促进了以制造业为主的工业的发展步伐，并在空间上表现为工业用地的迅速增长。作为地方政府主要税源，地方政府积极鼓励工业的大规模发展，并为吸引工业企业进驻开发区提供了大量的优惠政策与条件。截至 2006 年年底，经国务院批准设立的国

---

❶ 参见：顾朝林，赵令勋．中国高技术产业与园区［M］．北京：中信出版社，1998；魏心镇，王缉慈．新的产业空间——高技术开发区的发展与布局．北京：北京大学出版社，1993.

❷ 参见：王兴平．中国城市新产业空间——发展机制与空间组织［M］．科学出版社，2005：81.

家级开发区共54家，所在地区已从首批14个沿海开放城市扩展到全国31个省、自治区、直辖市。其中，沿海10个省市（包括北京）设了32个；中部8个省市设立了9个；西部12个省区市（包括广西）设立了13个。54家国家级开发区经国务院批准规划面积一共为888km^2，其中东部32家共682.02km^2，中部9家共93.74km^2，西部13家共111.75km^2。2006年，54家国家级经济技术开发区共实现地区生产总值10136.90亿元，工业增加值7414.24亿元，税收收入1570.02亿元，出口1492.33亿美元，进口1338.63亿美元，实际利用外资147.12亿美元，占全国的23.34%。截至2006年年底，历年累计使用外资超过850亿美元。❶

开发区作为新兴经济活动的空间载体，必然对所在地区的空间结构产生影响，并已成为近20年来中国城市空间结构变化的主要内容之一。城市空间结构的变化是城市与外部环境的相互作用以及城市系统内各组成要素之间的相互作用结果的外在表现。开发区设立的本身是一个政府制度投入的过程，通过对土地性质的转换形成新的工业空间与城市空间，并使得主要的生产要素如资本、劳动力、技术、土地等在时空上进行重新组合，由此形成新的产业空间。从空间布局上来看，开发区在区域城镇体系中的布局层次是由国家政策与地方政府的规划共同引导的，地方政府的力量具有较大的决定性作用。由于开发区的土地开发规模大，建设进度快，因而会带来所在城市空间结构的快速演变。特别在那些开发区发展成效显著的城市，传统的团块状城市空间形态发生了根本性的变化，形成新空间生长点，开发区与所依托的旧城之间形成新的城市形态与空间结构。

根据中国城市的开发区发展实践，开发区与城市空间结构的演进可以分为以下几种类型：❷

（1）双核式或称卫星城式。这种城市空间结构的形成是由于开发区远离中心城区，随着经济活动在开发区的集聚，开发区的功能逐渐完善并向综合性的新城区发展。这种模式要求开发区要有一定的规模，而且综合性强，投资量也比较大。如大连市以城市建设和产业结构调整为契机，对城市总体规划布局进行了相应的调整。把老市区和正在建设中的开发区作为统一的整体进行规划，进行新一轮的基础设施建设和城市空间扩展，旧城区内则通过“退二进三”实现城市用地功能置换。大连的新市区是由大连经济技术开发区、大连高新技术产业开发区和大连保税区等国家级开发区所组成的。这些开发区成为大连市新市区的主体和新增工业企业布局的主要空间。大连城市的空间结构也由原来的单核式发展为双核式结构。天津市的城市空间结构也属于此类型。以天津经济技术开发区和天津保税区等开发区为依托的滨海新区正在逐步形成，滨海新区的规划面积达2000km^2，相当于再造一个天津。此外，张家港、青岛等也呈现出双核式的结构。

（2）连片带状或称市区边缘式。这类空间结构的形成是由于开发区与原有中心城区的距离较近，受中心城区的辐射影响作用也较大。随着开发区经济的发展和空间范围的扩展，开发区逐渐与原城区连成一体，使原城区向带状扩展。将开发区建在老市区边缘，充

❶ 参见：商务部外资司潘碧灵，中国国家级经济技术开发区发展的基本情况及思路，2007-7-27发布。

❷ 王兴平．中国城市新产业空间——发展机制与空间组织［M］．北京：科学出版社，2005：117.

分利用老城基础设施和生活服务设施，使开发区与老城成为一体，这样一般有利于开发区快速形成规模，而且有利于带动旧城的改造。但是开发区必须规划起点高，作为主城区的延续，不能仅仅按照工业开发区或技术园区的模式规划开发，必须充分考虑到未来所要承担的城区功能，对人口、居住、医疗、商业等配套功能必须先期规划。如苏州市为了保持古城风貌，在城市的东、西向分别建设了苏州高新技术产业开发区与苏州工业园区，使苏州市的空间结构呈现明显的东西带状扩展的特征。此外，重庆市于1991年和1993年分别在紧邻市区的西南部和东南部，建设了重庆高新技术产业开发区和重庆经济开发区。随着经济活动在开发区的集聚，原有开发区的用地空间受到限制。2001年重庆在原市区的北部规划建设了40km^2的北部新区。北部新区主要由重庆高新技术产业开发区新区、经济技术开发区新区、重庆出口加工区等国家级开发区组成，重庆市区结构也因而呈现出南北向扩展的特征。

(3) 子城扩展式。❶ 即充分发挥母城附近的子城或卫星城的作用，开发区与子城相结合，充分利用子城的基础设施，既缓解了母城的压力，又带动了子城发展，增强了母城的辐射能力。这样的开发区一般位于近郊地区，并呈现多区位的特征，会促进城区结构的扩散，从而在空间上形成多极触角式向外延伸的形态。随着开发区的快速发展，经济活动会突破开发区规划的原有地域空间，向新的区位发展，对母城与子城进行有效的衔接。

4.2.2 从"自费"到"国批"：地方经验的国家收编

在对外开放和体制改革的过程中，城市与区域也经历着剧变式的空间与社会重构。而这种空间与社会迅疾变迁的巨大动力我们可以从早期经济特区的建立、各地积极的招商引资与开发区的开建、移民与劳工的大量流动等方面观察到。都市化的空间过程伴随的是工业化与新产业空间的快速成长，而这同时也就意味着农业生产空间——"耕地"的嬗变或转移，农业生产人口——"农民"的流动和变异。

无论是以全球化地方经济竞争力的观点，或是对于改革开放后中国地方经济发展与区域间经济竞争的研究，都指涉出地方政府（local state）是作为观察中国地方经济社会空间发展的关键角色。经济转轨后的中国地方发展与区域都市化的机制，尤其是在强调"发展"为前提的导向下，所涵盖探究的是塑造空间景观的地方行动者有意义的行动动力与策略、国家政策的框架、中央与地方的关系、地方与全球接轨的局势、地方的国家与社会关系、地方因应中央与全球化的措施以及地域性历史文化与环境的制约等之间的关系。

昆山开发区的建设并不是国家层面的政策倾斜与制度性投入，而是典型的"地方先行，中央默许；地方经验，中央追认"体制改革与制度创新过程，是昆山地方政府基于国家宏观政策背景与国际经济形势的双重条件下，自身努力与积极探索的过程。据《中国共产党昆山市历史大事记》记载，1984年5月党中央、国务院决定，开放上海、天津、大连等14个沿海港口城市，并兴办经济技术开发区。1984年，昆山决定，在老城区东侧划出3.75km^2土地，自费创办工业开发区，在一无资金来源、二无政策优惠的情况下，借鉴沿

❶ 姚立新．试论经济特区与经济技术开发区［J］．城市规划，1993（6）．

海城市兴办经济技术开发区的经验，开启一条自费开发的成功之路。那么为何叫“自费”，按照国家正常的制度规范应该怎么办呢？

“那样叫‘国批’，‘国批’开发区通常是这样做的，根据规划面积，国家给钱一次性征地，然后分期分批使用。1984 年，我们曾去上海一个工业区实地考察，了解到他们已开始，就把 2.2km^2 的土地征用了，并搬迁了农民，耗资 6000 万元，可是只有一个玩具厂进工业区，其余大片土地上长满了杂草，这给我们提出了一个很大的问题。我们当时的财力，不要说 6000 万元，连 600 万元都拿不出来。”

“我们搞的自费开发区，不同于国家投资办的其他 14 个开发区，没有上面拨给的资金，又没有上面配给的项目和生产资料。虽然后来国家和省里从 1988 年起，减免了一些税金，但是，项目要自己调研拍板，资金要自己筹措、偿还，吃得准可以财源滚滚，吃不准就本利两空，带有更大的风险。”

经济技术开发区的选址问题，关系到县域经济的战略布局和开发区功能的发挥，也关系到城市建设的布局。在这个问题上，昆山曾一度设想，在远离县城的花桥镇曹安地区办开发区，那里紧靠上海，地理位置很好，但是公用设施基础太差，投资费用过大，招工也比较困难。在 20 世纪 60 年代，昆山在离城 10km 处，办过一个红旗工业开发区，因为远离县城，职工很不方便，红旗工业开发区后来发展一直很缓慢，成为一个教训。在权衡利弊的基础上，采取了依托老城区，建设开发区的策略。关于昆山经济技术开发区的最初正式文件体现在《昆山县人民政府 1984—1986 年工作规划》，规划明确指出：“计划在玉山镇东南面开辟一个玉山新区。力争在三年内，将新区骨干道路、通电、通水设施建设好，以逐步形成新的工业、商业和居民职工住宅区。”起初起名叫玉山新区，也叫工业小区。

“回忆当年白手起家创办昆山开发区，第一因没得到国家批准，没有政策资源；第二因昆山当时是农业县，没有物质资源。当时带着 50 万元去建开发区，钱还是借来的[1]，办公室只有 8 间小平房，还有几辆自行车，一段路是人骑自行车，一段路是自行车‘骑’人。大学生都是光着脚、扛着标尺去丈量土地。我们盖房子的水泥、砖，全是靠肩膀扛进来的。”

宣炳龙回忆 20 多年前的一幕时说。因为昆山是个农业县，1984 年前的工业产值只有几千万元，财政收入只有 5700 万元。说搞工业，昆山老百姓都不相信，说有点想入非非、无中生有，劝告他们不要吹牛。“与当时 14 个沿海开放城市相比，昆山要搞开发区，引进外资，不管是在思想上，还是在物质上，都受到很大的制约。”宣炳龙接着讲了个故事。20 世纪 80 年代中叶，昆山晚上 6 点，饭店都是关门的，外商来了没法招待怎么办？最后，只好把外商带到家里吃饭。当时国家规定外商是不能到家里的。“如果受制于这些规定，哪

---

[1] 在考察了深圳蛇口、上海闽行后，昆山开始自费在老城区东边另建工业小区，采取借贷和分期分区滚动开发的手段，历经三年完成五通一平等基础设施建设。时任书记的老 W 描述其资金筹措来自三个一点：开发区收一点，银行贷一点，地方筹一点。

还能引进外资呀。不得已，我们只能一次又一次做检查。”宣炳龙苦笑道：“当时我们的工业小区，都不敢叫开发区，因没有得到国家的正式批准。”老W同志回忆说：

“项目来了，没地方怎么办？我们就搞工业小区，1984年在昆山的东面划出3.75km²，就是后来的开发区。起初，开发区国家没批，我们就自费开发。”

“当时这个‘玉山新区’是在1983年年底搞三年规划‘城乡建设及其他’一栏内提出的，也就是1984年6月正式批准的昆山市区总体规划的一部分，并不被人们十分注意，因为那时国家只批了沿海14个开发区，而且都在地市级以上所在地。我们一个县，国家不会给钱搞开发的。而我们作为城镇规划的一部分，比较容易被批准。但是在这个区，我们的主要目的就是发展工业，因此我们简称工业小区。”

“要知道，那是冒大风险的，其压力之大常人难以想象。后来，开发区得到国家特区办的支持，14个国家级开发区开会时，也邀请我们去参加，叫‘14+1’会议。我们就利用‘14+1’的招牌，招商引资。”

“当时招商引资，引进来之前，人们就害怕吃亏，引进来企业见到效益以后，看到大笔大笔利润被对方提走时，有人更感到失落和不平，觉得不该自己得小头，让别人拿大头。我当时就跟他们讲，是不是‘昆山得小头，人家得大头’，这账要看怎么算。从合资企业目前的利润分成看，昆山确实得的是小头，对方得的是大头，独资企业就是无成可分。”

“但是，无论是合资企业还是独资企业，昆山都可以从中学到技术和管理；可以安排劳动力就业，并且训练熟练的技术工人；可以获取国内外市场信息；可以带动昆山地方工业的发展。即使是独资企业，他要租我们的土地，买厂房、原辅材料和生活用品，要向我们政府缴纳税金，要给我们员工发放工资、奖金、保险费等，都可以使我们增加一大笔外汇收入。”

昆山除了不靠国家财政自费开发之外，其行政级别低这个特色也值得关注。作为一个县级市，昆山的级别甚至不如上海郊区的青浦、嘉定。因此，昆山不具备体制上的优势，也从来没能享受到任何如特区或国家级开发区的优惠政策❶，小小的昆山必须自己找出路。而当其发展受到政策限制时，也只能自行寻找突破口。宣主任表示，因为“出身卑贱”，政策是“跑出来的”。❷虽然行政级别低，使其在管理权限和编制上有很大的限制，但在和中央要政策的过程中，却可能可以因为避开了直接的政治竞争而得到比较宽容的结果，给予了昆山比较大的政策变通的空间和回旋余地。❸

“当时开发区第一块土地的批租也遭遇了一场大风波……1987年前后，有一批中外企业进入自费开发区，开发区基础设施投入严重不足。那么钱从哪里来呢？我们就想到土地

---

❶ 即使后来昆山被认可并戴上了国家级的帽子，仍然没有沿用其他开发区的优惠政策。

❷ 昆山开发区流传着这样一句话，“违法的事情绝不能做，违规的事情不能不做”，在他们的眼中，每一次违规的操作往往换回的是一项制度创新的先行典范。

❸ 老宣举了一个非常鲜活的例子来说明行政级别低却能赢得政策的过程，他将昆山比喻为“孙子”，中央是“爷爷”，“孙子”向“爷爷”要东西往往比“儿子”向“老爸”要来得容易，也更容易获得疼爱和同情。

批租，后来开常委会讨论。恰巧一个台商来昆山考察，提出要购买15亩土地。能不能卖？我们最后决定以每亩9万元的价格出手。……很多人说我们‘卖地就是搞租界，卖子孙，也就是卖国’。”

上级的“默许”，理论界的支持，外加自我的积极争取，这些加强了昆山突破制度壁垒的攻坚能力，从而实现“自下而上的变革”。1989年，昆山受邀参加全国开发区会议。在国家财政没有给一分钱投资的情况下，昆山的产值超过5亿元，仅次于广州和上海闵行。到1990年年末，昆山的人均国民收入名列江苏省第一位，昆山开发区虽然还没有“国批”的名分，但是经济发展已经跻身全国14个“国批”开发区的第3位。昆山这个“编外”开发区于是开始了正名之争❶，直到1992年，昆山开发区先后得到省、国家批准，成为国家级开发区。一位经历开发区“国批”的老同志回忆道：

“1992年对昆山开发区来讲，是个吉祥的年份，是小平同志的南巡谈话给了开发区新生，迎来了开发区的春天，也迎来了开发区的‘国批’。我一直在想，如果没有小平同志的南巡谈话，那么我们的开发区可能不存在了。因为此前有些人已经开始把吸引外资视为发展资本主义的温床，特别是发展独资企业更加害怕。是小平同志的南巡谈话，改变了人们的观念，使昆山抓住了这个机遇，发挥了开发区比别人先走一步的优势。”

昆山开发区创办以后，凭借其优越的区位优势和政策优势，对外资企业产生了较强的吸引力。1985~1991年，昆山合同利用外资金额从151万美元增加到5934万美元，增加了38倍。开发区建设的先行一步使得昆山在20世纪90年代以后的开放型经济发展中赢得了先机。根据统计，在1985~1991年间，昆山市实际利用外资额分别占苏州市和江苏省利用外资总额的1/2和1/5左右。❷ 经济发展的“由内转外”，进一步加快了昆山的工业化进程，1990年，昆山的国内生产总值中，三次产业的比重变为22.6∶56.5∶20.9，工业比重进一步提高（表4-1、表4-2）。

在20世纪80年代，由于国际分工的深化和世界性经济结构的变动，国际产业出现转移和重组的新趋势。20世纪80年代中前期，在里根总统执政后，美国为了提高与日本、西欧的竞争力，开始了产业结构调整，努力发展高科技产业和服务业，将资本密集型产业向一般发达国家和新兴工业化国家转移。同时，1985年的“广场协议”迫使日元升值后，日本对外投资特别是对东亚地区资本密集型产业投资增加。相应地，东亚国家和地区新兴工业化国家和地区遵循产业的梯度转移规律，将劳动密集型产业向外转移。中国适逢其时的改革开放恰好抓住了这一机遇，昆山自费开发区的建立也为当地承接这种国际产业转移提供了载体，同时，20世纪80年代初快速发展的乡镇企业在企业规模和技术水平上也恰好能够与东南亚国家和地区的中小资本对接，这促进了这段时期昆山利用外资的迅速发展。

---

❶ 昆山称之为“为私生子报户口”，也就是要得到国家的正式认可，2002年正值昆山“国批”十周年，满街挂满了“庆祝国批十周年”这个让外人有些莫名的横幅。

❷ 张树成．昆山对外开放的实践探索与经验［J］．现代经济探讨，2007（2）：21-25.

不同阶段昆山市吸引外资规模　　表 4－1

年　份	协议项目数（个）	协议外资金额（万美元）	单个项目平均协议金额（万美元）
1984～1991 年	112	8096	72
1992～1996 年	1157	234446	202
1997～2001 年	1032	393283	381
2002～2007 年	3006	1433887	477

资料来源：根据历年昆山统计年鉴整理计算。为了能更清楚地说明引资规模的阶段性变化，尤其是“国批”的制度性影响，我们将 1984～1997 年的快速拓展阶段进一步分为两个阶段。

到 20 世纪 90 年代初，随着经济全球化的发展，国际竞争日趋激烈，国际分工从产业间分工向产业内分工发展，跨国公司纷纷将传统资本密集型产业和资本技术密集型产业中的劳动密集型环节与产业区段向新兴市场经济国家和地区转移，在全球范围内分布产业链，这为发展中国家和地区参与跨国公司主导的全球产业分工提供了契机。与此同时，中国改革开放的进一步深化，1992 年“南巡”谈话确立了社会主义市场经济的目标，经济体制开始与国际接轨，国内外经济合作的制度性障碍大大降低，使得对外开放进入一个大发展的局面。1990 年 4 月中央作出全面开发开放上海浦东的战略决策，1992 年 6 月召开了长三角及沿江地区经济规划座谈会，进一步明确以上海浦东开发为龙头，加快开发开放长江沿岸城市作为振兴中国经济的重大战略。浦东的开发开放一下子成为国内外关注的焦点，位于“上海屋檐下”的昆山也进入到中国对外开放的前沿。同年 8 月，国务院正式批准昆山经济技术开发区为国家级经济技术开发区，享受沿海 14 个港口城市国家级经济技术开发区的优惠政策，昆山成为县级市第一个由“自费”进入“编内”开发区的国家队。

1984～2007 年昆山利用外资与对外贸易情况　　表 4－2

年　份	项目数（个）	合同利用外资（万美元）	实际利用外资（万美元）	对外贸易额（万美元）
1984 年	1	78	—	—
1985 年	2	151	—	—
1986 年	0	0	—	—
1987 年	2	94	—	—
1988 年	10	419	300	—
1989 年	12	428	652	—
1990 年	20	992	308	4251
1991 年	65	5934	1548	5499
1992 年	352	33964	12643	14554
1993 年	327	42185	35218	29828
1994 年	179	49531	56872	75016
1995 年	151	54138	50534	107064
1996 年	148	54628	45490	138971

续表

年　份	项目数（个）	合同利用外资（万美元）	实际利用外资（万美元）	对外贸易额（万美元）
1997 年	204	53616	55971	184300
1998 年	149	54902	60028	211920
1999 年	186	62936	60032	274718
2000 年	245	100638	70396	376474
2001 年	248	121191	75139	495186
2002 年	535	168329	80100	847379
2003 年	562	225213	89800	1392465
2004 年	511	239583	95534	2354224
2005 年	435	250191	101135	3321903
2006 年	511	250453	117190	4274513
2007 年	452	299100	137734	5343536

资料来源：根据昆山市外经贸局、统计局统计资料整理。

4.2.3　开发区成长与城市化的加速

“国批”后的开发区身份的正名，使得昆山在招商引资中更为主动，对外资的吸引力也更加增强。同时昆山政府利用浦东效应，从交通通信、项目开发、信息、技术、政策、产业等方面全面主动与浦东接轨，与浦东搞错位发展，与周边的县市打时间差和空间差。1992 年昆山实际利用外资从 1991 年的 1548 万美元增加到 12643 万美元，增长了 717%；1995 年又比 1992 年增长了 300%。而且这一时期，昆山利用外资的质量也大大提高，适应跨国公司产业转移的趋势，一些有实力、有知名度的跨国公司、大财团纷纷前来投资。1992 年以前，昆山吸引的 1000 万美元以上的外资项目只有一个，而 1992 年就吸引了 23 个，1992～1995 年吸引的 1000 万美元以上的项目达到 73 个。这一时期，昆山的三资企业产值每年翻一番，外贸进出口额年平均增长 90%，地区生产总值年平均增长 37.9%。1995 年，外商及港澳台经济工业产值占全市比重达 41.6%，外向型经济已经成为拉动昆山经济增长的主要力量（表 4－3）。

昆山开发区主要经济指标统计　　**表 4－3**

年　份	国内生产总值（亿元）	工业总产值（亿元）	出口创汇（万美元）	利税总额（万元）	财政收入（万元）	基础设施投入（万元）
2007 年	673	2587	2762792	1426664	717596	210736
2006 年	539	2028	2088795		540431	187003
2005 年	536	1760	1610985	777723	541732	154454
2004 年	411	1261	1139149	667330	528351	240000
2003 年	272	852	630000	440000	350000	300000
2002 年	180	535	365000	331000	225000	101000
2001 年	103.30	312	194272	282013	127946	60298

续表

年　份	国内生产总值（亿元）	工业总产值（亿元）	出口创汇（万美元）	利税总额（万元）	财政收入（万元）	基础设施投入（万元）
2000 年	84.62	253	158233	229704	89003	21515
1999 年	65	185	119600	72849	59434	13000
1998 年	56	157	86913	68099	37733	11148
1997 年	41.5	130	70136	43653	29259	11147
1996 年	30.4	100	42743	34706	22670	10100
1995 年	18.6	65	30338	23083	11843	21000
1994 年	14.23	45	20030	23068	12100	20000
1993 年	7.73	30.14	15050	16761	6118	20000
1992 年		21.1	10040	10168	5970	8000
1991 年		11.67	6500	7568	661	1496
1990 年		5.55	2348	3557	770	1185
1989 年		5.05	1152	2255	680	882
1988 年		4.6	2000	2423	480	801
1987 年		3.1	834	1528	350	621
1986 年		1.7	448	994		250
1985 年		0.56	218	518		106
1984 年						50

资料来源：中国昆山经济技术开发区。

开发区建设发展过程所伴随的空间开发、经济要素重组、人口聚集流动、土地利用变化、新旧城区及中心与边缘区的相互作用等，对昆山和地区经济、社会、实体空间的演化具有强烈的催化、带动效应，从而引发或加速整个城市——都市区层面的空间重构。“市场力量势必把更多的人口与工业吸引到城市里来。工业之所以被吸引过来，是因为城市能够以大规模占有本地市场，提供熟练和非熟练的劳动力，便于利用辅助工业的各种形式显示出聚集经济的优越性。”❶ 瑞典经济学家默戴尔（Myrdal）于 1957 年提出了工业区发展的循环积累理论。他认为，一旦一种新的工业配置于一个地区，就会产生连锁反应，区域内发达地区的积累循环增长，引起产业的集中和人口的集聚，并成为该地区的增长极。❷廉价的劳动力，成片出让的廉价土地，足够便捷的交通、通信条件，必要的法律、金融、服务能力，封闭或半封闭式管理、良好的生态环境等，使得开发区既不适于挤在城市的内部，又不适于放在小城镇或偏远农村，而最适于布局在大中城市的边缘地带，这里既能利用城市的便利，又有足够多的廉价土地。在地方政府的大力支持下，在各项优惠政策的吸引鼓励下，开发区土地开发与空间建设往往具有速度快、规模大、规格高的显著特点。

---

❶ （英）K·J·巴顿著. 城市经济学：理论和政策［M］. 上海社会科学院部门经济研究所城市经济研究室译. 北京：商务印书馆，1984：8－9.

❷ Mydral G. Economic Policy and Underdeveloped Regions［M］. London：Gerald Duck Worth，1957.

作为对外开放的城市品牌，开发区还带动了昆山的乡镇特色园区发展，促进了昆山产业结构的调整，使城市功能进一步完善。昆山开发区自1992年在兵希创办第一个配套小区至2006年，先后帮助15个乡镇工业配套小区引进外资项目300多个，合同外资超过20亿美元。昆山相继创办了花桥经济开发区、沿沪产业带、旅游度假区、巴城软件园、传感器产业园、京阪科技工业园、国家现代农业综合开发示范区等一批功能性特色园区，形成了以昆山开发区为龙头、带动乡镇工业配套小区、全方位对外开放的格局。此外，昆山开发区在建设之初就比较注重其城市生活、服务功能的配套建设，促进了昆山的城市化进程，同时也增强了开发区对人才的吸引力。在开发区扩张过程中，陆续建成了城市广场、玉山广场、柏芦广场、玉峰山风景区、森林公园、中央公园、科博中心、图书馆、体育场、游泳馆、市民活动中心等一批城市景观和市民休闲场所，形成了“城在绿中、绿在街中、人在景中”的具有江南水乡特色和现代文明气息的城市格局，并带动了全市10个镇的城镇化建设。

开发区成长的各个阶段对城市社会、经济、空间各个方面的影响效应，最终都将外部化地表现为城市的空间重构（urban spatial restructuring）。与一般情况下城市空间结构自发渐变方式不同，开发区建设引发的城市空间重构具有整体性、计划性、高效性特点。而“对于高速发展的经济来说，城市的空间结构和发展模式在很大程度上是可以选择的，这是常态经济所无法做到的”。[1] 1986年10月，昆山开发区面积就达到6.18km^2，1992年8月“国批”成为国家级开发区，面积扩大到20km^2，而今天的开发区规划面积已经达到了115km^2，对于昆山的城市化进程，有一句话很贴切，“到了昆山就是到了开发区，昆山就是开发区”。这种通过建设开发区吸引外资推动城市化进程的实践，还改变了中国自上而下的政府推动型城市化的单一模式，形成了与依靠民间资本、乡镇企业推动的自下而上的内生型城市化模式并行的另一种自下而上的外生型城市化模式，薛凤旋先生将其称为“外向型城市化”。[2]

资料：昆山经济技术开发区

1992年8月22日，江苏省昆山市于1985年创建的昆山经济技术开发区，在被列为江苏省重点开发区后，被国务院正式批准。这是中国第一个县市级经济技术开发区。昆山经济技术开发区坐落在长江三角洲的沪宁线上，东距上海市仅55km，西临苏州市只30多公里，地理位置和交通条件十分优越。截至2006年，昆山为外资企业配套的民营企业已达1000家，配套销售额近200亿元。

投资环境日臻完善。昆山开发区坚持科学规划，合理布局，严格实施高起点、高标准建设区域环境。二十几年来，先后投入140多亿元资金，用于交通、电信、供水、能源等基础设施建设，基本实现了“七通一平”。区内主次干道线200多公里，均为混凝土路面，与312国道、沪宁高速公路、虹桥国际机场路、沪宁铁路线相连接，交通十分便捷。并做

---

[1] 参见：赵燕菁．高速发展条件下的城市增长模式［J］．国外城市规划，2001（1）．

[2] 参见：薛凤旋，杨春．外资：发展中国家城市化的新动力——珠江三角洲个案研究［J］．地理学报，1997（3）．

到集中供热供气，区内没有烟囱，气化率78%，绿化覆盖率41.6%，饮用水达到国家二级水标准。还创办了国际学校，新建了友谊医院，设立了外商公寓。同时建立了完善的配套服务机构，成立了外资企业服务中心，开通了陆路口岸通关点，构筑了良好的投资环境。新建了外资医院，引进了外资银行，开通了陆路口岸通关点，通过了ISO 9001质量管理体系和ISO 14000环境管理体系认证。2006年创建ISO 14001国家示范区通过国家环保总局验收合格，构筑了良好的投资环境。

招商引资成果丰硕。开发区视项目开发为生命线，不断加大招商引资力度。截至2006年年底，累计引进外资项目1300个，投资总额170亿美元，合同外资109亿美元，实际到账资金59亿美元，在全国54个国家级开发区中名列前茅。来开发区投资合作的有日本、韩国、欧美、中国台湾等41个国家和地区的客商。引进项目呈规模大、独资多、层次高、技术新的特点。进区项目平均投资规模1250万美元，1000万美元以上的项目430个，高新技术项目占总数的40%。世界500强有20家在开发区兴办项目（表4-4）。

昆山开发区外商投资统计 **表4-4**

年份	新批外资项目个数（个）	总投资额（万美元）	合同外资（万美元）	实际到账（万美元）	累计开工投产企业	累计千万美元项目
2007年	137	236838	133797	87892	677	462
2006年	98	182683	92071	73710	593	430
2005年	93	244453	92936	63103	641	391
2004年	104	182984	88824	58853	582	358
2003年	131	228800	95400	47500	511	270
2002年	134	218708	217432	56491	413	226
2001年	136	135760	133766	37543	361	192
2000年	107	125856	123951	38477	328	160
1999年	83	60596	58249	33408	296	127
1998年	53	69894	66358	37400	273	109
1997年	57	39503	37055	35160	243	77
1996年	75	60700	58998	37916	206	
1995年	52	61196	59978	32863	153	
1994年	57	59668	55534	25111	124	
1993年	100	47213	43877	12915		
1992年	68	39240	28709	4374		
1991年	20	4937	4047	733		
1990年	5	2165	853	97		
1989年	4	724	299	173		
1988年	2	336	174	13		
1987年	2	289	94			
1986年						
1985年	2	340	173.5	40		
1984年	1	150	73.5	30		

资料来源：中国昆山经济技术开发区。

区域经济健康发展。截至2006年年底，开发区完成工业产值3277亿元，出口创汇220.7亿美元，财政收入120亿元，在全市经济发展中龙头作用明显。已开工投产的600家外商投资企业，完成的工业产值占开发区总量的90%以上，出口创汇的占98%。共吸纳员工22.7万人，安置了一批企业富余人员和下岗待业职工，为社会稳定作出了一大贡献。

辐射带动成效明显。开发区自1992年创办第一个配套小区至今，已先后建成10个乡镇工业配套小区，帮助引进外资项目150多个，投资总额15亿美元，初步形成了陆家橡胶、化纤，张浦新型材料，兵希高档家具，蓬朗“三车”零配件，新镇电子元器件，锦溪服装加工等各具特色的专业配套小区。在外向配套协作过程中，开发区发挥外资企业集中的优势，以国际名牌产品为龙头，组织和引导区内外国有、集体、乡镇企业和个体私营企业与外资企业攀亲结眷，配套生产，促进了产品结构的合理调整，推动了相关产业的健康发展，拉动了区域经济的强劲增长。

载体建设初具规模。为营造发展新优势，1998年以来，昆山开发区先后创办了出口加工区、留学人员创业园和国际商务区，作为招商引资的新载体，努力发展高科技产业。昆山出口加工区于2000年4月27日获国务院批准，成为全国首批15个出口加工区的试点之一，并于9月6日率先通过海关总署等国家9部委联合验收，10月8日成功封关动作，成为中华人民共和国历史上第一个出口加工区。昆山留学人员创业园，由昆山开发区和省人事厅、科技厅联合创办。2000年11月，经科技部、人事部、教育部批准，命名为首批国家留学人员创业示范基地，并被科技部确认为高新技术创业服务中心。至2003年年底，已有美、英、法、日等国家的留学生创办的50家企业，从事高科技研发项目，主要集中在软件开发、网络技术等方面。

昆山开发区新一轮的发展思路和奋斗目标是：以邓小平理论和江泽民同志“三个代表”的重要思想为指导，发展为主题，现代化、国家化为总目标，创新开发功能，提高开放水平，努力把昆山开发区建设成国内一流的开发区、全国IT产业的重要基地、台商投资密集区、欧美客商投资重镇，为扩大对外开放、加速经济发展作出新的贡献。

4.3 “全岛股份化”：乡村城镇化与制度供给

4.3.1 地方性制度确认与民营经济发展

从股份合作制起始的20世纪70年代后期到90年代初期，这一阶段是玉环工业的起始发展阶段，玉环充分利用体制外市场化改革的先发优势，新型经济形式发展呈现多样性，尤其是民营经济发展迅速。从改革开放到1988年，在制度夹缝中，股份合作经济从悄然萌芽到迅猛成长，玉环县委县政府坚持尊重和激励群众的首创精神，巧妙地运用政策扶持（尤其是“国民待遇”、“正利率杠杆”、“一分半利息计入成本”三项政策）迅速推动了工业资本原始积累的完成。到1991年，全县共有工业企业3031家，实现工业产值14.88亿元，规模以上企业16家，主要行业有汽摩配件、机械制造、鱼粉饲料、橡塑制品、鞋革缝纫、食品饮料等，从业人数70200人，年末固定资产3.76亿元，工业技改投入2393万元，工商各税6183万元。股份合作经济的体制外增长，迅速完成了玉环民间的资本原始积累。

通过体制外的市场化制度环境的建设，玉环地方政府为早期股份合作经济戴上“红帽子”、享受“国民待遇”，而民营经济本身蕴涵的产权、体制与机制优势在宽松政治环境下也得以放大，焕发出强大的生命力。股份合作制的创造使小规模的原始资本的聚集程度大幅度提高，资本一下子以几倍、十几倍的规模组织起来，从而使进入的产业的水平提高很快，工业化的历程可以被相对缩短。同时民营企业机制灵活，对市场反应灵敏，在当时国有、集体企业机制不活的背景下，具有强大的竞争优势，从而弥补了在技术、人才、品牌、营销等方面的劣势。民营企业不仅在夹缝中生存下来，而且往往很快超越老牌国有企业。

复员军人苏增福创办了压力锅厂，当时沈阳红双喜是压力锅行业的龙头企业。该厂原先就挂靠在双喜牌压力锅厂之下，然后硬是凭借自身的科技创新精神，杀出了一条生路，最终将双喜牌大旗插到了自己的麾下。1994 年，他的厂名换成“苏泊尔（super）”意在“超越，超越竞争对手，超越自己，超越今天”。10 年后，苏泊尔成为国内炊具行业的龙头，2004 年 7 月成功上市，超越了玉环这一地域。浙江苏泊尔股份有限公司董事长苏增福：

“我这个锅做起来，要想办法让老百姓怎么好使用，饭做起来香，愿意买我的锅，我不断推出新的产品，在这个 20 年不到的时间里，我做了 600 多个品种的产品。”

针对股份合作经济的蓬勃发展，1991 年召开的玉环县委九届六次全会，提出了一个更为响亮的口号：全岛经济股份化。明确提出了以建立现代企业产权制度为核心内容，全面实施“股份化”。1992 年，邓小平的南巡讲话“发展才是硬道理”，对玉环的鼓舞很大。当年 3 月 6 日，玉环县政府印发了《关于推进股份合作企业规范化工作的意见》，正式全面实施“全岛股份化”战略，开始为公有制企业的产权制度改革指明了方向，并要求按照《公司法》规范运作，逐步与现代企业制度接轨。

“全岛股份化”战略的实施走在全国产权制度改革的前沿，构建了市场经济的微观制度基础，巩固了民营经济的“体制落差”优势。针对玉环民营经济较为普遍的“戴红帽子”、“假集体”现象，玉环县委县政府决定逐步引导企业走向股份制道路，通过股份量化来明晰产权，解决企业的资本积累问题。1988 ~ 1993 年相继下发了多个政策文件，1993 年的《政府工作报告》正式提出了“理顺产权、改造重组、完善提高、综合配套”为内涵的“全岛股份化”战略。1993 年玉环县首先分别在县酿造厂、县印厂搞资产转让和还本租赁的改革试点。在调查研究的基础上，县政府先后出台了《关于国有企业股份制改造的若干意见试行》、《关于国有工业企业实行租赁经营的若干意见试行》等相关政策文件，同时，养老保险、失业保险、医疗保险、工伤保险和生育保险等综合配套，中介机构逐步完善。1994 年，玉环集体企业由 1993 年的 5156 户减少至 1336 户，占工商企业的比重下降了 72.86 个百分点，股份制、股份合作制企业增加 4669 户，占工商企业的比重上升了 73 个百分点。到 1997 年 6 月，全县国有、集体工业企业转制 6 家，占 93.3%，乡镇企业转制 199 家，占 96.6%。

1997 年 7 月浙江省深化国有企业改革电视电话会议后，特别是同年 9 月党的“十五大”后，玉环县企业改革出现了“第二次浪潮”，从深化完善和整体推进上双向延伸。玉环县政府相继出台了《关于放活小企业若干意见》、《关于深化流通企业改革若干意见》等文件，明确提出提取职工社会保障预备基金，取消职工的原有固定身份，并鼓励企业职工进行有效重组，给予相应的政策扶持。截至2000年年底，玉环县326家国家、集体乡镇工业、流通、交通和建设类等企业，已完成了企业改制任务。在已改制的国有、集体企业中，实行重组的占67.5%。国有资本已从56家国有工业、商贸、交通、建筑类企业中退出，共分流全民职工4969人。离退休人员同时划归社保部门实行社会化管理。

玉环县委县政府提出的“全岛股份化”战略，采取了各项相对超前的政策措施，极大地激发了企业的积极性，也使得玉环工业在这阶段有了飞速发展。到1999年，全县共有工业企业6084家，实现工业产值163.1亿元，规模以上企业131家，主要行业有汽摩配件、水暖阀门、橡塑制造、水产冷冻等，从业人员10.69万人，年末固定资产36.39亿元，全年工业技改投入7.69亿元，工商各税及企业所得税19973万元。这一阶段，玉环工业快速发展，年均增长在30%以上，完成了工业化资本的原始积累，同时工业化对城市化的带动效应已明显体现（图4－3）。

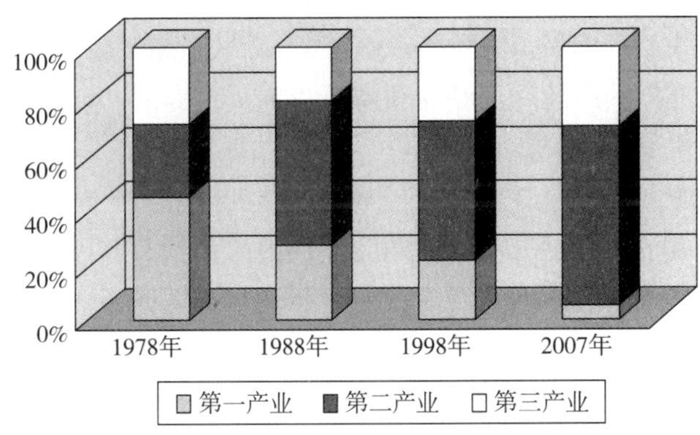

图4－3　1978～2007年玉环地区生产总值中三大产业比重变化情况

到2008年玉环目前有大小企业超万家，平均每两户就有一个老板，民营经济占全县经济总量的99.8%。

4.3.2　工业化与城市化互动：多中心的乡村城镇化

经济发展过程实际上就是一个资源在产业间和空间的动态优化配置过程。一方面，资源在不同产业部门间的流动和重新配置，表现为资源从以农业为代表的初级产业部门向以制造加工业为代表的工业部门和服务业部门的转移，即工业化进程；另一方面，资源在地域空间的流动和参加新配置，表现为资源从广大分散的农村地区向小城镇和城市等优势空间的集聚，即城市化进程。

“在理论上，‘一个侵入若发展成为一个新的地区，不论这种侵入是人口类型的变化，还是用地形式的变化，在其发展过程中，必定发生一个更替和选择的过程，这个过程是由侵入者的性质以及侵入地区的性质决定的’……如新的开发区建设、新型度假区的建设，都是在原来农村社区内形成的城市化生活方式的新型社区。一旦在农业社区形成新的城市型社区，原来地区的一部分农民从传统的生活与生产方式中走出来，特别是一些青年女性，在这一变迁中往往是第一受益者，因为这些在传统农业社区内发展起来的新型社区(高科技型或旅游开发型等)，往往属于第三产业范畴，需要大量服务性工作人员。”❶ 早期发展迅速的股份合作经济，经由“全岛股份化”的制度确认，玉环的民营工业经济发展更是注入了一针强心剂，乡村工业经济的狂飙突进，大量农业人口转移，非农化的进程就是乡村城镇化的过程。

从玉环区域经济发展的具体过程来看，1994 年以前玉环的区域经济发展主要表现为由农村工业化推动的城镇化进程。这一阶段区域内民营企业数量逐步增加与规模扩大，主要呈现出由民间自发力量主导下的实现的相对分散型“多中心”城镇化模式。玉环这种乡村城镇化所表现出的城市空间演化特征，与国内主要大中城市在这阶段“中心扩散型”城市化的空间形态特征不同，倒是与“温州模式”的主导下的城市化地区“弱中心”现象类似。❷ 这种区域城市空间“弱中心”结构并不是由于自然条件的差异引起的，而是由区域内以乡镇为集聚的民营经济发展而产生的。透过这一现象，我们还可以发现，由若干城镇协调发展，共同组成区域的首位城镇群，可共同承担区域经济中心职能。在这样的区域空间结构中，基于“多中心”的城镇空间结构和“块状经济”的转型与升级，在地区后续的城市化发展中，可以充分发挥其产业带动和城镇功能辐射作用，有助于未来“城乡一体化”与“全域城市化”的区域城市化进程。

民营工业经济的疾速壮大快速推动了玉环城市化的进程，但是这个阶段玉环城市化也存在几个问题，一是由于原先工业化优先发展的战略的推行，以及玉环本身从乡村开始的工业化和城镇化进程，从而导致了城市化水平相对于工业化滞后。二是从玉环的工业空间分布格局来看，由于区域内行政体系等方面的原因，导致工业园区仍较为分散，产业还只是完成了初步的集聚。三是玉环中心城市功能并不完善，导致城市对现代企业组织、现代服务业和各种要素的吸纳能力较弱的问题。从事城市建设十多年的县政协委员 F 同志说：

“和现在 15.3km^2 的城区面积相比，当时我们的县城只有 1.43km^2，这是一个什么概念呢？有群众打趣地说道，老百姓抽一根烟的功夫就可以把县城转遍，杀一头猪的声音都能让全城百姓听见，由此可见，1994 年之前，我们的城市建设是何等落后。”

“随着玉环工业经济的全面发展，当年的城市建设已经明显滞后，很多来玉环的外地人都对城市面貌及品位提出了疑义，这让人觉得尴尬，很丢人的。”

在这样的背景下，1994 年 12 月，县委、县政府专门成立了城市建设委员会，这是一个在非常时期设立的特殊机构，抽调了各个镇乡、各条战线的精兵强将投入到这个工作上来，并把城市建设的各种职能全部集中到了城市建设委员会。1994 年年底，玉环县委、县政府决定改造旧城区，拓展新城区，以彻底扭转县城建设的落后面貌，而作为那个年代的

---

❶ 张鸿雁．侵入与接替——城市社会结构变迁新论［M］．南京：东南大学出版社，2000：486.

❷ 李王鸣，王纯彬．“温州模式”主导下城市化地区弱中心现象分析——乐清市个案研究［J］．城市规划，2006（3）.

标志性建筑——玉环饭店主体建筑的爆破则成为了玉环老城区改造的开篇词。

“当时机构刚成立，可以说玉环饭店的爆破一方面是为了造势，另一方面这是一项看得见摸得着的民生工程，群众呼声也比较强烈，所以爆破势在必行。”

玉环饭店爆破的位置处于玉兴路和城中路交叉地带，20 世纪 90 年代初期，玉兴路是城区唯一的一条 36m 宽的城区主干道，而玉环饭店是 80 年代修建的，横亘在玉兴路上，在交通上造成了诸多不便。当年任县建设部门工程科科长，现任县建设规划局规划办副主任的 Y 同志说：

“随着社会的发展，车流人流的集聚，玉环饭店的存在让这个地段产生了交通阻截、视野阻挡、城市形象破坏等方面的负面影响，所以爆破拆除是时势所趋，而成功爆破对城市景观和城市交通环境起到的作用也是无可非议的。”

随着玉环饭店主体建筑定向爆破的成功，玉环中心城区逐步迈开了城市建设的步伐。在玉环饭店爆破成功的当年，玉环提出了“458”工程，即建造 4 条道路、5 座桥梁、8 个重点项目，1996 年又提出了“358”工程，城市基础设施不断完善，城市框架不断拉大。同时玉环区域内经济发展进程中企业规模扩大和产业集聚对城市化有了更高要求，城市土地开发制度改革后城市化的进程大大加快。从 1994 年玉环中心城区改造开始，这一发展阶段的城市化进程的特征是民营企业主导的产业集聚与政府主导的城市化进程之间的互动。具体地说，民营企业手中的资本与政府手中的土地资源相结合所形成的市场性资源配置机制是推动玉环工业化和城市化进程的主要力量。

根据西方发达国家经典城市化的经验，工业化与城市化之间互动机制的形成，关键不在于是私人投资主导或是政府投资主导，更重要的是如何能够建立起一整套包括调控管理、协作、竞争及公私投资者有效融合的城市化推进机制。玉环进入 1994 年以来，一方面，随着部分民营企业成长为企业集团，区域内企业组织与规模的差异开始加大，导致了区域内分工体系的调整，初步形成了以大企业为主导，大量中小企业配套的分工结构，快速推动了区域内产业的集聚。土地资源已经越来越成为民营企业发展的“瓶颈”。另一方面，随着政府在珠港镇（含城关、坎门）建设中心城市规划的实施，中心城市建设过程中基础设施与公共设施建设所需要的庞大资金单靠政府财政是无力承担的，资金已经越来越成为玉环政府推动城市化的“瓶颈”。

在此背景下，围绕民营企业手中的资本与政府手中的土地资源逐步形成多样化的市场性资源配置的机制。一是围绕开发区与工业园区形成了企业主导的产业集聚与政府主导的按城市功能进行分区治理的互动，政府加强对城市建设与功能的规划，通过把城镇工业园区建设与产业集聚紧密地结合，促进了人才、技术、信息、资本等生产要素更有效的配置；二是围绕城市基础设施特许经营权形成了民间与政府的互动，具体为民间资本进入了城市基础设施建设，同时享有一定年限的基础设施特许经营权；三是围绕城市公共服务设施形成企业与政府的互动，政府利用城市公共服务资源进行使用权的经营，即设施的管理权仍归政府，使用权进行公开市场拍卖。玉环的公路、城市饮用水工程、体育馆、城市垃圾处理厂等城市公共设施都是在企业与政府互动的城市化进程中完成的。

4.3.3 “玉环现象”对“温州模式”的借鉴与差异

温州经济对于玉环而言，既是借鉴、看齐的近邻，又是竞争超越的对手。1986 年，浙江省委召开工作会议，通过了一个关于“温州模式”的实验报告，1987 年 10 月间，玉环县委领导赴温州、宁波学习考察，讨论结果一致选择了温州模式。

“股份合作经济是‘温州模式’的一个特色，它兼具了家庭经营与集体合作这个双重优势，比较符合玉环当时的生产水平以及企业家的管理水平，所以，这种新的经济组织的出现，引起了县委县政府的高度重视，当时就提出了八个字：鼓励，引导，扶持，管理。”

——玉环科技局原副局长

随即相关政策纷纷出台，先有《关于发展股份企业政策意见》、《关于完善农村股份合作企业的暂行规定》、《关于乡镇企业推行股份制的若干意见》等，用来引导股份制企业进入崭新时期。因而在某种程度上说，玉环早期的工业化借鉴了“温州模式”，尤其在对于地方股份合作经济的策略上，玉环是在充分借鉴“温州模式”的基础上，进一步进行拓展，相对于“温州模式”中“小政府，大社会”，地方政府以“消极不干预”的方式退出市场，玉环的地方政府则采取了一个“积极不干预”的策略，为市场与企业发展提供更为可行的制度安排。故而，我们说在早期的民间市场涌动与来自“体制外”、底层的改革推动力层面上看，改革开放初期温州与台州的改革与发展路径基本相似，但是在民间股份合作经济放量增长之后，两地的地方政府在市场发展中的角色则有所偏差，而且这种偏差对两个地区未来的发展路径差异影响巨大。

概括起来说，“温州模式”是以民间诱致型的制度创新和区域经济发展模式，“台州模式”则是民间诱致与政府增进的制度创新与经济发展模式❶，即“民间拉动” + “政府推进”的区域经济社会发展模式。两者在早期发展有着很多的共同点与相似性，但是在政府与市场、企业关系上有着一定的差异。

首先，改革开放初期两地经济基础比较接近，温州市和台州市两地都存在人口多、人均耕地少、农村劳动力大量剩余而无法安置的状况，农业发展水平较低，农村集体经济薄弱。历史上由于交通比较闭塞，区位条件较差，又加上临近台湾，地处国防前线，国家投入少，同时又远离大中型工业城市和全国性市场，运输成本和信息成本较高，1978 年的经济水平很低，均为浙江省落后地区。温州地处浙江南部沿海，全市面积为 11783.5km^2，其中平原和山地分别占 17.5% 和 78.2%，1978 年，全市总人口为 561.26 万人，人均耕地只有约 0.05km^2，从 1949 ~ 1978 年，国家在温州市的基本建设投资只有 5.59 亿元，远远低于同期国家对浙江省人均投资的水平，是全国人均投资最少的城市之一。❷ 而台州市地处浙江沿海中部，全市面积为 9411km^2，丘陵和山地约占内陆总面积的 2/3。两地在 1978 年的经济水平还比较接近，只是温州市的经济水平要稍微高于台州市（表 4 – 5）。

---

❶ 史晋川，钱滔．制度创新与民营经济成长——以浙江台州为例的历史制度分析［J］．浙江学刊，2005(2)．

❷ 马津龙．“温州模式”的来龙去脉［J］．决策咨询，2001（8）：10 – 12.

1978 年台州与温州地区的有关指标对比表 **表 4－5**

地区	总人口（万人）	农业人口（万人）	国内生产总值（万元）	人均国内生产总值（元）	三产结构比
台州	452.71	426.73	101300	225	47.3∶29.4∶23.3
温州	561.26	505.28	132150	238	42.2∶35.8∶22

资料来源：笔者根据温州、台州 1978 年的统计数据整理。

其次，两者都属于早期“体制外”改革与“诱致型”制度创新。卡尔·波普尔说过：“我们社会环境的结构在一定意义上是人造的，其制度传统既不是上帝的作品，也不是自然的作品，而是人的行动和决策的结果，是能够由人的行为和决策改变的。”❶ 制度经济学认为，如果制度变迁的主体通过制度变迁获得的收益大于所支付的成本，制度变迁就可能发生。由于两地长期处于旧体制之下，农村经济几乎停滞不前，农民生活长期难以改善，因而这时推行乡镇企业和个体、私营企业等制度创新时，收益必然大于成本，并且由于选择了改革阻力最小、最容易的突破口，大大降低了制度变迁的成本，几乎都达到了“帕累托最优”，得到了绝大多数人的支持。❷ 微观经济主体的“民营化”和资源配置方式的“市场化”，由于缺乏资金、技术、设备，没有国家计划供应的物资和原材料，交通运输又很不方便，两地都从所谓“小商品”的生产起步，并在社会化分工、专业化协作的基础上形成区域性规模经营的产销基地。家庭企业和专业市场的发展又促进了两地农村小城镇的崛起。两地的企业都从“股份合作制”开始，使家庭手工业、个体私营企业走向联合，逐步演变成一批企业集团、有限责任公司和股份有限公司，并且涌现了一些有现代经营意识的企业和群体，并最终都演变成现代公司。

两地都作为“体制外”改革的典型，基本上是一个群众自发、组织和实施的所谓“诱致型”制度变迁的过程，变迁的主体力量是个体、私营企业等市场力量。他们作为中国改革过程中通过诱致型变迁建立市场经济的一种典型形式，特别是股份合作制的形成既是农民选择中经济取向和政治取向的二重复合，又是政府选择中经济取向和政治取向的共同结果。地方政府在制度创新中充当了“次级行动集团”角色，为“初级行动集团”获取潜在利润而供给新的制度安排，在事实上提供了私有产权在旧体制下赖以生存并发挥其效率的制度环境，甚至在一定范围内发挥着本应由市场机制发挥的作用。❸

但是，两个地区的地方政府在区域经济发展的角色却表现出差异性特征：

首先，地方政府对待区域内民间经济活动兴起所供给的制度约束条件不同。土地联产承包责任制完成后，民间经济力量得到释放，温州地方政府主要通过商品市场的繁荣来促进区域经济的发展，政府不仅对于个体工商业、服务业、家庭工厂、挂靠经营、买卖合

❶ （英）卡尔·波普尔著．开放社会及其敌人（第二卷）［M］．陆衡等译．北京：中国社会科学出版社，1999：158－159.

❷ 金祥荣，朱希伟．“温州模式”变迁与创新：兼对若干转型理论假说的检验［J］．经济理论与经济管理，2001（8）.

❸ 施端宁．“温州模式”：转型时期的制度创新［J］．社会科学战线，2003（2）.

同、长途运输、雇工经营、合股经营、资金聚积等随其发展，甚至私人钱庄、私人换外汇和经营邮电业也听之任之，“温州模式”中当地政府采取的是“无为而治”。基层政府顺应了当时商品经济发展的需要，按照尊重实践需求的原则发展经济。而玉环所在的台州地区政府在改革初期就较早地开始处理政府与企业的管理，1981 年出台了“两水一加”的政策措施，促进区域经济发展制度环境的进一步松动。玉环地方政府更多的是通过给家庭工业和社队企业戴着“红帽子”的发展，来推动农村工业化进程。

其次，地方政府对待新出现的股份合作经济的态度不同。制度供给是一个社会的游戏规则制订，但其中包括正式制度和非正式制度。正式制度乃指人们有意识地设计并创造出的行为规则，包括法律、规章以及经济主体之间签订的正式契约等。而非正式制度则指伦理道德、传统文化、风俗习惯、意识形态等，乃是人们在长期交往中自发形成并被无意识接受的行为规范。一个社会的制度是否有效率，不仅要看制度结构中的正式制度安排是否完善，而且还要看两种制度之间是否相容。“非正式的制度只能将经济发展推进至一定的水平。超出这个水平后，正式制度和起保护作用的政府就显示出了规模经济，并能保障有更多的进入者都能获得公正、开放的市场机会”。❶ 温州实际上是一种“倒逼式”的基层民主制度建设，因为当时对市场经济还不很清楚，由于股份合作制属于新生事物，地方政府在没有把握搞清楚它的情况下，采取了任其自由发展的态度，直至经过较长时间后才得到政府的承认。温州政府先后于 1987 年制定了《温州市挂户经营暂行规定》，1987 年 6 月的《温州私人企业管理暂行性办法》和《关于大力发展股份合作企业的规定》等文件，以此促进股份合作制经济的进一步发展。

相对于台州而言，股份合作制较快得到政府的承认并推行。中共台州地委办公室的《台州工作通讯》，1980 年 11 月 29 日发表了《芦浦兴办社队企业诀窍多——资金依靠社员股，工厂办到社员家，原料发给社员做》一文，对芦浦镇兴办股份合作型的社队企业作了含蓄肯定。台州地区政府还结合“两水一加”政策，围绕“集体个人一起上，四个轮子一起上（玉环是提出县、乡（镇）、村、联户办、个体办五个轮子一起转）”的发展思路，连续制定了原黄岩县委 1986 年的《关于合股企业的若干政策意见》、1986 年玉环县政府的《关于乡镇企业推行股份制的若干意见》等文件，并于 1987 年台州提出了“取两南（苏南、浙南）之长，走自己的路，大力发展股份合作经济”的战略口号，实行“鼓励、支持、引导、管理”的八字方针以及相配套的税收、贷款、工商登记等一系列政策，对股份合作企业的发展起了极大的推动作用。台州地区政府在推广股份合作企业过程中与民间形成互动，同时通过大力支持专业市场的发展来促进区域内各种生产要素的合理流动和配置。到 1991 年后，玉环关于“全岛股份化”战略的实施，地方政府的“积极不干预”使得玉环地区后来的工业化与城市化进程呈现出与“温州模式”的差异，相对于温州的“小政府，大社会”，玉环以及台州更近乎于“政府助动，强社会”。

玉环地方政府正是在适当的时候，提供显示规模效应的正式制度，在地方政府制度创新中，很明显地呈现出正式制度与非正式制度相互渗透的特征。这种渗透性表现在，地方

---

❶ （美）道格拉斯·诺思．制度、制度变迁与经济绩效［M］．上海：上海三联书店，1994.

政府是在民间非正式制度创新的推动下介入的，在玉环大多数被称之为原创性的正式制度都是从非正式制度中演变而来的，如挂户经营、股份合作制、私营企业法规等都是在玉环社会内部已经广泛实践的情况下，地方政府给予正式制度化的确认。正如诺斯所指出的，正式制度通常必须由非正式制度加以补充和发展，两者共同决定经济绩效。就是在这种正式制度与非正式制度相互渗透的背景下，共同推进了玉环民营经济的迅速发展。

从某种程度上说，中国和东亚的经济奇迹得益于“政府主导型”的经济发展模式，政府的职能不是“守夜人”，也不是“不作为”，更不是“乱作为”，而是“有所为，有所不为”，这在玉环的经济发展过程中得到了强有力的证明。“有所为”就是政府为经济的发展、企业的成长做好服务工作，在宏观上创造一个良好的创业和发展环境，在微观上为企业铺路搭桥，排忧解难，从制度层面上解决企业创新中碰到的阻碍。换句话说，政府不是“无为而治”，而是有所作为，对基层社会的创造采取了“鼓励、支持、保护”的态度，并且在其发展过程中积极地进行“引导、规范、提高”。有所不为，指的是政府尊重基层社会的首创精神，慎重对待实践过程中涌现出来的新事物、新情况，切实保护基层社会的活力和积极性，包容创新，在“看不清”的情况下，允许试验、允许失败。另一方面，应尊重市场调节规律和企业的自主性，放手发展，让企业自己走向市场。把社会的自发力量与自觉力量有机结合起来，把市场的活力与政府的科学规划、有效调控结合起来，逐步实现从直接管理向间接管理的转变，从微观干预向宏观调控的转变。

5

跨界的治理：全球生产网络与地方的“联结”

全球化正在成为重要的时代特征之一，城市在经济全球化的过程中具有核心作用（萨森），主动或被动地参与了全球化的进程。在2001年发表的《全球人类住区报告2001——全球化世界中的城市》中，联合国人居署指出，“全球化的过程有显著的空间确定性。其成果也呈现出特殊的地理模式。尽管全球化确实影响了农村，但是全球的力量主要还是集中在城市。”

作为全球化进程的一部分的民族国家自身也在经历重构。全球化的一些职能超出了国家的地域范围（如欧盟），而其他一些职能是分散的、下放的，成为国内区域或城市职能的一部分。这种结果可以形容为管理的多层系统，它通过多途径和多层次的经济全球化过程起作用。这种更为复杂的解释有助于理解在广泛分享的全球背景下地方上政治人员的种种不同反应。[1]

全球化的经济运作主要集中在城市，和全球化联系最密切的社会空间景象也正是在城市中得到最清晰的显现……相应地，城市及其周边地区的特点也有助于塑造全球化。生产要素在全球范围内的自由流动和优化配置加速，各国、各地区之间的经济联系越来越紧密，国际分工和一体化程度越来越高。国际贸易快速发展，国际贸易额占全国生产总值的比重逐年上升，关税壁垒逐步瓦解，国际贸易以超越世界经济增长的速度迅猛增加，各种发展资源的跨国流动规模不断增加。据世界贸易组织的初步统计，1990～1999年世界出口贸易额年均增长6.5%。世界贸易占世界范围内生产总值的比重由1990年的19%上升到1999年的23%。中国的长江三角洲地区成为吸引外资的重点地区之一，近几年来以上海为中心的长江三角洲地区迅速发展，以其坚实的产业基础和优越的投资环境，成为中国大陆最具吸引力的外资投资地区之一。1990～2001年间，长三角城市实际利用外资平均增长21.3倍。

因而，自20世纪90年代尤其是90年代中后期以来的中国城市经济发展同经济全球化有着密切联系。国际资本迅速向中国转移，外资成为中国城市迅速发展的动力之一，跨国公司的发展使生产服务业进一步向大城市集中，出现中心商务区。后福特主义的制造业在全球范围内向比较成本低的地区转移，中国城市日益成为全球新兴的制造业基地，开发区、出口加工区、保税区等新的产业空间兴起，城市形态也随之发生积极而迅速的变化。

5.1 出口加工区：区域成为全球节点

5.1.1 生产的国际化与全球生产网络的“地方嵌入”

从20世纪80年代设立经济“特区”，到1991年浦东开发开放，再到2001年中国加入世界贸易组织，当代中国的开放性程度越来越高，与全球化的对接也重新越来越紧密起来。在100多年前中国的江浙地区，珍贵的“湖丝”作为特有产品以及江浙的棉纺材

[1] 联合国人居署．全球化世界中的城市——全球人类住区报告2001［M］．北京：中国建筑工业出版社，2003：35.

料，经由全球化的国际贸易流通到世界的各个角落。而在今天几乎我们所能想到的所有东西都可能涉及长距离运输，过去空间距离是一个强有力的绝缘体，而当下越来越少的经济活动是针对本地市场，甚至国家市场，越来越多的经济活动只有在区域或全球背景下才有意义。而且由于跨界生产组织方式的复杂化，产品的实际来源地已经越来越难以确定。

生产的过程已经难以在国家边界内来组织，正如全球社会学大师彼得·迪肯（Peter Dicken）所说，“国家边界不再是生产过程的‘水密’容器”。❶ 在传统的全球劳动分工格局中，工业化国家生产制造业产品，而非工业化国家提供原材料和农产品，并作为一些制造业产品的市场，这种“核心”—“边缘”结构的专业化地理构成了长久以来世界主要贸易的基础。然而今天这种格局已经发生了巨大的转变，一个新的全球劳动分工体系已经浮现。核心与边缘地区以广泛的劳动分工为基础的直接交换，已经转变为一个高度复杂的结构，其中包含了很多生产过程的片断化以及它们在全球尺度的空间再配置，而这穿透了国家边界。新兴工业化国家或地区（NIEs）成长为新的工业生产中心，工业生产已经从大规模生产的组装线技术转向更为灵活的弹性生产网络。

20 世纪 90 年代商品与劳务的全球生产关键趋势为生产过程的组织转化，包括了多国公司自己的转化，它逐渐不是由多国公司❷（Multinational Corporation）执行，而是由跨国生产网络为之。多国公司虽然是基本构成要素，然而没有网络却不能运作，这个新全球经济的结构与过程为❸：

（1）中小型公司合作互惠的网络：中小型公司经由越界操作的协议，形成互惠之工业升级，在全球化了的生产系统中具有竞争力。

（2）多国公司分散内部的网络：这些单位与其他多国公司的半自主性单位，以策略联盟形式，相互联结。这些联盟（事实上是网络）的每一个都是中小型公司辅助网络的节点。

（3）形成全球网络：大部分生产部门（不论是商品或是劳务）的支配性区段按其真实操作程序，全世界地组织起来。为了特殊市场与特殊目的地而组装：高额、弹性与定做生产。跨界生产网络组织起网络状的工业结构，领域上整个世界分布，其几何形式则保持变动。

简单地说，新国际分工也就是公司的网络之间的分工，这些跨国生产网络，不均等地横越地球，塑造全球生产模式，以及最后塑造了国际贸易的模式。地方和全球相互耦合在一起，以各种各样的方式深入对方，这种地方的尺度可以是地区、国家、城市。Brenner 指出，“当今资本主义的地理可以被视为一个多形态的、多层次的‘拼图游戏’，其中多种形

---

❶ （英）彼得·迪肯．全球性转变——重塑 21 世纪的全球经济地图［M］．刘卫东译．北京：商务印书馆，2007：8.

❷ 多国公司指的是以国家为基地，并在两个以上的外国有子公司的公司，基本上是二战后的产物，到 20 世纪 80 年代，逐步地由跨国公司这一组织形式所代替。跨国公司不仅在战略决策和资源投放上一切以经济目标和效率为出发点，而且其毫不顾及国与国之间的界限。

❸ 参见：夏铸九．全球经济中的跨界资本——台湾电子工业之生产网络［J］．城市与设计学报，2000（11、12）.

式的地域组织……正被更紧密地叠加和交织在一起。”❶

这种新国际劳动分工模式，我们将它称为全球生产网络（Global Production Networks，GPNs），即为生产和服务提供最终产品，而在全球地理中形成一系列企业关系与网络联结，这种关系和联结将产品和服务的生产过程，分布于全球各地的价值实现环节和增值活动连接起来，形成产品和服务的全球生产与价值链，从而构成全球化的重要微观基础。全球生产网络本质上是一种新型的国际分工模式，即产品内分工模式，其核心内涵是特定产品生产过程的不同工序或区段通过空间分散化展开成跨区域或跨国的生产链条或体系，因而会有越来越多的城市、国家或地区参与特定产品生产过程的不同环节或区段的生产或供应活动。❷

生产网络的每一个部分（每个公司、每种经济功能）都在非常大的程度上“落地”于一定的区域，这种“落地”既体现在物质层面（通过沉没成本），也体现在非物质层面上，尤其是本地化的社会关系、社会资本、独特的制度和文化惯习。

1997 年，也是昆山开发区得到国家“正名”后的第 5 年，东南亚金融风暴爆发，外资很少进来了，国家对外企税收政策的调整也直接挫伤了昆山的发展势头。昆山开发区遇到从 1984 年筹备以来前所未有的挑战，历史再一次将昆山推到了风口浪尖，如何应对？

而此时的昆山已经越来越与一个名词联系到一起，这就是“台商”。台湾的 IT 产业在 20 世纪 90 年代表现杰出，从 1994 年起，台湾地区已成为全球最大的个人电脑笔记本产地，同时是亚洲最大的计算机产业基地以及全球最大的个人电脑硬件供应商聚集地，目前台湾地区个人电脑产业产值位居世界前三位。而且，透过为技术前沿的客户提供专业代工商业模式，以及厂商之间的网络学习，累积了一定的工艺水平和技术。扎实的产业基础和相对分散有弹性的中小企业网络，使得台湾在亚洲金融风暴中不致受创太重。

但是，由于全球经济中电子资讯产业竞争激烈，随着台湾生产成本的持续上升，为了降低成本，增加利润率，利用中国大陆廉价的土地、劳动力，将生产过程中较低层级的装配作业移往大陆，零组件完全进口，产品以外销出口为主。同时为了节省成本，台商之间复杂的电子资讯产业零组件已经逐步在大陆当地厂商间相互配套，形成网络。因为分工细密，才能快速交货，委托制造（OEM）已见雏形。另外，因为大陆加入世界贸易组织，对大陆市场前景看好，台湾 IT 产业必须开始运筹其在大陆发展的计划。台湾的出口型企业为了抢得大陆市场未开放前的先机，调整对外投资策略，扩展内销，进一步考虑自创品牌（OBM），如宏基、神通、英业达、广达、华宇、仁宝等，都各自以电脑与资讯家电产品，抢占大陆急速扩大与开放的市场。1997 年亚洲金融风暴后，昆山地方政府敏锐地觉察到台湾电子信息产业将向长江三角洲转移，果断制定了“主攻台湾”的招商策略。

根据台湾大学建筑与城乡所夏铸九教授关于 20 世纪 90 年代台湾电子工业的生产网络的研究，“20 世纪 90 年代台湾企业的最突出表现，莫过于以电子工业为代表的，至中国大

❶ （英）彼得·迪肯．全球性转变——重塑 21 世纪的全球经济地图［M］．刘卫东译．北京：商务印书馆，2007：18.

❷ 周晓艳，黄永明．全球生产体系下台湾地区的个人计算机产业集群升级［J］．当代亚太，2007（1）.

陆的跨界投资（trans-border investment）与技术升级了。它的投资模式与趋势有选择性地集中在有政策优惠的南方沿海全球巨型城市（global megacities）之中，像珠江三角洲（香港是金融中心）、长江三角洲（以上海为中心），以及扩及京津唐城市——区域（city-region）”。❶ 台资之投资模式已经经历了结构性变化，不但电子业比重日高，而且已经由低阶装配作业、委托制造，发展为抢占内销市场、自创品牌的企业了，甚至设立软件研发中心。跨界投资使台湾企业提升技术与管理优势，使台湾得以分工与专注技术与设计的服务，致力提高自创品牌所需的信誉，进而延伸网络，深入中国人陆的市场。

事实上，包括台商在内的外商投资昆山的过程，都是全球化生产与地方性联结的过程，或者换句话说，是全球生产网络的地方镶嵌过程，是全球经济中的生产国际化（internationalization of production）表现，即跨界的公司及国际化生产网络的延伸。国际化生产网络的具体表现即为公司将国际网络纳入日常作业之中，提升了生产力。中小公司的合作互惠网络，经由跨界操作的协议，形成互惠的技术升级，具备了生产系统的全球竞争力。台湾的企业，延伸其网络，进入中国大陆，其实是国际化生产网络的选择性区段（segments），也是信息技术选择性全球化的一部分。这些企业是全球网络中的跨国公司，是仰赖全球网络建构国际化生产的构成单位，具有多重国家的认同。在这个意义上，“地方和全球相互耦合在一起，以各种各样的方式深入对方”。

故而，在许多地方，城市政府的态度已经发生转变，从管理方法向企业家主义转变。后者视城市为产品，需要销售。这种新态度及其过分强调城市结构重组以利于吸引全球业务的观点已经导致了在城市发展规划的决策过程中经济利益占据主导地位。❷ 于是，全球生产网络在与地方社会空间组织的接轨互动过程中，全球性的逐利原则与地方内部的制度性力量（特别是地方政府）、社会的文化与惯习之间产生了张力和机会，并形成在地方的互动双重嵌入，即表现为全球生产网络的“本地化”特征，形成相应的组织惯性；地方的制度绵密性与组织学习机制的创新。地方（城市）同时也透过全球生产网络而形成外部联系，一般表现为：全球范围的外包、采购、技术合作等商品上下游产业联系；跨国公司的外商直接投资以及由此形成的内部跨界网络；跨界的人际网络联系。这里会引发一个问题，即为什么台商要选择投资在昆山，而且在昆山形成集群性的生产网络？这个问题的实质是20世纪90年代新经济地理学关于“经济全球化还是地方化?”这个命题论争的具体延伸。

在20世纪90年代初兴起的经济全球化与地方化论争中，欧洲一些经济地理学家有效吸收了美国经济社会学家格兰诺维特的“嵌入”思想，并将其同经济全球化联系起来，从而调和了全球化与地方化两种极端的观点，强调全球地方化的过程及“制度厚度（制度绵密性）”的作用，认为制度化过程支撑和激励着区域创业精神的扩散、共有的编码知识与意会知识的建构、创新能力的提升及信任与互惠的拓展，从而使全球经济的“增长极”成

❶ 参见：夏铸九，“全球经济中之跨界资本：台湾电子工业之生产网络”，两岸科技产业合作与发展前景研讨会，清华大学台湾研究所主办，天津，2000年6月11日。

❷ 联合国人居署．全球化世界中的城市——全球人类住区报告2001［M］．北京：中国建筑工业出版社，2003：35.

为全球网络中的“新马歇尔节点”。❶ 格兰诺维特认为“嵌入”可分为两种：①关系型嵌入（relational embeddedness），即行动者的行为嵌入于其所在的社会关系网络；②结构性嵌入（structural embeddedness），即由行动者所构成的网络在更大层面上嵌入于其所在的社会结构特征之中。对于产业空间的研究，关系型嵌入说明了企业行为本身不是单纯由其内部利益所驱动，还受到所在区域的地域社会文化系统制约，而结构性嵌入则指出企业行为还受到所在区域的社会信任与社会结构氛围影响甚至决定。

台商在昆山的聚集固然有来自专业化集群的因素，也就是通常所说的“以商引商”、“拔出萝卜带出泥”，主要表现为相同或相近产业中的公司倾向于集聚在相同的地点，构成所谓的“产业区或产业空间”。这种益处被称为本地化经济，专业化集群的基础来自特定生产网络中发挥不同但功能相关的企业的空间邻近。除此之外，更重要的在于台商在与昆山地方政府的互动中，在建立社会信任与社会资本的基础上，还参与了昆山地方制度创新的过程。地方政府透过和跨界的、不同利益主体行动者的互动协商，形成一定制度规范，实现了地方对全球化特定的编入和调节，以实现跨界生产网络的良性运作。柏兰芝认为，昆山逐渐摸索、建立了一个跨界治理（trans-border governance）的系统来支持全球化脉络下的跨界生产。所谓跨界治理，指的是政府透过和跨界的、不同利益主体的行动者互动协商，形成一组制度规范，以利于跨界生产体系的运用。❷

早在1992年，邓小平“南巡”谈话后的开放形势以及浦东的开发，吸引了世界的目光，许多外资闻风而至。“自费”的昆山经济技术开发区，1992年终于得到“国批”成为国家级经济技术开发区，“正名”既是为自己获得正式的制度承认，同时也是为了让投资人更有信心。然而，当时浦东的建设还在起步阶段，基础设施还不到位，而且浦东开发的起点和进入门槛比较高，台湾的传统制造业并非他们的优先考虑，有些外商开始在上海周边地区寻找投资机会。昆山适时地抓住了这个机会，以其开发区建设多年的基础和服务，进一步向发展外向型经济迈进。❸

基于多年的服务外来企业的经验，以及自我定位为企业服务提供者的角色，昆山市政府从各个层面落实其“亲商”的措施。比如极力以友善的态度接待前来昆山考察的投资者❹，以惊人的效率为个别投资强度大的企业，提供从土地取得到审批等的前期服务❺，以及以对投资者“不说不”的口号为外商解决营运中的疑难杂症等（大到国家审批、小至子女上学）。而台商最初在昆山的投资企业大多属于出口导向型，在大陆最头痛的就是重重审批的关卡。这牵涉到中央宏观调控下各种指标的分配，也牵涉到中国向市场经济转型过程中在产业和对外贸易各方面政策的摆荡。

---

❶ 参见：苗长虹，魏也华．技术学习与创新：经济地理学的视角［J］．人文地理，2007（5）．

❷ 柏兰芝，潘毅．跨界治理：台资参与昆山制度创新的个案研究［J］．城市与设计学报，2003（9）：59－91．

❸ 在昆山市政府官员们口中称为“浦东招商，昆山发财”，当年曾在浦东吃过闭门羹的台资制造业企业，还一度被媒体称为“台商昔日是上海的弃儿，今天则是昆山的宝贝”。

❹ 杨守松在《昆山之路》中描述了昆山副市长送给台湾楠梓电子董事长吴礼淦的18只大闸蟹如何让他大为感动，并成就了昆山第一个3000万美元以上的大项目——沪士电子。

❺ 例如张浦镇为了新竹玻璃，组织专人和工商局、外经委一起到北京，在三天内拿到国家工商总局的批件。

1994 年开工投产的捷安特，以惊人的效率当年即生产 15 万辆自行车。但在美国反倾销的形势下，却仅拿到 1 万辆的出口许可。在昆山市政府的协助下，经过和南京、北京层层政府机构的沟通协商，北京最后终于同意出口 15 万辆，解决了捷安特的困难。

——《昆山之路》一书记录了自行车制造商捷安特的案例。

像正新橡胶、南亚化纤都属大额投资，但事实上，这两个项目都属于限制类化工产品，国家有总量控制和区域布点的规划，不鼓励过于集中。他们之所以最终能落户昆山，得益于昆山市政府锲而不舍地向中央争取，为了南亚化纤的项目，昆山跑了一年最终说服早就已经放话“不行就是不行”的国家计委。又例如，2000 年年底来到昆山的沪铼出产空白光盘。但光盘——即使是空白的也归国家新闻总署管，凡事需经其审批，十分麻烦。面对这个困局，昆山先是建议沪铼作为昆山可自行审批的3000 万美元以下的项目设立，然后再想办法。并且协议，假如昆山无法为其解决审批的问题，昆山将赔偿其损失。在多方打听和协调之下，想到了成立地方性新闻出版局这一出路，于是昆山为此成立了中国第一个在县级市里的新闻出版局。2002 年台湾电机电子同业工会评估大陆投资环境，投资环境的前三名分别是长江三角洲、上海和环渤海湾。当时台商最密集的广东东莞则敬陪末座，在推荐与不推荐之间，关于制度规范的讨论浮上台面。对珠三角地区的批评多环绕其在治安、海关、收费方面的乱象。大陆媒体总结：“苏州地方政府的制度建设是台资北移的真正原因”。

由全球化的角度来看，作为全球经济中之制造业节点之一的台湾，其经济运转功能为其赋予了特殊的节点意义，或者说信息流动集中与传递的“网络中的节点”角色。台商电子产业全球生产网络在昆山的嵌入，这个生产国际化过程中的技术升级关系着“加州硅谷 - 台北新竹 - 大陆昆山”的连接性与互惠的区域工业化。台湾的生产网络以及延伸进入大陆的部分，转换为贸易时，它们都全然地整合在商品与劳务的全球化之中。全球经济贸易模式的多层次、多重网络化的结构，已经不能再由国家为范畴的国际贸易与竞争来了解了。贸易的单位不是国家，而是公司，更精确地说，是公司的网络，网络才是实际贸易的单位。这种生产的国际化甚至已经比国际贸易重要得多。而这种跨界生产网络所支持的学习性区域，新竹科学园区的战略性作用，带动了台湾制造业的逐步技术升级[1]，甚至是原有加工出口区的转型。

5.1.2 创新的空间与昆山出口加工区

由于 IT 产业的产品周期短，成本价格与销售价格变动快，所以其制造基地必须提供快速、高效的服务，使得及时生产（just - in - time）、全球发货的 IT 产品得以具有国际竞争力。此时的昆山，除了早期在劳动力密集产业时代能提供的廉价土地、劳动力以及租税优惠外，如何提供更好的软硬件以达到 IT 产业对“速度”的要求，成为其是否能产业升级的关键。尤其因为昆山的级别低，在海关关区上属于江苏省，因此出入海关必须先经南京

[1] 参见：杨友仁．全球经济中的区域再结构：新竹新工业空间与区域发展的个案研究［J］．城市与设计学报，1999（七、八期合刊）．

再到上海[1]，徒然耗费许多时间和行政成本，无法符合 IT 产业“快进快出”最好“零库存”的需要。为了突破海关关区以及行政办事效率低落等问题，昆山首先是向海关总署提出了建陆路海关的设想，经过三年努力，在 1998 年 3 月成为首批内陆通关点之一。

随后则在台商影响下选择了建立出口加工区为突破口，当然昆山对台湾“加工出口区”模式的移植和复制，和昆山众多来自楠梓加工出口区和新竹科学园区的厂商有着重要的关系。宣炳龙想起 1995 年的台湾之行，1995 年 9 月，沪士电子总裁吴礼淦邀请他赴台参访加工出口区，当时带回来几麻袋资料进行研究。当时笔记本电脑、手机等高科技产业都采取“B to B”的模式，今天晚上下订单，7 天以后的零点必须送到。在当时的昆山，7 天要将产品运到全球任何一个地方，是完全不可能的。这需要一个比开发区更加高效的政府机构，加快办事效率，加快通关速度。他觉得昆山必须建一个“高科技出口加工园”，来承接新技术革命引发新一轮世界产业大转移带来的机遇。

台湾加工出口区是以经济特区作为带动区域经济发展的策略行动，它成功的经验成为许多发展中国家竞相模仿采用的一个经济发展的政策工具。台湾从 20 世纪 50 年代开始就在欧美专家的建议下研究建立加工出口区的可行性（余光亚，2002 年）。[2] 1965 年首先在高雄港浚港新生地上开始建立高雄加工出口区，三年后相继成立台中加工出口区及楠梓加工出口区。这些加工出口区以一系列税收优惠政策和海关管理制度让台湾得以纳入世界分工，借由发展劳动力密集型出口导向产业完成台湾工业化的进程。加工出口区之成功又促成 1980 年新竹科学园区之成立，带动台湾高科技工业之发展及影响台湾整体经济转型。投资昆山的台商，在与当地政府的频繁交流中，介绍了台湾的保税特区如何一方面可以减少海关监管的难度，一方面提高企业通关的效率。

当时大陆还没有这个模式，甚至没听说过这个概念。陆路通关的设想在当时也近乎于天方夜谭。出口加工区一般是国家或地区在其港口或邻近港口、国际机场的地方，划出一定的范围，新建和扩建码头、车站、道路、仓库和厂房等基础设施以及提供免税等优惠待遇，鼓励外国企业在区内投资设厂，生产以出口为主的制成品的加工区域。

为了学习和探索出口加工区的运行模式，开发区管委会主任宣炳龙曾经六度访台，参观高雄楠梓加工出口区和新竹科学园区。之后，昆山从 1997 年开始筹划、游说，从 1998 年起向国家送件申报。由于当时根本还没有关于出口加工区的政策，所以所谓的申报，其实是一个说服中央进行制度创新的过程。宣主任表示：

“我在报批的六七个月间，跑了北京 84 次，把国务院有关的部委全部都跑烂了，整天穿梭于海关总署、税务总局、国台办、外经贸部，总共见了 8 个部长。我跟海关总署署长

---

[1] 2003 年昆山已经争取到上海海关功能延伸到昆山（即不经过南京）。

[2] 20 世纪 50 年代台湾农业生产占 56%，而工业仅占 26%，人均国内生产总值仅 200 美元，急需以工业化摆脱贫穷。在制定加工出口政策过程中学习的来源有二：一是香港经验。因为香港是自由港，机器及原料除极少数商品外，皆不收关税，吸引了众多投资者，工业化水平远胜台湾。1963 年香港出口总值为 6 亿美元，且 80% 为工业加工品，而台湾仅 1 亿美元，几乎全为农业加工品。二是国际上通行的自由贸易区（free trade zone）。但是，当时的台湾无法达到自由港或自由贸易区在人员、物质、货币上的自由进出。因此将自由贸易区及工业区合并经营，并拟议为“加工出口区”，限加工出口区产品全部外销，其制造所需之机器及零件，与原料零组件一概免关税及货物税。参见：余光亚．加工出口区与经济发展［M］．南京：东南大学出版社，2006.

死磨硬泡要了10min时间，好不容易他让我讲，我就不管他10min还是20min，结果一下就汇报了1个多小时，后来他把部里会议推迟，跟我讲，‘老宣，你继续说’……”

“从1998年向国家送件申报到2000年的正式批准，整整花了三年时间，才促使国务院8部委会签，最后一直打动了国务院副总理吴仪……但是我们不能等啊，就一边申报，一边就把规划做好，一边就开工，等到国家批准了，我们的厂房已经建好了。”

“我老宣有两句话在脑子里，到哪都要天天讲。一句叫做，思想解放要‘年年讲，月月讲，天天讲’，还有一句叫不做，‘违法的事情绝对不做，违规的事情不可能不做’。大家都说不行的事情，我们就要注意去多想一想，要是大家都说行的事情，肯定远离创新了，就不能思想解放。”

而在这个过程中，昆山沿用了从前先自费办开发区再申请“国批”的路子，也就是“只做不说”、“做了再说”的策略，一边跑，一边建。昆山迅速地完成加工区的规划，马不停蹄地开始基础设施建设和招商。得到批准以后，他们以最快的速度，用了9个月的时间，动迁了2栋学校、184户农户，建成了现代化的工业园。自此，昆山出口加工区横空出世。经过2年多的努力，2000年4月昆山成为国务院批准的首批15家试点出口加工区之一。同年9月6日通过8部委联合验收，10月8日率先封关运作，成为中华人民共和国历史上第一个出口加工区，引入一批电子信息产业、光电产业、精密机械高科技企业入驻。2001年进出口就达4.49亿美元，在全国出口加工区中居领先地位。昆山出口加工区的发展走的依然是一条“首先发现制度的潜在收益，然后突破各种制度性障碍，最后再谋求‘权力中心’，事后追认”的坎坷道路。[1]

建立出口加工区后，区内所有生产要素（厂房、设备、材料等）都是免税的。实行全封闭、卡口管理的海关特殊监管。在区内的厂商因此拥有“一次报关、一次审单、一次查验、三小时快速通关、一天内货物装车到出境手续完成的优势”，对区内企业不实行银行保证金台账制度，取消“登记手册”。总结昆山的实践，老宣[2]认为：

“通关便捷的体制优势更胜于政策优惠的吸引力，许多外商，特别是电子信息企业之所以青睐我们出口加工区，并不是出于对优惠政策的考虑，而是因为出口加工区具有通关便捷的优势，比如客户对笔记本电脑提出‘955’的要求，就是95%的产品要在下单后5天内将货交到用户手中。他们的首要考虑就是加速出入境的通关便利。所以我们出口加工区必须想方设法，简便监管手续，才能满足高新技术企业，特别是电子信息企业‘快进快出’、‘零库存’的需求。”

“出口加工区能给我们带来一两年的快速增长，但是这个概念提出来了就不新了，我们昆山必须每两年找到一个大的突破点。关键是要有新概念，要有新思想，只要你的概念好，项目自然而然就跟过来了……还是那句话，要解放思想，改革开放30年了，我们还是

---

[1] 杨瑞龙．“昆山之路”的制度创新意义［J］．现代经济探讨，2005（4）．

[2] 这位促成昆山出口加工区的关键人物，在与笔者的访谈中坦言，自己并不是昆山人，自己是浙江萧山人，以前是绍兴的，现在划给杭州了。中共浙江省委组织部曾经希望通过他仍在浙江的母亲，劝说和动员老宣回到浙江工作，并委以重任。

要讲解放思想，这个是无止境的。”

5.1.3 外向型经济带动城市化发展

出口加工区位于沪宁高速公路昆山出入口处，东距上海市中心 50km，西临苏州 35km，距虹桥国际机场 45km，距上海港货运码头 60km。京沪铁路、312 国道、机场路在出口加工区旁侧穿越而过，交通运输便利快捷。2005 年，昆山出口加工区在全国出口加工区中综合排名第一；2006 年进出口总值达 247 亿美元，万元生产总值能耗仅为 0.086t 标准煤。

中国台湾主要笔记本电脑代工厂商在大陆的产能　　表 5－1

厂家	广达	仁宝	伟创	英业达	华宇	华硕
生产基地	上海松江	昆山	昆山	上海漕河泾	吴江	上海南汇、苏州
大陆产能	95%	90%	60%	95%	90%	60%
厂家	志合	大众	神基	伦飞	蓝天	精英
生产基地	苏州	苏州	昆山	昆山	昆山	深圳
大陆产能	100%	100%	90%	100%	90%	90%

资料来源：http：//market. ccidnet. com/pub/ report/show 6140. html。

以出口加工区建设为契机，昆山猛攻台湾电子资讯产业项目，把台湾十大笔记本电脑厂商之中的六家吸引到了昆山，使昆山很快成为国内重要的电子信息产业基地之一（表 5－1）。此举一扫 1997 年东南亚金融危机的阴影，实现了利用外资额和出口额的双双大幅上涨，昆山经济的外向型特征更加明显了。2000 年昆山的外贸依存度为 177%，2002 年首次突破 200%，2004 年突破 300%，从 100% 到 200% 用了 5 年的时间，从 200% 到 300% 只用了 1 年的时间（图 5－1）。

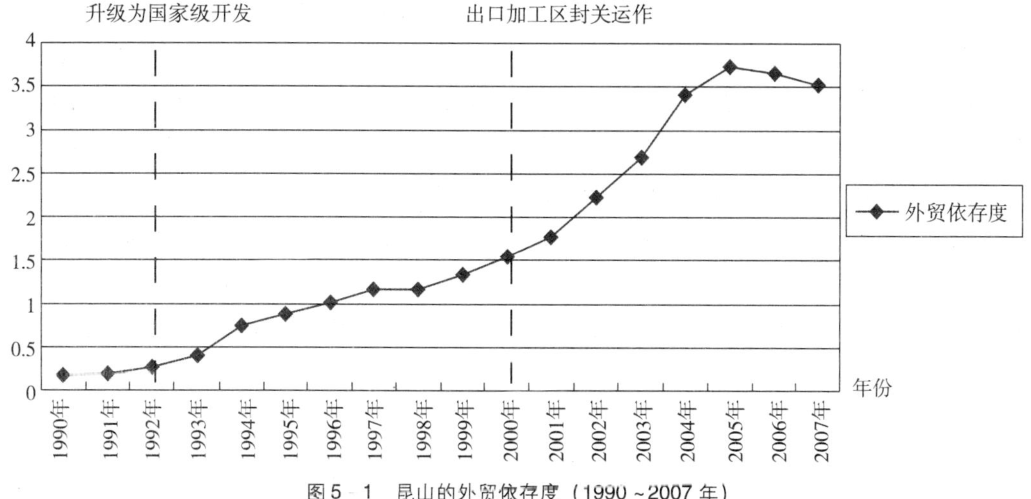

图 5－1　昆山的外贸依存度（1990～2007 年）

外贸依存度＝进出口总额/地区生产总值，根据历年《昆山统计年鉴》的数据计算而得

昆山出口加工区的崛起，使得昆山在 2000 年后的经济增长率又形成了一个高潮，

2002～2004 年连续三年的经济增长率超过 30%，2005～2007 年也维持在平均约 26% 高速增长（图 5－2）。首先使昆山作为一个独立的城市与区域真正融入到全球经济体系与世界生产网络之中，以出口加工区建设而带来的高新技术、国际资本、科学管理、高端人才强化了昆山的国际性气息。同时技术学习与管理培训的过程，也是培育昆山自主研发、自主创新能力的过程。昆山成功复制了台湾出口加工区模式，而接下来的则是如何实现从出口加工区向高新技术园区的转变，如何实现台湾新竹科技园式的成功，如何实现生产价值链的攀升与自我研发能力的国际性。作为一个完整的制度创新的产物，昆山出口加工区实现了中国海关史上诸多的第一，也成为昆山作为 IT 产业全球生产网络重要一环的集中表征。

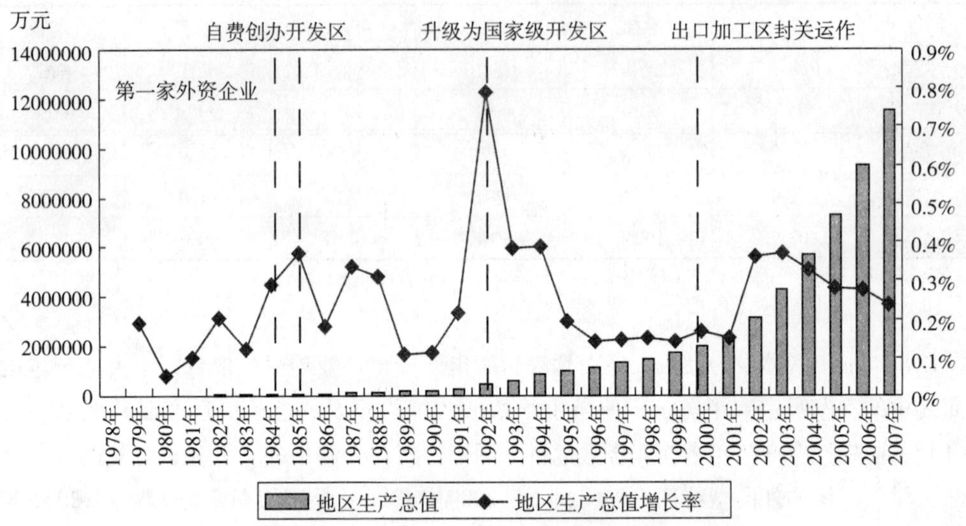

图 5－2　昆山地区生产总值和地区生产总值增长率（1978～2007 年）

资料来源：《昆山统计年鉴》（1998～2008 年）

2007 年，昆山以全国 0.01% 的土地，聚集了全国 1.92% 的外资和 1/9 的台资，创造了全国 2.46% 的进出口总额。随着开放型经济的发展，形成了电子信息、精密仪器、精细化工、生物医药、光电产业等高新技术的主导产业集群。2007 年，昆山生产的笔记本电脑达 3000 多万台，占世界产量的 1/3；数码相机 1200 多万台，占全球产量的 1/8；生产的各类传感器占全球产量的 1/6。成为国际重要的 IT 生产基地之一。

强大的外资入驻成为昆山城市化新的动力因素，外资及其带动的外贸的发展，直接推动了昆山工业化和产业升级，吸收了大批的经营、管理、技术人才和剩余劳动力，带动了相关产业、生产、生活性服务业的发展，也促进了人口迁移和人口流动，促使了城市化水平的不断提高。

资料：昆山出口加工区

江苏昆山出口加工区位于昆山经济技术开发区南部，东距上海 50km，西邻苏州 35km。距离上海虹桥机场 45km，距离上海浦东机场 100km，设有机场路。距离中国最大的港口——上海港60km，距离张家港100km，距离太仓浏家港35km，货物经区内水道达以上各港口可直接出口。京沪铁路穿越开发区，并在区内设有二等客货运输站。区域内公路网健全，沪宁高速公路、机场路、312国道，穿越开发区。

昆山出口加工区于2000年4月27日经国务院批准成立，为全国首批15个出口加工区试点之一，于同年9月6日率先通过海关总署等国家9部委联合验收，10月8日正式封关运作，成为中华人民共和国历史上第一个出口加工区。规划建设面积2.86km^2，分为A、B二区。该区实行由海关监管的“境内关外”管理体制。基础设施建设已全部完成。目前，已引进入区注册项目103家，其中工业企业90家，物流企业13家。引进项目总投资18.04亿美元，注册资本8.81亿美元，实际到账外资6.58亿美元。已投产企业82个，其中工业企业75个，物流企业7个，从业人员8万人。产品主要有笔记本电脑、掌上电脑、数码相机、手机、液晶显示器、光半导体、光盘、复印机、投影仪部件、电动工具、汽车零配件等，其中IT产业的投资占总投资的80%。台湾十大笔记本电脑生产厂商有5家进驻区内，均已建成投产。2007年完成进出口总额315.78亿美元，其中出口208.52亿美元，平均每平方公里进出口超过100亿美元；工业产值销售1256亿元，年均每平方公里产值销售超400亿元。已形成了电子信息、光电、精密机械产业和保税物流产业集群。2007年笔记本电脑产量3800万台，占世界产量的近40%，数码相机产量1000万台，手机、导航仪产量1000万台。昆山出口加工区已成为全球IT产业重要的生产基地。

昆山出口加工区保税物流园规划为三期，一期150亩已建设完毕，建成3.8万m^{2}保税仓库和4万m^{2}物流场站；二期340亩正在建设11万m^{2}保税仓库和2万m^{2}产品展示中心；三期220亩由5家物流企业开工建设17万m^{2}保税仓库，全部建成后将拥有32万m^{2}保税仓库和2万m^{2}展示馆。自2007年1月试点工作正式启动以来，运作情况良好。截至2007年年底，已有7家物流企业开展保税物流业务试点，物流企业进货入库金额82.74亿美元；出库金额88.69亿美元，物流企业营业收入7164万元。2008年1～3月，物流企业入库金额达32.53亿美元，出库金额达21.83亿美元。昆山出口加工区拓展保税物流功能试点工作的开展，使出口加工区成为具有以保税加工为主，保税物流为辅，以及研发、检测、维修业务功能齐全的综合型保税区域。

5.2 外向型产业集群：嵌入全球商品链

5.2.1 “块状经济”起步与自营出口

1. “块状经济”起步，从“草根”到“森林”

浙江省改革开放后出现了竞争力迅速提高的很多专业化特色产业区，也就是围绕服装、鞋、袜、笔、眼镜、打火机、低压电器之类产品的生产和销售形成的本地产业群（“商圈”），早在20世纪80年代著名社会学家费孝通先生曾称此为“块状经济”现象。当时，“块状经济”概念的提出，更多的是从实践的层面或者社会发展角度来讲的，它所反映的是浙江乡村工业化时代“一村一品”、“一镇一业”的地方特色经济现象，相对于传统的城市大工业而言，它更多的是指“乡村小工业的集聚”，或是“城市边缘新兴产业群落

的快速崛起”。❶

在浙江，我们可以随意地举出很多“块状经济”现象的地区，如温州鹿城区的鞋、服、眼镜、打火机；永嘉桥头纽扣；柳市低压电器；萧山轴承；湖州织里镇的童装；上虞崧厦制伞；嘉善木条；濮苑羊毛衫；分水制笔；绍兴柯桥的轻纺、化纤；永康小五金；海宁皮革、服装；余姚轻工模具；奉化服饰、塑胶；慈溪鱼钩、长毛绒；嵊州领带；诸暨店口的铝塑复合管；大唐袜业；牌头蚊香；义乌小商品；东阳木雕；椒江精细化工；路桥日杂百货；玉环阀门等。这些地区特色产业经济的兴盛，都起源于依赖“体制外”优势而“先行一步”的早期乡村工业化，同时“短缺经济”时代轻纺工业产品的产能不足，也为早年浙江这些地区工业化起步提供了巨大的国内市场。

改革开放初期，玉环仅有食品、农器具机械制造和金属切削机床制造等几个行业，工业产品结构比较单一，但是经过早期社队企业戴“红帽子”的原始工业资本积累，20 世纪 90 年代初“全岛股份化”的制度安排，玉环工业经济获得了长足的发展，当前已经逐步形成了以阀门、汽配、家具和眼镜配件四大产品为主，涵盖 26 个行业大类的工业体系。

从早期乡村工业化开启工业化进程以来，工业生产持续快速增长，总量规模不断扩大，玉环先后实现了三次大跨越（图 5 – 3）。1979 年，工业总产值首次超过农业总产值，标志着玉环现代工业的起步；1989 年，工业总产值突破 10 亿元大关，当年实现工业总产值 10.73 亿元；1996 年，工业总产值突破 100 亿元大关，当年实现工业总产值 111.08 亿元。经历三次大跨越后，工业总产值继续放量扩张，2007 年，玉环完成工业生产总值 724.11 亿元，是 1978 年的 1524 倍，年均增长 28.8%。工业企业数从 1978 年的 227 家增加到 2007 年的 9059 家，企业从业人员从 1978 年的 1.16 万人增加到 2007 年的 25.95 万人。2007 年，玉环工业实现产品销售收入 703.81 亿元，是 1988 年的 87 倍，年均增长 26.5%。

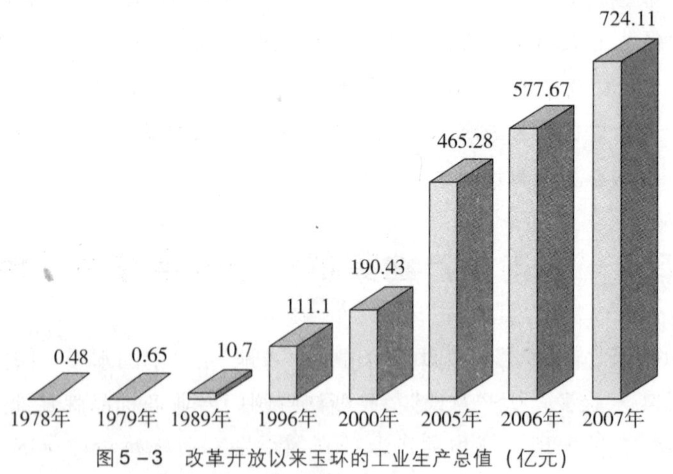

图 5 – 3　改革开放以来玉环的工业生产总值（亿元）

无论是工业的总量还是工业技术水平都有了极大的提高，玉环工业行业已发展到门类较多、行业完整、产业层次较高的水平。2007 年，玉环实现工业总产值为 724.11 亿元，

❶ 新望. 论块状经济 [J]. 温州论坛，2003（2）.

是1978年的1524倍，超过全国其余12个海岛县的总和。比1978年增加1524倍，年均增长28.7%，工业成为推动玉环经济增长的第一大动力。其中1988年，工业总产值为99809万元，1998年超过了142亿元。随着工业基础建设的加强，生产能力的不断扩张，主要工业产品产量快速增长。根据统计，2007年缝纫机生产81.7万架；眼镜生产434.6万副；水泥产量为28.6万t；家具生产158.4万件；金属切削机床16974台；金属数控机床生产5628台。

2007年，玉环实现地区生产总值222.51亿元，是1978年的281倍，年均增长21.5%，其中，实现工业增加值135.51亿元，是1978年的840倍，年均增长26.1%，年均增速分别高于第一、三产业12.7个百分点和4.8个百分点。工业增加值在地区生产总值中所占比重呈逐年上升趋势，从1978年的20.4%上升到2007年的60.9%。工业在经济发展中的中坚作用日趋重要，有力地拉动了综合经济的增长。工业企业税收已成为玉环财政收入最主要的来源，2007年，玉环工业企业实现税金总额26.98亿元，财政收入为30.83亿元。在三产比重中，农业仅为6.3%，二、三产则稳步上升，达到66.0%、27.6%，其中工业比重占至61.0%。相比于1978年，玉环第一、二、三产业比例为45.2%、26.3%和28.5%，其中工业比重仅为20.4%。

到2007年年底，玉环有工业企业1万家左右，其中有限责任公司4518家，股份合作企业1265家，股份有限公司11家，上市企业2家，规模企业995家，超亿元企业87家。现有1200家企业通过ISO 9000、ISO 14000等各种质量体系认证，中国名牌产品3个、国家免检产品21个、浙江名牌产品24个、台州名牌产品55个，中国驰名商标7个、浙江省著名商标19个、台州市著名商标45个。共吸纳了劳动力25.75万人就业，其从业人员占全县从业人员总数的76.4%，工业已成为支撑玉环经济发展与城市化进程的主要动力。

经过30年的快速发展，玉环已形成了汽摩配件、水暖阀门等六大支柱产业，阀门、汽车配件、眼镜配件分别占国内同类产品市场份额的50%、13%和70%以上，民营经济占比高达99.8%，外贸自营出口进入浙江省“十强”行列，“中国阀门之都”、“中国汽车零部件产业基地”、“中国眼镜配件生产基地”等9个“国字号”品牌落户玉环。2007年，阀门、汽配、家具和眼镜四类产品所在行业的规模以上工业企业实现工业总产值325.88亿元，比上年增长27.6%，占规模以上工业总产值的69.8%。其中：

以生产阀门为主的通用设备制造业实现工业总产值166.11亿元，比上年增加35.63亿元，生产的低压铜阀门占国内出口市场份额的60%以上，国内销售市场占有率50%以上，被命名为“中国阀门之都”、“中国阀门出口生产基地”、“中国水暖、阀门精品生产（采购）基地”和“中国水龙头生产基地”，是浙江省阀门专业商标品牌基地。现有生产和加工企业1100多家，从业人员近5万人。整个产业群形成了模具制作到铜棒加工、锻造、电镀、抛砂、装配、包装等7个环节的专业化分工协作的配套产业链。产品品种多、规模全，拥有铜阀门及配件、水暖件、柱塞阀三大系列，远销欧美、日本、东南亚等100多个国家和地区，还能根据不同国家、地区标准另行组织生产。

以汽车配件生产为主的交通运输设备制造业实现工业总产值88.92亿元，增加16.86亿元，汽车配件产品在全国同类产品市场上的占有率达30%以上，占全国总产值的12%以上，2004 年被中国汽车工业协会命名为“中国汽车零部件产业基地”，2007 年 12 月被浙江省工商局命名为“浙江省汽摩配专业商标品牌基地”。近年来，为了迎合国际采购体制的需求，汽摩配企业十分重视质量管理升级，众多企业取得了国际汽车行业质量环保、安全等认证，在软件条件上进一步与国际接轨。目前，玉环各类汽摩配生产企业达 2300 家，其中规模以上（产值 500 万元）400 家，已形成原材料配送、铸（锻）造、精加工、冷镦、热处理、电镀、装配、包装等 8 个环节配套协作的加工体系。

家具制造业实现工业总产值 20.47 亿元，增加 4.43 亿元，为中国重要的家具生产基地之一。2000 年玉环县专门投资 1800 万元建成玉环现代家具城，召开玉环首届国际家具展，参展 9.6 万人次，现已举办七届玉环国际家具博览会，进一步打响了“玉环古典派”家具整体品牌，继 2004 年 12 月 21 日被命名为“中国新古典家具精品生产（采购）基地”后，2007 年 6 月 24 日又被授予“中国欧式古典家具生产基地”称号，2007 年 1 月被授予“浙江省家具专业商标品牌基地”。目前，玉环家具生产企业达 250 多家，形成了年产中西式套房、办公系列、宾馆客房家具 15 万套的生产能力，以出口中东与欧美市场为主。

眼镜配件制造业工业总产值超过 13 亿元，产品以生产配件为主，整镜为辅，眼镜配件生产量占全国的 70% 左右，产品远销港澳台、美国、印度、韩国、日本等国家和地区，2006 年 2 月 22 日，在第六届上海（国际）眼镜展览会上，玉环被授予“中国眼镜零配件生产基地”荣誉称号。现有企业 300 多家，从业人员 2 万余人。近年来，该行业依靠科技进步，加大技改投入，产业不断升级。眼镜品种规格扩大到高档次的白铜生产，由配件制造逐步发展成部分成品生产，形成了以规模效益为龙头、以小企业生产为基础的粗放集约相结合的生产格局。

从手工业时代“草根经济”中产生的“块状经济”现象，在经历了数次跨越与改革之后，到玉环今天所获得的 9 个“国”字头生产（采购）基地。这种早期的地区实践中所表现出的“块状经济”现象，正在从早期大多是劳动密集型、低附加值、面向国内市场的传统产业，逐步进入开放经济条件下、全球市场性的“产业集群”。产业集聚是同一类型或不同类型的产业在一定地域空间中的集中发展，是工业化发展和城市化发展进程中一个耀眼的特征。对于产业集聚的研究最早可以追溯到英国的著名经济学家马歇尔（Marshall），马歇尔在 100 多年前就开始关注工业在一定地域空间集聚的现象，并得出企业集聚的重要原因是追求外部规模经济的益处。他指出集聚给企业带来的好处是：“①知识和信息传递更容易，营造了协同创新的环境；②提供了共享的专业劳动力市场；③辅助性工业使用高度专业化的机械，为集中在一起的众多任务进行辅助性产品的生产，比起各个工业使用高价机械，自行生产这些辅助性产品来，更为经济和专业。”[1] 产业集群作为国际上所通行的一个概念，哈佛大学商学院教授波特 1998 年在一篇文章中，第一次明确、系统地阐述了他的产业集群思想。从产业经济学的角度来看，学术界对产业集群的定义是：某一特定产业（相同产业或关联性很强的产业）的企业根据纵向专业化分工以及横向竞争和合作关系，大量集聚于某一特定地区而形成具有聚集经济性的产业组织。产业集群最显著的特点是空

[1] （英）马歇尔著. 经济学原理［M］. 朱志泰译. 北京：商务印书馆，1997：281－286.

间的聚集性和产业的关联性。一般地，产业集群综合了市场和科层组织的功能，形成了一个稳定、持续、有序的生态组织，从而在整合力、竞争力、吸引力和影响力等方面具备了市场或科层组织所不拥有的功能。

2. 嵌入全球商品链与自营出口

改革开放以来浙江工业经济的快速成长伴随的是浙江对外贸易的迅速发展，出口加工制造活动以“三来一补”（即来料加工、来件装配、来样加工、补偿贸易）起家，在经济特区和沿海开放城市的经济技术开发区中起步，迅速扩展到以代工为主的外向型产业集群。早在20世纪80年代中期，浙江就在全国较早地提出了外向型经济发展战略。1988年3月，在外贸第一轮承包经营、市县长领取承包“红包”的开放工作大会上，外贸部门喊出了“千军万马，漂洋过海”的口号。在1988年扩大沿海开放，“两头在外、大进大出”的热潮下，浙江提出了“出口导向，贸易兴省”的目标，通过国际大循环，发展“两头在外”，积极参与国际分工与竞争。[1] 1992年“南巡”谈话后，浙江省外经贸委提出了外经贸工作“四上、三抓、二转”的发展思路，即省级外贸专业公司、市县外贸公司、自营出口生产企业和三资企业“四路大军”并驾齐驱扩大外贸出口，外贸、外资、外经“三外”一起抓，转换企业经营机制，转变经贸行政管理部门职能。[2] 1996年，浙江形成了“县县有外贸”的外贸发展思路，即在全国率先实现了每个县外贸公司都有进出口经营权，这在当时是一个突破，也成为扩大出口的一条经验。[3] 1999年年初，为了进一步应对亚洲金融危机，针对当时外贸发展中的一些突出问题，浙江外贸提出并积极推进“四个多元化”战略：即“外贸经营主体多元化、出口市场多元化、出口商品多元化、贸易方式多元化”，重视和发挥市县基层与企业在外贸出口中的作用。“四个多元化”提出与实施后，浙江进入工业化中期向后期过渡阶段，外贸进入快速发展轨道，1999～2006年浙江外贸出口额从1999年的128.7亿美元增长到2006年的1009亿美元。

在这期间，玉环县的对外贸易也经历了从“无”逐步扩展到包括日本、美国、德国等在内的170多个国家和地区的发展过程，进出口总额在台州的排名也从1980年的末位上升到第1位。2007年，玉环县自营出口额达到197270万美元，自营出口的国家和地区已达170个。出口商品结构不断完善，从品种看，阀门水暖类继续占大头，汽摩配、炊具以及家具出口量增长较快，对外经济贸易上了一个新的台阶。

改革开放前，玉环一直没有外贸产品出口，直到1980年才开始出现产品出口，交货总值仅为871万元。1988年，玉环出口产品交货总值达到7411万元。1993年9月25日，浙江省人民政府发文同意大麦屿港为国轮外贸运输口岸（即国家二类口岸）。11月6日，省人民政府批准设立浙江省玉环县大麦屿经济开发区。12月18日，县委、县政府在大麦屿举行开发区成立暨国家二级口岸大麦屿港开港仪式。1995年6月3日，大麦屿港口岸首次对外开放，日本“第二宇和海号”货轮直航大麦屿港。1998年为71754万元，随后10年，

---

[1] 金习．我省发展外向型经济的基本思路和起步问题［J］．浙江经济，1988（3）：2－4.

[2] 张钱江．大力发展对外贸易和对外经济技术合作［M］//涛声动地——十年外经贸作品集．杭州：杭州大学出版社，1998：235.

[3] 陈家勤．浙江扩大出口的成功经验值得借鉴和重视［J］．财贸经济，2002（8）.

玉环出口产品交货总值猛增，2007年达到193.08亿元，是1980年的2182倍，1998年的27倍，年均增长44.2%；实现出口额19.73亿美元，年均增长60.1%，占台州市出口额的21.1%。其中，阀门类产品实现出口额10.85亿美元，增长36.4%；汽摩配类产品实现出口额2.85亿美元，增长44.9%；家具类产品实现出口额2.49亿美元，增长29.8%。全县现有400家企业进入国家海关A类出口企业名单，生产的汽车配件、阀门、家具、眼镜配件、缝纫机等工业产品畅销欧美、拉丁美洲、非洲和东南亚及西亚地区。与此同时，2007年，玉环新增自营进出口权企业172家，累计达到了957家。最新统计显示，2008年上半年，玉环县外贸出口在国内外宏观形势趋紧中，调整产品结构，实现逆势上扬，出口排名首次跻身浙江省外贸10强。1~6月份，玉环县累计完成自营出口11.7亿美元，比去年同期增长37%。分别比全国、省、市高出16、12、7个百分点。其中，6月单月出口超过2.5亿美元，创下历史新高。根据2009年的玉环地方政府工作报告，2008年玉环的自营出口总额超过25亿美元。

5.2.2 企业与政府互动下的产业集聚与科技创新

随着国家市场化改革的推进，加入世界贸易组织后国内市场的进一步开放，长三角一体化背景下区域竞争与合作的加大，江浙地区早期乡村工业化的“体制外”改革先发优势一步一步丧失，“短缺经济”时代成长起来的“原生性”民营经济与乡镇企业，在开放经济条件下与“外资经济”、“转制型民营经济”的竞争中劣势日益凸现。尤其是在20世纪90年代中后期，苏南的乡镇企业盛极而衰，玉环在新一轮发展进程中，同样遭遇了这一困境。但正如前文所述，玉环的内源性工业经济却恰恰在这一时刻进入迅猛增长阶段，不仅在总量上飙升，从国内市场走向了全球市场，而且在经济形态上逐步从早期“块状经济”形态向现代产业集群发展，以集群方式参与到全球商品链中。

首先，民营经济灵活的体制机制是其成长和创新的根本动力，对市场的高度灵敏与反应快捷为企业的创新创造条件，市场直接检验企业的创新能力，优胜劣汰。以玉环的苏泊尔为例，1996年苏泊尔的市场占有率从上年的30%，一下子飙升到47.9%，那个时候，全国的炊具生产企业才刚刚开始根据新标准生产安全压力锅，苏泊尔智能电压力锅的上市，立即以科技新内涵，引发热烈反响。《京华时报》以《苏泊尔引发煮饭革命》专题，称其将引发一场从“煮熟饭”到“煮好饭”的煮饭革命。

“这些说明一句形象的话，就是大浪淘沙的这种30年现象，把不行的踢出局……从一种产品到600多种产品，就是市场不断推出新鲜的一种产品，你才能占领这个市场，它的一个核心问题就是创新。”

——苏增福

其次，充分发展的中小企业与民间资本的组织化形成了产业集群的重要基础。经过改革开放20多年的发展，玉环民营经济是在家庭工业、专业市场、民间资金和股份合作制的共同推动下发展起来的，形成了中小企业发展的良好条件，在资金、原料、技术、制造、销售等环节降低了门槛。目前玉环发展起了汽摩、阀门、家具、眼镜、金属制品、医药包装等劳动密集型和资本密集型产业，并非单体资本的积累很高，而是产业分工实现了民间资本的组织化和规模化，产业分工也降低了对单体资本的规模要求。

此外，就是政府的产业政策优化引导，玉环产业集群的发展，虽然是民间内生力量发展的结果，同时也离不开政府主动的保护、引导和服务。在对珠江三角洲产业集群进行了初步的调查后，丘海雄、徐建牛（2001年）发现与西方发达国家和东南亚一些次发达国家的产业集群不一样，珠江三角洲产业集群的技术创新主要依靠地方政府创办的“技术创新中心”推动。[1] 他们指出由于制度、文化、发展水平的差异，前人的理论和研究对分析、理解中国产业集群的技术创新虽然具有参考价值，但是难以很好地解释中国的现实。原因有二：一是已有的分析模型虽然指出了影响集群技术创新的客观要素，但是对技术创新的主体关注不足；二是现有的分析模型基本上是静态的，忽略了技术创新的动态演进过程。“静态要素模型”对制度环境稳定、不同主体之间行动边界清晰的西方发达国家的产业集群有较强的解释力。中国正处于渐进的制度变迁过程之中，特定的历史背景和制度环境必然对不同主体的动机、行动选择产生影响，并进而影响产业集群中的技术创新过程；制度的变迁对促进集群技术创新发生演进。

产业集群的产生虽然基本上是市场机制自发作用的产物，但是进入世纪之交，随着市场竞争的加剧，集群中的企业亟待在市场信息、技术提升、设备引进、人员培训方面获得支持，产生了强大的制度创新需求。由于产业集群中的企业大多数是民营中小企业，自主创新能力不足，老板素质较低，同时也由于创新的供给具有外部性和容易产生搭便车行为，难以完全通过市场机制自行解决。因此客观上需要地方政府的积极介入。面对客观的需求，地方政府作为主要的行动者参与产业集群的技术创新，但是参与的形式与“地方法团主义”所描述的有着显著的不同，他们不再有选择性地直接介入企业的运作过程扮演企业家的角色，而是置身于企业之外为整个产业的技术创新提供公共产品。

造成地方政府角色转变的原因中除了“放权让利”的财政改革为地方政府提供了强大的制度性激励外，市场机制在解决公共产品方面的失灵、企业的产权性质约束、地方中介组织的缺位都是造成地方政府角色转变的制度因素。从政府、市场、社会三者之间的关系看，正是在“市场失灵”和“社会缺位”出现了“政府代劳”的现象，即政府跨越了传统的行为边界，相当大的程度上通过直接接入而涵盖了社会中介组织的角色。

根据玉环地方政府对其工业发展阶段的判断与划分，这个过程目前分为两个阶段：[2]

第一阶段：从20世纪90年代初县委县政府提出“全岛股份化”战略，采取各项超前政策措施，极大地激发了企业的积极性，使得玉环工业在这一阶段有了飞速发展。到1999年，全县共有工业企业6084家，实现工业产值163.1亿元，规模以上企业131家，主要行业有汽摩配件、水暖阀门、橡塑制造、水产冷冻等，从业人员10.69万人，年末固定资产36.39亿元，全年工业技改投入7.69亿元，工商各税及企业所得税19973万元。这一阶段，玉环工业快速发展，年均增长在30%以上，完成了工业化资本的原始积累，同时工业化对

---

[1] 邱海雄，徐建牛．广东产业集群技术创新中的地方政府行为［J］．管理世界，2004（1）．

[2] 庄雄平．玉环县人大财经工委：玉环工业经济发展战略研究与思考［J］．今日玉环，2008．

城市化的带动效应已明显体现。从发展模式上看，这一阶段玉环工业的主要特点有：一是企业数量和规模不断扩张；二是企业管理和增长方式日益得以重视；三是开始积极参与国际市场竞争；四是对人才和科技需求愈趋明显；五是企业供给要素市场更加紧张。

第二阶段，从2000年县委提出建设“科技之城”实施科技化战略至今。这一阶段，是玉环工业量质并举阶段，开始注重经济增长方式从量的扩张向质的提升转变，园区这一工业集约化模式在全县各地积极兴起，逐步重视经济和社会的协调发展，极力采取各项措施，以缓解企业供给要素不足，从而减轻经济发展和环境社会矛盾。这一时期企业的投入扩张进一步加剧，工业经济继续快速发展。到2007年，全县工业企业总数达到6061家，实现工业产值724.1亿元，年均增幅近25%，规模以上企业995家，上亿元企业达到84家，并被列为全省17个经济强县，连续八度跻身全国百强县行列，主要行业有汽摩配件、水暖阀门、金属制品、药械制造、家具制造、眼镜配件等，从业人员约25.75万人，工业性投入85.12亿元，工商各税及企业所得税21.9亿元。这一阶段，玉环工业开始寻求经济转型，产业的技术升级和行业的结构调整得到业界和政界的重视。从发展模式看，这一阶段玉环工业的主要特点有：一是企业的集聚程度不断增强，无序发展的状态有所收敛；二是企业在加快数量扩张的同时，开始重视增长质量；三是区域供给要素日趋紧张，成为制约企业大举扩张的主要因素；四是市场竞争更趋激烈，外向化水平有所提高；五是企业外向梯度转移愈趋频繁，整体赢利能力不断下降。

针对地方工业经济发展的阶段，玉环地方政府采取了一系列的产业政策，试图优化与引导产业集群的发展。面对前期工业化过程中企业素质低、规模小、企业家素质差、工厂缺乏内部管理等[1]问题，政府首先从鼓励企业技术进步，进行技术改造，加大对机械设备、工艺技术、新产品开发的投入，引导企业改善管理、建立现代企业制度方面入手，积极引导企业自身的创新发展。原科技局副局长J老说：

“20世纪80年代末期，玉环县委县政府在台州内首次提出了科技兴业这个战略，随后在1991年根据玉环海岛的特色提出科技兴岛，到1995年，提出了科技兴教，接下去又提出全岛科技化，建设科技之城，将科技当做一个命运工程来抓。”

早在20世纪90年代初，面对玉环企业发展人才缺乏的情况，政府为了引导企业自主培养人才和创新能力，就在国家没有出台相关的评审标准的情况下，在台州第一个启动乡镇企业人员专业技术资格评审。曾任县职改办副主任、县人劳局科技干部股股长的L老这样说道：

“在当时，评职称是国家干部等公职人员的事，乡镇企业的技术人员就是想评也根本不可能……应该说乡镇企业的负责人、技术人员，他们虽然文化水平不高、理论水平也有限，但都是生产、经营、营销等方面的行家里手。所以，我们就根据实际情况，依照国务院的职称评审标准相对降低条件自立了一套标准，比如学历放宽些、从事专业技术工作的

[1] 不少个体小厂，今天开办，明天关闭，被群众讥为“开关厂”，玉环的政府官员把这些企业发展的问题概括为三个字——“低、散、小”。

年限放宽点。”

1993年，县职称改革领导小组发文成立了玉环县工程技术第二评委会，简称“二评委”。“二评委”是相对严格按照国务院相关标准来评职称的“一评委”而言的，其评委会的成员由分布在玉环行政机关、事业单位、国有企业中的各行各业的工程师组成。

“我们这个第二评审委员会是专门给乡镇企业技术人员评职称的，评的也是‘地方粮票’，也就是说在玉环本县是承认的、通用的。可这张‘地方粮票’刚推出就遭到上级及同行的批评指责……当时市人事局批评我们，说降低条件、放宽条件是乱搞，是滥竽充数乱评；同行开会时也讽刺挖苦我们，甚至还说我们是为了挣钱创收。”

不过，遭业内人士批评的乡镇企业专业技术人员评职称工作，却受到了广大乡镇企业的欢迎。

“当时我们下发通知到企业，要求上报需评职称的名额。结果企业很踊跃，第一批报上来的就有400多人。经过评审，我们最终评出100多位经济师、工程师、助理工程师等，涵盖各行各业。”

随后，玉环每年都开展乡镇企业专业技术人员评职称工作，一批批“土专家”被培养成适应现代企业生产技术与营销的人才。而且曾广受批评的乡镇企业专业技术人员评职称，也得到了业内人士的认同和肯定，台州市人事局也把玉环的经验在台州各县（市、区）推广。❶

随后的几年里，玉环先后发出了《依靠科技进步建设科技之城的意见》、《关于引导和鼓励企业创新的若干意见》等20多个科技政策文件，构建和完善了县城科技创新体系，强化对企业自主创新的引导。根据玉环县科技局提供的材料，从2000年以来，玉环每年财政拿出1000万元作为企业科技投入贴息。2002年后，又将这块资金逐年增加。2006年，科技经费的投入更是达到了1987万元，创下了历史最高水平。通过政策扶持，引导企业发展高新技术产业和创建企业研发中心。2005年玉环县共有国家和省级高新技术企业26家，列台州第二，拥有高新技术产品51个，2005年玉环县高新技术产业实现产品销售额37.1亿元，高新技术产业初具规模。在县财政支出科技经费的帮助下，一大批重大科技项目和新产品如雨后春笋般纷纷问世，近年来玉环列入省级、国家级的重大科研项目多达60余项，根据科技局测算，科技进步因素对当地经济增长的贡献率已超过40%。目前，玉环县拥有省、市、县级企业研发中心30多家，其中省级高新技术企业技术研究与开发中心总数达到11家，几乎覆盖了全县所有主导产业和新兴产业。

在科技攻关体系建设方面，玉环县每年组织实施一批具有自主创新的科技项目，进行技术难题攻关，面向全国科研单位公开招标，县政府对每个项目按标的金额的50%实行匹配。在科技合作方面，根据自身的产业特点，玉环地方政府积极搭建“科技活动周”活动作为合作平台，广泛与高校院所开展以项目为载体的科技合作，加快人才柔性引进，为玉

---

❶ 张荣.1993年，我县启动非公企业人员专业技术资格评审——民企“土专家”有了评职称的渠道［J］.今日玉环，2008.

环的技术创新寻求更雄厚的智力支持。近年来已先后同浙江大学、上海水产大学、宁波大学等数十家高校广泛开展了以项目为基础的科技合作。尤其是玉环从2003年开始与武汉理工大学开展全方位的科技合作，使企业与学校、学校与政府、政府与企业之间形成可持续的“官、产、学、研”科技合作渠道。此外还积极搭建创新平台，通过扶持和奖励企业研发中心建设，聚集了一支总数达190多人的专业科技队伍，提升了企业技术创新能力，苏泊尔、双环等近10家企业成为国家或行业标准的制定或参与制定单位。

进入20世纪90年代中后期，玉环的工业经济呈现井喷式发展，企业数量增长迅猛，政府为了优化产业发展，促进产业集群的形成，应对加入世界贸易组织后的开放经济条件，逐步引导企业往“出口导向”发展，以出口技术标准促进企业的技术创新与管理创新。同时政府还实施扶强扶优，促进要素向优势企业集中，促使苏泊尔、中捷等一批在国内外颇具竞争力的重点骨干企业迅速成长。从1997年起，玉环县把工业功能区建设作为产业集聚和提升的重要平台，促进产业向优势区域集中。1998年，玉环县委县政府采用联合兼并的办法，实施兼并优惠政策，和重点骨干企业“一厂一策”的扶持政策。

“联合兼并，共同谋求发展，这也是我们玉环民营经济发展的一大特色，大家知道我们的汽摩配，我们的阀门，专业化分工协作，在国内外非常有名，那么这些家庭企业，这些小企业围绕着大企业，为了一个共同的产品，一个共同的产业，以利益为纽带，大家分工协作，我们政府没有具体要求他们做什么，另外，通过一些技术，又通过商标，通过一些大企业带小企业这种形式，这些路径跟渠道。”

——玉环科技局原副局长

从2006年玉环县又开始新出台对企业科技开发与研究经费投入的贴补（标准为4%～7%），主要扶持县“101培大育强工程”（即到2010年，全县实现工业产值1000亿元，上千万元产值企业1000家，上亿元产值企业100家，上10亿元企业10家，上50亿元企业1家，上100亿元企业1家；累计实现创国家级品牌10个，省级品牌100个，上市企业10家，国家级高新技术企业10家）企业和市级以上高新技术企业以及省级以上科技项目。同时，加大对发展品牌经济的扶持，出台了《玉环县“十一五”品牌培育发展规划》和《推进质量兴县建设品牌大县实施意见》，提高对企业创品牌和企业参与起草国际、国家、行业标准的奖励额度，促进建设品牌大县。此外，玉环还在调整、补充和筛选以往技术创新政策的基础上，新出台专门的推进企业技术创新的若干鼓励扶持意见，适当提高补助额度，提高政策的引导能力。为了引导中小企业的集群发展，政府还推出了企业梯队的培养机制，按照分类扶持原则，精心培育省级科技型中小企业、市级以上高新技术企业和县级成长型中小企业，形成梯队培养机制。同时，改变以往的年度星级企业评比为县工业百强企业评选，加重对企业自主创新能力和承担社会责任等指标的考核，并修改奖励办法，降低奖励资金，将财力集中到扶持企业技术研发中心、行业科技创新服务中心、县科技孵化中心、县电镀工业中心等四大中心建设，提高企业创新能力。

在民营经济自身快速增长与地方政府相对有效的引导服务下，玉环加快了汽摩、阀门、金属制品、家具、眼镜、医药包装六大特色产业的集聚与整合步伐，并在新世纪之后的出口导向战略中获得了长足的进步，外向型的产业集群已经雏形初现。

5.2.3 从“弱中心”到“全岛城市化”

1. 工业集聚、园区建设与城市化发展

城市作为一个“空间景观”，本质上是产业空间集聚的经济过程。产业集群是同一产业内部同类企业聚集的地方化经济，即位于某个地区某一特定产业内的同类企业聚集而形成的由整个产业扩大而产生的成本节约，地方化经济本质上是一种典型的空间上的外部规模经济。迈克尔·波特指出：“产业集群之所以依地理集中，原因是彼此临近有助于生产力和创新，让产业集群获得好处，交易成本下降，信息的创造和流动得到改善，本地机构更能随时回应产业集群的专业化需求，也更容易感受到同行压力和竞争压力。”❶ Goldstein 和 Gronberg 认为，对于那些存在辅助性产业的厂商而言，企业的空间集中是因为地理上的接近有助于降低厂商之间进行合作的成本，从而获得专业化经济。❷ 由于经济活动的外部性，在外部性的作用下，企业通过集聚可以获得外部规模经济、外部范围经济，以及技术外溢和品牌外部性，所以，假设土地、劳动力为同质生产要素，在要素和产品市场均处于完全竞争的条件下，企业为了获得外部性带来的经济利益，就会有选择在某个地方进行联合生产的倾向，企业的员工为了减少工作成本和时间等就会选择在企业附近生活，从而形成人口的集中，企业与人口的集中为其他相关产业（像上下游产业、相关配套的服务业等）进驻本区域产生巨大的社会需求，从而吸引更多的企业、人口在此集聚，以共享外部性带来的经济利益。其结果是城镇或城市的形成，城市化进程得到推动。

米尔斯和汉密尔顿把这个过程分为两个层次：假如规模经济存在于某种经济活动中，那么从事这种经济活动的经济主体为了获得规模经济就必须在某地（具体的区位选择取决于经济活动的性质和内容）进行大规模生产，这就是经济活动的地方化或本土化（localization）过程。这个经济主体的雇员为了避免通勤成本而在附近定居，这样就引起了人口（需求）的集中，在需求指向下，一些相关的经济活动及其从业人员也就近选址（克服运输成本和通勤成本）。聚集在一起的人口和经济活动又会产生积极的外部效应。聚集经济甚至吸引了那些与最初活动无关的人口和经济活动的进一步聚集，从而开始了城市化（urbanization）过程。产业在城市空间的集聚还增强了城市持续演进的自组织增强动力机制，导致城市地域的外延与扩展（图 5－4）。❸

城市化过程与产业集聚是一种互动的过程，城市化可以促进产业集聚，产业集聚又能反过来推进城市化进程。城市化的进程往往伴随着特殊的城市工业区位的形成而进行。城市化的原因在于非农区位、非农产业、非农空间的点状聚集和发展的过程。玉环县在“九五”和“十五”期间，在产业发展上采取的是“点轴式”，即以 76 省道为轴，沿线各工业园区和集镇为增长极的发展模式。通过沿线各增长极的极化效应，由各关联产业形成产业

---

❶ （美）迈克尔·波特著．竞争论［M］．高登第，李明轩译．北京：中信出版社，2003：237.

❷ Goldstein G. S，Gonberg T. J. Economics of Scope and Economics of Agglomeration［J］．Journal of Urban Economics，1984.

❸ 陈柳钦，黄坡．产业集群与城市化：基于外部性视角［J］．重庆社会科学，2006（7）.

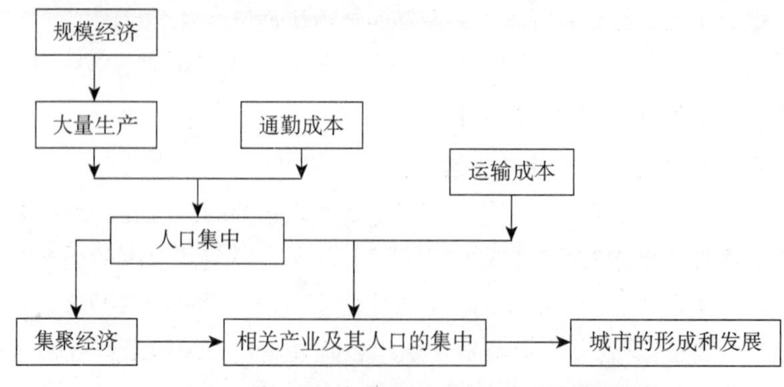

图5-4　城市形成和发展的米尔斯—汉密尔顿模型

资料来源：李清娟. 产业发展与城市化［M］. 上海：复旦大学出版社，2003：54.

链，并拉动资金、劳动力、资源和人才、技术向各增长极流动，从而形成包括经济极化、产业极化、生产要素极化、功能极化和空间极化的复合型强劲增长极。

随着各工业功能区的相继开发建设，玉环县的空间发展格局正在发生积极变化。正如前文指出的，玉环地方政府把经营园区建设作为推动工业产业集聚和升级的平台，目前玉环已形成了科技、眼镜、阀门、汽摩、机电和包装等六大县级工业园区，加上正在完善的“五门工业园区”和“干江工业园区”，已经投资建设的“滨港工业城”。玉环县目前共有主要工业功能区9个，乡镇工业小区50余个。众多的工业园区逐步改变了原先围绕76省道的轴向城镇体系结构，几大主要工业功能区的放大发展，正在将玉环的城市化进程由76省道的“轴向”发展，逐步转变为全岛的网络化发展。此外，随着大麦屿港的口岸升级与开发，临港工业的快速成长，玉环城市化的“多中心”结构将进一步凸现。

2. 中心城市建设与“全岛城市化”

20世纪90年代中期以前，农村工业化推动了玉环的小城镇建设。1996年，玉环地方政府确定了“以效益为中心，以拓展城市框架、完善城市功能、美化城市环境为重点”的市场推动型城市化模式，并且较早地做出了以城乡一体化为目标的规划。“弱中心”的城镇体系空间格局对于各区域工业经济的发展形成了很大的制约，主要表现为县城的服务功能不足，尤其是对各轴向工业城镇缺乏辐射作用，难以提供生产性服务功能。随着1994年年底“玉环饭店”的拆除，中心城市的建设开始迅速扩张。

而经历过“全岛股份化”洗礼的玉环，似乎把一切具有资本属性的元素全部投入到市场中去流通，全岛的股份化也就意味着全岛的资本性流通。地方政府也把城市当成一种产品，变过去单纯的城市建设为“城市营销”，用企业家的思路去经营管理，把效益观念贯穿于城市规划建设和管理的全过程。2001年年初玉环制定了《国有企业管理若干意见》，先后注册4.8亿元资金，分别组建了玉环县城市建设集团、交通集团、水利集团等产业化国投公司，实行城市基础设施产业化经营。把城市的道路、公园及市政设施变成资本运作，有效地解决了政府部门不能直接融资的难题，并且把城市资本的“雪球”越滚越大。同时按现代企业制度要求城市建设集团公司进行内部治理结构的改革，逐步引进高素质人才，实行政企分开，完善投融资办法和用人分配制度，做到投资主体责、权、利的有效结合。

采取政府垄断土地一级市场，利用土地储备中心收购土地，把地“养熟”后招标拍卖，放大了土地资产的收益，土地换资金的“蛋糕”不断做大；创造级差地租，对公建项目用地实行优质优价，如当地交通部门在广陵路建办公楼，除缴纳土地出让金300万元之外，还为城市新增了一条主干道。2001年玉环的土地出让金收入达1.4亿元，2002年上半年就超过1.1亿元，土地收益大部分用于城市建设。同时运用玉环县客运中心、科技文化中心、县医院、公检法司等有社会影响的公建新项目布点，拉开了新城区开发框架，带动了土地升值。

以“营销”观点谋求资源配置和效益的优化，甚至在项目建设上也动足脑筋。通过“捆绑”出让，建成坎门渔港防波堤工程和海港居住新区，引资23亿元综合开发坎门海滨新城金港湾工程；有偿租赁大鹿岛经营权50年，引资2亿元开发大鹿岛旅游项目；按照模式出让簪立礁码头经营权40年，引入民间资本1500万元开发建设，建设码头工程和公路接线。引入“四自”模式，即自行筹资、自行建设、自行收费、自行还贷机制，投资1.5亿元建成里墩水库供水工程；通过包装推介“嫁接”泽坎路改线工程，融资企业债券4000万元，引入资金1.2亿元，使总投资2.5亿元的榴岛大道工程得以快速实施。

有偿转让经营权，通过包装推介，以8000万元的价格整体出让玉环大酒店所有权给了“台州高速”；民办公助，原本需投资1100万元的城市生活垃圾循环立库项目，主要由企业自筹资金建成，政府按垃圾处理每吨35元补贴给运营企业，政府只投入500万元，就建成了年处理5万t的城市垃圾循环立库并投产营运；资产置换，挪位发展，青少年宫重新选址新建后，从原来的700多平方米扩大到2000多平方米，政府不但未出一分钱，通过土地出让还赚了一笔钱；政府造环境，社会来投资，玉环公园内所有的游乐设施全部由私人投资；部门共建，亮化、河道整治、专业管线改造、人行道改造、公厕、绿化建设等，县里每年推出一批项目，按“谁家孩子谁家抱”的原则，明确责任单位，由各个部门出资完成。

对市政公用行业体制进行改革。几位农民出资100余万元成立海滨环卫清洁公司，推出全国第一把“市场化扫帚”，对城区17条主街道实施机械化清扫保洁。后来，又有6家市容环卫公司成立，形成了竞争机制，变政府扫马路为企业扫马路，环卫工人国家一个也不用养，作业设备也无须政府投资。同样的思路也运用在绿化养护管理、公交候车厅的建设上，引入到管网建设、污水处理、旅游景点开发建设上。将出租车、黄包车经营权，桥梁、道路、绿地冠名权，户外广告标牌、公交线路、停车场使用权等各类特许权公开招标拍卖，所得用于城市建设，2001年仅黄包车和公交车线路营运权拍卖所得就达506万元。❶

多元化投入机制的形成，近年来玉环城市建设投入资金的90%以上来自社会资金，大大加快了玉环城市化建设步伐。10年时间，玉环城区面积扩大了10倍。城区面积从1.3km^{2}扩大到14.2km^2，新增、扩建城市道路63km，绿化覆盖率达36%，城市人口达24

❶ 玉环县财政局课题组．玉环县城市建设推出十大市场化投资方式［J］．浙江财税与会计，2003（4）．

万人，集聚外来人口11万人，城市化水平从1998年的38%提高到2006年的53%，使昔日闭塞落后的海岛小县城逐步跨入中等城市发展行列，成为台温沿海“T”形城镇连绵区的一座重要中心城市。

1999年经国务院批准，玉环被《浙江省城镇体系规划》列为中等城市发展行列。2003年玉环提出要建成花园式港口城市，成为浙东南地区的重要发展极。2006年，政府提出了“全岛城市化”战略。玉环由玉环本岛、楚门半岛和135个外围岛屿组成。玉环陆域面积不大，且以地域特征和产业带动所形成的集镇发展较快、相对均衡，为全岛城市化创造了各空间节点基础较好的条件。根据特定的自然地理结构和产业空间布局，“四纵四连一环”交通网络的形成，以及供水、电网等城乡基础设施的一体化发展，将为全岛城市化提供各节点之间的有效联结；玉环县产业基础坚实，城乡居民人均收入总体水平较高，也为全岛城市化奠定了良好的物质基础。

玉环提出了依托大麦屿深水良港，构建以城关为核心，坎门、陈屿为两翼的“三位一体”组合型港口城市模式。以“三港一中心”平行式组团城市框架为载体，整合区域资源要素，优化空间配置效率，促进城乡统筹协调发展，实现经济、社会、生态和谐发展。“三港一中心”即港南、港北、港区和城市中心四大组团，其中港南组团由城关、坎门、鸡山和海山构成，港北组团由楚门、清港、干江、芦浦、沙门和龙溪构成，港区组团即现在的陈屿区片，中心组团由漩门二期和漩门三期构成。这种组团方式，突破了一般城市依靠单一中心逐级辐射带动，以致造成区域发展层级差的局限性，实现各组团按各自功能优势互补、同步发展；又突破了以行政区划为界的传统发展模式，可以降低区域协调成本，提高资源要素配置效率，为全岛城市化战略的实施提出了一个相对高效灵活、科学有序的空间组织结构。

根据“三位一体”组合型港口城市的规划，几年来玉环陆续建成了一批与城市建设、城市化发展密切相关的重要工程：

——完成了全县重点水库四期联网和东风引水工程，建成了里墩水库、漩门二期、坎门渔港工程，玉环自来水普及率达到了85%。

——开通了陈屿隧道等16个公路隧道，拓宽改建了高等级的榴岛大道、珠港大道、泽坎线、玉坎大道、疏运通道。随着甬台温高速公路、台州沿海大通道、至温州汽车滚装轮渡、至乐清跨海大桥的兴建或将要兴建，便捷通达的交通网络正在形成。

——市政建设形成了七纵九横的网络状道路框架，城市道路密度达到22.7%。环境设施水平大幅提高，垃圾循环立库、玉坎河综合治理相继完成，城市垃圾无害化处理率达100%。

——湖畔花园、13号小区、夕阳红山庄等一批优雅别致的住宅小区先后建成，玉环大酒店、琉泰大厦、供销大楼、华发大厦、邮政大厦、电力大厦、财政大厦等一批高层标志性建筑建设完成，坎门、陈屿两翼的城区面貌日新月异，楚门、清港等一批环境优美、交通便利、设施配套、功能齐全、各具特色的现代化新型小城镇初具规模。至此，中等城市形态已经凸现。

“全岛城市化”战略的实施，形成工业化和城市化互动发展，改善了区域要素禀赋，为工业化中后期的产业转型升级创造了条件，通过加速城市化来提升工业化，有效推进经济增长方式转变，切实提高产业整体层次，增强区域综合经济实力。在城市化过程中，尤其是亚洲金融危机后，国家加大基础设施建设投资拉动内需，玉环在国家 1998 年 1000 亿元国债、1999 年 600 亿元国债中，争取到建设资金补助和长期低息贷款 5 亿多元，漩门二期（漩门二期工程获得 1 亿元国债基金、2.256 亿元国家开发银行贷款及一些政策补助金，总投资达 3.88 亿元，新增用地达 3.2 万亩，为浙江省在建最大蓄淡围垦项目）、中直粮库等一批关系到玉环长远发展的重点项目投入建设。

玉环加快了道路、港口、水电、通信、污水处理等基础设施建设，使得城市服务功能进一步增强，逐步解决了经济发展的基础设施瓶颈和城市服务功能缺失问题。在城乡设施建设方面，建成城市垃圾处理中心、乡村垃圾中转站，铺设地下排污管网，疏浚玉坎河，改造电网，改水改厕等。而在重点工程建设方面，漩门三期围垦工程、乐清湾跨海大桥建设、大麦屿港口建设等，投资额分别高达十几亿元，工程浩大且工期较长，但是建成后漩门三期（三期总投资 10 多亿元，预计工期 4 年，围垦总面积达 6.8 万亩）围垦而成的土地将极大地拓展发展空间，县域发展战略重心将从“本岛时代”跨入“环漩门湾”时代，而跨海大桥、深水良港的建成将从根本上改变玉环地理上的末端劣势。

5.3 全球生产网络中的地方因应：江浙的差异

5.3.1 全球生产网络与地方的嵌入路径

生产的国际化与贸易投资的一体化带来了世界经济空间布局的深刻变化，与之对应的世界经济治理模式也在变化，全球经济与全球社会并不是一个杂乱无章的市场或是简单的以各国地域框架为基础的社会形态的拼贴。全球经济的秩序与全球社会的流动，其背后是由各种类型的全球商品链、全球价值链或是全球生产网络框架下的多种治理模式在协调和控制着，而且这种治理结构直接影响着国际资本流向、技术转移、学习过程以及城市与区域产业区位的形成和转移。

在 20 世纪 90 年代中期，格雷菲（Gereffi）等人将管理学中价值链、商品链的研究思路运用到经济全球化的研究中，提出了一种新的研究理论即全球商品链理论（Global Commodity Chain），认为全球商品链应该包括以下内容：“通过一系列国际网络将围绕某一商品或产品而发生关系的诸多家庭作坊、自治组织和政府等紧密地联系到世界经济体系中；这些网络关系一般具有社会结构性、特殊适配性和地方集聚性等特性；任一商品链的具体加工流程或部件一般都能表现为通过网络关系联结在一起的节点或一些节点的集合；商品链中任何一个节点的集合都包括投入（原材料和半成品等）组织、劳动力供应、运输、市场营销和最终消费等内容”。

全球商品链理论（GCC）的提出是基于全球购买者（主要是零售商和品牌商——格雷菲称之为“没有工厂的制造商”）作为全球分离的生产和分销体系中关键驱动者的地位不断上升的情况下提出来的，该理论的形成与格雷菲对东亚地区服装、制鞋等传统产业的研究密切相关。全球商品链一开始是从投入产出结构（input-output structure）、地域性（territoriality）和治理结构（governance）三个研究角度提出来的，此后又加入了第四个研究角度即制度框架（institutional framework）（格雷菲，1995年）。“投入产出结构”研究认为价值链是按照价值增值活动的序列串联起来的一系列的流程；地域性或地方性的研究指出由于跨国公司和采购商纷纷将核心竞争力领域以外的环节外包，价值链中的各环节超越了国家界限，分散到世界上不同的国家或地区，因此形成了真正的全球生产体系；治理结构的研究则认为价值链是由相互联系的各环节组成的具有特定功能的产业组织，链条治理者对链条进行统一组织、协调和控制；制度框架方面的研究，主要是指城市、区域、国内和国际制度背景（包括政策法规、正式和非正式的游戏规则等），在各个“联结点”上如何对价值链产生影响。不过，全球商品链后来的研究基本都集中在链条治理结构这个角度。全球商品链理论实际上已经粗线条地揭示了被国际贸易统计数据掩盖的经济全球化下全球产业组织的一次重大转换。因为，国际贸易数据既不能区分是企业间还是企业内部所发生的交易，也不能区分全球生产体系是通过何种方式来组织的。[1]

2000年以前，全球商品链理论研究更多关注的是制造环节的跨界外包，这些外包基本属于低利润和非核心价值形成的环节，而且这些外包环节所属行业基本上属于购买者驱动的轻纺工业类型。在2001年有学者在作电子产业全球商品链分析时发现，外包出去的制造环节并不总是低利润水平的，而且一些环节也不完全受控于购买者，由此产生了对全球商品链研究的质疑，另一方面产生了全球产业链条治理方面新的研究思路。格雷菲自己在吸收了关于电子、汽车和航空等产业全球转移和空间分工的研究成果后，也对早期的全球商品链研究加以补充和修正，他进一步指出全球商品链在两个主要的配置形态下操作：生产者驱动的商品链（如汽车、电脑、飞机、电机等工业），以及采购者驱动的商品链（如成衣、鞋靴、玩具、家庭餐厨用品等工业）。前者基本上对应于跨国企业对全球生产体系的垂直整合（一般对应于海外直接投资）；后者对应的是垂直分离（一般对应于外包网络体系）。前者对应于生产环节中的制造商依托资本和技术等优势，主宰着汽车、航空等资本、技术、知识密集型产业的全球化进程；后者则认识到了流通环节中的全球采购者在全球服装、鞋、玩具等劳动密集型生产体系中的特殊支配地位，强调了购买者在推动全球生产体系运作中设计和市场销售等方面的重要性。

2003年，格雷菲等几位在全球商品链理论研究中颇有建树的学者在全球商品链理论的基础上，针对全球的产业链条治理，提出了全球价值链（Global Value Chain）的治理模式。在全球价值链治理模式中，他们引入了交易复杂程度、识别交易能力和供应能力等三个自变量，按照高、中、低三个衡量标准，最终推导出全球价值链市场制、等级制、关系型、模块型和领导型五种治理模式。格雷菲在探索国际贸易与地区产业升级的关系中，提出了有着重要理论意义的“组织学习机制”，由全球价值链的角度分析国际贸易网络的社会与组织向度，联系起国际贸易与工业升级，指出贸易网络中发生的组织学习机制，由装配到委托制造，到自创品牌的出口角色，以及由装配向全套网络转移时推动工业升级之组织条件，并肯定了中国香港、韩国和中国台湾的发展策略。

[1] 参见：张辉等．全球价值链下北京产业升级研究［M］．北京：北京大学出版社，2007：14.

全球价值链治理模式的提出，肯定了外包和外商直接投资所形成的地方产业集群是嵌入全球经济系统中的，也质疑和否定了将“全球化”与“地方化”视作对立的二分法。全球价值链的研究注重强调全球生产体系中众多参与者谁是核心治理者以及等级权力关系，即从生产到销售再到回收处理的一个完整价值增值和实现过程的科层关系。然而，虽然全球产业链发生空间垂直分离，但是各个环节之间还是互为影响变量的，任何一个环节的行为都会影响到其他环节；各个环节之间的相互作用，尤其在微观层面的网络化格局下，单纯的市场和科层制模式的治理分析也值得怀疑。此外，关于全球价值链在空间上的分离与地方的嵌入问题，尤其是地方产业集群嵌入联结行为所在的城市与区域的制度环境，地方产业集群如何在内部与外部制度环境中运行的问题，地方集群的升级与反升级治理，以及地方的策略选择问题，引发了更广阔范围的学术探讨。

在以国际分工为元理论的研究体系下，社会学、经济学、地理学等学科分别将产品内分工全球发展的最新演变形态和组织机制纳入新的分析框架，相继提出了微笑曲线（1992年）、全球商品链（1994年）、全球价值链（2003年）、全球生产网络（2002年）等新概念，但研究范围更为宽广、内涵更为丰富的则属全球生产网络研究框架。全球生产网络涵盖了从价值生产、分配到权力制约、企业网络及地域和网络镶嵌等诸多内容的探讨，在一个整合的体系下把握了全球生产组织的最新变化和机制，解释了其新的变化动力与进程。但由于数据获取的困难，目前全球生产网络的研究多以定性分析为主，即是特定产业全球生产网络的研究大多注重企业网络组织关系、地方城市、区域与跨国公司的权力与利益博弈等方面的定性分析。

全球生产网络是基于管理学、经济学、社会学以及地理学等多门学科中的一些关键概念和内涵并经不断深化而发展起来的。根据其发展背景并经过概念关联分析，Hess与Yeung（2006年）认为有四个高度相关的研究领域是全球生产网络研究框架形成的来源：①20世纪80年代初期管理学中的价值链分析（Porter，1980年、1985年）；②80年代中期在经济和组织社会学方面的网络和镶嵌研究（Granovetter，1985年）；③80年代中期在科学研究中的行动者网络分析；④90年代中期在经济社会学和区域发展研究中的全球商品链与全球价值链分析（Gereffi and Korzeniewicz，1990年、1994年）。另外M. Borru（1997年）和Ernst（1997年）最早注意到了全球生产复杂的网络组织关系、组织学习与社会网络，进而提出了“生产网络”的概念，意指一种跨国界的生产组织，跨国公司借助其实现整个生产价值链。Ernst和以Henderson、Dicken、Coe等人为代表的曼彻斯特学派基于以上研究相继提出了全球生产网络新的研究框架，定义为以一定正式的规则（契约），通过网络参与者等级层次的平行整合进程来组织跨国企业各功能环节联系的一种全球生产组织治理模式（图5-5）。宁越敏等认为，Ernst的全球生产网络研究更多地延续了全球价值链的研究路线并侧重承担了不同生产功能的企业网络组织关系的分析，具有较为浓厚的管理学色彩，其主要研究内容包括网络中的生产范围、权力非对称关系、知识和技术的传播等。曼彻斯特学派的全球生产网络研究则主要秉承了全球商品链的内涵而具有深厚的社会学色彩，重视制度要素的作用，强调地方对全球化的发展呼应，主要围绕企业、制度、关系（流）、空间（地方）等几个维度，并以技术、时间为外在影响要素，探讨价值（Value）、

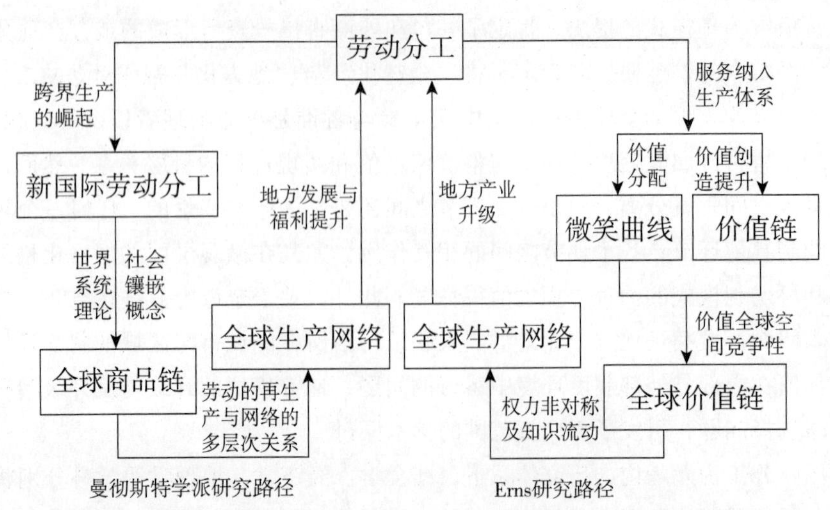

图5-5 曼彻斯特学派与Ernst全球生产网络研究路径比较

资料来源：宁越敏，李健：全球生产网络及在中国大陆的发展，2008年9月8日上海"世界中国学"大会

权力（Power）与镶嵌（Embeddness）三方面的内容。[1]

联系到中国对外开放后的城市化进程，江浙地区是当代中国较早融入全球化进程的主要区域，从浦东开发开放到2001年加入世贸组织，开放经济条件逐步形成。在这样的过程中，江浙地区的城市发展从早期的"苏南模式"与"温州模式"分异，到开放经济条件下又分别以更加迥异的融入或对接的路径呈现。虽然两个地区都以"外向型"经济著称，但是两者参与国际贸易与国际分工的方式差别很大。

在20世纪80年代至90年代初期，昆山外资企业进入的主要是轻纺、纺织、鞋帽、机械等劳动密集型产业，资本、技术密集型产业领域的投资较少。但从20世纪90年代中期以来，外资企业大部分都进入了资本密集型和技术密集型产业，投资的产品档次、技术含量、管理水平大幅度提高，尤其进入2000年以后，加工贸易成为昆山国际贸易的主要构成(表5-2、表5-3)。如果简单地从国际贸易角度看，江浙最大的区别在于：一个是以一般贸易为主，另一个则是加工贸易。一般贸易是指中国境内有进出口经营资格的企业单边进口或单边出口的贸易，指除加工贸易之外的一般性进出口贸易，与昆山的加工贸易不同，区别在于：加工贸易以保税形式进口原材料在国内加工后出口；一般贸易是使用国内原材料或纳税进口材料，生产加工后出口。

2002～2007年昆山出口商品结构部分情况 表5-2

年　份	出口总额（万美元）	机电产品出口额（万美元）	机电产品出口占比（万美元）	IT产品出口额（万美元）	IT产品出口占比
2002年	432396	327920	75.8%	213756	49.4%
2003年	721535	579483	80.3%	418034	57.9%

[1] 李健，宁越敏，汪明峰．计算机产业全球生产网络分析——兼论其在中国大陆的发展［J］．地理学报，2008（4）．

续表

年　　份	出口总额（万美元）	机电产品出口额（万美元）	机电产品出口占比（万美元）	IT 产品出口额（万美元）	IT 产品出口占比
2004 年	1283981	1084143	84.4%	826219	64.3%
2005 年	1794641	1552916	86.5%	1172455	65.3%
2006 年	2435754	2146216	88.1%	1606419	66.0%
2007 年	3231728	2887941	89.4%	2345076	72.6%

资料来源：根据昆山市统计局提供的资料整理计算。

2002～2007 年昆山出口贸易方式结构　　表 5－3

年　　份	一般贸易出口总额（万美元）	一般贸易出口占比	一般贸易出口增速	加工贸易出口总额（万美元）	加工贸易出口占比	加工贸易出口增速
2002 年	54201	12.5%	44.3%	377951	87.4%	78.5%
2003 年	86866	12.0%	60.3%	634137	87.9%	67.8%
2004 年	127930	10.0%	47.3%	1154743	89.9%	82.1%
2005 年	170675	9.5%	33.4%	1621741	90.4%	40.4%
2006 年	232681	9.6%	36.3%	2199964	90.3%	35.7%
2007 年	326168	10.1%	40.2%	2870726	88.8%	30.5%

资料来源：根据昆山市统计局提供的资料整理计算。

玉环的对外贸易则以一般贸易出口为主。以一般贸易出口为主的外贸经济形式融入全球生产网络，从普遍意义上来说更有动力和条件发展自主创新、培育具有自主知识产权和自主品牌的出口商品。以一般贸易出口为主的民营企业相对于加工贸易型的外资企业更具自主创新和不断提高产品核心竞争力的内在动力。民营企业的一般贸易出口面临国内生产要素成本上升、国际竞争日趋激烈等考验，为了保持并提升其出口商品在价格、质量等方面的竞争优势，必须不断创新，不断提高具有自主知识产权的商品出口量。从“2005～2006 年度商务部重点扶持和培育的出口名牌”的地区分布来看，浙江占据了全国 190 个中的 51 个，列全国首位，且基本上为民营企业一般贸易出口品牌，这也从另一方面说明一般贸易出口对出口品牌建设、自主创新的要求更强。

回应全球生产网络的理论框架与来源，昆山的以外商直接投资而产生的产业集群与对外加工贸易，更贴近于全球价值链的分析，或是全球商品链中的生产者驱动型，近似于跨国企业对全球生产体系的垂直整合；玉环的以地方产业集群融入国际经济系统与对外一般贸易，更贴近于全球商品链中的采购者驱动型，属于跨界外包的垂直分离。但是这是一种相对理想性、方向性甚至是极端性的划分，因为当我们面对目前昆山本地的外资配套加工企业也在进行技术消化与自主创新，逐步从委托制造转向部分自有设计代工生产的过程，面对玉环的制造业集群正在逐步整体性接受国际产业转移，自主、合作进入国内市场与国际市场的营销与推广环节，甚至部分行业（如“玉环派”新古典主义欧式家具）的自创品牌景象，我们会发现所谓的垂直整合与垂直分离的秩序也越来越模糊。

5.3.2 跨界治理下的外商直接投资地方嵌入

全球商业社会的形成就意味着全球生产网络无处不在的笼罩，在劳动分工原则支配下，包含研发、设计、管理、营销、制造等价值链生产环节相互分割并各具发展优势，在全球尺度下进行业务合作与竞争，形成一种特定形式的动态权力阶层模式。但全球生产网络各节点在空间布局上并非是均质化的，“全球地方化”及“地方全球化”都需要在特定条件下实现，各种自然要素和社会要素的作用与机制在不同地方都不尽相同，这是全球生产网络未来的一个重点研究领域。地方发展的网络镶嵌如果说外资的地方镶嵌为“全球地方化”，那么地方对全球生产网络的镶嵌则是“地方全球化”，其行为主体主要是地方政府和本土企业。“新区域主义”城市社会学家们在有效吸收了经济社会学家格兰诺维特的“嵌入”思想后，将其同经济全球化联系起来，调和了全球化与地方化两种极端的观点，强调全球地方化的过程与“制度厚度或绵密性（institutional thickness）”的作用，认为制度化过程支撑和激励着区域创业精神的扩散，提供了支持地方作为主体的思想框架，促进产业地区根植性和创业环境，建立信用关系，形成一套共同认可的行为、支撑和操作规范，在“全球”与“地方”的互动过程中形成有效的“跨界治理”。

自1978年中国实施改革开放政策以来，伴随经济管理权限的下放，地方政府成为具一定调控权力的主体与经济利益主体。昆山透过地方性的制度设计并以说服中央的过程，实现了城市对于全球生产网络的镶嵌，以完整性的制度创新空间产物——“出口加工区”，成为地方与全球经济体系联结的平台，以提供土地、厂房、水电交通基础设施、劳动力培训、优惠赋税等制度供给，并与跨界台商的互动协商，形成一组制度规范，形成了“地方”对“全球”与跨国公司的本地“嵌入”。跨国公司的本地嵌入问题一直是后发国家和地区十分关心的问题，在很大程度上成为后发国家和地区能否利用外资发展本地经济、落实追赶战略的关键。韩国、中国台湾等地区就是非常成功的例子。

但是一些国家和地区经常出现外资的“松脚性”[1]现象，就是跨国公司虽然投资当地，但它们往往只与海外联系，而与本地的产业联系很少。在这种情况下，跨国公司不仅给本地产业的溢出带动效应有限，而且在外部环境发生变化的情况下很有可能会搬迁到其他更低成本的地方。一个非常典型的例子就是“拉美化现象”，尽管在20世纪七八十年代的工业化初期，以墨西哥为典型的部分拉美国家成功引进大量外资，发展外援型经济。但与中国台湾和韩国不同的是，由于跨国公司并没有嵌入墨西哥当地的产业网络，而是长时间停留在“两头（采购与市场）在外”的加工贸易形态，一直没有成功发展出本地产业。20世纪70年代由于石油危机的全球经济不景气，大量外资撤离，墨西哥等国家最终陷入了产业空洞化、经济倒退的困境。由此可见，如何将跨国公司“引进来”固然重要，但如何将跨国公司“留下来”、“促发展”更为关键。外资在昆山大量的投资，看中的是地理位置优越、政府为企业服务好、产业集聚等，并不是资源丰富（除劳动力之外）；正好相反，昆山不仅土地、电力、环保等资源面临极其严峻的挑战，就连外资企业生产投资所需要的一

[1] 叶庆祥．跨国公司本地嵌入——理论、实证与政策选择［M］．杭州：浙江大学出版社，2008：1.

些零部件、半制成品以及生产所需的原材料在当地都没有办法获取，或者是不在当地获取，原因有很多，除了外资企业为了利用中国的加工贸易政策原本可以在当地采购的商品反而从国外进口之外，还与内资企业生产的产品达不到要求、当地没有所需要的产品等有关。

为了解决这一问题，外资企业就从国外进口自己所需的资源和技术，或者把与自己配套的企业引进到昆山，内资企业也积极地从国外进口先进的技术，提高自己的技术水平，以达到外资企业的要求，或者按照外资企业的要求进口相应的资源进行加工生产，为外资企业配套。所谓外向配套是指外资企业特别是跨国公司进入东道国（地区）后，通过后向联系产生的本地企业向外资企业提供中间产品的行为。[1] 外向配套可以使外资企业就近获得中间产品供应，降低生产成本，增强在当地的根植性；对当地企业而言，不仅可以通过配套融入外资企业的国际分工体系，获得稳定的市场，更重要的是可以借此接受外资企业的技术指导和技术、管理经验的外溢，提高技术水平，发挥后发优势。另外，配套企业在满足外资企业配套要求的同时，还可以间接地为本国本地下游厂商提供多样化的低成本中间品投入，进一步扩大外资企业的技术外溢效应。

昆山地方政府从开发区建设之初，就注意建立对外服务的意识，通过开发区与出口加工区的建设融入了全球生产网络，但同时外部对昆山也有“只长骨头不长肉”、“外资带走利润，留下地区生产总值”等评价。为此地方政府将外商直接投资的本地配套作为地方因应全球生产网络“嵌入”与产业升级的策略。在信息方面，政府强劲实施外向带动战略，以外向配套为纽带，极力推动外资企业和内地企业之间的信息交流和资源共享，并专门搭建信息平台，透明市场的供求信息，减少了双方的信息不对称性和生产的盲目性。如，政府通过举办座谈会、台资与民资面对面洽谈会、外向配套专场活动和外向配套信息服务网等形式有效地降低外资企业和本地企业寻找协作伙伴的成本，增强他们之间的信任和信赖，提高外资企业和本地企业的产业关联度。

在政策方面，为了促使更多的民营企业成长，昆山地方政府先后出台了扶持与激励政策，促使本地民营企业“三自创新”（自主创新、自创品牌、自我创业），提升市场竞争力，政府还不断加大对外向配套企业的奖励力度，对拥有自主知识产权和自创品牌或核心产品的配套项目进行重奖。如2004年，《昆山市外向配套重点项目考核奖励办法》规定对每年度的外向配套项目投资在1000万元以上，且设备投资不低于50%的民营企业，列入市重点项目，由市财政给予贴息奖励（表5-4、表5-5）。

目前昆山政府对民营企业配套项目的部分奖励办法　　表5-4

配套项目	奖励程度
总投资在1000万~2000万元，设备投资不低于50%的配套项目	根据设备投资额进行定额奖励
总投资低于1000万元，设备投资低于50%，但拥有自主知识产权和自创品牌或核心产品的配套项目	一次性奖励15万元

[1] 张国华，张二震主编．改革开放的昆山之路［M］．北京：人民出版社，2008：46.

续表

配套项目	奖励程度
总投资额低于1000万元，设备投资低于50%，没有自主知识资产，但配套项目科技含量高、发展后劲足、竞争力较强、与昆山本地主导产业相关联的项目	一次性奖励8万元

资料来源：根据昆山市政府相关文件整理。

昆山政府对民营企业发展的鼓励政策 **表5-5**

政策内容	出台时间
提出扶持民营经济发展的28条富民政策	2001年
提出民营经济赶超战略	2003年
出台了推动民营经济快速发展的12条措施	2004年
民营外向配套重点项目考核奖励	2004年
全面启动“自主创新、自创品牌、自我创业”为主题的“三自创新”战略	2005年

资料来源：根据昆山市委办的《昆山开放型经济发展标志性事件报告材料》整理汇编。

外向配套协作成为昆山民营企业发展的重要途径，也是昆山开放型经济发展中促进本地企业发展与技术创新的主要方式。根据统计，截至2007年年底，全市累计配套民营企业超过1500家，配套项目1878个，实现销售额316.2亿元（表5-6）。到2007年，昆山民营企业的配套形式已从以加工配套为主发展到加工配套、产品配套、项目配套、服务配套、原辅材料配套等多种形式，形成了电子信息、精密机械、三车零部件、精细化工、轻工、民生用品、印刷包装等一批有特色的专业化配套协作群体（表5-7）。

1997～2007年昆山民营企业外向配套协作发展情况 **表5-6**

年　份	配套企业数（家）	配套项目（个）	配套销售额（亿元）	配套利税（亿元）
1997年	199	374	11.0	1.61
1998年	237	408	20.5	2.15
1999年	300	605	33.0	4.1
2000年	349	619	45.2	5.3
2001年	376	668	58.2	6.8
2002年	479	816	73.9	8.5
2003年	584	1002	102.6	10.9
2004年	685	1156	132.8	14.8
2005年	958	1292	193.7	18.9
2006年	1058	1560	252.4	25.3
2007年	1503	1878	316.2	33.34

资料来源：昆山市经贸委。

2006年昆山五大民营配套群体情况 **表5-7**

配套产业	配套企业数（家）	配套销售额（万元）	工业占比	利税总额（万元）	工业占比
电子信息	102	408240	20%	42525	21%

续表

配套产业	配套企业数（家）	配套销售额（万元）	工业占比	利税总额（万元）	工业占比
精密机械	299	571536	28%	60750	30%
印刷包装	246	469476	23%	42525	21%
民生用品	179	306180	15%	26325	13%
精细化工	97	285768	14%	30375	15%

资料来源：昆山市经贸委。

通过外向配套协作，昆山的民营经济与外资经济实现了"你中有我，我中有你"的共生态势。外资企业的进驻也大大刺激了昆山本土企业的发展。在投资初期阶段，为了积极开拓市场及规避高交易成本，外资企业往往选择与本土企业合作，这使得本土企业在管理、设计与研发、生产技术等方面都实现了突飞猛进。就昆山的民营企业而言，外向配套降低了其进入跨国公司全球产业链的门槛，减少了新办企业的市场风险，加快了民营企业利用外资企业的技术"溢出"进行改造升级、从事自主创新的道路。另外，促进了民营企业积极引进世界先进的管理和营销模式，企业经营管理水平明显提高。在外向配套中，昆山民营企业不断发展壮大，2000 年年底，民营企业总数为 3280 家，注册资本 17.53 亿元。但从 2003 年昆山实施民营赶超战略至 2007 年年底，民营企业数已超过 2 万家，累计注册民资 402 亿元。

就外资企业而言，通过本地配套，促进了外资企业在本地的"生根"，使得在昆外资企业近年来除了因产业升级而自然淘汰者外，并未发生"候鸟迁徙"现象，"候鸟经济"在昆山变成了"榕树经济"。例如，作为昆山主导产业之一的 IT 产业，其大进大出、快进快出的特点决定了必须降低仓储物流成本，这为本土配套企业提供了发展机遇。截至 2007 年年底，全市 700 多家 IT 企业 90% 以上的零部件能够在近半小时车程之内采购完毕。内外资企业紧密的配套合作关系有力地促进了 IT 行业外资企业的本地扎根。通过配套实现的外资企业群与民营企业群的集合，形成了巨大的规模经济，增强了昆山开放型经济的竞争优势，同时也有力地说明，外资推动型的开放型经济发展模式并不必然压制国内本土企业的发展，在配套协作中可以实现外资企业与本土民营企业的互利双赢、共同发展（表 5 – 8）。

问卷调查的 251 家民营企业配套对象情况　　表 5 – 8

	为 1 家外企配套	为 2 ~ 4 家外企配套	为 5 ~ 7 家外企配套	为 8 家以上外企配套
民企家数	28	108	33	82
比重	12.96%	43.03%	13.15%	32.67%

资料来源：2007 年的昆山企业调查问卷。

随着更多配套企业的集聚，产业链条的延伸，相关产业的外资企业陆续进入开发区和创业园区。一方面，这类外商企业看重的是开发区内丰富的配套资源，对于主体产业的发展将会起到重大的推动作用；另一方面，由于配套企业都在园区周围，运输成本的大大降低，避免了“冰山效应”❶带来的贸易损失；第三方面，高效的产业配套可以使得主体企业实现零库存，降低仓储成本的同时提高了资金的流动性。当主体企业进入后，由于其固有的垄断性和连贯性，外围的配套企业在合作过程中实际是扮演子公司的角色，产品生产标准化、企业管理同步化、生产销售一体化，所有的生产环节都是以主体企业作为参照。在创新的过程中，由于主体企业的特殊地位和研发优势，对于配套企业而言，他们将在整个产业链中接受主体企业的知识、技术、管理溢出。这种溢出通过模仿、扩散、竞争以及员工的流动等多重机制进入产业链中的配套企业，并进一步影响到开发区外的创新主体的行为，从而推动整个经济体的创新活动。

5.3.3 制度厚度：地方与全球的对接

制度厚度是在经济地理学与经济社会学、城市社会学交叉后，发生“制度转向”与“文化转向”中提出的一个重要概念。制度厚度内涵体现在以下四个方面：①大量各种各样的机构，包括企业、地方政府、商业协会、金融机构、发展机构、工会、研究与创新中心、资源团体等，为社会网络中的各种本地化或共同的实践活动提供基础；②在各机构间建立有机联系，产生高度的相互作用，促进相互合作、交流及反射网络的形成，在地区制度安排方面产生显著的同构；③各机构间有着强烈的区域意识，即各部分围绕特定的议程、项目或区域的社会经济发展目标，形成共同感，将部门主义和制度之间的冲突降到最低；④以上几个方面的结合形成的集体动员和制度化过程，使各部分围绕特定的议程、项目或区域的社会经济发展的共同目标形成共同感，就反映了地区的制度厚度的程度与性质。按最有利的结合方式，制度厚度的这四个决定因素会产生六种结果：①制度持久性——地区制度再生产；②共同具有知识的档案［包括正式的或意会的知识（tacit knowledge）］；③制度弹性：地方—区域—中央制度具有学习和变化的能力；④创新能力—企业和区域都具备的内部能力；⑤信任与互惠作为一种行为规范；⑥广泛拥有的共同项目、能以有效的方式进行区域动员的“制度厚度”。这主要是通过建立信用关系，促进产业地区根植性和创业环境，通过制度化过程，形成一套共同认可的行为、支撑和操作规范，使每个个体如鱼得水。❷

传统空间经济学对经济行为的研究不考虑社会、政治、文化背景，在区位论中，经济行为是利益最大化的个体，社会政治环境是常量，地理空间是均质的。而在经济社会发展的主体上，无论是凯恩斯主义还是自由市场主义，其区域政策一直是以企业为核心的、标准化的、基于激励的和自上而下由国家推动的，它们均认为经济成功的核心在于一组共同的因素，如理性的个体，追求最大化的企业家，企业是最基本的经济单元等，只是前者重视政府能力的作用，后者强调市场机制的效率。“制度厚度”概念的提出，使得空间经济学或是经济地理学在研究城市与区域的经济社会发展中，更强调区域历史、文化及制度背

❶ “冰山效应”是指原有的低成本带来的价格优势附加上高额的长途运输成本后就消失殆尽，类似将冰山从南极运回内地就会融化得所剩无几的现象。

❷ 吕拉昌，魏也华．新经济地理学中的制度转向与区域发展［J］．经济地理，2005（7）.

景的作用。同时“制度厚度”强调多元主体的作用，认为区域系统中存在多种主体，包括家庭、企业、政府等，并强调对政府、企业、私人等所有的区域主体的集体动员，关注结成这种“集体”的制度形式。在“新区域主义”的最新发展中，除了我们之前所提到的经济地理学与经济社会学交叉后，产生的“制度转向”与“文化转向”，在空间经济学的阵营中，对城市与区域的发展研究，也出现了一个从“空间经济学”到“地方社会学”❶ 转向的思潮，试图在城市与区域发展的研究中强化“新经济社会学”的组织网络研究优势与“地方社会学”的制度绵密性研究优势。

改革开放以来的中国城市化进程始终处于一种体制转型的宏观背景下，面对开放经济条件与全球生产网络在世界地理空间的呈现，地区的城市化进程与产业空间发展，也指涉出地方政府与跨界企业对于制度厚度的建设，并在不同区域层次形成不同的制度发展态势。因此，如何实现地方性制度安排，寻求中央与地方的平衡，捕捉促进区域经济发展的精确制度设计与安排是探讨城市与区域发展的核心问题，而我们也只有把“制度厚度”与其地理空间尺度联系起来，“制度厚度”才有意义。

与昆山外商直接投资地方嵌入继而地方跟进发展的策略不同，玉环在外向型经济形态上是迥异的。2002 年玉环的外资依存度仅为 1.1%，而同期的昆山却达到 21.1%，利用外资也极为薄弱，外资企业进口增幅大于出口增幅并大大超过投资增幅。

从微观经济基础看，以私有产权为基础的民营经济是外向型经济的主体，对外贸易方式以生产企业自营出口为主。与固有经济状况及国家经济体制改革推进、外贸经营权下放相适应，外贸体制改革后，玉环不再有国有外贸企业。截至 2008 年年底，玉环有自营出口权的民营企业已经超过 1000 家。

从外向型经济发展模式看，玉环已完成从传统单一资源驱动型出口模式向以产业结构优化为主、多种模式共存的外向型经济发展模式的转化；出口商品结构调整和产业升级与全球产业结构调整及转移相关联，是顺应后者的趋势与承接。根据史晋川对台州地区的研究，台州地区出口产品结构与外向型经济产业结构调整和升级也明显快于周边地区。在整个台州地区，长期以来一般贸易方式都一直占绝对优势，2002 年的比重高达 87.2%，高于浙江同期 82.5%。但是出口商品构成已发生明显变化，主要出口商品中初级产品仅占 7.1%，工业制成品占 92.9%。❷ 位列台州地区出口第一，浙江省十强的玉环已脱离以初级产品、轻纺产品为主的中低级阶段而逐步进入以机电、医化产品为主的中级阶段，水产品、罐头、服装、工艺品等低附加值的传统产品比重下降，高附加值的轻工业品、机械和医化产品比重明显上升，并已成为主导出口产业。

玉环的工业成长与外向型经济在产业结构调整与出口产品升级上，有着自身的独特性。与浙江（尤其是温州）产业一贯以低技术、低附加值的轻纺工业为主，产品以服装、轻纺等低附加值、小件物品为主有着显著区别，其出口产品档次及发展速度均高于浙江平

---

❶ 陈明祺．从空间经济学到地方社会学——台湾自行车产业厂商存活率的事件史分析（1980－1996）［Z］．台中：东海大学，2002.

❷ 史晋川，吴晓露．禀赋约束与制度演进视角下的外向型经济发展——以浙江省台州市为例［J］．浙江大学学报（哲学社会科学版），2005（6）：34－45.

均水平。玉环外向型经济产业结构演进历程未按发展经济学中的一般性规律，首先以农副产品为主的初级产品，然后经过服装纺织及鞋类为代表的轻工业产品，再过渡到机电、高新技术产品的出口产品发展路径，而是直接从初级产品转入到高附加值的机电、高新技术产品跳跃式发展。这对一个长期缺乏外援、依赖内源民间力量发展的经济体而言，是较为特殊的现象。

从演进历程看，玉环经济的发展与起步是依赖自身区位条件和民间经济自我积累逐步发展而形成的外向型经济模式。与世界上绝大多数内生性外向型经济发展模式相类似，玉环也经历了从初期的单一发展模式到逐步到综合发展模式。玉环在发展历程中受自然资源与社会条件的双重约束，只能利用区域内资金技术制造并出口，因此，以私有产权为基础的民营经济填补了外商与国有投资空白，成为当地外向型经济主体，并形成以生产企业自营出口为主的外贸方式。1994 年之后，玉环逐步走上以传统出口模式、转移产业模式为主，兼顾利用外资模式和“两头在外”模式的综合发展道路。目前，在玉环承接产业转移模式已成为外向型经济的显著特点。

始于 20 世纪 70 年代末，由改革开放带动的外向型经济发展中，玉环在自然禀赋方面没有任何优势，一般人力资源，尤其是高级人才也极为稀缺。因此，如果要从要素角度寻求台州外向型经济的人力资本优势，绝不是总体水平而是在于某种特性——体现在人的观念和行为方式中、能形成从计划经济向市场经济转轨中获得先发优势的人力资本禀赋。❶这种人力资本转换与增值的先发效应对外向型经济的增长绩效甚至现代化模式、路径选择都非常关键，其中，经营管理能力，特别是经商能力，使玉环人较早形成与市场经济相通的观念和行为方式，在进入市场获取商机上占得先机，创造了良好的市场条件，弥补了物质资本和自然资源的严重不足。

民营经济发展为外向型经济快速成长提供了重要动力支持，在人力资本边际报酬递增下迅速完成民间资本原始积累，填补经济发展中国有、外商投资空缺，为当地经济增长提供了充足的民间资金和充分适应市场经济的人力资本，同时这也塑造了玉环外向型经济的模式与特征。充分市场性的民营企业必然要求任何决策成本收益内在化，并突出反映在玉环外向型经济发展中的各转折点和飞跃点的发展模式及出口产品产业结构选择上。

在面向市场的自我积累和承接外来劳动密集型产业的过程中，玉环的民营经济在 20 世纪 90 年代后期开始呈现井喷式发展，经济外向度逐步提高，从日本、欧美等发达国家承接的汽摩业也在原有发达模塑技术优势基础上使摩托车、汽车及其配件业蓬勃发展，汽摩配产业出口成为近年玉环高附加值产品出口的一个重要支撑，成为玉环第一大支柱产业；芦浦、坎门从欧美发达国家承接了医药包装与医药化工业，成为当地最大的出口产业；承接于美、德、法、日、意等国，以水暖配件为主的阀门业，结合城关、珠港、清港等地相对成熟的车床、铣床等技术优势，使阀门、龙头等成为又一主要出口产品。

关照到全球生产网络中的地方制度厚度因素，我们从地方制度安排来看玉环民营经济

❶ 史晋川，吴晓露．禀赋约束与制度演进视角下的外向型经济发展——以浙江省台州市为例［J］．浙江大学学报（哲学社会科学版），2005（6）：34－45.

自营出口的外向型经济模式。杨小凯认为“理性人”对国内贸易和国际贸易的选择原理相同，都是折中处理专业化经济与节约交易费用两难冲突的结果。一个国家或地区卷入国际贸易及外向型经济的发展程度同样取决于该地区的分工水平和交易效率。❶ 缺乏外来资金推动、基本依赖民间积累的玉环，工业起步因资金和劳动力约束势必导致企业规模偏小，产业（产品）以“轻、小、加”为主。为提高产业和区域经济竞争力，就会依地缘形成典型的“小企业、大产业”块状经济格局，使区块内企业享有一般小企业不具备的外部规模经济，共享公共基础设施、与生产相关的资产专用性很强的配套服务以及市场、技术、管理等方面知识的溢出效应；享有分工经济，包括不同区域块状经济间根据比较利益进行区际分工，获得生产率增进和同一块状经济内企业间分工带来的生产率增进。❷ 玉环发达的分工体系不仅造就了区域经济的繁荣，推进了内源性民间力量积累，也为玉环外向型经济发展提供了发达的分工和专业化体系。然而是否存在能有效降低交易费用的制度环境与安排，就成为其能否嵌入全球生产网络的关键。

对于玉环（台州地区）地方的制度厚度与制度演进，史晋川的研究认为，“以内源民间力量推动为基础的外向型经济的关键在于：与市场经济高度兼容的区域商业文化环境促成市场化快速推进并形成充足的民间企业家资源；作为制度提供者的地方政府和作为制度需求者的微观经济主体为寻求制度变革中的共同经济租金最大化而携手，成为了当地制度创新中的‘第一行动集团’，互动合作，有效解决了市场化改革和经济发展中的激励和交易效率问题。”❸。

在地方制度厚度的演进过程中，玉环地方政府与微观经济主体，发达专业市场与外向型企业的双重互动不仅降低了与外界市场的对接成本，也减少了制度变迁中的摩擦成本，为外向型经济发展扫清了道路。同时，浙江省是最先实行省管县体制改革的省份之一，2002 年 8 月 17 日，浙江省委办公厅下发“浙委办（2002）40 号”文件，将 313 项审批权下放给绍兴、温岭等 20 个县（市、区）。这份文件后来被浙江省有关部门简称为“40 号文件”。浙江省把地区一级的经济管理权限直接下放给包括绍兴县在内的 20 个县（市、区），经济上近似“省管县”，涵盖了计划、经贸、外经贸、国土资源、交通、建设等 12 大类扩权事项，几乎囊括了省市两级政府经济管理权限的所有方面，这种“直管”还扩展到社会管理职能，如出入境管理、户籍管理、车辆管理等，重点是县财政直接对省负责。文件里用四个字表述扩权的总体原则——“能放都放”。这种放权进一步强化了地方的制度“厚度”，地方政府在制度供给上有着比较充分的自主权和可控范围。

第一，从外向型经济的制度框架性环境的演进看。作为制度框架供给方的玉环地方政府，通过在制度演进中与微观经济主体的合作博弈，调整自身功能定位，为“内源性”产业集聚联结全球生产网络创造良好的制度环境：相对隔离了原生性、内源性市场经济发育

---

❶ 杨小凯，张永生．新兴古典经济学和超边际分析［M］．北京：人民出版社，2000：77－79.

❷ 史晋川，金祥荣，赵伟等．制度变迁与经济发展：温州模式研究［M］．杭州：浙江大学出版社，2002：178.

❸ 史晋川，吴晓露．禀赋约束与制度演进视角下的外向型经济发展——以浙江省台州市为例［J］．浙江大学学报（哲学社会科学版），2005（6）：34－45.

的体制、政策性障碍（由于政府的过多干预而导致市场充分度“晚熟”）和社会意识障碍（存在不利于市场发育的社会因素），对不能自然发育的市场和产业经济特性，通过发挥制度投入与安排，扮演“市场创造者”角色。玉环的地方政府可定义为既不同于苏南模式的“合作型”政府，也不同于温州模式的“辅助型”政府，而可称为“互助型（助动型）”政府❶：地方政府利用国家赋予的“让权放利”等优惠政策，以独特的地理区位、土地和劳动力等优势，与外来资源相结合；在必要的时候借助行政、经济力量，调动行政区域内的人、财、物，配合本地或外来资源兴办经济实体或推动其发展壮大，促进经济发展，也通常被称为“积极的不干预”。“互助型”基层政府与偏好向政府寻租的微观经济主体作为玉环地方制度厚度的共同追求者，在制度厚度建设中“协商”、“合作”，与其他行为主体携手成为制度创新的主要动力，在各方互动中推进制度演进。而地方政府与微观经济主体间的互动促进了民间力量积累，降低了适应市场经济的制度变迁成本和外向型经济的交易费用，推进了外向型经济发展和产业结构升级（表5-9）。

外向型经济中“合作型”、“互助型”、“辅助型”政府异同比较　　表5-9

	“合作型”政府	“互助型”政府	“辅助型”政府
经济起飞阶段的政府作用		有力地推动了当地经济起步，提供公共产品和公共服务	
结果		实现农村工业化、经济起飞及外向型经济发展	
经济发展战略	外源型：借助上级政策扶持和外力推动	内源型：民间内源推动与基层政府主动推进相结合	内源型：单一的民间内源推动与基层政府的被动协助
政府企业关系	主导：地方合作主义	外部服务：“准合作管理”	相互独立
资源动员方式	借助行政力量、引进外资	以民间力量为主、配合外资有限参与	
行政参与程度	直接参与经济组织和调控	有限参与	几乎不参与
管理手段	内部管理和控制	引导、扶持等外部助动	宏观调控
利税主要来源	税收及参与企业利润分配	收费、资产性收益及参与制度租金的分配	收费和资产性收益

资料来源：史晋川等．禀赋约束与制度演进视角下的外向型经济发展［J］．浙江大学学报，2005（6）：34-45.

第二，从地方专业化市场网络与全球生产网络的对接来看。由内源性民间力量推动经济发展，必然要求在工业化初期，企业建立直接面向市场，享有控制权的规模大、辐射广的销售网络。在当时的经济体制下，民营经济是典型的体制外经济，不能直接利用计划经济原有的销售渠道，而必须面向市场重新建立企业拥有控制权的销售网络。这种销售网络不仅使内源性民间推动发展模式更有利于区域内资本、企业家的资源积累，也对外向型经济产生重大的影响。虽然在对外贸易起步阶段，内生性销售网络下的区域市场难以形成规

---

❶ 颜璐，邓璇．外向型经济背景下“助动型”政府运行机制探析：以东莞厚街镇政府为例［J］．经济前沿，2002（11）：20-22.

模经济，但从更长的时段历时态地观察，内生性区域市场与外界市场由于市场的原生逻辑而更具相容性[1]，更有利于地方专业化市场网络与全球生产网络的联结。在改革开放初期，作为体制外经济存在的民营企业，不能直接通过服务于体制内经济的国有外贸公司出口，民营出口企业要进入国有外贸公司主导的出口渠道，就和进入国际市场一样要支付破除壁垒成本，这使大量企业不得不选择自营出口。在经济发展初期，这是企业的次优选择，因为在国际市场，企业不可能像国内一样依赖地缘优势，通过建立专业市场提供的共享销售网络以替代外贸公司的贸易规模经济。但长期而言，这种内生性市场关系更具市场特性，使得依之而生的企业更易于与国际市场、跨国企业、全球生产网络与玉环专业化分工的市场网络对接，降低了从国内贸易到国际贸易的交易费用，实现了专业化分工的地区市场网络与全球生产网络的一体化，促进了“内源性”外向型经济的发展。

因此，这种具有市场原生属性的内生经济关系，不仅降低了产业转移成本，也易于转移后的生产企业与原有全球商品链的相连，有助于玉环逐步承接发达国家与地区产业的梯度推移，实现外向型经济的发展和产业结构升级。最后，玉环专业化市场网络本身就是外向型经济的主体之一，与民营企业互动，进一步推进当地产品产业结构升级和外向型经济发展。专业化市场网络不仅是交易平台，也是外向型经济的重要组成部分。玉环依赖民间力量而内生的发达专业市场网络和天然具有的市场经济逻辑的网络关系，不仅具备一般推动民间力量及外向型经济发展的市场功能，而且也提供了有利于降低交易成本、提高交易效率、促进嵌入全球生产网络、发展外向型经济的制度环境。

此外，与温州、昆山相比，玉环的微观经济主体更愿意与政府合作，共享制度厚度建设的收益。在嵌入全球生产网络与外向型经济发展中，玉环企业家有很强的寻求政府支持、通过与政府合作来推进对自身有利的制度变革以获取经济利益的偏好。这种特点明确反映在玉环选择的支柱产业和出口产品结构变迁上。玉环的支柱产业主要是医药化工、汽车、摩托车等国家管制行业，企业家通过以当地政府为支点，与中央政府博弈后进入。相反，温州企业家往往选择服装、鞋、低压电器等计划经济体制外的轻纺行业，回避政府管制来壮大民间力量。这也导致玉环内源性民间资本积累和产业结构升级快于温州。

2008年上半年，受人民币升值、出口退税率下调、次贷危机等因素影响，国内服装等劳动密集型轻工产品的外贸出口遭遇寒冬。但是玉环县的外贸出口却在国内外宏观形势趋紧中，调整产品结构，实现逆势上扬，出口排名首次跻身浙江省外贸10强。1～6月份，玉环县累计完成自营出口11.7亿美元，比2007年同期增长37%。玉环县轻工产业比重相对较少，而机电产业的比重远远超出了全国、全省的平均水平，这样，受国内宏观调控的影响相对较少。另一方面则是来自外贸企业队伍的稳步增长拉动。据统计，2008年上半年，玉环县外贸出口企业数比2007年同期再增130家。外贸出口商品也得到新的拓展，机床行业新增两家出口企业。相对而言，玉环县阀门、汽配等机电产品的国际市场竞争力较强，较早的产业升级与弹性的地方专业化市场网络，使得生产的国际化要远比一般性的国际贸易更具有竞争力。

---

[1] 徐维尧，卢丽华．小企业与大市场对接的内涵、特征及对接度研究［J］．中国工商经济，2001（7）：49－54.

6

城市的未来：世界城市网络中的地方“跃升”

6.1 网络镶嵌与等级跃升：地方政府的城市竞争战略

6.1.1 全球化时代的世界城市网络

全球化成为近年来影响空间研究的一个热门议题，甚至成为城市—区域研究的一个新世纪的讨论方向。这个研究的趋势，从20世纪80年代末期开始，持续至90年代，现正逐渐地蔓延到新的世纪。在当代的全球化进程中，全球城市的地位与作用日益突出，关于全球城市的理论与研究也成为当前国际城市的前沿理论之一。从20世纪80年代开始，洛杉矶学派的早期代表人物弗里德曼，就注意到城市的发展与功能变化已经越来越难以用传统的城市理论来加以解释，将注意力转向日益加深的国际经济交流与贸易上，发现经济全球化导致的经济活动的地域再分工，进一步促成了新的城市形态与功能的形成。1986年，弗里德曼提出了"世界城市"的假说，并以世界城市等级体系的划分，提出了18个核心和12个半外围的世界城市。❶ 在世界城市等级体系的划分过程中，弗里德曼沿袭了传统功能主义方法，构建了主要城市间关系的等级模式，主要将研究的重点集中在已经形成的全球城市上（图6-1）。

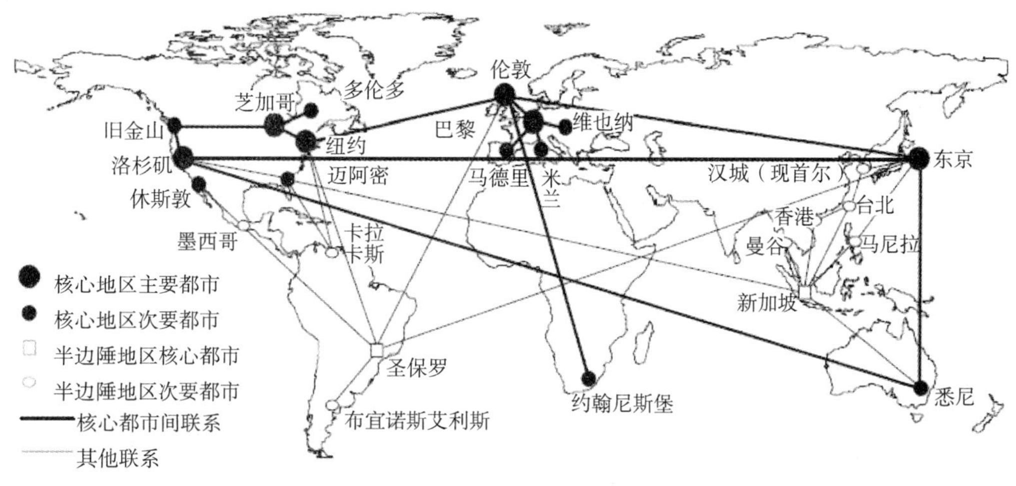

图6-1 弗里德曼构建的世界城市等级体系

资料来源：Friedmann，J. The World City Hypothesis［J］. Development and Change，1986（17）：69-84.

进入20世纪90年代，随着跨国公司的发展及其跨国经济活动的蓬勃兴起，其在全部经济活动中所占的比例发生了决定性的改变。❷ 跨国公司控制了全球2/3的贸易，1/3的生产能力，70%的对外直接投资和技术转让。❸ 这种大规模的跨国经济活动的内容本质和组织也有了决定性的改变，国际贸易中传统的稀有材料和工业制成品的国家间贸易被跨国公

❶ Friedmann J. Where We Stand：A Decade of World City Research［M］//Knox P. L.，Taylor P. J.，ed. World Cities in a World-System. Cambridge：Cambridge University Press，1995：21-47.

❷ Sassen S. Losing Control? Sovereignty in an Age of Globalization［M］. Chichester：Wiley，1997.

❸ 袁瑞娟，宁越敏. 全球化与发展中国家城市研究［J］. 城市规划汇刊，1999（5）.

司内部之间的商品、资本和信息流动所代替，跨国公司内部贸易在全球贸易中的份额日益增大。❶ 尤其是以世界贸易组织推动的国际多边贸易体制和由跨国公司推进的全球贸易、投资和生产的国际化，以及金融主导的经济一体化，使得全球经济活动的组织形式及其空间结构逐渐进入一个深化转型的阶段。全球范围的国际经济、政治、文化的交流，借助日益发达的电子信息技术以及交通工具，提升到了一个历史空前的程度，形成了新的国际劳动的地域分工。

20 世纪 90 年代以来的全球化，是一个产品、交换和消费在全球范围内融合一体化的过程，以及协调和与之相关的服务环节在世界范围内联结的过程。这种加速的全球化进程对于全球城市体系的形成和变动有着最直接的意义，包括国家、区域、城市、地方政府、企业多方博弈竞争关系的变化。在此结构变动基础上，很多全球化研究学者提出了一个非常重要的假设，即国家作为独立的经济单元的重要性下降，而城市与区域作为经济单元的重要性迅速上升。

首先，国际贸易自由化的进程使民族国家对干预本国经济的能力受到不同程度的限制，同时还出现了基于新技术的产业组织结构逐步外部化趋势，都使得传统国际贸易理论所强调的以国家为中心的空间关系的基本分析范式，越来越难以解释当代全球商品流、区域和城市的全球化趋势。构成当代全球化进程的遍布世界范围的商品流、贸易流、人力资本流、知识资本流，很多都是通过产业内贸易分工或公司内贸易分工实现的，国际贸易空间早已超越了生产国与消费国之间“单一化”的传统贸易模式。

其次，跨国公司的发展模式导致世界财富全球分布的新变化，更新中心和边缘地理，强烈地改变了世界城市体系分布、城市功能和城市生活的性质。❷ 跨国公司在全球经济中越来越成为重要的主体，跨国公司对世界性资源的支配已经逐步打破了国家的界限，更多地依托于世界各大城市向各地扩散，并以各大城市为节点形成全球生产和服务网络体系。此外，金融资本的大规模全球流动使得经济活动的空间关系发生巨变。近 10 多年来，随着经济全球化和金融自由化，发达国家和发展中国家有关资本市场的大部分限制性措施开始逐步取消，加之通信和计算机方面的技术进步，使得全球外国直接投资和外国证券投资（FPI）面临的投资环境得以不断改变，全球资本流动逐年增加。据国际货币基金组织（IMF）的统计资料显示，1990 年全球外国直接投资和外国证券投资的流量分别为 201 亿美元和 251 亿美元，到 2000 年则增加到 15092 亿美元和 14944 亿美元，分别增加了 74. 1 倍和 58. 5 倍。❸

在全球化力量的驱动作用下，地方、区域、城市的经济发展实践中，“国家”变量较以前作用有所下降，“分权化”的现象普遍存在，即权力重心向城市和区域下移。世界银行城市发展总部的 Campell 指出，世界潮流的方向是各个国家的决策权的重心下移，使大量的决策权和公共财政支出从中央政府转移到城市地方政府。城市地方政府的决策范围扩

---

❶ Castells M. The Rise of the Network Society：The Information Age：Economy，Society，and Culture（Volume I）[M]. Oxford：Blackwell，1996.

❷ 陈振光，宋平. 加入 WTO 与全球化时代中国城市发展 [J]. 国外城市规划，2002（5）.

❸ IMF，Balance of Payment Statistics，2002，2004.

大，相当部分的公共支出和城市发展政策的决策权已经交给城市，城市地方政府可利用的政策杠杆和财政杠杆增多了，在地方税收、土地政策等方面，城市地方政府比过去有了更大的决定权；由城市地方政府主导的城市贸易额大幅度地上升，对外贸易权也由中央下放到地方、民间公司；对城市未来发展方向的控制权已基本掌握在城市地方政府手里，中央的干预大幅减少。[1]

彼得·克拉索（Peter Kresl）指出，城市有能力运作基础资源以及吸引全球投资，这一特性是非常适合于一个高度竞争的全球经济需要的。[2] 城市的实力往往代表着国家的实力，国家与国家间的国际竞争在很大程度上被具体化为以城市为核心的区域间的竞争。在全球化加速进程中，由于地域经济的扩展，因而全球化现象在地域经济的集结点——城市尤其是大城市表现得最为明显。曼纽尔·卡斯特尔也专门论述过大城市，他指出：“新全球经济与浮现中的信息社会确实具有一种新空间形式，在各式各样的社会与地理脉络中发展，这个空间形式就是巨型城市。巨型城市当然是非常庞大的人口集聚体……但规模并非是巨型城市的定义性质，巨型城市是全球经济的焦点，集中了全世界的指挥、生产与管理的上层功能；媒体的控制；真实的政治权力；以及创造和传播信息的象征能力……巨型城市（例如达卡或拉各斯）并非全都是全球经济的支配中心，但是，它们确实有大量的人口连接上全球系统。巨型城市也是其腹地的磁石，吸引了其所在的整个国家或区域。”[3]

总之，20 世纪 90 年代以来的经济全球化进程加速，使城市经济直接参与全球经济，日益融入到了全球的概念框架之中，成为重要的国际性舞台。同时，城市在连接国际经济与国内经济中的地位和作用也随之提高，能够比较有效地促进那些具有关键作用的人力资本、组织和制度的发展。全球化进程不仅造就了少数全球城市，而且也必然伴有世界上更多城市的介入，对所有城市都有重大影响。[4] 一些“中等城市”（medium cities）同与其毗邻的大城市一样，也越来越多地对全球化趋势作出回应。[5] 因为全球化和信息化的发展，正在摧毁工业经济主导时代以“中心地”等级体系为主要框架的旧世界城市体系，而建立以“全球—地方”垂直联系为原则的全球城市网络体系。[6] 全球化的进程导致了大多数城市主动地或被动地融入到全球体系中，城市和区域的资金流、信息流、人力资本流、商品流、服务流的发生，可能是公司的技术和组织创新、应对非均衡市场力量关系和超国家、国家、地区及地方不同层面政策的战略行为的结果，每一个城市、每一个区域都成为或即将成为全球体系中的一个完整的部分，既是全球商品和服务的生产者和市场，同时也是人力、资本、技术、信息、知识流动的环节和节点。所区别的只是在于各种要素的流动规模

---

[1] 于涛方，顾朝林，涂英时．新时期的城市和城市竞争力［J］．城市规划汇刊，2001（4）．

[2] Kresl. P. K. The Determinants of Urban Competitiveness：A Survey［M］// Kresl. P. K.，Gaert G.，ed. North American Cities and the Global Economy. London：Sage，1995，p. 46.

[3] 曼纽尔·卡斯特尔著．网络社会的崛起［M］．夏铸久，王志弘等译．北京：社会科学文献出版社，2003：496－497.

[4] Marcuse P.，van Kempen R. Globalizing Cities［M］．Oxford：Blackwell，2000；Scott A. J.，ed. Global City-Regions：Trends，Theory，Policy［M］．Oxford：Oxford University Press，2001.

[5] Knox P. L. Globalization and Urban Change［J］．Urban Geography，1996（17）：115－117.

[6] 周振华．全球化、全球城市网络与全球城市的逻辑关系［J］．社会科学，2006（10）．

在不同城市发生的大小不同，作为中心节点的要素流量会更高，但较小的规模和较低的全球要素与商品流量，并不意味着这一城市缺乏与全球的紧密联系。全球城市在全球城市网络中是具有最广泛、最密集的全球网络连通性的，因而是全球城市网络中的中心（基本）节点，其他城市在此网络中则是一般节点。

因而，周振华对肯（King）当初提出的“全球城市网络”❶ 概念的内涵进行了改造，并指出“全球城市网络”不是“全球城市”的网络，而是全球性的城市网络或全球城市间的网络。在这一网络中，除了世界（全球）城市外，也包括其他许多介入全球化进程并通过各种要素流和商品、服务流与世界其他城市发生联系的城市。❷ 在这样的全球城市网络体系中，Brian 根据其与世界联系性的强度及其影响范围的大小进行城市分组：处于最高层级的全球或世界城市（伦敦、纽约、东京——对世界金融机构的统治使它们荣膺此列）；较特殊的支配性城市集中了特定的工业，如休斯敦的石油工业；政治支配性城市包括国家首都，如华盛顿特区、巴西利亚；区域的和当地的城市，以较低水平的公司活动为特色，其活动也日益受到国际贸易和产业重组的影响；全球等级中较低层次的城市承担着劳务移民的征募、自然资源和剩余价值的提取，以及市场深化所必需的消费类型的扩散等任务。❸ 按照这样的划分原则，发展中国家城市功能的国际化就有了很大的成长空间，如出口加工区、离岸金融中心、国际口岸城市、制造业出口专业化生产基地等。

6.1.2 世界城市网络的镶嵌与跃升

全球城市网络是一个诸多节点相互连接而成的网络化结构，“节点”意味着网络之中多方持续互动的表现。城市作为一个节点的价值，在于它和其他节点之间的相关性。一个城市在网络中的重要性取决于它和其他节点之间的关联程度，取决于“它们之间交流什么，而不是它们那里有什么。”❹ 节点之间的流动水平、频繁程度和密集程度就决定了它们在全球经济中的地位。这里有两个衡量维度：一是关联密度，即互相关联的层次越密集，节点所能完成的吸收、传递和处理的功能就越强，该城市也就显得越为重要。二是关联广度，即与其他节点的联系及相互作用越多，该节点在网络结构中就越处于中心位置。❺

作为全球网络节点的城市，在全球经济中具有多重地位，城市一方面是全球的，在另一方面又是地方的。那些与全球城市网络关联性不强的城市可能承担着更多的地方性功能，而在网络中处于较高等级的城市将在全球体系中具有鲜明的特性，从而使这类城市与毗邻的城市有所区别，例如芝加哥与麦迪逊，两者毗邻，但是城市的国际化功能与地方性功能表现迥异。在全球城市网络中，节点具有多样性，这主要与城市的节点类型有关，即

---

❶ 肯（King）当初提出“全球城市网络”的概念，主要是用来表述全球城市所履行的由跨国公司活动引起的“指挥中心”在“新的国际劳动分工”中所起的控制和枢纽这些功能的新型组织形式。

❷ 周振华．全球化、全球城市网络与全球城市的逻辑关系［J］．社会科学，2006（10）．

❸ Brian J. G. Restructuring and Decentralization in a World City，Copyright by the American Geographical Society of New York，1996.

❹ Beaverstock J. V.，Smith R. G.，Taylor P. J.，Walker D. R. F.，Lorimer H. Globalization and World Cities：Some Measurement Methodologies［J］．Applied Geography，2000（20）：43－46.

❺ 周振华．全球化、全球城市网络与全球城市的逻辑关系［J］．社会科学，2006（10）．

指挥控制型和网络结构型。指挥控制型存在于那些跨国公司总部所在的城市，由于正是这些城市的公司总部控制了在其他城市的地区总部或公司分部，所以这类城市往往成为统治性的城市，我们通常也称之为“全球城市”。但全球城市网络并不像一个科层等级系统那样按照从上到下的顺序简单垂直运作。有许多城市往往是一些提供全球服务的企业声称“必须在那儿”的地方，尤其是很多重要的全球性大宗物流的港口中转城市，例如亚洲的新加坡，通常被称为“通道城市（Gateway City）”，也是具有全球性服务功能的城市。

英国拉夫堡大学全球化和世界城市研究小组与网络（简称世界城市研究小组，GAWC）作了新尝试来确认世界城市。他们认为作为世界城市必须拥有高级生产者服务部门，因为高级生产者服务部门积聚了现代知识与技能，从而能代表它所在城市在全球活动的能力。此外，高级服务公司以及它们的分公司在全球城市系统中的空间分布网络也建立了城市与城市之间的联系，因为公司之间、分公司之间、公司与分公司之间有大量业务和信息往来。根据69家高级生产者服务公司在全球264个城市中的空间分布情况，世界城市研究小组确认了55个世界城市。❶ 但以普遍公认的世界城市概念去观察这55个城市时，发现只有少数城市合乎“世界城市”的标准，即作为控制世界经济的中心。但除了这些具有指挥控制性功能的“世界城市”之外，许多城市也表现出世界城市正在形成、正在国际化或正融入全球城市系统的状况。高级生产者服务公司在世界城市形成的过程中扮演重要的角色，但这些服务公司除了总部以外，其他分公司也在支撑跨国企业的全球运作。虽然不是在世界城市网络中扮演重要的控制功能，然而高级服务公司服务网络在城市中的建立和扩展确实表现了这些城市经济的国际化，故而高级服务公司的分布与集聚程度就成为度量一个城市的国际化程度与地位的标志。

以至于西方有人称“服务经济”时代的来临，生产性服务业对现代城市功能的塑造及全球、区域地位的发挥起着越来越重要的作用。Daniels 指出，生产性服务业和跨国公司总部在一定程度上发挥着极化城市体系的功能。生产者服务公司及其分公司支撑着跨国公司在全球城市系统中的运作，高级生产者服务公司在城市的设立和发展直接表示了这个城市参与国际化的程度。在当下疾速的全球化进程中，跨国公司的越界分布与高级生产者服务公司的全球布局，使得越来越多的后发国家的主要城市与区域进入到世界城市网络中，并成为构成世界城市网络的重要组成部分。

综上所述，笔者认为新兴工业化国家的城市进入世界城市网络的过程，一般有两个阶段：

第一个阶段是城市跨越国家的边界嵌入世界城市网络的过程，新兴工业化国家透过新国际劳动分工原则下全球生产网络的延伸，以出口加工区、制造业出口专业化生产基地等方式加速城市自身国际化程度的成长，以参与全球生产网络、参与专业化生产的国际化分工，融入到全球化进程与世界城市网络中，成为具有国际性影响力、参与全球生产分工的国际性城市，在全球生产网络中具有节点的作用。

---

❶ Taylor P. J., Catalano G., Walker D. R. F. Exploratory Analysis of the World City Network [J]. Urban Studies, 2002, 39 (13): 2377 -2394.

第二个阶段是城市已经嵌入世界城市网络，并且融入到全球生产网络中，但是城市逐步透过全球生产网络中的价值链攀升，开始从早期价值链低端向价值链高端递进，使得城市在全球生产分工中的能级有所提升，在世界城市网络中逐步表现出节点的作用，对网络中的其他城市与区域形成一定程度的生产型服务功能。新兴工业化国家的城市在世界城市网络中的跃升过程，一般通过吸引跨国公司各级研发中心的设置和高级生产者服务公司落户来实现，还有通过对自身的全球性专业化生产网络在价值链上的延伸与提高来实现，逐步从生产环节向技术研发设计、现代物流、全球要素市场与期货市场等高端价值环节转化，实现城市在世界城市网络中的能级跃升。

世界城市网络中的城市与区域发展，已经不仅包括人口和经济活动的空间集聚和转移，还包括了社会经济结构的转变和城乡互动关系的转型。在这种全新的条件下，推动城市化发展的动力因素发生了巨大的改变，从生产力剩余和资本逐利的基本动因向创新激励、文化冲击和新产业出现为主题的多因素推进。❶

6.1.3 城市的营销与地方创新体系构建

全球化改变了国家、区域与城市的空间秩序，跨国公司及许多超国家（Super - national）机构对城市与区域的重组产生着越来越大的作用。20 世纪 90 年代以来特别是在欧洲，国家的作用被明显弱化，因而许多城市与区域的发展可以直接与国际资本相连，地方政府在全球经济与社会发展中扮演着越来越关键性的角色。以卡斯特尔为代表的一些学者认为，“国际资本流空间（International Capital Flow Space）”正在取代“地方实体空间（Local Physical Space）”，传统的地理空间正在消融，国家与城市行政边界的作用已经过时。但 Brenner 等人通过大量的发展事实表明，全球化过程中的地方政府正凭借土地、环境、运输系统等固定的地域资本（Territorial Capital），与国际流动资本共同参与对城市、区域重构（reorganization）的过程。地方政府之间既有合作，也面临着更大的相互竞争。与此相应，许多关于城市、区域管治（Urban & Regional governance）以及大都市地区地方政府之间关系的研究被广泛展开。毫无疑问，20 世纪 90 年代后期的全球化、市场化等环境转变，极大地改变了地方政府间的关系并促进了城市与区域管治的变化。❷

1978 年的改革开放使得中国的经济体制、不同层级政府间的关系发生了巨大的变化，其中一个最显著的转变就是，地方政府从计划经济体制下“中央政府延伸部门”的被动角色，转变成更加企业化的利益主体。地方政府越来越倾向于像企业一样（该现象也被称为“地方政府企业化”），更多地从本地经济利益的角度来进行决策与行动。以经济建设为宗旨的各种权力垂直下放和相应的激励机制，强化了经济发展被作为地方政府首要职能的地位。市场化的改革和快速融入全球经济体系的进程，使得中国各个区域的地方政府之间的竞争关系更加剧烈，同时市场化取向的、面向公共服务型政府建设的行政体制变革，要求

❶ 顾朝林，于涛方，李王鸣等．中国城市化 格局·过程·机理［M］．北京：科学出版社，2008：607.

❷ 张京祥，吴缚龙，崔功豪．城市发展战略规划——透视激烈竞争环境中的地方政府管治［J］．人文地理，2004（3）.

地方政府必须调整对社会的管治方式，利用更多元化的方式（而不是传统单一的行政指令）来促进地方各类资源的整合。在中国当前及今后相当长的一段时期内，区域间的“竞争”是主导地方城市政府关系的绝对主题，每年发布的综合实力百强县排行榜甚至被称为年终考核的成绩单。经济全球化和市场化给中国城市的发展营造了一个激烈竞争的环境，地方政府的企业化倾向更加明显，并对外界环境变化作出了种种反应。

嵌入世界城市网络并在网络中进行能级跃升，已经成为当代中国先发地区城市竞争的核心内容。与此同时，全球化对中国的影响也正逐步从经济领域扩展到文化与体制等诸多方面，并深刻地改变和影响着地方、城市政府治理方式的变化。地方政府力求在自己的任期内促进地方经济增长，表现出原本属于企业的特征——冒险、创新、营销和利益驱动，即建立“企业家型的城市（Entrepreneurial City）”。1992 年 Osborne 和 Gaeble 合著了《重塑政府》，认为运用企业运行机制和企业家精神理念来改革政府具有十分重要的意义，区别于官僚制政府，是具有企业顾客（公民）至上、成本意识和创新理念的政府。企业型政府既非将政府完全等同于企业，也不是政府官员完全由企业家来取代，而是企业家精神和企业理念在政府改革和运作中的移植与渗透。地方政府之间的城市竞争与城市竞争力的培育，在全球化与世界城市网络中全面展开。为了提高城市的国际化参与程度、区域和国际的影响力，“如何吸引全球性的目光，并吸引更多的跨界投资”与“如何在全球化的进程中实现产业升级与城市能级跃升”是当代中国地方城市政府最为关注的焦点。

中国的对外开放与世界经济全球化进程几乎是同步而行的，全球化对中国地方政府行为产生了深刻影响，为进一步获取更多的国际资本和发展机遇，地方政府对于通过举办重大事件性活动进行城市营销的热情高涨。因此，在全球化竞争日益激烈的宏观环境中，地方政府越来越多地采取各种主动的战略性手段优化城市发展环境，通过类似于企业的运作方式来包装和推销城市，尤其是注重通过重大事件与活动（如奥运会、世博会等）以获得潜在消费者（居民、游客、移民、企业或者其他投资者）的青睐。

从巴黎与伦敦申办 2012 年奥运会举办权的激烈竞争，到北京、上海、广州分别利用奥运会、世博会、亚运会进行城市全面营销，再如南京于 2004 年借举办“中国南京历史文化名城博览会”亮出“博爱之都”的城市名片，杭州借 2006 年“世界休闲博览会”巩固了“休闲之都”的地位，青岛借作为 2008 年北京奥运会帆赛基地之名打造“帆船之都”等，无论发达国家还是发展中国家的城市政府，无一不对城市和区域的大事件营销倾注了极大的热情和积极的行动。通过举办国际性大事件的城市营销就是地方政府力图突破传统城市规划的制约，以增强城市竞争力为目标、强化地方发展利益的一种新城市管治方式。

大事件营销的作用主要体现在三个方面❶：①塑造所在城市、国家的国际形象和提升全球知名度；②带动所在城市乃至国家的经济发展；③促进所在地区的城市拓展或改造，推动基础设施和公共设施建设，为城市长远发展提供必需的社会资本。例如，据计算上海世博会场地建设的直接费用为 470 亿元，城市和区域基础设施的建设费用为 800 亿元，而

❶ 张京祥，殷洁，罗震东．地域大事件营销效应的城市增长机器分析——以南京奥体新城为例［J］．经济地理，2007（3）．

世博会期间的各类消费将为837亿元，城市其他远期的直接和间接收益无法估量。这样的背景带来的一个显著变化是，城市政府从早期古典主义时期的市场"守夜人"、凯恩斯主义时期的城市"行政管理者"，迅速演变为全球化时期"城市超级企业"的积极"经营者"（城市CEO）。大事件的意义已经超越了完成活动内容本身，而成为城市政府进行地域营销的有力政治工具。

此外，由于新产业区（诸如硅谷、第三意大利、新竹科技园等）在金融风暴中的卓越表现，以技术研发创新为主的产业升级与城市的能级跃升，成为城市和区域对冲国际金融风险的主要方式。尤其是在中国长江三角洲、珠江三角洲等城市密集地区与国际化大都市连绵区，城市化的过程已经逐步分为传统城市化与创新城市化两种类型。区域创新体系作为区域内各种创新主体所构建的促进创新的网络，成为各个城市政府促进区域城市化由初级向高级迈进的重要动力。❶

约瑟夫·熊彼特（Joseph A. Schumpeter）1928年在"资本主义的非稳定性"一文中首次提出"创新"是一个过程的观点。在1933年出版的《商业周期》一书中，他对创新理论进行了详尽的论述。熊彼特开创的创新理论主要停留在技术过程本身，属于"线性范式"的创新研究。但是后来越来越多的理论分析和实证研究发现，来自外部的信息交换及协调对于创新具有重要的影响和作用（Freeman，1991年）❷，它可以有效克服单个组织在从事复杂技术创新时的能力局限，降低创新活动中的技术和市场的不确定性。创新研究的视角逐渐从企业、组织内部转向企业、组织与外部环境的连续和互动上，从而导致创新研究"网络范式"兴起。在全球化程度日益加深的同时，世界经济发展也呈现出区域化加强的特征，新的世界分工不再按照国家来进行，区域创新能力日益成为地区经济获取国际竞争优势的决定性因素。1987年英国著名技术创新学者弗雷曼尔首次提出了国家创新体系的概念，指出创新是互动的和非线性的，并引入了机构学习的重要概念。区域创新体系这一概念则是由英国卡迪夫大学的库克于1992年首次使用。库克指出，区域创新体系是由在地理上相互分工与关联的生产企业、研究机构和高等教育机构等构成的区域性组织系统，该系统支持并产生创新，因而可定义为"地理上确定的、行政上支持的创新网络和机构的安排，这种安排以有规则的、强有力的相互作用提高了区域内企业的创新产出"。

库克依据企业在区域创新活动中扮演角色的不同，将区域创新体系分为地方型、互动型和全球型三大类。地方型区域创新体系的研究范围较小，在该系统中，极少有大的厂商和外贸企业的大型分支机构，公共创新资源与研发资源较少，但企业之间以及企业与区域政策制定者之间的联系度较高。在互动型区域创新体系中，大型企业与中小型企业大量共存，各类公共与私有研究机构数量众多，企业之间以及企业与区域政策制定者之间的联系高于平均水平。全球型区域创新体系的研究范围很大，跨国公司在系统中占支配地位，私

---

❶ 顾朝林，于涛方，李王鸣等. 中国城市化 格局·过程·机理［M］. 北京：科学出版社，2008：607.

❷ Freeman M. Net Works of Innovations：A Synthesis of Research Issues［J］. Research Policy，1991，20（4）：499－514.

有研究机构的数量多于公共研究机构，企业之间以及企业与区域政策制定者之间的联系较弱。❶

6.2 从"后花园"到长三角全球城市区的重要节点

6.2.1 长三角全球城市区的浮现

在全球化、信息化的背景下，任何区域或城市的发展都不可能在一个封闭的系统内进行。区域内部的联系、区域内部与区域外部、全球市场的联系都显得更加重要。在这种情况下，以"中心地"的单一城市为空间单元，已经无法充分解释全球化时代下的产业竞争与发展现象。❷ 艾伦·斯科特（Allen Scott）认为，在全球高度发展的前提下，以经济联系为基础，由全球城市及其腹地内经济实力较为雄厚的二级大中城市扩展联合而形成的一种独特空间现象，就是全球城市区。❸ 而全球城市区作为一种新的城市空间和功能组织形式，通过全球城市接入全球经济网络，将在全球城市体系中发挥越来越重要的作用。根据顾朝林等人的研究，长江三角洲地区是当前中国最有可能建设成为全球城市区的区域❹，从全球城市区的空间建构和功能组织的角度来看，在长三角区域，上海将逐步提升其全球城市功能，南京、杭州、苏州、宁波则表现次级全球城市职能，进一步强化区域内城市间的功能联系，构筑区域网络一体化支撑体系，逐步形成"多中心层域式、网络状一体化"的长江三角洲全球城市区。

随着宁波跨杭州湾大桥、苏通大桥的通车，京沪高铁、沪宁城际列车、沪杭城际列车、宁杭客运专线等重要铁路设施的建设，长三角城市体系❺的空间结构将出现新的变化趋势，将逐步从当前的沿沪宁高速、沪杭高速、杭甬高速为主要轴线的"之"形结构转变为以沪宁杭甬为四个基点的"菱形"结构。根据笔者的研究，这仅仅是宁波成为长三角区域重要节点城市的开始，随着近些年温州、台州的强势崛起，而甬温台在经济结构上向来作为稳定的"港口—腹地关系"出现，在经济联系上呈现一体化趋势，事实上甬台温是作为一个完整的区域经济体将长三角区域的南翼变得异常厚重，这与北翼江苏的南通、泰州、扬州城市经济的相互独立性完全不同。在关于长三角巨型城市区的初步研究中，也有学者开始提出，温州和台州地区从功能联系结构来看处于长江三角洲巨型城市区的边缘，但将其纳入长江三角洲巨型城市区是今后发展的趋势所在。❻ 上述几个重大交通基础设施的建设与开通，对长三角城市体系的影响还体现在，城市体系的格局将逐步解体，区域的城市网络化格局日益凸现。未来我们对长三角区域城市群的研究，将不再停留在对单体城市在体系中的"属性研究"，而应针对新的变化趋势转为"网络研究"。

---

❶ 顾朝林，于涛方，李王鸣等．中国城市化　格局·过程·机理［M］．北京：科学出版社，2008：609.

❷ 周振华．崛起中的全球城市——理论框架及中国模式研究［M］．上海：上海人民出版社，2008：88.

❸ 周振华．崛起中的全球城市——理论框架及中国模式研究［M］．上海：上海人民出版社，2008：89.

❹ 参见：顾朝林等．长三角全球城市区空间建构［J］．长江流域资源与环境，2006（6）.

❺ 参见：徐琴，周蜀秦．长三角城市体系建构分析［M］//长三角区域发展报告2005．北京：社会科学文献出版社，2005：360.

❻ 参见：张晓明，张成．长三角巨型城市区初步研究［J］．长江流域资源与环境，2006（6）.

而且在全球化的过程中，区域城市网络化的过程也无可避免地被卷入到国际城市网络化的过程之中。随着西方一些发达国家进入信息化社会，城市网络的概念已经取代功能等级中的单个及单中心城市，成为理解当代知识密集型城市经济的核心与关键。在西方城市与区域研究中，城市网络（Urban Network）并不是一个新概念，它被定义为一个水平的、非等级关系的联合体，由互补的、垂直整合的或协同的、合作的专业化中心构成。由此而出现了互补网络（Complementarity Networks）和协同网络（Synergy Networks），前者由相同部门内产品互补的专业化中心构成，后者由相似产品或功能的专业化中心构成。❶

对于昆山而言，长三角全球城市区的浮现与长三角城市网络化的发展趋势将为昆山进一步突破行政级别的限制，在更大的区域内发挥城市功能创造新的条件。“上海的区位优势、江苏的政策优势、昆山的成本优势”将继续使昆山的区域经济联系也将发生较大的变动，行政区经济的色彩将进一步淡化，成为全球城市上海的重要组团（图6－2）。

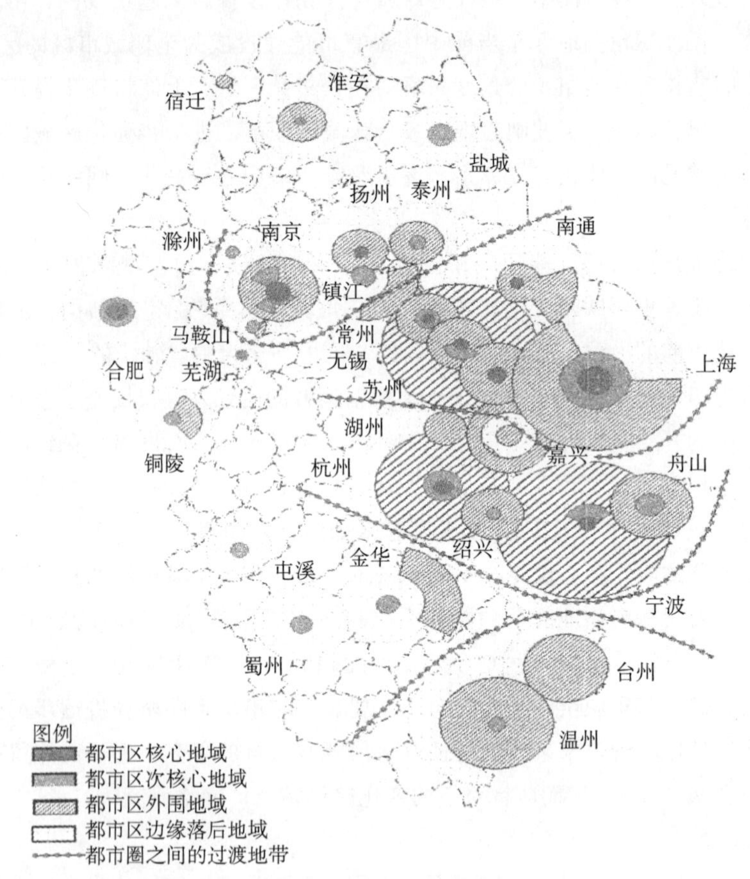

图6－2 长三角GR都市区结构与空间组合特征

资料来源：于涛方，吴志强：“Global-Region”结构与重构研究——以长三角地区为例［J］. 城市规划学刊，2006（2）.

❶ 参见：甄峰等．信息技术影响下的区域城市网络：城市研究的新方向［J］．人文地理，2007（2）.

6.2.2 谋划全球城市区的商务城镇（Company Town）——全球城市的卫星城

世界城市网络中的地方城市能级跃升目前已经成为世界性难题，绝大多数的城市与区域都在思考、都在寻求突破。对于昆山而言，在全球生产网络中镶嵌仅仅是城市融入全球化的第一步，以出口加工区的建设和国际加工贸易为主要路径，表明昆山在高新技术产业的微笑曲线中还处于底部。特别是昆山目前的IT产业仍然以贴牌加工组装为主，产品附加值低，缺乏核心技术和自主品牌（图6-3）。

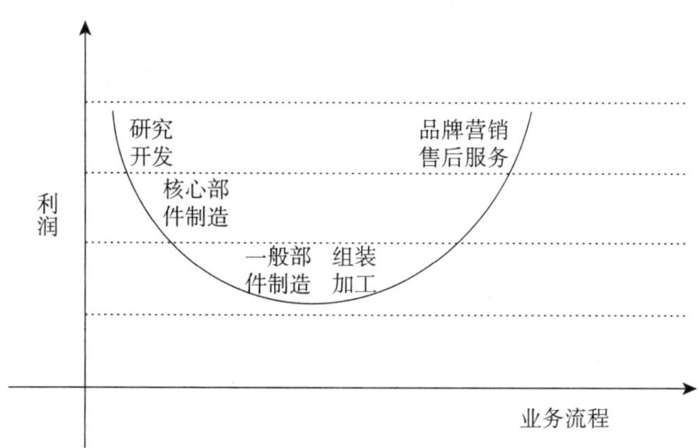

图6-3 计算机及外设产业一般价值链图示

同时昆山高新技术产业还存在着关联效应不明显、外资依赖较大、产品附加值不高的薄弱之处，2007年昆山IT产业销售利润率仅为2.96%。由于起步晚、技术基础较差，每万人中从事科技研究与开发的技术人员只有45人左右。在人口素质上，昆山外来常住人口数量已超过本地人口，而在外来人口中，70%以上是学历在初中及以下的劳务工作者。此外，2006年昆山服务业占地区生产总值比重仅为31%，剔除生活型服务产业的比重，在萨森看来对城市等级序列重构极其重要的生产型服务业❶的比重就更少了。

著名经济地理学家科菲（Coffey）根据生产性服务产业对区域发展的作用指出："如果说仅从创造就业机会的能力还不足以显示生产性服务业对地区发展的作用，那么，从劳动生产率提高、产业结构变革以及利益获取最大的角度看，生产性服务业是服务业中对区域发展影响最大的部分。"❷ 丹尼尔斯（Daniels）也认为，"生产性服务所提供的信息和建议的水平对于滞后的区域的经济发展有着重要的作用"。生产性服务业对城市或区域产生作用的途径主要有两条：一是发展成为当地的基本经济活动，为地区带来经济效益，并创造新的就业；二是通过提供的服务提高当地基本经济活动企业的竞争力，间接地为地区发展提供帮助。故而生产型服务是服务经济迅速发展的根本力量，是一个城市成长为区域中心

❶ 参见：（美）萨森著．全球城市［M］．周振华译．上海：上海社会科学院出版社，2001.

❷ 参见：（英）彼得·迪肯著．全球型转变——重塑21世纪的全球经济地图［M］．刘卫东译．北京：商务印书馆，2007.

城市必备的功能要素。❶

作为服务业的一部分，生产性服务是企业将知识资本和技术资本投入到生产中的最有效途径。生产性服务是围绕企业生产而进行的服务，主要包括计算机应用服务、会计、广告、技术和科学服务、法律服务、管理咨询、投资服务、就业猎头服务、金融保险、房地产等行业，是服务业中发展最快的部分。以美国为例，1977～1988 年美国服务业的年平均增长率为 3.8%，高于国内生产总值每年增长 2.8% 的速度，而同期美国生产者服务业的年均增长率更高达 6.4%。

丹尼尔斯指出，在大部分经济体系中，生产性服务业是服务业中增长最快的部门。自加入世界贸易组织以来，到这次十七大提出“进一步提高开放型经济发展水平”，中国的区域与城市的开放型经济还要进入一个更高更强的发展阶段。以美国为首的发达国家关注的焦点都在于生产性服务贸易的自由化，其中包括了银行、保险、电讯、咨询、会计、计算机软件和数据处理，以及其他专业性服务的贸易自由化。

所以，对于今天的城市与区域发展，世界是平的，但价值链不是平的。如何在全球化的区域发展中，获得全球价值链的攀升是所有城市关注的焦点。昆山的城市化之路走到今天，已经远比工业化时代的城市化过程复杂得多，“服务经济”、“信息经济”、“创意经济”、“智造经济”是城市发展直接面临的挑战，城市产业的升级与转型在于如何从“制造业”主导转变为“智造业”主导，从贴牌生产转变为自主研发、创造品牌，城市人口素质的提升在于如何从“产业工人”为主转变为“智识阶层”、“创造阶级”为主。

这个世界也许没有很多地研究昆山，但是昆山却一直在研究这个世界……我们必须研究世界的发展，2007 年我倡导大家读《世界是平的》，后来又叫大家读《世界是平的吗?》，2008 年我要干部们读的书是《货币战争》……

地方的产业升级，这可以说是世界性难题，大家都在想都在研究啊……

我们现在打造的花桥国际商务城，就是昆山产业升级的一个重要突破口，除了“昆山制造”，我们还要创造“昆山服务”、“昆山办公”……还有周博士你说的“昆山智造”，这个智造，虽然一字之差，可是内涵大大不同了。

——昆山市委书记张国华

最近批准设立的花桥经济开发区是江苏省第一个现代服务业省级开发区，引资重点是服务外包、区域总部、现代物流等三大领域，目标是通过 5 年的努力形成拥有 30 万商务和服务人口，营业收入超千亿元的国际商务城。花桥国际商务城的建设是推进“昆山制造”向“昆山创造”、“昆山服务”、“昆山办公”转型的关键过程。

花桥国际商务城目前作为昆山的“一号工程”，按照“融入上海、面向世界、服务江苏”的总定位，发挥“上海的区位优势、江苏的政策优势、昆山的成本优势”，高水平规划，高标准建设，成为国际有影响、国内称一流的国际大都市的卫星商务城，率先基本建

❶ 参见：(英) 彼得・迪肯著．全球型转变——重塑 21 世纪的全球经济地图 [M]．刘卫东译．北京：商务印书馆，2007.

成国际服务外包的基地城市。❶

随着商务城的发展，城市人口的主体将是白领、"小资"和"海归"，总体素质有条件形成一个积极的市民社会。商务城发展的产业不同于一般开发区发展的"肌肉型"产业，而是"头脑型"产业——现代服务业，主要依靠人的智慧与独创性。政府对商务城的定位，要在全球服务业分工中占有一席之地，并根据现代服务业发展的特点和要求，高标准地规划电子信息系统，推进信息网络建设，力图把商务城规划建设成智能城，变成网络中的所谓"节点"。

花桥经济开发区被规划为江苏省未来的三大商务中心之一，长三角地区具有竞争力的现代服务业示范区，上海经济圈内以商务服务为核心功能的国际化、生态型的综合性城市。花桥经济开发区目前以商务性质为城市空间的核心功能，以生产性服务业为商务城的主导产业，利用地区优势，提供多元化的商务办公空间和场所，以形成良好的商务投资环境。同时以生态系统的建设和绿地水系景观系统的塑造，创造有特色的城市人文景观。

未来花桥将成为集办公、住宅、商业功能为一体的多功能新型卫星城，针对核心行业的专业人才提供较高层次的文化休闲设施和完善的城市化配套设施及服务，营造满足不同类型商务人才需求的环境。用地规模上，城镇建设用地规模 32.62km^2。商务综合区总面积约 11.56km^2；绿化、道路和商务办公综合分别呈现 40%、20%、40% 的比例布局。在建筑规模上，商务办公建筑约占 55%，配套服务建筑约占 25%，住宅建筑约占 20%；在人口规模上，远期花桥经济开发区总人口将达到约 33 万人，实际居住人口约 28 万人。

目前已经启动的海峡两岸商贸合作区（现代物流基地），项目位于花桥国际商务城顺陈路东侧，沪宁高速南侧，绿地大道北侧，规划总面积 3.6km^2，一期用地 2km^2，主要建设台湾产品商品交易区、产品展示区、保税物流仓储区、商务办公区、综合配套区等五个区域。通过整合并充分发挥昆山及周边地区海港、空港优势以及自身经济发展资源和条件，打造海峡两岸的国际贸易中心、物流分拨中心和高科技产品为主导的采购配送中心，作为承接台资新一轮转移的重要载体。2008 年年底，在昆山、太仓两地政府的联合努力下，太仓港争取到与台湾的首批直航，太仓港将与高雄港在更多的物流服务上进行合作与共享，昆山则倾力打造海峡两岸商贸合作区（现代物流基地），以作为融入全球物流系统的一个重要载体，为台湾的花卉、水果等大宗商品进入中国大陆市场提供第一仓储物流基地，提供 72 小时的保鲜仓储服务，分销发往全国各地。

位于商务城西南片的服务外包基地，规划总面积 10km^2，其中一期规划面积 2.5km^2。规划为国际金融 BPO 示范区，此外在规划地块西侧预留 6km^2 用地。目前法国凯捷、中金数据、华道数据、远洋数据等企业已相继入驻，2009 年将相继投入使用。按高于园林城市的标准，通过城市森林、滨江生态廊道、合理的道路交通布局以及空间布局，构建生态外包园区。规划面积 2.5km^2 的区域总部基地，是商务城近、中期重点建设的中心区域，是集商务办公、总部经济、外包研发、会展采购、居住配套、休闲娱乐等多种功能于一体的国

❶ 江苏昆山花桥经济开发区管委会，昆山市委研究室、市政府研究室：《瞄准更高目标 打造综合优势——关于花桥国际商务城定位的研究报告》，中共昆山市委办公室《内部参考》，2007 年 3 月。

际化商务园区和区域城市中心复合体。规划总建筑面积360万m^2，能提供15万~17万人的就业岗位。

根据功能策划和总定位，花桥国际商务城将充分发挥靠近上海的区位优势，主动融入上海，接受上海辐射，承接上海商务外溢，着力打造服务外包基地和国家级金融服务外包示范区，大力发展四大产业：一是服务外包，包括跨国公司、国内大型企业集团的IT服务、客户服务等外移外包。二是金融机构后台处理中心，包括银行、证券、保险等大型金融机构的财务结算中心、信用卡服务和客户呼叫中心等。三是制造业企业的区域性总部，包括运营中心、研发中心、采购中心、营销中心、管理服务中心等。四是物流采购中心，以及与之相配套的酒店、商业、文化和居住等项目，力争通过5~10年的努力，基本形成拥有30万商务和服务人口、1000万m^2建筑面积的城市构架，努力打造“昆山服务”、“昆山办公”品牌，建设成为上海国际大都市的卫星商务城。

资料：花桥国际商务城
——全球城市的卫星城、长三角全球城市区的重要节点

江苏省委、省政府提出花桥经济开发区的规划，规划把花桥镇50.11km^2范围作为花桥经济开发区进行统筹安排、总体规划和战略布局。花桥国际商务城地处苏沪交界处——昆山花桥经济开发区，距离上海市中心不到25km，西邻昆山国家级开发区，东依上海国际汽车城。2005年8月，江苏省委、省政府提出把商务城建成江苏省发展现代服务业的示范区，并列入省“十一五”规划重点服务业发展项目，是江苏省三大商务集聚区之一，2006年8月被批准为省级开发区。2007年6月又被列为江苏省国际服务外包示范基地。

一、交通道路优势

花桥国际商务城依托邻近上海的独特优势，将成为上海国际大都市的卫星商务城，主动接受上海的辐射，联动上海发展，“融入上海，面向世界，服务江苏”。花桥国际商务城是江苏省级开发区，江苏省服务外包示范区，规划面积50km^2，力争通过8~10年的发展，将容纳30万左右的商务人口，总建筑超过1000万m^2。花桥国际商务城对外交通便捷，距上海虹桥机场25km、浦东机场80km，沪宁高速、上海交环线（A30）、312国道均汇于此，沪宁铁路和建设中的沪宁城际铁路、京沪高速铁路均在此设站并经过。上海轨道11号线墨玉路站近在咫尺，并延伸至商务城。

二、区域优势

花桥国际商务城东依上海国际汽车城，西邻苏州工业园区，西距昆山市中心16km，东离上海市中心人民广场20km，距上海虹桥国际机场、高速铁路虹桥枢纽25km、浦东国际机场80km。交通和区位优势十分明显。公路方面，312国道东西向穿越全境，沪宁高速公路、同三高速公路在此交会，并有互通出入。沪宁高速公路花桥、陆家互通，苏沪高速公路机场路互通，可从东、南、北三个方向为商务城提供便捷的交通服务。铁路方面，昆山与上海之间对开的城际快速列车，仅需18min就可以互达。沪宁城际线、京沪高速铁路也将在昆山设立站点。轨道交通方面，上海轨道交通11号线终点站墨玉路站距商务城不到

400m，目前，商务城正在与上海有关部门沟通衔接，积极推进轻轨向商务城延伸。公交网络方面，商务城正着手建立方便出行上海的公交体系和出租车体系。9月28日开通花桥到上海虹桥机场和人民广场的两条公交线路，商务城与上海的“同城效应”正逐步显现。

紧邻上海国际汽车城，嵌入上海外环线，江苏与上海的首位交融区，坐拥上海的地理优势，条件得天独厚。虹桥综合交通枢纽（国际机场），沪宁高速、同三高速花桥枢纽，沪宁高速陆家枢纽，苏沪高速机场路枢纽，规划中的高速铁路、城际铁路和连接沪苏的轻轨线构筑起商务城便捷高效的对外联系通道。

正在建设中的虹桥交通枢纽，距花桥国际商务城仅20km，对商务城开发建设将产生重大影响。虹桥航空港第二航站楼2010年建设完成，旅客吞吐量将增加到3000万人次；距花桥国际商务城400m的上海轨道交通11号线墨玉路站2009年将建成投运，并将向商务城延伸；设有昆山站的京沪高速铁路2012年将投入运行，平均每3min就有一班快速列车往返于上海和北京之间；设有花桥站的沪宁城际铁路2010年将投入运行，平均每10min就有一班列车停靠花桥站。在虹桥交通枢纽建设的同时，花桥国际商务城将同步规划建设快速交通体系，争取在2010年实现与上海的“1030”交通时空效应，即10min从商务城到达城铁站或轨道交通站，30min到达上海市中心。通过交通、通信网络等设施的建设，花桥与上海的“同城效应”将更加凸显。

三、产业支撑优势

昆山是重要的加工制造业基地，目前，来自世界55个国家和地区的投资者，兴办了5000多个外资项目。世界500强企业中有28家在昆山投资了53个项目，昆山民营企业总数达到18000多家。雄厚的制造业基础，为花桥国际商务城发展创造了广阔的空间。同时，长三角地区制造业的强势发展，对现代服务业的需求也不断增强，必将促进生产性服务业超常规发展，也为商务城提供了前所未有的发展机遇。

着力打造国际服务外包基地和国家级金融服务外包示范区，大力发展四大产业：一是业务流程的外移外包，包括跨国公司、国内大型企业集团的IT服务、客户服务等外移外包。二是金融机构后台处理中心，包括银行、证券、保险等大型金融机构的财务结算中心、信用卡服务和客户呼叫中心等。三是制造业企业的区域性总部，包括运营中心、研发中心、采购中心、营销中心、管理服务中心等。四是物流采购中心，以及与之相配套的酒店、商业、文化和居住等项目，力争通过5~10年的努力，努力打造“昆山服务”、“昆山办公”品牌，建设成为上海国际大都市的卫星商务城。

- 服务外包产业基地

大力发展以金融BPO为主要特色的服务外包产业。

- 企业总部基地

以研发销售为主要特色的制造业企业区域总部。

- 现代物流产业基地

以第三方物流为主要特色的现代物流产业。

四、政策成本优势

花桥国际商务城是省级开发区和国际服务外包基地，并被列为江苏省发展现代服务业的重点项目，除享受省级开发区和江苏省发展现代服务业的优惠政策外，江苏省政府已同意在资金、土地、税收等方面给予商务城最大的支持。昆山出口加工区物流保税叠加功能也将向商务城延伸。商务城对具有龙头带动作用的服务业项目，将采取"一事一议"、"一企一策"等方法，最大限度地给予政策扶持。随着上海商务成本的攀升，花桥国际商务城在地价、房价、劳动力等要素成本，基础设施、项目建设等硬成本，以及政府服务的软成本等方面的综合优势将更加凸显。

五、综合服务优势

秉承"亲商、安商、富商"的理念，花桥国际商务城着力建立与国际惯例接轨的管理网络和办事程序，全力打造三大服务平台，为入驻企业提供高效、便捷、全过程的服务。一是专业化服务平台，商务城将大力引进国内外有影响的会计师事务所、审计师事务所、律师事务所、咨询公司等各类中介服务机构，为企业提供高水平的中介咨询服务。二是公共技术服务和信息服务平台，为企业提供技术研发、质量保证、测试、演示、知识产权保护等公共服务，以及政策、法规、产业等各类信息服务。目前，昆山法院已设立了全国县级市第一个知识产权审判庭，为保护企业自主知识产权提供了法律保障。三是人力资源平台，目前昆山拥有各类人才18万人，硅湖大学、解放军外国语学院昆山分院、苏州大学职教学院等7所大专院校可以有针对性地为企业培养各类专业性人才。昆山人才市场与北京、上海、南京等地的120多所高校签有专门人才定点输送协议。商务城已引进了安博实训基地等项目，为企业提供专业化的人才培训服务。

6.2.3 外商直接投资的技术溢出与自主创新体系

1. 外商投资的技术溢出与本土企业配套成长

对发展中的东道国来说，其吸收的大部分外商直接投资均来自技术先进国家，技术先进国家的外商直接投资对东道国企业具有明显的技术外溢效应。外资的技术外溢效应主要是指，一国在吸收外商直接投资的过程中，国内企业通过向外资企业学习，逐步积累丰富的知识和创新技术以及先进的管理经验，进而在国内国际市场上竞争力增强而产生的效应。这种技术外溢效应主要通过技术波及效应、示范和模仿效应以及人力资本流动等途径进行传播。

大量学者考察了外商直接投资、国际贸易的技术外溢效应，综合来看，外商直接投资影响当地企业技术进步主要通过以下四种途径[1]：①示范效应，也称传染效应，指国内企业通过对外企新技术、新产品、生产流程、管理经验的模仿和学习而提高自身的技术水平。②竞争效应，即外资的进入加剧了国内市场的竞争程度，迫使本国企业被动加大研发投入，加速生产技术、生产设备的更新。③人员培训效应，指外资企业对当地员工，尤其是管理人才、研发人才的培训投入提升了当地人力资本存量。④链接效应，指外资企业通过与国内企业上下游产业发生链接效应而带动了当地企业的技术进步。

---

[1] 包群，赖明勇，阳小晓．外商直接投资、吸收能力与经济增长［M］．上海：上海三联书店，2006：23－24.

昆山市政府在大力引进外资的同时也利用外资大量进入的机遇，通过发展外向配套促进以民营企业为代表的本土企业的发展，目前已经发展了一批具有一定规模和竞争力的民营配套企业，形成玉山镇的模具、千灯镇的线路板、张浦镇的印刷包装、陆家镇的儿童用品、周庄镇的遥感器等一批专业化本土配套企业群（图6－4）。

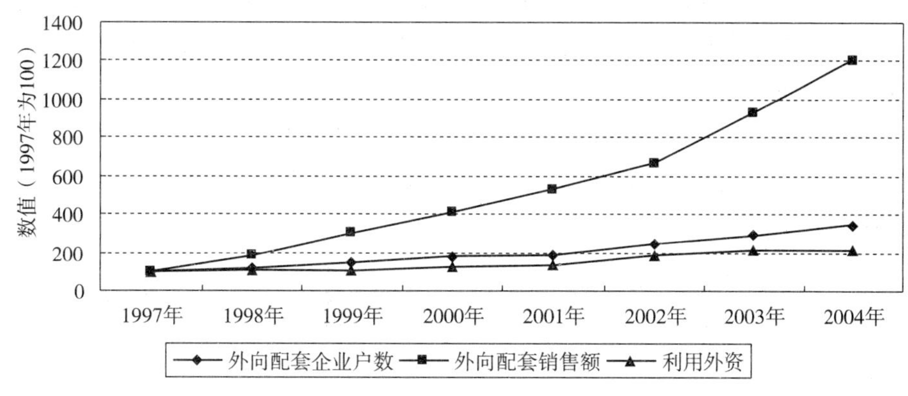

图6－4　昆山外向配套发展趋势（1997～2004年）

资料来源：作者根据相关资料绘制

经过近十年的发展，目前昆山已经形成了六类配套企业群体：电子信息类配套群体、精密机械和模具配套群体、汽车零部件配套群体、包装印刷配套群体、民生用品配套群体以及精细化工配套群体。这些配套产业有些具有较大的通用性特征，比如包装印刷配套行业；而有些配套产业则表现出较大的专用性特征，比如电子信息类配套行业。基本上可以这样认为，具有通用性特征的产品大多属于外围产品，技术含量和产品附加值相对较低；而专用性较强的配套产品技术含量和附加值则相对较高。

昆山外向配套产品结构经历了明显的变迁过程，基本趋势是由通用性较大的外围产品逐步向专用性较强的具有较高技术含量的产品发展，由传统产业向现代IT产业和精密机械产业发展。在本土配套企业发展的前几年，包装印刷、纺织、建筑、化工及其原材料等外围产业和传统产业占据了配套销售额中的大部分比重。随着昆山外向配套的发展，外向配套产品中电子元器件、线路板、电线电缆以及汽车零部件等的比重不断提升，技术水平不断提高。同时，传统配套行业的技术含量也在不断提高，比如塑料软包装彩色印刷技术的掌握和成熟。在昆山，有些传统行业的企业已经步入了高新技术企业的行列（表6－1）。

2005年1～9月份昆山主要配套企业群体基本情况　　表6－1

	电子信息	模具和精密机械	汽车零部件	包装印刷	民生用品	精细化工
配套销售额（亿元）	18.87	14.65	9.77	15.76	23.71	17.76
比重	17%	13.2%	8.8%	14.2%	21.36%	16%

资料来源：昆山市经贸委。

表6－1中给出了昆山市六类主要配套企业全体2005年1～9月份的配套销售额以及占工业配套销售总量的比重。可以发现电子信息、模具和精密机械、汽车零部件等三类具有较高技术含量的配套产品已经占据了近40%的份额，说明昆山的外向配套已经具备了一定的水平。在企业调研中，我们发现很多配套企业都经历了由低技术含量产品配套向具备较高技术含量产品配套发展的历程。综合起来看，1997年以来，昆山外向配套的发展表现出增长速度快、配套企业规模逐步扩大以及技术含量逐步提高的特点，外向配套的发展已经成为昆山本土企业发展的主要动力。

企业调研和问卷调查都表明外向配套成为推动本土企业技术水平提升的重要渠道。在外向配套对于本企业技术水平提高是否有重要推动作用的问题中，273家本土配套企业进行了回答（表6－2）。

外向配套是否是本企业技术水平提升的重要推动力量的问卷结果　　表6－2

样本企业数	有重要推动作用	无重要推动作用
273	246	27

在回答本问题的273家外向配套本土企业中，超过90%的企业（246家）认为外向配套是推动本企业技术水平提升的重要渠道，由此可以初步看出外向配套对于本土企业技术水平提升的重要意义。

当然，外资企业给予本土企业技术支持的方式是多样的，对此我们进行了问卷调研，当然一家企业可以获得多种方式的技术支持（表6－3）。

技术支持方式问卷结果　　表6－3

方式	样本企业	设定质量标准及其监督执行	提供技术支持与指导	持有贵公司股份进行技术开发	共同投资进行技术开发	其他
企业数	236	143	139	12	22	14

问卷调查结果表明，外资企业为本土配套企业提供技术支持的方式主要有两种，为本土配套企业提供的产品设定质量标准及监督其执行以及为本土企业提供技术支持与指导，分别有143家和139家本土企业表示获得了外资企业这种方式的技术支持。

设定质量标准一般是通过提交图纸以及技术规格说明等方式进行的。事实上，质量标准不仅为本土企业带来了技术创新的压力，亦即通过改进技术达到外资企业质量要求的压力，同时质量标准也包含着技术信息，本土企业也可以从中发掘较为先进的制造技术。而且外资企业还会向本土企业详细解释技术标准，并且在本土企业提供的产品没有达到质量标准的时候，外资企业往往帮助分析原因并提出建议。所以，外资企业为本土企业设立质量标准并监督其执行也是一种重要的技术支持方式和途径。为保证本土配套企业提供中间品的质量，外资企业有动力对配套企业进行主动型技术溢出。236家本土配套企业表示外资企业提供技术支持与指导也说明了这种主动型技术溢出还是较为普遍的。

加工贸易促进本土企业技术进步的途径问卷结果　　表 6－4

样本企业数	通过委托方提供的图纸或技术细节获得有关制造技术	委托方对于产品质量的较高要求迫使企业进行技术创新	委托方对本公司进行技术指导以使产品达到技术标准	委托方派遣技术人员到本公司进行协助	本公司派遣人员到委托方进行学习
191	80	129	80	30	15

191 家本土企业对加工贸易促进本企业技术进步的方式进行了回答，其中委托方对于产品质量的较高要求迫使企业进行技术创新、委托方对本公司进行技术指导以使产品达到技术标准、通过委托方提供的图纸或技术细节获得有关制造技术等被认为是最主要的三个途径（表 6－4）。

从技术指导的方式看，外资企业对于本土配套企业的技术指导可以通过多种形式进行，既可以通过提供机器设备，提供技术文件的正式形式进行，也可以通过派遣技术人员等非正式形式进行。在接受外资企业技术指导的本土企业中，136 家就接受外资企业技术指导的方式进行了回答，外资企业向配套企业提供技术文件和派遣技术人员是两种主要的技术指导方式（表 6－5）。

技术指导方式的问卷结果　　表 6－5

方式	样本企业数	提供技术文件	派遣技术人员	详细说明技术细节	提供机器设备	为本公司进行人员培训	其他
企业数	136	76	57	37	10	28	7

为了解本土企业外向配套的层次，我们进行了问卷调查，在存在外向配套的企业中，251 家对外向配套的主要形式进行了回答（表 6－6）。

本土企业外向配套形式的问卷结果　　表 6－6

样本企业数	只是按外企提供的图纸和要求进行生产	应外资企业的要求对本产品作较大改进、改型的加工	经历从简单代工向具有一定研发设计功能的转变
251	194	61	56

在 251 家本土外向配套企业中（当然一家企业可以同时有多种外向配套的形式）194 家企业表示有外向配套只是按照外资企业提供的图纸和要求进行生产，61 家企业表示有外向配套业务是应外资企业的要求对产品作较大改进和改型的加工，同时有 56 家企业表明本企业经历了从简单代工向具有一定研发设计功能的转变。

问卷结果表明，尽管在昆山本土企业配套业务中，一些本土企业具备了一定的研发设计功能，但是大部分企业以及大部分业务还是处于代工的初级阶段。同时，大部分企业对于政府在技术创新上的制度与政策扶持非常重视，主要体现在优惠贷款政策、产业化配套资金、知识产权保护等方面（表 6－7 ~ 表 6－15）。

优惠贷款政策对技术创新活动的影响　　表 6-7

样本企业数	非常重要	重要	一般	影响很小	不重要
342	225	82	21	9	5
100%	65.8%	24%	6.1%	2.6%	1.5%

给予研发和成果产业化配套资金对技术创新活动的影响　　表 6-8

样本企业数	非常重要	重要	一般	影响很小	不重要
320	134	128	32	19	7
100%	41.9%	40%	10%	5.9%	2.2%

政府投资基金的参与对技术创新活动的影响　　表 6-9

样本企业数	非常重要	重要	一般	影响很小	不重要
311	94	106	54	19	38
100%	30.2%	34.1%	17.4%	6.1%	12.2%

知识产权保护政策对技术创新活动的影响　　表 6-10

样本企业数	非常重要	重要	一般	影响很小	不重要
322	138	111	36	22	15
100%	42.9%	34.5%	11.2%	6.8%	4.6%

鼓励企业研发的财政税收政策对技术创新活动的影响　　表 6-11

样本企业数	非常重要	重要	一般	影响很小	不重要
320	165	113	29	6	7
100%	51.6%	35.3%	9.1%	1.9%	2.2%

高新技术孵化平台对技术创新活动的影响　　表 6-12

样本企业数	非常重要	重要	一般	影响很小	不重要
314	93	127	60	20	14
100%	29.6%	40.4%	19.1%	6.4%	4.5%

政府科技计划对技术创新活动的影响　　表 6-13

样本企业数	非常重要	重要	一般	影响很小	不重要
311	78	136	55	24	18
100%	25.1%	43.7%	17.7%	7.7%	5.8%

科研开发设备进口的减免关税对技术创新活动的影响　　表 6－14

样本企业数	非常重要	重要	一般	影响很小	不重要
314	96	111	59	22	26
100%	30.6%	35.4%	18.8%	7%	8.3%

鼓励风险投资的政策对技术创新活动的影响　　表 6－15

样本企业数	非常重要	重要	一般	影响很小	不重要
310	96	116	61	23	14
100%	31%	37.4%	19.7%	7.4%	4.5%

2. 地方政府的制度营造与地方创新体系构建

昆山的地方政府部门也敏锐地意识到这些问题，基于自身的发展基础，政府适时提出了"三学战略"。即"整体发展水平学新加坡、产业层次提升学韩国、自主创新学中国台湾地区"，力争通过 5～10 年的努力，达到世界中等发达国家和地区的水平。学习新加坡先进制造业与现代服务业并重的战略，发展技术密集型产业与总部经济；引资引智的开放流动战略，引进高端人才，同时积极开展跨国资本运营，走出去建立"移动国土"式的大型工业园。学习韩国 IT 产业升级经验，遵循了技术移植—消化—吸收的"三段式"模式，构建区域创新体系，加大加强研究与试验开发支出。学习台湾自主创新，以科技升级为主轴，带动产业结构调整与升级，鼓励跨国企业设立研发中心，促进高科技产业升级发展与技术创新水平，形成生产国际化的技术升级线路：加州硅谷—台北新竹—苏州昆山。

新竹的经验❶：

新竹科学园区成立于 1980 年，初期表现还只是政策支持下的高级加工出口区，由 20 世纪 80 年末起，到了 90 年代之后成长迅速，尤其是 1995 年之后，投资规模、员工数与营业额等均急速成长，成为台湾高科技工业的龙头。更重要的是，这是一种新国际分工架构下的学习性区域的形构。新竹科学园区的上下游部门结构表现出以分散化的工业结构，进一步还带动了原有高雄楠梓加工出口区在 1992 年封装业务的合作，而由企业推动的戏剧性转型。

新竹科学园区 20 世纪 80 年代最重要的产业升级动力，来自半官方的工研院电子所早期由美国无线电公司（RCA）的技术转移，以及工业技术商业化生产过程所衍生的公司奠定的基础。而后，从 20 世纪 80 年代中期起，硅谷的华人工程师，或者说海外华人企业家回台创业。这些华人工程师们具备了相当的集成电路设计能力，可以说是硅谷—新竹的第一次连接，但因当时全球半导体市场严重不景气，创投资金却步，而后只能转求日、韩厂

❶ 参见：夏铸九．全球经济中的跨界资本——台湾电子工业之生产网络［J］．城市与设计学报，2000（11，12）。

商代工并转移部分技术。一直到了1987年，张忠谋受邀回台湾任工研院院长，催生台湾集成电路专业晶圆代工工厂，才建立起区域性的工业体系，带动上下游工业发展。

新竹工业园内设有工业技术研究院、“行政院”同步辐射研究中心等研究机构。它们为园区的创新发展，提供大量的创新成果、设备和人力资源。其中，工业技术研究院起着特别重要的作用，是新竹创新网络的主要创新源。工业技术研究院承担了经费庞大的政府科技专案研究，其主要任务是从事与产业发展相关的技术及产品开发，并将技术成果扩散到民间厂商，为中小企业提供技术支援和服务。因此，工业技术研究院实际上起到了连接政府与厂商的中介作用。“设计—制造”虚拟整合的产业形态终于浮现，这是台湾电子工业竞争力的基础。在这个基础上，到了20世纪90年代，众多新的专门化跨国投资与本地技术资源合作，本地的资金与技术也越界输出，跨界生产网络所支持的学习性区域已经逐渐形成。于是，企业成为全球网络中的公司，而新竹则已转化为全球经济中的制造业节点了。

生产的国际化已经变得比传统国际贸易重要得多，台湾企业在1997年亚洲金融危机中产业的弹性、与硅谷的联系，以及关乎生产力提升的技术升级，才是最值得关注的特点。台湾的电子工业代工，经过数十年的发展，已经由早期单纯的“来料代工”（consignment）逐渐转移至附加价值更高的“代料代工”（turnkey）、系统组装、测试以及配送等全方位服务了，这里逐步累积的技术升级的实力是建立在全球生产网络之上的。❶

在科技资源全球化、科技要素在全球范围内优化重组的背景下，外部技术来源的重要性增加，各国科技系统的开放性增加。发展中国家引进外部先进技术的可能性增加、获取核心技术能力的途径增多，利用全球科技资源有利于更有效地提升中国这样的发展中国家的自主创新能力。自主创新与利用外部技术资源之间是良性互动关系。❷

针对产业结构升级的需要，昆山积极鼓励现有外资企业向昆山转移海外的研发机构、在昆山设立研发机构，并积极开展研发机构认定工作，使研发机构数量逐渐增多，市级、省级研发机构的数量明显增长。目前，已有163家企业在昆山设立了研发中心、开发中心、技术中心等研发机构，从事新产品开发、新工艺设计和提升产品品质。较大规模的外资研发机构有30多家。其中，开发区共引进研发机构20余家，申报专利2000余件。另外，截至目前，已认定江苏省外资研发机构5家，占全省的1/5；苏州市外资研发机构9家，占苏州市的23.7%；昆山市研发机构27家。昆山拥有研发机构数量、实力在全省、苏州市都居领先地位。研发机构涉及的领域越来越广，目前已认定的市级研发机构就包括电子、材料、化工、机械、医药、食品等多个行业。

这些成绩的取得与当地政府的激励政策是分不开的。以开发区为例，为了推进科技创新，吸引研发机构，开发区出台了《关于鼓励在昆山经济技术开发区设研发机构的试行办法》，以鼓励和吸引国（境）内外组织和个人在区内设立研发机构。在此政策（税收激励、

❶ 参见：杨友仁．全球经济中的区域再结构：新竹新工业空间与区域发展的个案研究［J］．城市与设计学报，1999（七、八期合刊）．

❷ 江小涓．理解科技全球化——资源重组、优势集成和自主创新能力的提升［J］．管理世界，2004（6）．

资金支持）的激励下，区内研发机构数量出现大幅增长态势。“神达电脑”、“梅塞尔”、“国力真空电器”等企业在开发区纷纷设立研发机构，加大研发力度。目前，神达电脑在昆山设立的6万m^2研发大楼已经完成了主体工程。

在一系列良好的制度环境下，昆山自主创新的政策支撑体系在逐步形成。以2006年为例，昆山全年研究与试验开发经费支出占地区生产总值的比重❶达1.6%。全年完成专利申请量2362件，授权量为1069件，专利申请数量快速增长，分别比上年增长41.1%和21.1%。全年认定国家重点高新技术企业5家，省高新技术企业（省双密集企业❷）24家，省级民营科技企业31家；认定国家级重点新产品2个，省高新技术产品64个，软件产品36个，软件企业8家。全年共组织申报各级各类科技计划项目400项，其中省级以上项目70项，分别有省重大科技成果转化项目1项，省科技成果转化专项资金创业投资项目1项，还有一项被列为省招标项目。全年认定科技研发中心22家，其中有5家外资研发机构被评定为省级科技研发机构。❸

长期以来中国大陆在知识产权保护方面与国际水平一直存在差距，台商投资时对技术转移心存顾虑，这也是造成昆山外资溢出效应弱的一个重要原因。为此，昆山地方政府注意提升知识产权保护工作的重要性，昆山2003年成为省知识产权工作试点市，2004年成为46家国家知识产权试点城市中唯一一个县级市，并于2005年制定了《昆山市知识产权试点工作方案》和《知识产权战略规划纲要（2006－2010）》❹，对今后5年的昆山知识产权发展作出了规划。根据《纲要》，昆山市的专利申请年增长速度将保持在15%以上，到2010年昆山的专利申请量将达到2800件，专利授权会达到1800件，其中发明专利占比不低于20%；商标注册申请量年均增长10%以上，2010年达到6000件，同时要让更多的“昆山制造”成为中国名牌产品和中国驰名商标。❺

在苏州市政府《关于增强自主创新能力建设，创新型城市的若干政策意见》的指导下，昆山制定了一系列保护知识产权的新制度（表6－16）。

昆山政府保护知识产权的地方法规和制度例举 **表6－16**

出台时间	制度名称	主要内容
2004年	昆山市专利专项资金管理试行办法（昆科字〔2004〕20号）	用于扶持本地区技术含量高、市场前景好，并在本行业中具有先进性的专利的申请、保护和推广

---

❶ 研究与试验开发（R&D）经费支出占地区生产总值的比重是全面建设小康社会的社会发展类指标之一，它是指用于研究与试验开发活动的经费占地区生产总值的比重。研究与试验开发指在科学技术领域，为增加知识总量以及运用这些知识去创造新的应用而进行的系统的、创造性的活动。它包括基础研究、应用研究、试验发展三个组成部分。研究与试验开发经费支出占地区生产总值的比重国际通用的、用于衡量一个国家或地区科技活动规模、科技投入强度以及科技创新能力的重要指标，是国内外用于评价地区竞争力的重要内容，在很大程度上反映了一个国家或一个地区经济增长的潜力和可持续发展的能力。中国目前全面建设小康社会进程中这一指标的目标值为1.5。

❷ 双密集是指技术、知识密集型。

❸ 数据来源于《2006年昆山市国民经济与社会发展统计公报》。

❹ 见：昆山申建知识产权保护“特区”[J]. 21世纪经济报道，2006.

❺ 见：昆山申建知识产权保护“特区”[J]. 21世纪经济报道，2006.

续表

出台时间	制度名称	主要内容
2006年	昆山市知识产权保护援助服务办法（试行）（昆知发〔2006〕5号）	该办法用来指导市知识产权局授权并自愿参加援助服务的知识产权代理机构、法律服务机构和咨询机构，为申请知识产权保护援助服务的单位或个人提供减、免服务费用的咨询或法律服务
2006年	关于实施“三自”创新战略建设创新型城市的决定（昆发〔2006〕2号）	明确实施“三自”创新战略，建设创新型城市的极端重要性，确定指导思想和工作目标
2006年	关于实施“三自”创新战略建设创新型城市的若干政策（昆政发〔2006〕41号）	主要包括加大科技投入、推动企业自主创新，支持创新平台建设，加强知识产权创造和保护，加强人才队伍建设

资料来源：作者根据相关文件资料整理。

昆山在2006年上半年还向科技部、商务部提交了《关于设立昆山知识产权保护特区的报告》，申请在昆山设立知识产权保护试验区和专门的知识产权审判机构，希望能在昆山成立全国第一个县级的“知识产权法庭”。

昆山市今后知识产权保护的设想是，一方面大力营造重视和鼓励知识产权创造的氛围；另一方面加强知识产权公共服务体系建设，支持在当地建立1～2家知识产权综合服务机构；再一方面建立知识产权综合保护机制，为企业提供知识产权援助，并积极争取在昆山设立专门的知识产权审判机构……

按照“与昆山发展战略紧密结合、政府引导和企业主体相结合、全面推进与重点扶持相结合”的发展原则，昆山政府非常重视外资企业在昆山的技术生根和升级、民营企业知识产权竞争力的培养，并积极完善科技创新载体承载功能，积极培育知识产权新的增长点。通过营造知识产权创造氛围，加强知识产权公共服务体系建设，建立知识产权综合保护机制等手段，实现知识产权创造能力显著提高、知识产权管理体系健全、知识产权服务平台基本建成、知识产权保护环境基本形成的发展目标。

——昆山知识产权局人员

此外，昆山还在实施以“自主创新、自创品牌、自我创业”为主题的“三自”创新战略，也就是要以自主企业为创新主体，充分利用外资企业的技术与管理外溢效应，引导企业加强产品创新、工艺创新、市场创新和管理创新，通过设立创业投资基金和建立公共技术平台等措施，目标是形成一批具有国际竞争力的信息产品制造企业，放大外资的溢出效应，推动“昆山制造”向“昆山创造”转变。

为此，地方政府拨出专项资金进行对企业创新的扶持。昆山经贸委与财政局联合制定《昆山市外向配套重点项目考核奖励办法》，该办法对投资额在1000万～2000万元之间且设备投资不低于投资额的50%以上的配套项目按设备投资进行定额奖励。对投资额在1000万元且设备投资低于投资额的50%的配套项目，如果有核心技术或经过专家组认证企业发展后劲足的也可获得定额奖励。此外，昆山地方政府还制定了若干政策对科技成果和研发机构给予专门的鼓励（表6－17）。

昆山鼓励企业技术创新的规定例举 **表 6－17**

出台时间	制度名称	主要内容
2004 年	关于鼓励软件产业发展的若干意见（昆政发〔2004〕25 号）	市政府在科技三项经费中设立软件产业发展专项资金，从 2004 年起每年从财政预算中安排一定资金，支持软件产业的发展
2004 年	关于鼓励、吸引国（境）内外研发机构设立和发展的意见（昆政发〔2004〕26 号）	设立昆山市科技研发机构建设专项资金，对科技研发机构的建设和发展予以支持，落实各项优惠政策，对引进的专业技术人才和管理人才在户籍迁入、子女入学等方面提供优惠
2006 年	关于实施“三自”创新战略建设创新型城市的决定（昆发〔2006〕2 号）	明确实施“三自”创新战略、建设创新型城市的重要性，确定指导思想和工作目标
2006 年	昆山市优秀专利奖评奖办法（试行）（昆知发〔2006〕3 号）	对技术方案构思巧妙、原创性强、技术水平高，促进本领域技术进步、有突出的经济效益和社会效益的专利实行奖励
2007 年	昆山市科学技术奖励办法（昆政发〔2007〕3 号）	奖励在本市科学技术进步活动中作出突出贡献的个人和组织，设立科技功臣奖、科学技术进步奖、优秀专利奖、优秀专利发明人奖、科学技术合作和科技成果产业化奖等奖项和奖金

资料来源：作者根据相关文件资料整理。

资料：昆山开放经济条件下自主创新的核心案例——龙腾光电

昆山龙腾光电有限公司 5 代 TFT－LCD 生产线项目，由昆山经济技术开发区资产经营有限公司（以下简称“中方”）与英属维尔京群岛龙腾光电（控股）有限公司（以下简称“外方”）共同出资，于 2005 年 6 月经国家发改委批准设立。一、二期项目完成后，总投资达 15.69 亿美元，注册资本 8.15 亿美元，主要从事笔记本电脑和桌上型显示器液晶面板的研发、生产、销售，是继北京京东方、上海上广电之后，国内第三条 5 代 TFT－LCD 生产线，并且是国内唯一专业生产笔记本电脑面板的厂商。

龙腾光电 2007 年 6 月投入试运行，同年 12 月实现满负荷生产，月投入玻璃基板 3.8 万片，良品率保持在 92% 以上，在国内同行业中处于领先地位。龙腾光电二期增资完成后，面板月产能将达 11 万片，成为国内第一大液晶面板生产厂商，也是国内唯一一家生产笔记本电脑面板的厂商，在全球液晶行业中排名第十、笔记本电脑面板行业中位居第四。未来发展方向是通过企业上市融资，推进 7.5 代面板生产线建设，主要研发 40～50 吋液晶电视、15.6 吋液晶显示器和 15.4 吋笔记本电脑面板，同时积极发展上下游彩色滤光片、驱动 IC 等相关产业，拉长产业链，打造国内第一、世界一流的平板显示产业基地。

“创建龙腾光电产业园，就是我们产业必须尽快升级的‘研究’结果。这是个高科技的大项目，因为它十分敏感，很多人表示怀疑。从 2003 年开始，又是一段非常艰难的攀登……我们 2003 年就开始‘研究’，并且已经实施的项目，到 2008 年春，中央和国务院联合发文，要建这样的项目了……”

宣炳龙对我说，真想请你写一部《“艰难”的昆山之路》！

——杨守松《和谐的春风——昆山之路上的社区建设》

6.3 从“全岛城市化”到“海湾时代”的海上战略

6.3.1 口岸升级与海湾城市时代

在浙江，历来有这样的说法，“北有北仑港，南有大麦屿港”。玉环的大麦屿港区一直被称为“台州南大门”，是浙中南唯一的天然深水良港。大麦屿港区岸线呈南北走向，可用海岸线达35km，深水港区宽4.5km，可建造1万~5万吨级泊位30多个，10万吨以上泊位20多个，进出口航道水深均在11m以上，2万吨级船舶不需候潮即可自由出入，是浙中南和闽北沿海之间唯一可以满足第三代以上集装箱船进出的港口。同时，大麦屿港三面环山，港区内风平浪静，平均浪高不超过1m，是国家航海学会推荐的八大天然避风锚地之一。1984年年初，在温州地区港址可行性报告评审会上，专家们一致认为大麦屿港是全国一流的深水港，建港条件可以与鹿特丹和神户港相媲美，形象地把大麦屿港比喻为浙中南和闽北沿海的“北仑”。

在全球承运人和综合物流时代，港口功能日益多元化，与港口中转运输相关的海运代理、金融、保险等第三产业（即港口关联产业）都成为港口经济必不可少的组成部分。当港口发展到能集聚国内外生产要素和联结国内外市场时，港口陆域便成为利用港口输入原材料、输出产品的临港大工业和出口加工业（合称为临港工业或港口依存产业）的优势区位。临港工业在港口陆域的集聚是港口城市发展的最强劲动力，也是港城关系的最重要媒体。而且港口工业的发展绝不仅是本身经济总量的增长，广泛的产业关联产生强大的带动力，更重要的是促进城市规模的扩大和功能的多元化。如果临港工业能与城市以及区域的相关产业形成一种密切的传递、接收机制，则必将成为城市和区域经济增长的巨大推动力。

然而长期以来，由于国防设施建设等原因，大麦屿港并没有获得较大的建设投入，港区的口岸性质一直处在很低的位置上。1993年大麦屿港才被批为二类口岸，但是二类口岸仍存在着很大的弊端，外轮不能进也不能靠，进的话只能在锚地固泊，不能直接靠码头作业，这就直接影响了整个大麦屿港口岸的升级发展。大麦屿港口岸的真正开放是从2000年开始的，2001年12月大麦屿港区正式提出一类口岸申报，经军方同意到海关总署等中央8个部、委、办会签，总共历时7年。

“港口发展的前提是港口的开放，只有开放才有港口的发展，所以我们县里就从2000年开始打报告，要求将大麦屿港升级为一类口岸。口岸开放程序的环节很多，涉及的部门也很多，前置条件就是军方必须同意……2000年，玉环第一次上报军方，要求口岸升级。但得到的回复是，大麦屿港基础设施不完善，暂缓……第一次不成功，第二年玉环又重新上报，但得到的答复是，台海形势紧张，暂缓……2003年，继续上报，回复说大麦屿港涉及军事设施建设，暂缓……2004年第四次上报，批复说军事项目未明确，暂缓。

口岸升级报告经过四次挫折后，到2005年，在我们玉环的各种努力下，才引起了海军作战部和司令部的重视。在大麦屿港的军事项目基本明确后，海军作战部和司令部终于同意大麦屿港水陆域开放……2005年11月7日，我们玉环拿到军方的批复文件后，又以最快的速度赶在11月底上报到了国务院。”

——在县口岸办干了15年的L主任是大麦屿港口岸开放的见证人

进入21世纪以来，玉环的对外贸易与自营出口进入发展的高峰期，原先仅有的76省道作为唯一的交通运输线已经难以承载产业的乘数发展，恶劣的交通条件在一定程度上导致部分产业的外迁。为了创造区域发展的新的交通条件，降低运输、物流的成本，台州和玉环的地方政府一方面积极向国家申报口岸升级，另一方面加快了对大麦屿港区的规划和建设。2006年，台州市政府下发《关于加快大麦屿港口开发建设的若干意见》，更加直接地阐明了加快大麦屿港口开发建设的重要意义，提出了基本目标，强调了强化规划和资源整合工作，并出台了十大优惠政策以力促加快大麦屿港口开发。

大麦屿港区是台州港的综合性枢纽港区，规划港口岸线32km，占台州的三分之一，其中深水岸线20km，是台州唯一可建第四代集装箱码头的港区，是广州港至宁波港之间不可多见的可建10万吨级泊位的深水良港。

在《意见》中，台州政府把加快大麦屿港口开发的基本目标定位为建成“三港一中心”，所谓“三港一中心”的定位，就是将大麦屿港区建成依托上海国际航运中心的集装箱运输支线港，矿石、原油、煤炭等大宗货物集散的中转港，对台湾往来的台贸港以及港口物流中心。目标是到2007年年底，新建成5个万吨级以上泊位，大麦屿港口总的设计吞吐能力达到1300万吨，设计集装箱年通过能力达到40万标箱；到2010年，再新建成4个万吨级以上泊位，港口总的设计吞吐能力达到2150万吨，设计集装箱年通过能力达到50万标箱。为加快大麦屿港口开发建设，台州市政府出台了十大政策来加大政府扶持和资金投入（表6－18）。

台州市政府关于大麦屿港口开发的十大优惠政策　　表6－18

序号	政策内容
1	落户大麦屿港区投资1亿元以上的港口设施项目，列入市重点工程，用地指标优先安排，并享受市重点工程的其他优惠政策。同时，市级有关部门应尽力帮助投资业主将项目争取列入省重点工程项目
2	对新办的独立核算的港航运输企业，自开业之日起，第一年免征企业所得税，第二年减半征收企业所得税；新办独立核算从事港口仓储的企业或经营单位，自开业之日起，报税务主管机关批准，可减征或免征企业所得税1年
3	从事大麦屿港口码头建设的中外合资经营企业，经营期在15年以上的，企业报税务部门批准，从开始获利年度起，第一年至第五年免征企业所得税，第六年至第十年减半征收企业所得税
4	港口设施建设用地的出让金，玉环县人民政府应按有利于加快港口开发建设的要求使用
5	港口设施项目用海缴纳的海域使用金，市得部分全额返还玉环县，由玉环县人民政府按有利于加快港口开发建设的要求使用
6	加快港口内外集疏通道建设。市、县两级交通主管部门在规划基础上，每年要优先列入计划，优先安排资金，加快改善大麦屿港口集疏运条件

续表

序号	政策内容
7	减免进出港口集卡的通行费。凡进出大麦屿港区的集装箱运输车辆，凭市港口行政管理部门的证明，办理相关手续后，免收台州辖区内国、省道及“四自”工程的过路（桥、渡、隧道）费
8	采取鼓励发展集装箱运输的措施。对集装箱运输的班轮公司、集装箱代理公司、集装箱码头公司以及对集装箱运输船舶使用费等的贴补或奖励，按税收归属由玉环县政府出台具体的办法予以贴补或奖励。市级财政根据财力状况，每年通过相应的渠道给予一次性补助。集装箱码头装卸业主应认真执行国家规定的市场调节价格，以提升有效竞争，原则上要在装卸费等劳务作业费上予以集装箱运输公司一定的优惠
9	继续积极争取大麦屿一类口岸开放，尽快筹建大麦屿港区的涉外机构，着力优化口岸通关环境。国务院批准大麦屿一类口岸和查验机构的编制后，驻台的涉外查验单位要积极配合台州市和玉环县政府，争取及早在玉环设立分支机构，做好分支机构的筹建工作和口岸设施建设。各涉外机构要围绕口岸“大通关”建设，创新查验方式，落实监管措施，提高工作效率，为出入境船舶、货物、人员的通关提供优质便捷的服务
10	市、县两级相关部门要充分发挥职能作用，支持大麦屿港口开发建设。大麦屿港 区开发领导小组办公室（指挥部）要履行好负责港区开发建设日常工作和统筹港口建设的各项规划，统筹基础设施建设，统筹港口开发招商引资的职能作用

资料来源：根据台州市政府《关于加快大麦屿港口开发建设的若干意见》整理。

2008 年 4 月 18 日，国务院才正式同意大麦屿港区对外国籍船舶开放，同意增加涉外查验人员编制。4 月 22 日玉环县口岸办收到了国务院关于同意大麦屿港区扩大开放的批复，允许台州港口岸大麦屿港区进出外国籍船舶，这意味着大麦屿港将从原来的二类口岸升级为一类口岸，也标志着大麦屿港已步入浙中南重要的中枢港区行列。随着海关、国检、边检等涉外查验部门的逐步设立，外贸运输将可以直接从大麦屿港口岸报关出口了。大麦屿是继宁波、嘉兴等地之后，浙江省第七个一类口岸。

“开放大麦屿港口岸，是推动玉环港口城市建设的迫切需要，也是服务外向型经济发展的必然趋势。此次国务院正式批复，意味着玉环将从更广范围、更深层次、更宽领域上直接参与国际经济竞争与合作，港口经济也将从此崛起和繁荣。”

——L 主任

港口作为区域物流子系统的进出口岸，其发展取决于区域外向型经济发展的物流需求，作为运输体系中的一个重要环节，港口功能和作用随着不同的经济和社会发展阶段逐步扩展。早期第一代港口的功能局限于货物的装卸和简单堆存上，仅是货物海陆运输的交接地。而第二代港口的功能则有了明显的扩展，除了装卸堆存外，还发展了与运输有关的简单加工、贸易和服务。到了 20 世纪 80 年代末期以后，世界港口的发展进入第三阶段，港口在传统装卸堆存功能基础上开展货物中转服务，依托其与城市的关系发展有一定规模和深度的加工、贸易和相关服务，并开始借助现代科技开始涉足第三方物流和信息服务。港口直接产业与港口关联产业的发展将构成良好的城市基础设施条件并产生空间的集聚引力，吸引与港口无直接关系的产业在港口城市的集聚。临港大工业的发展产生协作引力，也不断吸引前、后相关联产业在港口城市集聚。随着产业集聚带来的就业和消费的扩大，

通过乘数效应促进了城市非经济基础部门的发展。❶

所谓“临港经济”，就是指以港口及临近区域为中心、港口城市为载体、综合运输体系为动脉、港口相关产业为支撑、海陆腹地为依托，展开生产力布局，发展与港口密切相关的特色经济，进而推动区域繁荣的开放型、优先型经济模式。以天津港为例❷，天津港每万吨货物吞吐量就能够为地区生产总值贡献120万元，提供就业岗位26个。2002年，与港口相关的临港工业、商贸、旅游等产业创造地区生产总值达155亿元，为30万人提供了就业机会。

经济全球化使得国际分工已从产品发达国家与初级产品生产发展中国家之间的垂直分工向该类分工不断深化以及水平分工不断扩大的方向发展。这种分工形态的演变主要由跨国公司为主导，通过在全球范围内选择最有利的区位和要素投入组合，通过强大的海陆物流系统选择最佳的原材料和最有效率的技术来进行运作。从经济全球化的空间表现来看，国际分工强化了一个城市或地区经济活动在国际经济体系中更为明显和突出的作用，使之更为直接地参与全球经济的运行与竞争。全球化将根据城市与地区优势重组国际经济秩序，进一步改变地区性因子的空间分布，形成新的动态空间结构。整个世界经济更加依赖于国际贸易和海上航运的发达，贸易港口作为海运转为其他运输方式（陆运、空运或内河航运）的必经过渡点，正逐渐延伸并被强化作为组织外贸、发展工业和相关产业的战略性支点，也成为区域经济的支柱。因此，港口推动地区经济发展的要求被凸现出来。港口和城市间的关系变化也从满足城市经济一般运转的需要向港口推动城市经济高速发展的方向转移。

因此，全球化趋势下的港口对城市经济的推动作用是：在新的经济体系架构下，港口战略重点的转移极其重要，港口在全球物流体系中所处的节点价值，甚至关键性地决定了城市或地区经济发展的最终构架以及在全球生产网络中的能级。台州提出打造“三港一中心”后，玉环政府也提出了打造港口之城，全面实施全岛城市化的战略目标；在“十一五”规划中，又把大麦屿港作为“三港一中心”平行组团城市框架载体中的港区建设组团板块的重中之重来发展。

目前，对大麦屿港区的30km的岸线都作了规划，分别布置鲜迭作业区、大岩头作业区、大麦屿作业区、连屿作业区、普竹作业区。2009年2月份，省政府批准了台州港总体规划，大麦屿港区详规也正在修编完善中。整个港区除集装箱作业区已施工外，大岩头、连屿作业区及船舶修造基地的前期勘探、设计、建设方案已基本完成。

在码头及配套建设方面。除了几个已建成的码头外，大麦屿港还将建成浙江环洲钢业有限公司3万吨级多用途码头、浙江大麦屿港务有限公司5万吨级和3万吨级集装箱码头、佳诺水泥公司3万吨级散杂货码头。目前5万吨级集装箱码头准备在2009年底前投入使用……

在项目引进方面。日前主要有安徽的海螺集团、浙江物产集团金属材料公司、武汉钢

❶ 陈文晖，王玉国．论港口与城市发展互动［J］．中国工程咨询，2006（5）．

❷ 戴相龙．加速把天津港建设成为现代化国际深水大港［J］．港口经济，2003（6）．

铁集团等项目正在前期洽谈中，其中海螺和物产集团两个项目为连屿及大岩头作业区的支撑项目。造船基地已落户2家造船公司，投资额均1亿元以上，年造船能力可达10万载重吨以上，目前处于筹备阶段……

在集疏运条件方面。随着76省道复线玉环段完工、漩门港特大桥建成以及黄泥坎第二隧道和疏港大道二期隧道的贯通；港区至沿海高速接线、跨海大桥、陈屿第二隧道及进港道路完成前期工程设计、评审、立项等工作，并力争开工建设，公路通车里程数还将进一步扩大……

大麦屿港目前的发展势头非常好。一类口岸升级是我们大麦屿港开发的一个新的开始！5万吨级集装箱码头即将建成使用，加上一些大项目的拉动，我们大麦屿港建成国际集装箱运输基地，可谓指日可待。

——大麦屿开发区工委S书记

虽然大麦屿港的开发建设尚处于起步阶段，但它的资源优势正在变为区位优势和有利条件。特别是随着温台产业规划的实施，大麦屿港正在发挥其越来越大的作用。2006年港口吞吐量还只有300万吨，2007年就突破了1000万吨，2008年港口货物吞吐量达1699.99万吨，同比增长57.52%，其中外贸货物吞吐量为257.93万吨，同比增长46.11%；集装箱吞吐量为6269标箱，同比增长420.68%。

按照玉环“三年三步走”的设想：

第一，推进大麦屿港开发开放，建设完善港口基础设施，突出港口中转和储存功能，增强远洋、沿海大宗散货中转和外贸集装箱运输能力。积极引进县外大型船舶修造企业，大力发展大中型船舶修造业。积极引进国家级以上大型油气储运企业，发展石油加工、储运石油化工等临港型工业。到2010年，初步形成浙东南能源基地、新型船舶工业功能区。

玉环大麦屿港区开发进程 **表6－19**

期限	建设重点	定位	主要功能
短期	加快乐清湾跨海大桥建设	逐步成为台州、温州两港的分流港	发展大宗散货中转运输，扩大集装箱吞吐量
中长期	全面完成大麦屿港建设	与台州、温州两港功能互补	“三港一中心”：中国东南沿海中部依托上海国际航运中心的集装箱运输支线港，矿石、原油、煤炭等大宗货物集散的中转港，对台湾往来的台贸港以及港口物流中心

资料来源：《玉环县国民经济和社会发展第十一个五年规划纲要》。

第二，随着玉环华能火力发电厂[1]的建设、竣工，围绕电厂产生的废弃物资源，吸引生态型临港项目落户，可以积极构建煤—电—粉煤灰—水泥、煤—电—粉煤灰—新型墙

[1] 华能玉环电厂位于浙江省台州市玉环县大麦屿开发区下青塘，地处浙江省东南沿海瓯江口，乐清湾东岸，玉环半岛西侧，是国家超超临界机组技术实现国产化的依托工程，一期工程建设2台，于2007年投产，全部建成后，玉环电厂将是国内单机容量最大、世界第二的火力燃煤发电厂。

材、煤—电—石膏—石膏板三条产业链，促进资源循环式利用、产业循环式组合、区域循环式开发，形成减量化、再利用、资源化的循环产业链。

第三，发展现代港口物流，积极培育运输、装卸、仓储、加工、包装、配送等各个环节、各种类型的第三方物流企业，使港口航运向港口贸易延伸。不断完善揽货网络，大力发展水运中转、江海联运、水陆联运，逐步形成连接沿海和长江流域各大港口、沟通世界主要港口的海上运输网络。

世界深水港口的竞争，最本质的就是开放的竞争。2008 年 11 月 4 日，海协会和海基会签订的《海峡两岸海运协议》中，台州港被列入大陆方面首批 63 个两岸直航港口名单。根据《协议》，台湾方面将开放基隆、高雄、台中等 11 个港口，并约定双方相互免征营业税、所得税，通航以双方轮船为主。这意味着不久之后大麦屿港与台湾可实现直航。大麦屿港距离台湾基隆港仅 163n mile，乘“苏泊尔”号高速客轮从大麦屿港到台湾理论上只需 6 个多小时。❶

大麦屿是浙江首批对台小额贸易示范点基地。在台州的 6 个港区中，大麦屿港区的功能定位就是“对台贸易港”。两岸直航对出口企业影响最大，可以直接降低货运成本。对台直航贸易的开展、台州核心港和跨海大桥的规划建设，都将在未来 5 年给大麦屿港带来很大的发展空间。而与高雄等全球运筹港口的对接，将迅速有效地提升玉环的港口城市地位，加速玉环融入全球海运网络体系中，提升玉环在国际海运网络中的节点价值。

6.3.2 空间的整合与拓展：“环漩门湾”的再造玉环

在玉环的工业化与城市化进程中，土地制约一直是工业发展与城市建设的瓶颈。玉环人均耕地面积只有 0.27 亩，仅为浙江省平均水平的 54%；人均水资源量 469.2m^3，仅为全国和浙江省平均水平的 1/5；矿产资源拥有量几乎为零。土地空间的制约带来了工业发展中的高土地成本问题，因为土地每亩的投资成本太高，很多玉环的工业企业开始外迁，产业也在往土地成本偏低的地区梯度转移。

“我们玉环的地价太高了，一个县总共才 30 多万人，企业就有 1 万多家，地很难买。中午我们去吃饭的（楚门）农业生态园，那儿的公寓要 8000 多元一平方米，这种地段，南京也没有那么贵啊？南京是什么地方啊，我们玉环是什么地方啊？别墅没有 300 万元想都不要想……

我去年在清港一个村里买了一块地，当时 40 万元买下来的，现在已经值 100 万元了。你们那边地真是不算贵，我 2008 年要在宿迁上两条生产线……”

——玉环柏林家具有限公司 Q 总

正如马克思在《政治经济学批判》导言中所说的，“土地是一切生产和一切存在的源泉”。❷ 玉环地方政府也意识到土地空间的制约已经成为玉环工业经济发展的一个重要瓶

---

❶ 王海燕．两岸直航，大麦屿港将迎来发展的春天　玉环到台湾只需 6 小时［J］．今日玉环，2008.

❷ 马克思恩格斯选集（第二卷）［M］．北京：人民出版社，1974：109.

颈，为此政府也在拓展用地空间上寻找突破。30年前，漩门一期大坝合龙工程启动，使海岛玉环与楚门半岛相连。10年前，漩门二期围垦工程启动，目前已围垦成功，新增用地3.2万亩，顺利进入项目包装和开发阶段。2000年5月，玉环开始筹建漩门三期围垦工程，经过近6年的申报、竞争与说服，最终通过各项规划与各项审批。❶

2006年3月，总投资达10亿多元的漩门三期蓄淡围垦工程正式启动。漩门三期围垦面积达6.8万亩，加上漩门二期的5.6万亩，新增用地面积相当于再造了一个玉环。这项蓄淡围垦工程完工后，对于玉环的经济社会发展空间的拓展意义非凡：一是极大地拓宽了当地的发展空间，将使得今后较长一段时期，玉环都不会遭受土地制约之苦；二是有利于城市排涝泄洪，增强防洪抗台能力；三是将增加130km^2陆域集雨面积的淡水涵蓄能力，同时还将建成一个规模较大的蓄淡水库区。

目前在漩门湾两岸已经成长起了城关、坎门、楚门、清港、芦浦、干江六个重要集镇，还有龙溪一个乡。如果我们从构建环漩门湾时代去划分，它的范围可扩展到包括陈屿办事处和沙门镇。这一区域是玉环县的先发地区，人口密度高、产业发达。漩门港口大坝工程使得玉环岛同大陆紧密相连，为环漩门湾的发展迈出了坚实的一步。这第一步，也是玉环联系外境的唯一出路。为改善与外县的交通联系，现在有两座现代化大桥连接南北，把漩门湾两岸联系得更紧密，这为构建环漩门湾时代创造了更加有利的条件。❷ 特别是漩门二期工程和漩门三期工程的实施建设，为玉环县新增用地10万亩，有效缓解了玉环十分紧缺的土地资源。

根据《玉环县工业产业发展及空间布局规划》，至2020年，玉环工业发展空间基本形成“两城一廊”格局，即港北工业城、港南工业城、工业长廊，规划面积达到58km^2（8.7万亩）。在此基础上，《玉环县国民经济和社会发展第十一个五年规划纲要》明确提出要构建环漩门湾产业带，环漩门湾产业带的主要依托形式，就是将建设和发展工业功能区作为重要切入点。目前，玉环县共有工业功能区9个，乡镇工业小区50余个，但总体发展层次不够高，布局也不够合理，尤其是优势产业的产业链拓展延伸还不够。对此，玉环地方政府提出，要依托现有的资源禀赋、产业基础、城镇体系和发展格局，围绕促进城乡之间的产业融合、资源和生产要素流动，充分利用漩门二期、三期围垦工程的相继完成和开工建设这一契机，做好整合、扩容和提升的文章，打造新的省级经济开发区。近期玉环已经将漩门二期滩涂围垦区以及现有的漩门工业城作为玉环经济开发区的扩容部分，并规划中长

❶ 玉环的漩门工程在乐清湾一直以来是饱受争议的，自漩门一期的大坝合龙，乐清就一直对玉环后续的漩门工程不满，漩门工程的建设在一定程度上改变了乐清湾的生态平衡。1977年5月11日，玉环县委、县政府向浙江省计委申请，要求将玉环漩门二期工程在1978年立项开发。而从漩门二期围垦工程申报以来，乐清方面一直以生态保护的理由不停向省里和水利部上诉，玉环则认为乐清湾的污染主要原因来自于乐清工业企业的乱排放，双方将官司一直打到时任水利部部长的钮茂生那里。直到1994年3月，省计经委浙江经建【1994】124号文批复同意兴建玉环县漩门二期蓄淡围垦工程项目，1997年4月，该项目被列入省重点工程。经过几年的竞争，最终国家批准漩门二期围垦蓄淡工程，并且列入国债项目，才将双方的争夺告一段落。在获得1亿元国债基金（其中8000万元为贷款）、2.256亿元国家开发银行贷款及一些政策补助金后，1999年2月7日，玉环历史上规模最大、投资最多、难度最大的大型综合性工程，总投资3.88亿元的浙江省在建最大蓄淡围垦项目——漩门二期工程才正式开工。

❷ 陈学杰，金建明，向绪爱．环漩门湾时代玉环县域经济发展研究［J］．今日玉环，2008.

期将漩门三期也纳入其中，到漩门三期开发完成，最终将形成 80km^2 独立的经济开发区。

为了整合城镇体系与县域城市产业空间布局，2006 年，玉环提出了“全岛城市化”战略。在 20 世纪 90 年代中期以前，农村工业化推动了玉环的小城镇建设。1999 年经国务院批准，玉环被《浙江省城镇体系规划》列入中等城市发展行列。2003 年提出要把玉环建成花园式港口城市，成为浙东南地区的重要发展极。在“全岛城市化”战略正式出台之前，以 76 省道为主要产业发展轴的城镇空间体系，使得玉环在县域范围内呈现“多中心”的城市空间格局，在分布上略显分散，各个城镇产业组团相对对立，资源与公共设施的共享度较低，对环境的污染影响也较大。基于城镇产业空间发展的分散性，城镇经济的相对均衡性，玉环推出“全岛城市化”的引导政策。“全岛城市化”战略的实施，将为工业化和城市化互动创造较好的政策环境，通过空间结构的有效整合，改善区域要素禀赋，将为玉环工业化中后期的产业转型升级创造条件。

所谓全岛城市化战略，就是把 378km^2 县域作为一个整体，对城市形态和功能布局加以规划重构，致力形成中心城市、经济增长点和生态经济发展三大板块，在加快开发漩门二期、启动建设漩门三期的基础上，区域发展重心逐步由本岛“三位一体”向“环漩门湾时代”跨越，中心城市范围扩大到包括楚门、清港在内的“五位一体”，远期空间布局再由“五位一体”拓展到玉环县域范围的城乡一体，以“三港一中心”平行式组团城市框架为载体，整合区域资源要素，优化空间配置效率，促进城乡统筹协调发展，实现经济、社会、生态和谐发展。❶“三港一中心”即港南、港北、港区和城市中心四大组团，其中港南组团由城关、坎门、鸡山和海山构成，港北组团由楚门、清港、干江、芦浦、沙门和龙溪构成，港区组团即现在的陈屿区片，中心组团由漩门二期和漩门三期构成。这种组团，突破了城市依靠单一中心逐级辐射带动，以致造成区域发展层级差的局限性，实现各组团“多中心”按各自功能优势互补、同步“网络化”发展；同时也突破了以行政区划为界的传统发展模式，有助于降低区域协调的成本。

实施“全岛城市化，城市全岛化”战略，将突破由城关、陈屿、坎门为“三位一体”的体制束缚，使中心城市区向包括楚门、清港在内的“五位一体”扩张，区域发展战略重心从“本岛时代”跨入“环漩门湾时代”。

第一，在经济空间布局上，按照错位发展、优势互补的战略思路，引导“三大经济板块”按照各自的功能定位加快发展，实现良性互动。经济空间是产业集聚、要素集合、企业集群的主载体。对中心城市板块进行产业和城市品质提升，五大工业集镇在原有的基础上加快城乡联动、产业升级，重视现代服务业的发展力度，增强各自的集聚辐射功能。在新的发展空间塑造新的经济增长点与增长板块，借助 76 省道复线和漩门、滨港两大工业城开发建设，以区位条件的改善和产业功能的增强拉动周边区域经济社会发展，辐射和促进芦浦、沙门的发展，引领干江、龙溪实现跨越式发展。保存和适度开发生态经济发展板块，将鸡山与大鹿岛风景名胜区建设相互配套，海山长远着眼于发展乐清湾大桥建设将带来的经济发展机遇，做好前期保护控制和适度开发。

---

❶ 参见 2006 年《玉环县国民经济和社会发展第十一个五年规划纲要》，笔者根据相关规划整理。

第二，通过整合、扩容、提升，构筑产业集聚平台。工业功能区作为县域经济增量推动的主要平台，通过提高存量土地利用率和单位土地产出率，强化专业化分工协作，引导特色化发展，切实减少产业趋同、“逐底”竞争现象，不断提升产业效益，全力打造先进特色制造业基地，形成“六区两城一廊”的产业布局体系，有效突破“低、小、散”的产业格局。“六区”，就是汽摩、机电、科技、阀门、五金电镀和医药包装等六大工业功能区。“两城”，就是漩门和滨港两大工业城，要努力构筑承载能力强、投资密度高、环境污染少、产出效益好的高品位工业功能区，并结合城区拓展和漩门二期、三期开发建设，成为县域经济中远期发展的重要载体和后续空间。“一廊”，就是沿76省道复线工业长廊，可以发挥交通区位条件较好的优势，作为今后玉环承接全球产业转移、培育新兴产业的重要基地。

第三，引导区域产业升级，促进产业整体层次的提升。引导企业依靠科技创新与研发，以高新适用技术、信息化改造传统产业，促进汽摩配件产业向模块件和整车发展，引导阀门行业做精做强并鼓励发展壮大水暖洁具，力争眼镜配件向整件转变、医药包装向医药和食品包装双重拓展，扩大家具出口市场，提升高新技术产业增加值比重。致力于推动企业结构升级，地方政府通过强化政策引导和分类指导，推出“101”培大育强工程，孵化和打造一批旗舰式的现代企业。同时政府还加强科技、金融、人才等三大服务体系建设，建立完善成长型企业运行监测体系，加大标准厂房建设力度，扶持中小企业发展，进一步发挥玉环产业链优势。致力于推动产品结构升级，引导企业引进先进设备，提高自主研发能力，开发各类具有自主知识产权的核心技术和产品，积极参加行业标准的制定工作，争创更多的中国名牌、中国驰名商标和国家免检产品，逐步实现“玉环制造”向“玉环创造”转变。

第四，引进和发展高级生产型服务业，以提升城市的生产服务功能。根据产业梯度转移规律与城市化进程加速对生产型服务功能的要求，整理置换并逐步减少城区工业用地，加快城区产业“退二进三”。玉环提出了服务业发展“6+6”战略，重点发展为制造业配套的生产型服务业，突出物流业的战略地位，加快培育现代物流框架体系，形成高效便捷的现代物流空间布局，降低商务成本，尤其是加快形成大麦屿物流基地和发展第三方物流，促进玉环外向型港口经济的发展；以国际性会展业作为城市大事件营销的基础，实现市场建设与产业培育有机结合、互促并进；积极扶持信息、中介咨询、金融保险、贸易代理以及资产评估、会计审计等知识型服务业，为生产提供便捷、高效的人力资源和智力支持（表6－20）。

玉环服务业发展“6+6”战略 **表6－20**

➢ 发展壮大六大传统服务业： 商贸流通、交通运输、金融保险、旅游休闲、文化娱乐和房地产业
➢ 积极培育六大新兴服务业： 港口物流、会展经济、信息服务、中介咨询、职业培训和社区服务

资料来源：2006年《玉环县国民经济和社会发展第十一个五年规划纲要》。

在城市空间发展规划上，根据玉环"全岛城市化"三步走的战略目标❶：

第一步，现在起到2020年，进入全岛一体化阶段。围绕新农村建设主题，加大统筹城乡发展力度，全面实施城乡规划、交通、供水、电网、环卫、信息和社会保障等一体化建设，加快"三大经济板块"发展步伐，推动城关、坎门、陈屿组成的"三位一体"向包括楚门、清港在内的"五位一体"演进。

第二步，2020~2030年，进入全岛组团化阶段。围绕勾勒"环漩门湾时代"的美好蓝图，在漩门二期开发基本完成，漩门三期开发建设初具规模的同时，积极引导产业扩散和人口转移，加速中心组团的形成，并使之成为新的城市政治文化中心；突出商贸金融、文化教育、休闲旅游功能，促进汽摩配产业升级和渔业结构调整，加快城关、坎门相向融合，拉动鸡山、海山开发，共同形成港南组团；以"强工兴商宜农"为功能特征，大力建设先进特色制造业基地，积极引导楚门、清港互动发展，加快推动干江、芦浦、沙门、龙溪产业崛起，联合构建港北组团；围绕建设现代港口物流中心，纵深推进大麦屿港开发开放，实现港贸工城联动，积极打造港区组团。

第三步，2030年开始，进入全岛城市化阶段。逐步完善各组团内部功能，通畅组团之间的要素流动和资源整合，形成港南、港北、港区和城市中心四大组团构成的"三港一中心"的空间格局。

6.3.3 "小狗经济"上成长的区域创新体系

三条饥饿的小狗，一只咬尾巴、一只咬鼻子、一只咬腿，可以打倒大斑马。1999年经济学家钟朋荣在浙江台州考察时，看到《动物世界》里的镜头，联想到这样的经济模式——精密的产业分工，辅之上规模的专业市场，在特定区域形成产业聚集、企业聚集和市场高效运作，降低了交易成本，形成规模效益。2002年，钟朋荣总结以台州经济模式为代表的经济模式为"小狗经济"，即细致分工，严密合作。玉环的这种产业区在类型上其实类似于"第三意大利"式的，意大利产业区的模式和发展道路在国际上受到了高度的重视，是和美国硅谷的经验被认为同样重要的。意大利的国家竞争优势产业就是在以中小企业为主的专业化产业区里培育出来的，从原料采购到产品销售一条龙的生产服务，乃至相关技术研发机构都在当地配套形成网络。

20世纪90年代末，"新区域主义"在区域经济发展上，基本达成了共识：经济全球化加剧了区域之间的竞争，资本主义区域经济和新经济发展在全球经济中的竞争优势（竞争力），已从传统的要素禀赋转向以知识的生产与扩散为核心的知识经济或学习经济；要在理论上阐释资本主义区域经济和新经济发展的动力和态势，需要将熊彼特的"创新理论"、马歇尔的"产业区理论"、演化经济学以及收益递增、路径依赖、组织学习、社会资本、集聚等理论进行有机整合；"学习"、"学习能力"（或"技术能力"、"区域能力"）是理论建构和经验分析的核心，创新是相互作用的学习过程，它包括连续的技术改进，而学习则依赖于编码知识（信息）特别是意会知识的分享和多样化知识的结合，并受制度化的惯例

❶ 耿礼文，孔金法．关于全岛城市化战略的多维解读［J］．今日玉环，2007.

和社会习惯的内在约束，而制度化的惯例和社会习惯乃是区域社会关系建构的产物，又是“集体社会秩序”的基础，因此区域成为“非贸易相互依赖”、“制度厚度”、“集体学习”、“合作经济”、“学习经济”的中心，区域支撑其企业学习创新的能力构成了区域竞争优势的关键来源。❶

构建区域创新体系中的核心之处，也在于地方政府、中介组织、企业、个人、科研机构充分有效互动下所形成的学习创新能力和环境。在改革开放以来的中国区域工业化与城市化进程中，地方政府一直是一个关键的角色。随着体制转型的逐步深入与地方市场秩序建设的逐步充分，地方政府的行为和角色也在发生变化，对于区域创新体系的建设，由于地方的制度化惯例和社会习惯、区域社会关系等差异，各个区域地方政府在区域创新体系建设中的作用也有着差别。

根据丘海雄对珠江三角洲地区的研究，广东产业集群创新相关行动者主要包括：企业、地方政府、中介组织和科研院所（大学）。广东省科技厅是广东省地方政府介入产业集群技术创新的启动者，1998 年科技厅发起了“广东专业镇技术创新试点”的申报工作，各个专业镇提交报告，由科技厅组织专家级评估，对符合条件的，科技厅授予某某专业镇技术创新中心的牌子。科技厅拨款 30 万元，市、镇投入数额不等的配套资金作为建立专业镇技术创新中心（下称创新中心）的启动资金。创新中心集公共产品和服务的提供者、集体行动的组织者和产业网络的建构者于一身，发挥多元化的功能。创新中心的功能归纳为技术开发、信息推广、电子商务、质检认证、知识产权保护、人员培训、区域营销、建构产业网络等方面。

从广东的经验来看四方行动者在技术创新过程中的相互关系：企业是技术创新被动的受益者；行业协会是创新中心的辅助者；地方政府是技术创新的主体；科研院所是技术创新的参与者。政府的主导与推动性很强，企业与行业协会尚未成长为创新的主体。然而第三意大利产业集群的创新网络多数是行业协会办的，“前者是媳妇，后者是婆婆。而我们的创新中心是地方政府办的，政府是老板，行业协会是帮工……对于产业集群的技术创新，地方政府能否‘进一步、退一步’，‘进一步’是指地方政府积极扶持行业协会的发展，‘退一步’是在行业协会发展起来以后，将创新中心的职能向行业协会逐步转移，‘帮工变婆婆’，由行业协会作为创新中心的经营主体”。根据对广东的实证研究，丘海雄认为地方政府的行为在市场转型过程中，在国家、市场、社会三者之间的互动过程中逐步演变，演变的路径是：从政府直接参与企业，既当官员又当企业家的“地方法团主义”发展到地方政府退出企业，从外部大力度地为地方经济的发展提供全方位的服务的“后地方法团主义”，再到地方政府培育中介组织（创新中心）取代自己的部分功能的“后后地方法团主义”。❷

玉环的产业集群技术创新路径与广东类似，而与昆山的外商直接投资地方嵌入带来的技术外溢不同。地方政府也更倾向于为地方经济发展提供全方位服务，尤其是侧重于宽松

❶ 苗长虹，魏也华．技术学习与创新：新经济地理学的视角［J］．人文地理，2007（5）．

❷ 参见：丘海雄，徐建牛．产业集群技术创新中的地方政府行为［J］．管理世界，2004（10）．

制度和有效政策环境的建设，昆山地方政府在为本土外向配套企业技术创新提供扶持政策之外，还直接控股了龙腾光电项目以引导区域光电产业的集群发展与技术创新，两者在区域创新体系的构建过程中仍然表现出“助动型”政府和“合作型”政府的差别。随着市场化改革的推进，加入世界贸易组织后国内市场的进一步开放，长三角一体化背景下区域竞争与合作的加大，玉环经济逐步丧失了原有的体制优势，“原生性”民营经济在与“外资经济”、“转制型民营经济”的竞争中劣势日益凸现。玉环地方政府在新一轮发展进程中，主要以宏观调控的政策引导与“倒逼”机制，来促进结构调整和经济转型升级。

1. 以产业园区建设引导形成现代产业集群

制定实施《玉环县工业性投资导向目录》，明确产业转型发展扶持导向，编制《玉环县工业产业发展及空间布局规划》，构筑产业集聚升级平台，出台《玉环县人民政府印发关于加快工业功能区建设意见（试行）的通知》等有关政策，规划发展了科技、汽摩、阀门、机电、医药包装、大麦屿、五金电镀、滨港工业城和漩门工业城等九个特色产业园区，总规划面积 6.4 万亩，实际可利用面积 4.72 万亩。政府以全程办事代理制、服务承诺制等服务措施，为企业的科研、生产和销售做好配套服务。玉环特色产业园区的发展，构筑了“两城一廊”的工业布局，形成集约化生产、规模化经营、簇群化发展态势，增强示范、辐射和带动作用，促进了“块状经济”向“现代产业集群”的升级，增强了产业的竞争优势。

玉环特色产业园区和集群经济的良性互动发展，对优化投资环境、调整产业结构、促进开放发展和推进体制机制创新起到了积极作用，推动了工业化和城市化进程，主要有七方面的特色❶：一是形成了明显的外部规模效应，有利于企业降低原材料采购、物流服务、政府服务、基础设施、市场信息等的获得成本，打响了区域品牌；二是强化了集群的学习效应，管理经验和技术的知识外溢效应明显，推动了集群竞争力的提升；三是特色园区内企业和园区附近企业形成了完善的产业链和产业簇群，有利于大批中小企业向专业化、社会化发展，使得每个企业都可以专心于特定的领域，将其做精、做强，而产业整体则显现出强大的竞争实力，更是形成了项目、资金、技术、人才的马太效应，体现出高度的集聚优势；四是促进产业区域分工和新型产业基地的形成；五是有利于集中治理污染，节约治理环境的成本；六是特色产业园区内规划建设一定面积的标准厂房，出租给配套中小企业，密切园区内产业集群的配套协作关系；七是强化了产业的地方根植性，企业外迁代价高，外迁现象明显低于椒江黄岩等地（表 6－21）。

玉环“强工兴企”八项计划　　　　表 6－21

序号	主题	内　　容
1	集群发展	围绕沿海产业带建设，以玉环经济开发区扩容为契机，整合提升现有工业功能区，突出抓好漩门、滨港两大工业城建设，提高落地率、开工率和投产率，加快漩门三期围垦进程，积极稳妥地推进五门下涂废转用前期工作，不断拓展玉环经济发展空间

❶ 台州市委政研室课题组．县域经济发展的成功典范：玉环现象的启示［OL］．央视国际，2009-01-14.

续表

序号	主题	内容
2	“科技玉环”	致力于构建区域创新体系，办好第四届科技活动周，建成中国汽车工程研究院浙江分院；坚持以高新技术改造汽摩配、阀门水暖等传统产业，大力发展高新技术产业；充分利用增值税转型的机遇，鼓励企业加大设备投入力度，切实提高劳动生产率
3	拓展市场	注重产品市场结构调整，引导汽摩配产品向售后服务市场进军，鼓励阀门产品向工业高压阀门和民用之外的领域拓展；积极开拓东欧、拉美等新兴外贸市场，深度开发欧美、中东等传统外贸市场，加大企业出口信用保险贴补力度，大力拓展国内市场，创新产品营销模式，由政府主导、行业协会牵头，在国内重点区域建立玉环工业产品统一营销平台，实现内外贸双轮驱动
4	内部管理	引导企业树立现代经营管理理念，加强基础管理，实施精益生产，推广电子商务，强化财务管理、成本核算，努力向管理要效益；同时加强自主品牌建设，鼓励有条件的企业参与国家标准、行业标准制定
5	兼并重组	引导有实力的企业借机开展同行业兼并，通过收购、参股等方式，促进业内整合，推进规模发展
6	新兴产业	积极推进健康产业发展，加快培育医药器械、新能源、数控机床、临港型工业等新的增长点，建立医疗装备制造产业园区
7	招商选资	划出规模用地，吸引国企、央企和世界500强企业落户玉环或设立分支机构，主动做好与产业链下游高端产业的嫁接工作，实现国资、外资和民资互动发展
8	银企协作	充分调动商业银行支持地方经济发展的积极性，逐步放大新设金融机构的效应，建立健全金融担保体系，营造良好的融资环境

资料来源：笔者根据玉环相关政策文件整理。

玉环现已成为全国最大的低压阀门、压力锅和眼镜配件生产基地，全国重要的汽配件、家具和医药包装生产基地。“中国阀门之都”、“中国汽车零部件产业基地”、“中国眼镜零配件生产基地”、“中国欧式古典家具生产基地”等有关工业的8个国字号基地相继落户玉环。根据“十一五”规划，到2010年，工业园区率达到60%。全面实施“101”培大育强工程，形成一批拥有自主知识产权、知名品牌和综合竞争力较强的优势企业，打响“玉环制造”品牌。到2010年，产值上千万元企业达到1000家、上亿元企业100家、上十亿元企业10家、上50亿元企业1家、上百亿元企业1家，创中国名牌、驰名商标10个，创省级名牌、著名商标100个，上市企业10家，国家级高新技术企业10家。

汽摩配：着重推进中国汽摩配零部件产业基地建设，加强产学研合作，加速产品制造向专、精、强转变，产品结构向关键零部件及总成品转变，打造国际一流的汽摩配零部件专业生产制造基地和销售基地。到2010年，玉环100家以上汽摩配生产企业进入全球采购体系。加大对汽车尤其是小型轿车生产企业的招商力度，引进大品牌、大企业。

阀门水暖：着力建设“中国阀门之都”和中国五金建材（阀门）出口基地，整合行业资源，培育行业品牌优势，以中低压铜阀门为基础，全面进入水暖和工业阀门领域，真正成为国际级水暖阀门产销基地。

家具：努力创建中国最大的新古典家具（出口）基地，繁荣和弘扬丰富多彩的玉环家具文化。突出行业特色，打造“玉环家具”品牌，培育3~4个省级著名商标和名牌产品。

眼镜：扩大眼镜及其配件行业的规模实力，形成眼镜成品制造群体，打造产业品牌和企业品牌，构筑专业配套协作带，建成具有先进制造水平的眼镜配件产销基地，成为全球重要的眼镜品牌贴牌生产基地。

医疗器械及药包材：着重提高产品科技研发能力，积极向新型医疗器械、专利药包材产品发展，以医药包装工业功能区为龙头，以高新技术企业（产品）、名牌企业（产品）、行业研发检测中心为支撑，加快产业集群发展，打造一次性医疗用品先进生产基地。

——摘自《玉环县国民经济和社会发展第十一个五年规划纲要》

2. 以出口导向和成长导向政策，诱导技术创新与企业升级

玉环实施出口导向战略的具体做法主要有：一是出台《关于玉环县2006年度外经贸发展资金使用管理实施办法》等出口扶持政策，建立总额为500万元的外贸专项发展资金；二是进一步凸显企业的自营出口主体作用，玉环自营出口权企业近千家（1997年仅四家，2002年底仅165家），居台州市首位，且以每年100多家的速度增长；三是大力发展加工贸易，积极采取措施，鼓励企业开拓国际市场，加强对企业人员的业务培训，提高企业人员的业务水平；四是拓展外贸市场，由政府统一组团参加意大利米兰卫浴展、美国拉斯韦加斯汽配展、阿联酋迪拜家具展等国际性展会，对外统一打玉环产品品牌，着力扩大区域品牌影响。出口导向战略形成的倒逼机制，使得玉环出口导向型的产业升级步伐加快，产业的竞争力不断得到提升。2008年自营出口额超过25亿美元，为台州第1位，浙江省前10位。

玉环实行企业成长导向政策，培育大中型企业的后备梯队，优化行业竞争态势和增强发展后劲。先后出台了《关于推进企业技术创新若干意见》、《玉环县企业研发经费贴补办法（试行）》、《玉环县工业企业技术改造项目贴息办法》、《关于加快工业循环经济发展若干意见》、《关于推进质量兴县建设品牌大县实施意见》、《关于玉环县“十一五”品牌培育发展规划》、《玉环县工业性投资导向目录（2006－2010）》等产业发展政策。2003～2006年累计新增规模以上企业587家，其中上亿元企业70家，仅2006年，玉环新增规模以上企业达167家，其中上亿元企业25家。玉环县还先后出台了《星级企业评比办法》（2004年）、《开展百强工业企业评选活动》（2005年）、《成长型中小企业评比办法》（2006年）等政策，尽力保障成长型中小企业（而不是大量土地集中到大企业大集团）快速发展过程中的土地需求，使土地要素资源流向发展速度最快、经济效益最好的成长型企业（表6－22）。

玉环以出口导向战略促进产业升级的“倒逼”机制❶　　表6－22

序号	关键词	内　　容
1	国际客户	国际市场竞争激烈，客户的专业性和挑剔性普遍高于国内客户，对于产品质量和性价比要求更为严格，迫使企业通过严格的质量控制和成本控制提升自身的竞争力
2	技术标准	出口商品必须通过ISO 9000/ISO 14000等国际通行证以及行业的各类认证，这迫使企业建立严格的管理制度和技术标准。出口发达国家的商品，还需要企业通过艰苦的努力，提高产品质量技术水平，打破发达国家的技术、绿色壁垒

❶ 台州市委政研室课题组：县域经济发展的成功典范：玉环现象的启示［OL］．央视国际，2009-01-14.

续表

序号	关键词	内　容
3	中高端市场	国际市场发育成熟，同类高、中、低档次的需求量都非常巨大，通常当国内企业通过成本领先型战略占据中低端市场后，追求高额利润的资本特性使得企业加大技术创新和品牌建设，抢占中高端国际市场
4	知识产权环境	国际市场游戏规则更为公平，企业的创新成果得到有效保障（如海关出口商品知识产权备案制度、国际知识产权保护制度等），企业有更强的创新冲动

3. 建设区域创新体系，以政策服务"产学研"合作，构建以企业为主体的研发平台

亨瑞·埃茨科瓦茨（Henry Etzkowitz）[1] 首次提出三重螺旋模型，用以解释政府、企业和大学三者间在知识经济时代的新关系，描述了在知识商品化的不同阶段，不同创新机构（公共、私人和学术）之间的多重互反关系（图6-5）。Leydesdoff 对此概念进行了发展并提供了该模型的理论系统。[2] 他指出，在区域创新系统中，知识主要在三大范畴内流动：第一种是参与者各自的内部交流和变化。第二种是一方对其他某方施加的影响，即两两产生的互动。第三种是三方的功能重叠形成的混合型组织，以满足技术创新和知识传输的要求。

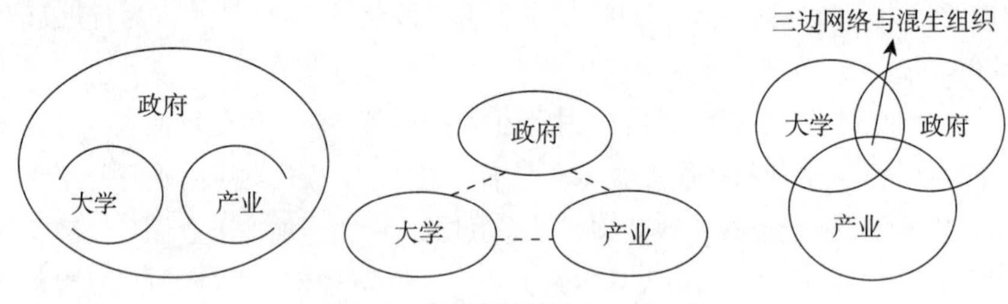

图6-5　三重螺旋模型的不同模式

玉环根本没有大学，但却从根本上有效利用了大学科教资源，并探索出科教资源缺乏地区，通过技术产权市场与科技中介服务建设，实现区域性、主导产业性的产学研结合机制。玉环先后落实了技术要素参与分配的政策，加大对技术成果创造和产业化的奖励力度，着力构建企业知识产权制度。以高新技术企业和科技型企业创新机构建设为突破口，扶持具有自主创新能力的重点企业创建省级或国家级研发中心、技术中心、博士后工作站和重点实验室，强化玉环主导产业所需的研发、检测、培训等支持性产业的发展缺少的大学、高层次人才支撑。如：玉环投资扩建浙江江南理工学院，并与浙江大学联合开展学历技能双证教育，直接组织企业家到大学参加高级管理人才培训；2003 年与武汉理工大学进行科技合作，专门在玉环成立了武汉理工大学科技成果转化中心，编制科技合作手册并分发到企业；2005 年，与杭州电子科技大学建立了全面科技合作关系，按照特色产业发展的

---

[1] Leydesdorff L.，Henry E. The Triple Helix of University-Industry-Government Relations：A Laboratory for Knowledge-Based Economic Development［J］. EASST Review 1995，14（1）：14-19.

[2] Leydesdorff L. The Non-linear Dynamics of Sociological Reflections［J］. International Sociology，1997（12）：25-45.

技术需求着力提升当地制造业装备信息化和自动化水平；2007年，玉环成立玉环武汉理工大学技术转移中心和浙江大学台州研究院汽摩配研究所，引进重庆汽车研究所在玉环建立分所。此外，玉环1200多家企业先后与全国65家高校院所、360多名专家教授达成科技合作关系。

通过构建科技成果转化平台，针对汽摩、机电、海洋等区域特色产业的技术需求，逐步建立以生产性服务业为核心的科技成果转化平台，通过政府引导，创造风险资本与科技项目的联姻机会，多渠道、多层次吸收科技创新投资，组建多元化的风险投资公司，设立中小企业发展担保资金，增强科技型中小企业的融资能力。通过发展科技中介服务机构，构建公共科技服务平台。鼓励和扶持科技服务业发展，引进和发展台州方圆专利事务所等相关知识产权机构，重点培育中国阀门网、中国汽摩配商务网、玉环网和中国阀门网上专业技术市场等一批产业性网站，办好玉环县科技信息网、玉环非公企业科技信息网和玉环科普网等一批科技网站，扶持玉环科技情报所、台州经理人俱乐部等从事科技咨询、评估、项目代理、查新、人才培训等服务的一批科技中介服务机构，组建科技中介服务机构行业协会，为企业科技创新活动提供公共科技服务。2006年以来，举办了三届科技活动周，累计有2000多家企业与国内100多所高校院所的1000多名教授专家进行合作，并带动了44所高校院所在玉环设立研发机构，或与企业共建创新载体，有力地促进了产业转型升级。

4. 政府培育企业为创新主体，扶持企业自主创新与品牌建设

早在1999年玉环就成立了台州唯一的县专利办公室，落实人员编制和经费，开展知识产权工作。随后出台了《关于推进企业技术创新若干意见》、《玉环县企业研发经费贴补办法（试行）》等20余项科技政策。2006年财政科技经费支出占财政经常性支出的4.1%，其中科技三项经费为1988万元。玉环在台州最早实施企业技术研发经费贴补制度，引导企业加大研发投入力度。2005年玉环对9个共性技术向全国进行招标，其中有6个项目中标实施，政府支持企业50%的研发经费，贴补研发经费309.9万元。

地方政府积极培育企业成为创新主体，这一点是以玉环为代表的浙江民营经济发达区域的共识。与国内大部分地区将所在地的高校与科研院所作为地区创新主体不同，玉环在引进国内外先进技术、管理经验和经营理念的同时，通过政府资源倾斜、创业投资配套投入等措施，引导企业成为创新主体，尤其是大力促进民营科技型企业的发展，支持企业与高校、科研机构等合作，构筑产学研协作体，鼓励有能力的企业自建技术研发中心。把增强自主创新能力作为优化产业结构、转变增长方式的中心环节，增强原始创新、集成创新和引进消化吸收再创新能力。

政府还创建有利于企业自主创新的环境，加快园区建设，为企业提供自主创新平台。尤其是鼓励咨询、培训、设计等中介机构的发展，为企业创新提供配套服务。引进和培育高素质、创新型人才，为企业自主创新提供智力支撑。完善自主创新的激励导向机制，实施有利于自主创新的财政、税收政策，奖励在基础性、关键性领域作出重大创新的企业、群体和个人。在汽摩配、阀门、眼镜、家具、医药包装五大优势行业开展技术创新竞赛活动，鼓励研发具有自主知识产权的产品，打造一批新的国内外知名品牌。鼓励企业购买高

校、科研机构的创新成果，或采用技术入股方式，加快创新成果的转化步伐。大力支持从事科技成果转化服务的中介机构的发展，加快高新技术成果的产业化步伐。扶持创业者转化自主研发或实际掌握的科技成果，对重点技改项目实行财政贴息扶持。

在品牌建设上，出台了《玉环县人民政府印发关于推进质量兴县建设品牌大县实施意见的通知》等品牌建设政策，建立总额为500多万元的企业品牌建设资金，对产品品牌和区域品牌建设进行扶持，推动了当地产业由低成本型（低端道路）集群（low road，low-cost-based）向创新型（高端道路）集群（high-road，innovation-based）升级。

5. 引导企业进入资本市场战略，诱致企业创新，提升企业国际化水平

目前玉环已经形成中山泵业等一批上市后备梯队企业。苏泊尔、中捷上市后2006年两家企业的销售产值分别达到26.92亿、18.37亿元。苏泊尔、中捷两家企业上市后的高速发展，对当地企业产生了强烈的示范作用，这两家企业现代化的管理模式也逐步扩散到当地企业，推动了当地企业的体制机制创新，强化了当地企业的内在素质。

政府还鼓励民营企业引进国际资本、技术和管理。目的就是依托高度发达的民营经济和产业优势，通过吸引外商独资企业、推动民营企业与外资企业合资合作，进一步实现产业结构提升、企业国际化提升、核心竞争力提升和发展后劲提升。苏泊尔主动嫁接法国家电巨头SEB公司，引进跨国公司战略投资者（SEB公司2007年11月22日耗资23.09亿元人民币，以每股47元的价格收购苏泊尔22.74%的股权），苏泊尔由此向开拓国际中高端市场、发展成为跨国企业转型。企业自身在资本实力得以迅猛扩张的同时，可以分享到SEB集团150年来所积累的技术、专利资源和管理经验，大幅提升企业自身的技术实力和管理水平，而且还可以借助SEB集团全球50多个销售公司和120多个国家（地区）的销售网络，迅速拓展海外市场，加快公司国际化进程。

7

农民的终结：区域性城市社会的浮现

法国社会学家孟德拉斯在1964年出版了《农民的终结》一书，他在这一著作的开篇指出："20亿农民站在工业文明的入口处：这就是20世纪下半叶当今世界向社会科学提出的主要问题。"❶ 他在20世纪60年代就论证了法国都市化过程中的都市与乡村差异缩小的发展事实，到了20世纪80年代，法国社会结构的变迁证实了孟德拉斯的观点。在《农民的终结》一书出版20年后的1984年，作者在为该书新写的一个"跋"中说：虽然法国还有农业劳动者，但是他们已不再是传统意义上的农民。孟德拉斯认为，《农民的终结》一书是给在法国存在1000多年的农业"文明的死亡证明书"。他还很感慨地说："对另一些人来说，我是农民的陈旧价值的怀旧歌手。宣告农民的终结在读者中引起怀旧的伤感：尽管作者努力做到像他自己希望的那样'科学'，但他永远无法控制他在读者中激起的感情共鸣。"❷ 孟德拉斯所描绘的法国社会历史过程，恰恰对应着江浙发达地区自改革开放以来所经历的社会变革。两个30年前的农业小县，到今天已经接近70%城市化率的昆山与超过60%城市化率的玉环，经过了从乡村工业化的城市化启动时代，到嵌入全球生产网络的城市国际化与全域城市化时代，作为中国县域城市化的先行者，农业经济的比重已经微乎其微，尤其是小农经济的样态在当下的昆山和玉环已经很难找到，传统意义上的农民与精耕细作的农业生产近乎消亡。在某种程度上说，像昆山和玉环这样较早经历工业化过程，融入全球生产网络的先发地区，在经历了30年城市化进程的今天，向我们所展示的正是一个"农民终结"的时代画面。

7.1 区域城市化发展的进程与绩效

7.1.1 昆山城市化进程与城乡发展

纵观昆山30年的城市化进程，大致经历了以下四个阶段：第一个阶段是从改革开放到20世纪80年代中后期，乡镇企业发展与工业化推动小城镇建设为标志的城市化启动时期；第二个阶段是从20世纪80年代中后期到90年代中期，以开发区为载体，实现经济"由内向外"转变，以开发区建设带动为标志，从而推动城市规模扩容增量和城市内涵质态提高的城市化扩张时期，尤其是进入20世纪90年代，昆山经济技术开发区被批准为国家级开发区，由此使昆山的城市化模式发生了由城市的单向扩张向城镇间双向相接的转变，城乡一体化进程已经出现；第三个阶段是20世纪90年代中后期到21世纪初，以出口加工区建设为标志，外向型经济的放量增长，呈现全面实施城市化战略为标志的城市化与工业化强势互动时期；第四阶段则是进入21世纪以来，以城乡统筹发展为标志的城市化提升时期，同时把经济国际化战略与城市国际化战略融合，使新型工业化与城市生产型服务功能互动并进、互相促进，从根本上提升城市的综合竞争力。

从昆山城市化发展的历程看，昆山城市化主要呈现出如下特点：一是工业化与城市化

❶ （法）H·孟德拉斯著．农民的终结［M］．李培林译．北京：中国社会科学出版社，1991：1. 孟德拉斯是巴黎第十大学社会学所所长、法国科学研究中心农村社会学研究组负责人和法国应用社会学协会主席。

❷ （法）H·孟德拉斯著．农民的终结［M］．李培林译．北京：中国社会科学出版社，1991：297－298.

互动。昆山的城市化进程始终与工业化进程互相联系，互动发展。改革开放后，昆山经济由农到工、由内到外、由低到高，发生了三次质的飞跃，昆山的城市规模、城市化水平也有了明显的提高和质态的提升。二是城区、开发区、乡镇互动。开发区通过10多年的开发建设已成为昆山经济发展的一大增长点，同时也成为昆山的新城区。各镇主动接受城市辐射，加快了工业向小区集中、农民向城镇集中、住宅向居住区集中的步伐，逐步形成了城乡一体化的新型城镇格局。城区、开发区和乡镇的互动发展大大地加快了昆山的城市化进程。

随着城市化水平的不断提高，昆山已从一个名不见经传的农业县发展成为一个对外开放程度高的新兴工商城市。20世纪80年代前，昆山县城还仅是一个4.25km^2的小县城，至20世纪90年代末，昆山的城区面积已达到了50km^2。2002年，昆山的城区面积进一步扩大到132km^2，人口也从几万人，发展到几十万人。2007年昆山的城市化率已经达到68.7%，与中等发达国家70%的城市化率大体相当。按照国际发展规律，此时城市化将从快速发展步入到优化发展。

“城市化的过程既表现为整体社会结构的改变，也表现为社会整体目标价值的变化。一个传统的农业社会转化成城市社会，其核心是‘农民’向‘市民’身份的转型。”❶这种身份的转变首先是建立在职业转换的基础上的，30年的城市化快速发展，使得昆山大量的农村劳动力向第二、三产业转移，尤其是外资企业的进驻为昆山引进和培养了一批适应工业化建设需要的专业型人才，优化了昆山的人才结构，但是在昆山外资企业工作的务工人员中以青壮年外来人口居多，昆山本地较大龄的农村劳动力和低技能劳动力则很难在其中谋得岗位。同时，由于昆山工业化狂飙突进式的进程，在吸收部分本地劳动力之外，还吸引了大量的外来就业人员。昆山户籍人口只有68万人，2008年常住人口将超过140万人，加上流动人口总人口大约在190万人。“近年来中国城市动态景观的一个特殊现象是大量农民工到城市打工，形成打工族。每到春节前后，农民工汇聚于交通干道，形成新兴的城市景观”❷，这种景象在昆山显得尤为突出。从当前昆山的就业结构看，农村劳动力不断地从第一产业向第二产业和第三产业转移，农村剩余劳动力不断得到释放（表7－1）。

2001～2007年昆山市劳动力就业产业情况表（万人） **表7－1**

年　份	合计	第一产业	第二产业	第三产业
2001年	40.84	3.2	29.4	8.24
2002年	48.91	2.8	35.21	10.9
2003年	73.25	2.2	45.54	25.51
2004年	82.05	1.9	49.88	30.27
2005年	89.03	1.8	51.91	35.32

❶ 张鸿雁."合法化危机"：中国城市化社会问题论［J］.探索与争鸣，2006（1）.

❷ Dorothy J. Solinger. Contesting Citizenship in Urban China［M］. University of California Press，1999：15－27.

续表

年　份	合计	第一产业	第二产业	第三产业
2006 年	95.74	1.6	53.61	40.53
2007 年	105	1.5	58.5	45

资料来源：昆山市劳动和社会保障局：《昆山劳动和社会保障工作情况汇报》。

到2007 年，昆山的人均地区生产总值已经超过13000 美元，接近亚洲“四小龙”的水平，农业在地区生产总值中的份额自改革开放以来逐年下降，从 1978 年的 51.4% 降低到 1997 年的 9.1%，再到 2007 年的 1.1%，第二、三产业在地区生产总值中的比重高达 98.9%，这就意味着昆山已经进入大规模工业反哺农业的时代。非农产业就业持续增长。农业吸纳的劳动力就业比重已从 1978 年的 76.6% 下降到 2006 年的 5.7%，表明昆山就业结构发生了转折性变化，非农产业取代了农业成为就业的主体。

1996 年昆山城镇居民人均可支配收入为 7141 元，2007 年已突破 20000 元，增长了 2.1 倍，年增长率为 10.8%；1996 年农村人均纯收入为 4858 元，2007 突破 10000 元，增长了 1.5 倍，年增长率为 8.8%（图 7－1）。

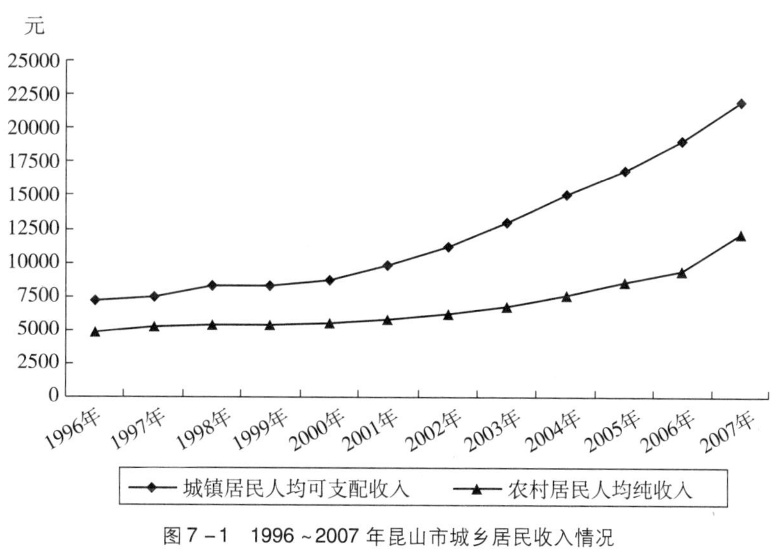

图 7－1　1996～2007 年昆山市城乡居民收入情况

资料来源：《昆山 1997～2008 年统计年鉴》

恩格尔系数是衡量居民生活水平的一个重要指标，它是指家庭食物支出金额占家庭消费总支出的比重。随着家庭收入水平的提高，其花费在食物支出上的比例会下降。根据联合国粮农组织的标准，恩格尔系数在 59% 以上为贫困，50%～59% 为温饱，40%～50% 为小康，30%～40% 为富裕，低于 30% 为最富裕。近十年来，恩格尔系数大幅度下降，城乡居民消费结构进一步升级。昆山城镇居民的恩格尔系数从 47.4% 下降到 35.1%，下降 12.3 个百分点；农村居民的恩格尔系数从 43.8% 下降到 34.9%，下降 8.9 个百分点。恩格尔系数的大幅度下降，反映了城乡居民生活质量不断上升，消费结构显著升级，这为制造业和服务业的进一步发展提供了更大的需求空间，也为农业劳动力转移和农业现代化创造了条件（图 7－2）。

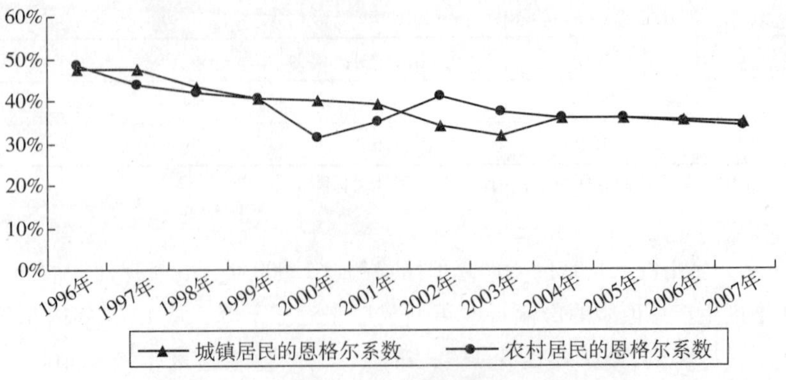

图7-2　1996~2007年昆山市城乡居民的恩格尔系数

资料来源：根据《昆山1997~2008年统计年鉴》整理获得

在服务业方面，1978~1990年昆山市服务业发展相对滞缓，服务业只占地区生产总值的20%左右。1991年后昆山服务业得到了长足的发展，产业结构发生了根本性的变化，服务业比重首次超过第一产业，三次产业的构成由过去的“二、一、三”转变为目前的“二、三、一”。2007年，昆山实现服务业增加值378.4亿元，服务业占生产总值的比重为32.9%。昆山市服务业的迅速成长为社会提供了更多层次、更广领域的就业岗位，导致三次产业的劳动者构成发生了很大变化。2007年，昆山服务业从业人员由1978年的2.81万人增至19.43万人，占比由1978年的9.5%上升到29.6%；服务业城镇从业人员148994人，农村从业人员45322人，分别较2006年增加10.2%和1.9%；服务业新增加从业人数14687人，占新增从业人员的17.4%（表7-2）。

昆山主要年份三次产业的从业人数　　　　表7-2

年　份	从业人数	第一产业		第二产业		第三产业	
		人数	比重	人数	比重	人数	比重
1978年	297816	228257	76.6%	41427	13.9%	28132	9.5%
1990年	363354	122641	33.7%	169601	46.7%	71112	19.6%
2000年	351275	67517	19.2%	188826	53.8%	94932	27.0%
2007年	655822	30669	4.7%	430837	65.7%	194316	29.6%

资料来源：根据《昆山统计年鉴》数据整理。

7.1.2　玉环城市化进程与城乡发展

玉环改革开放以来的城市化进程大致可以分为四个阶段：第一个发展阶段是1978年至20世纪80年代中后期，其主要特点是农村土地产权制度变革诱发了民间的制度创新，发展的动力主要来自地方市场的兴起、家庭工业的发展、股份合作型工业经济的萌发，农村剩余劳动力开始向非农化转移；第二个发展阶段是20世纪80年代中后期至90年代中后期，以专业化市场为主体的市场扩展和以股份合作制为组织形式的民营企业成长，地方城镇化进程与工业化互动发展；第三个发展阶段是从20世纪90年代中后期开始到21世纪初，全岛城市化进程加快，产业集聚加速，嵌入全球商品链与国际贸易体系；第四个发展阶段起始于21世纪初，其主要特点是政府推进“全岛城市化”战略，地方政府通过城市战略性规划、城市空间整合与再造措施，试图从本岛城市化时代走向“海湾城市”时代。

从玉环城市化发展的历程看，玉环城市化主要呈现出如下特点：一是工业化发展拉动城市化进程，城市化水平始终相对滞后于工业化。早期的乡村工业化与股份合作经济发展，促进了地方的城镇发展，但在一定程度上呈现出县域范围的“弱中心”现象。二是产业空间集聚促进全岛的城市化进程与城乡一体化。遍布于各个乡镇的工业园区的发展壮大，逐步改变了原先的轴向城镇体系，使得玉环的城市化进程呈现多中心、网络化发展，逐步形成了城乡一体化的新型城镇格局。

自改革开放以后，玉环的工业经济迅猛发展，综合实力显著增强。第一、二、三产业比例由1978年的45.2%、26.3%和28.5%，调整为2007年的6.3%、66.0%和27.6%。与1978年相比，第一产业比重下降38.9个百分点，第二产业比重提高39.7个百分点。产业发展壮大尤其是民营经济的发达，直接表现为城乡居民生活水平连续的升高，消费水平和消费结构也都发生了明显变化，居民的实际消费水平不断提高。1978年玉环仅仅属于基本的温饱水平，城乡居民储蓄存款和人均储蓄存款均比较低，分别为101万元和3.17元/人。而根据玉环县农调队、城调队的数据，2007年玉环县城乡居民储蓄存款达到75.09亿元，而人均储蓄存款达到了1.85万元/人。而在1988年和1998年，城乡居民储蓄存款分别为4291万元和14.72亿元（图7－3），人均储蓄存款分别仅为117元/人和3815元/人。与此同时，2007年玉环的城镇居民人均可支配收入达到25753元。职工年平均工资也由1978年的484元增加到40394元，而农村居民人均纯收入也由30年前的102元增加到10252元。

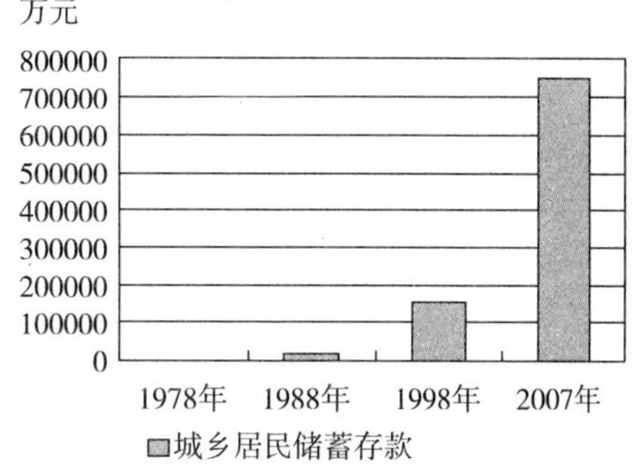

图7－3　1978～2007年玉环城乡居民储蓄存款情况

资料来源：根据玉环县统计局相关资料整理

工业企业的迅速发展和壮大在为社会提供大量岗位的同时，也吸纳了大量的农村剩余劳动力。截至2007年年底，玉环工业企业共吸纳农村劳动力20.18万人，是1988年的3.3倍，占全县农村劳动力的61.6%。农村剩余劳动力的大量转移，有力地促进了玉环的城市化进程，使玉环的城市化水平从1982年的20%提高到2007年的59.9%。在工业经济的推动下，玉环农村居民收入水平也不断提高。1978年玉环农村居民人均收入仅为102元，2007年农村居民人均纯收入达10252元，是1978年的101倍，其中来自工业的收入达6006元，占总收入的58.6%。

在消费结构上，长期以来以吃、穿等生存资料为主的单一格局消费结构基本改变，住、用、行和文化娱乐等方面的消费支出明显提高。改革开放初期，城镇居民用于吃和穿的开支占到全部生活费支出的75%，农村居民更是高达80%以上。到2007年，生活费支出中城镇居民用于吃和穿的支出比重已下降为41.4%，农村居民下降为43.2%。从“恩格尔系数”来看，2007年玉环城镇居民的恩格尔系数为32.8%、农村居民的为36.5%，按照划分标准30% ~40%为富裕，意味着玉环城乡目前已进入富裕型的社会阶段。居民家庭对现代化的耐用消费品的拥有，从无到有，从少到多，且普及程度迅速提高，大大提高了城乡居民的生活水平。人们对消费品的购买从20世纪50 ~70年代的百元级“老四件”（自行车、手表、缝纫机、收音机）、80年代千元级的“新六件”（电视机、洗衣机、录音机、电冰箱、电风扇、照相机），到90年代万元级、十万元级的电脑、小汽车、商品房，消费档次大大提高。目前，“老四件”早已在农村普及并逐渐淘汰，“新六件”在多数镇乡也已接近饱和，当前玉环城乡居民的消费热点主要体现在住房、汽车、旅游上。❶

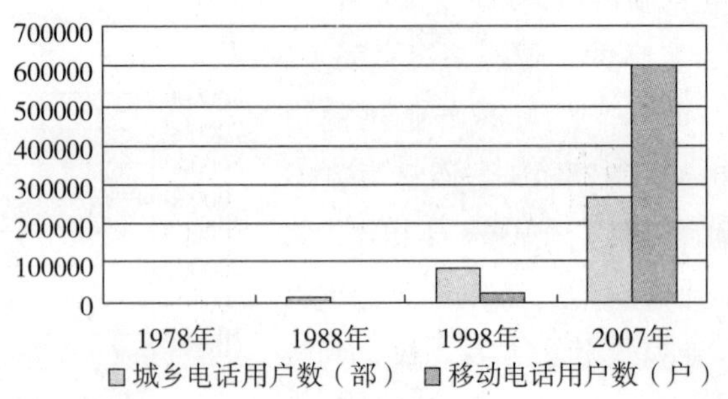

图7-4　1978 ~2007年玉环城乡居民电话与移动电话用户情况

1978年，玉环城镇与农村居民家庭汽车拥有量几乎为零，至2008年12月底，玉环的私家车拥有量已近4万辆，全县13万户中，平均近3户就有一辆私家车。玉环城镇居民人均可支配收入已连续3年位居浙江省首位，农民人均纯收入连续5年名列浙江省前两位（均不包括地级市市区）。运输汽车超过3万辆，城乡电话达到26万部。2007年，玉环的移动通信用户从1998年的18801户增加到了60.54万户（图7-4）。数据通信网络也初具规模，2007年国际互联网用户达到7.12万户，其中宽带用户5.87万户。

7.1.3　区域城市化演进过程与呈现形式的比较

根据昆山和玉环两个区域城市化历程的回顾与梳理，我们描述和分析了两个区域在各个城市化阶段的过程表现、动力因素、实践路径、城市经济特征以及物化的景观呈现，根据两个区域地方政府在各个阶段对国家（中央）体制转型和全球化的因应策略、对地方工业化和城市化发展的制度厚度建设，分别通过以下两个表格来展示两个区域改革开放30年来城市化历程的演进路径和特征（表7-3、表7-4）。

玉环城市化的演进路径与特征　　表7-3

阶段划分	动力因素	实践路径	城市经济特征	物化辨识依据
萌发阶段（乡村工业化）	内力：工商业文化、地方政府“红帽子”的正名与保护； 外力：自然条件的胁迫	传统手工作坊、家庭作坊、社队（股份合作企业）； 专业集市	原始资本积累阶段； 粗制滥造、假冒伪劣、城镇空间无序发展、环境污染恶化	工商业小城镇出现

❶ 詹淑红，陈君岳．实现从温饱到小康的跨越［J］．今日玉环，2008.

续表

阶段划分	动力因素	实践路径	城市经济特征	物化辨识依据
起步阶段（乡村城镇化）	内力：块状经济、“全岛股份化”的地方性制度确认；外力：宏观政策（市场经济政策）	产业集聚 + 产业分工；市场共同体；大型专业市场	专业化市场涌现，“一乡一品”、“一村一品”，劳动力转移加速	小城镇发展壮大，区域城镇体系形成；中心城市发展缓慢，呈现“弱中心”空间结构
转型阶段（全岛城市化）	内力：产业升级、自营出口、技术革新；外力：国际化、全球化、国际分工与产业转移	产业结构优化与创新、企业改制、专业化市场网络对接全球生产网络；新兴市场、产业空间集群成为推动区域城市化的新力量	传统专业市场衰落，专业化市场网络形成与产品自营出口，以一般贸易为主进入全球商品链；空间结构优化，基础设施和环境整治，趋于城镇空间优化，城市和区域形象提升	自主品牌、价值链经营、企业现代化、大型化；中心城区建设与经营城市、产业集聚与城镇建设，呈现“多中心”空间结构
高级阶段（海湾城市化）	内力：和谐发展的要求、追求舒适的人居环境；外力：环境胁迫（污染、承载力、土地、水等资源的制约）	“海湾时代”战略（大麦屿口岸升级、漩门湾工程的空间拓展、新农村建设、城乡一体化建设）	城市全岛化与全岛城市化、生态城市特征、传统交易市场迅速衰落，现代物流业和全球贸易迅速发展	自主创新与国际合作、区域创新体系构建、精明增长、国际化水平提升

从早期两个区域在体制创新方面的“先行”，进而在工业化初期创造和获得一定的先发机遇，到当下两者都进入工业化中后期，区域发展的体制性优势几乎已经消弭。两个地区的城市化与工业化开始进入一个面对产业升级、城市能级跃升、生态平衡等共性问题的时代，面对如何凸现成为全球城市网络中的节点，如何在开放经济条件下塑造自己的竞争优势，如何在全球生产网络中实现自主创新和价值凝结，如何在有限的空间里实现“精明增长”，如何拓展城市和区域可持续发展的生存空间等。

昆山城市化的演进路径与特征　　表 7－4

阶段划分	动力因素	实践路径	城市经济特征	物化辨识依据
萌发阶段（农业积累与“农转工”启动）	内力：农业资源丰富、地方政府“农转工”的政策动员；外力：“苏南模式”中周边县市成长的竞争	“横向联合”、“外联内引”；三线军工企业、大城市工业外设分部	县城工业经济起步，乡村工业化粗放发展，上海“周末工程师”现象	工商业小城镇，县城开始有工厂落户，兴办“工业小区”
发展阶段（开发区带动城市化）	内力：地方“先行”创造新产业空间；外力：宏观政策（市场经济政策）	“自费”开发区对外开放与招商引资，打造政策、成本与服务优势；“14＋1”到“国批”，进入开放经济前沿	开发区建设规模逐步扩大，基础设施建设扩张，外向型经济从萌芽到成为重要特征，外资经济比重增大	中心城市空间增长迅速，城镇体系的空间结构呈现“强中心”特征，城区（尤其是开发区）经济比重大幅提升

续表

阶段划分	动力因素	实践路径	城市经济特征	物化辨识依据
转型阶段（外向型经济带动全域城市化）	内力：地方制度创新、嵌入全球生产网络、带动地方产业升级； 外力：国际化、全球化、国际分工与产业转移	建设出口加工区，承接高新技术产业的全球分工，以优质的公共服务和有效的跨界治理，促使外商直接投资地方嵌入； 新兴民营经济及综合性第三产业成为推动区域城市化的新力量	城市的外贸依存度乘数增长，要素市场逐步替代产品市场；跨国加工贸易进入全球价值链；空间结构优化，基础设施和环境建设，城镇空间片区化发展，城市和区域形象提升	外资配套的民营经济形成产业集群，围绕开发区（出口加工区）周边的城镇形成组团；政府主导光电产业链诱致自主创新；外来人口大规模涌入，全域城市化
高级阶段（谋划世界城市网络中的节点）	内力：和谐发展与创新发展的要求、提升城市的能级； 外力：长三角全球城市区的浮现、全球化的城市营销与竞争	建设国际商务城，引进高级生产者服务业，提升城市在网络中的节点价值；新农村建设、城乡一体化建设	城市的全球战略、生态田园城市建设、上海的“卫星城”、现代物流业和全球贸易迅速发展	外商直接投资技术外溢与本土的技术学习，政府主导的“官、产、学、研”联动的区域创新体系建设，精明增长，国际化水平高

相对而言，在当下去因应这样的竞争与挑战时，两个区域最大的差别在于应对主体的差异。通俗地讲，昆山发展和竞争优势的培育，由于政府对于地区城市化和工业化进程的主导性功能，未来承担风险者仍然以地方政府为主。而玉环的情况则有很大的不同，政府在往“后后法团主义”的角色回归，区域创新体系的主体将逐步回归到数以万计的企业，更有弹性的现代产业集群与企业网络，将成为承担发展风险的主体。换句话说，在制度惯例、社会惯习等地方性社会文化因素影响下，地方面对开放经济、体制转型所形成的制度厚度，所引致的两者城市化与工业化结果呈现的最大差异，就在于一个是“少部分地方精英承担风险，绝大多数人分享发展的成果”，另一个则是“多数人承担，多数人分享”。

短短的30年时间里，伴随着中国的改革开放历程，无论是昆山还是玉环都以惊人的速度基本完成了典型意义上的工业化和城市化过程，走完了一般意义上自然工业化和城市化近百年来所经历的内容，在各个区域面对国家制度转型、全球化和信息化将时空压缩的“统考”中，以各自的方式获得了优等生的成绩，也使得区域的发展跨越了边界，从地方走向全球。

7.2 当前城市空间成长与城乡一体化进程

7.2.1 片区规划下的适度紧缩与“精明增长”

昆山最新一轮城市总体规划把市域面积927km^2 作为一座城市来规划，以片区规划促进资源整合、产业聚集与城市空间合理布局。“片区”是昆山新一轮城市规划提出的新概念，“片区”的理念就在于：①在产业布局上，有利于打破行政区划的壁垒，促进产业整合，优化产业布局，凸现产业优势，充分发挥规模效应和集聚优势；②在基础设施建设上，有利于充分利用和合理设置交通、水电、信息、环境等区域性基础设施，避免资源和设施的低效运作和重复建设，优化资源配置；③在城市空间成长上，有利于避免经济社会快速发展导致城市无序膨胀与摊大饼式的恶性扩张，有序拓展城市发展空间，加快城市化进程。

近半个世纪以来，城市向郊区蔓延的“摊大饼”式发展，已逐步成为世界各国城市的主要发展模式。1970～1990 年的 20 年间，全美最大的 100 个城市的城区面积增幅为 69.6%，而人口仅增加了 41.7%，同期人均占用建设用地增速为 23.5%，部分城市即使是人口呈负增长的情况下，城区面积仍大幅度增加。据美国农业部估计 1992～1997 年的 5 年间，城市扩张侵占农地 518.0 万 hm^2，其中耕地 214.5 万 hm^2，城市蔓延带来了一系列生态环境问题和社会问题。面对城市蔓延带来的上述问题，社会各界开始反思：在市场经济条件下，政府应该采用怎样的行动及法规引导城市发展？城市究竟该以怎样的方式、在什么地方发展？在这样的背景下，美国规划协会（American Planning Association）于 1994 年提出了城市精明增长计划（Smart Growth Project），发动了新形势下的土地规划改革工作，并于 2002 年出版了《精明增长的城市规划立法指南》；1996 年，美国规划协会（APA）、环境保护局（EPA）、美国农田信托（AFT）等 32 家组织联合建立了精明增长网站（Smart Growth Network），开始了精明增长活动的全面研究；1997 年，马里兰州提出了以“城市精明增长区法案（Smart Growth Areas Act）”等五项法案组成的精明增长创新活动，旨在通过政府财政支出控制城市蔓延并促进中心城市的经济复兴。❶ 之后，精明增长作为一种城市发展模式，逐步在全国发展起来，并得到公众的认可。

作为应对城市蔓延的产物，精明增长并没有确切的定义，不同的组织对其有不同的理解。环境保护局认为精明增长是“一种服务于经济、社区和环境的发展模式，注重平衡发展和保护的关系”；农田保护者认为精明增长是“通过对现有城镇的再开发保护城市边缘带的农田”；国家县级政府协会（NACo）认为精明增长是“一种服务于城市、郊区和农村的增长方式，在保护环境和提高居民的生活质量的前提下鼓励地方经济增长”。总的来说，精明增长是一种在提高土地利用效率的基础上控制城市扩张、保护生态环境、服务于经济发展、促进城乡协调发展和人们生活质量提高的发展模式。❷

精明增长最直接的目标就是控制城市蔓延，其具体目标包括四个方面：一是保护农地；二是保护环境，包括自然生态环境和社会人文环境两个方面；三是繁荣城市经济；四是提高城乡居民生活质量。通过城市精明增长计划的实行，促进社会可持续发展。另外，精明增长是在拓宽容纳社会经济发展用地需求的途径的基础上控制土地的粗放利用，改变城市浪费资源的不可持续发展模式，促进城市的健康发展。城市增长的“精明”主要体现于两个方面：一是增长的效益，有效的增长应该是服从于市场经济规律、自然生态条件以及人们生活习惯的增长，城市的发展不但能繁荣经济，还能保护环境和提高人们的生活质量；二是容纳城市增长的途径，按其优先考虑的顺序依次为：现有城

❶ 诸大建．管理城市成长：精明增长理论及对中国的启示［J］．同济大学学报（社会科学版），2006（4）．

❷ 参见：梁鹤年．精明增长［J］．城市规划，2005（10）．

区的再利用—基础设施完善、生态环境许可的区域内熟地开发—生态环境许可的其他区域内生地开发。通过土地开发的时空顺序控制，将城市边缘带农田的发展压力转移到城市或基础设施完善的邻近城市区域。因此，精明增长是一种高效、集约、紧凑的城市发展模式。

昆山是最早进行土地出让的城市，也是最早从土地上获益的城市。但是昆山并没有疯狂地依赖土地获益，相反，只有像昆山这样从土地上获得巨大收益的地方，才会对土地如此珍惜。昆山的土地出让从1991年就开始采用批租政策。土地由政府一级垄断，市政府规定了批租的最低保护价，所有土地出让需经土地局长审批，号称“土地老爷一支笔”。❶ 而工业用地的批租是结合产业政策的。市政府对全市15个乡镇的产业布局进行了规划，明确各自的产业发展方向和招商重点。昆山开发区并与各镇联合成立配套开发公司，形成例如玉山的精密机械、周市的电子化工、陆家的橡胶化纤等各具特色的专业配套小区。无论外资或乡镇企业都尽量进园，不允许遍地开花。违反规划的，在“一支笔”的审批制度下很难过关。

2000年，在国家对土地一级市场加强管理的政策下，昆山又率先成立了土地储备公司，体现了在制度化土地管理上的超前。北京直到2002年才开始垄断土地一级市场，土地出让需经公开招标拍卖的尝试。昆山人似乎有一种从已有土地中找出新土地的独特本领。与一般沿海地区相比，昆山土地利用率相当高，土地储备也不算少，然而，昆山的土地危机感却极为强烈。他们看重的，是要让有限的土地永续利用。也就是说，不论城市化程度多高，都有土地可用。昆山市集约用地可概括为“以投资强度为主导，配套用地讲限度、土地开发讲进度等为补充”的一整套集约用地机制（表7－5），这一整套的集约用地机制为昆山城市空间成长开启了一条“精明增长”之路。

昆山“八个度”的土地集约利用工作原则　　表7－5

“八个度”原则	概念目标	执行效果
一是企业投资有强度	以投资强度为手段控制企业用地规模，是集约化利用土地资源的一项有效措施，凡不符合用地定额标准的项目一律核减用地规模	在2004年，进一步提高投资强度定额标准，从原来的“5432”调整为“6543”，即：外资投资强度昆山出口加工区每亩不得低于60万美元、昆山开发区每亩不得低于50万美元、各镇配套区每亩不得低于40万美元。民营企业每亩总投资不得低于250万元人民币。 凡不符合上述用地定额标准的项目一律核减用地规模，有效地提高了土地的利用率。同时，对投资规模在500万美元以下的外资项目、2000万元人民币以下的民资项目，不单独供地，鼓励进驻原创型企业基地，租赁标准厂房取得生产经营场所。 全市规划建设了八大原创型基地，吸收过去工业小区和创业孵化器的长处，建设标准厂房、提供公共配套设施和统一的管理和服务，推出规划一体化、工厂立体化、公共服务社会化的原创型经济发展新载体

❶ 参见：杨守松．昆山之路［M］．北京：人民出版社，1995：78.

续表

“八个度”原则	概念目标	执行效果
二是配套用地有限度	避免建“花园式工厂”浪费土地	第一，在符合城市总体规划，不影响城市景观、城市安全、城市生态的前提下，适当提高容积率和建筑高度，提高土地空间利用率。工业项目的容积率不低于0.6，建筑系数不低于30%。对容积率偏低、绿化率偏高的现有工业企业，鼓励业主经规划审批后在原厂房上加层，或利用厂区内的绿化用地、空地建造厂房。 第二，严格控制企业在厂区范围内建造员工宿舍楼和中层管理干部住宅。对投资额超过5000万美元或外来打工人员超过3000人以上的大型企业确需在厂区内建造的，须报经市人民政府批准，但宿舍楼和住宅不得以任何形式销售，相关部门不予单独分割发放证照。不符合在厂区内建造的，由开发区、各镇统一择地按规划建造，用于安置企业员工。 第三，对具体建设项目的绿化控制指标适当下调，具体由市规划行政主管部门在审批规划设计方案时严格控制，不允许在工业开发区（园区）或工业项目用地范围内建造花园式工厂
三是地上建筑有高度	鼓励企业用地向空中发展，建造多层厂房、立体厂房	对企业建造多层厂房的，第二层减半收取基础设施配套费，第三层起免收基础设施配套费。 对于一些不符合集约用地标准的老企业，通过增资或缩地的形式提高集约用地水平。与此同时，企业对于土地的使用理念也发生了根本的转变，纷纷向上争取空中优势，很多厂房都在3层以上。 像昆山先创电子有限公司，厂区占地面积为7.2万m^2，建筑总面积为14.4万m^2，层数达到5层，容积率达到2.0
四是土地开发有进度	对所有签约项目及时跟踪了解建设进度和用地情况	为确保有限的土地资源得到最充分、最有效的开发利用，昆山实行建设用地的全程管理，明确开发进度，避免了土地资源的闲置和浪费
五是村庄整理有深度	把农民动迁工作与村庄整理、集约用地有机结合，实行“拆一补一”，避免“二次动迁”	随着工业化、城市化的加快推进，全市农村每年都有大量农户需要动迁。在实际操作中，昆山把农民动迁工作与村庄整理、小城镇建设、现代化示范村建设和集约用地有机结合，凡在城市化建设和工业项目建设过程中，涉及农民宅基地动迁的，不再安排独家宅基地，而是统一建设高标准的多层公寓小区，实行“拆一补一”的安置办法
六是产业转移有梯度	土地的集约利用首先需要土地利用结构的合理，要与优化产业结构、促进产业发展结合起来，寻求区域产业发展与土地资源的合理配置。倡导“工业向园区集中、农民向城镇集中、农业向规模集中”	第一，进一步强化规划的导向作用，科学制订产业功能片区规划，合理安排产业布局，积极倡导工业向园区集中、农民向城镇集中、农业向规模集中的三集中思路，不断优化用地结构。积极整合土地资源，打破建制镇行政区域界限，将小而散的工业企业归并整合，使集聚效应达到最优，形成了数镇一区、数镇一带的发展新格局，从根本上改变了昆山城市发展的模式，实现了中心城区的发展从单向扩张转向城镇之间的双向对接，减少了基础配套设施建设用地，提高了土地利用率，促进了土地资源的合理配置和高效利用。 第二，通过调整产业结构提高土地集约利用程度。通过积极的政策引导，重点发展电子及通信设备制造业等投资密度大、土地集约利用程度高的行业，有计划地把那些投资强度低、占用土地多、排放量大的劳动密集型企业转移出去，腾出空间发展更高层次的产业。 2004年昆山经济开发区花2亿元收购了26家低水平的劳动密集型制造企业，主动请这些靠廉价劳动力打拼天下的企业离开，而研发机构被邀请进来。原来26家工厂一年的产出是3亿多元，这26家企业搬迁以后，新引进企业的产出可能就是30亿元了

续表

“八个度”原则	概念目标	执行效果
七是盘活存量有力度	先后出台各项政策，对依法收回的土地重新进行市场化配置，目的就是为确保土地资源的高效利用	2004年以来，昆山加大了闲置土地的处置力度。 第一，制定政策。结合昆山实际，先后出台了《昆山市闲置土地处置办法》和《昆山市闲置土地处置实施细则》。 第二，通过征收土地闲置费，督促企业按时开工建设，防止土地资源闲置浪费；对被认定的闲置土地，区别不同情况，分别采取无偿收回、协议收回和法律法规规定的其他处置方式进行处置，对依法收回的土地重新进行市场化配置。 到2005年6月，昆山市就处置了闲置土地面积9597亩
八是市场化运作有透明度	对经营性用地一律实行招标或拍卖方式供地，并实行“阳光操作”	从2000年开始，昆山市就开始对经营性用地全面实行招拍挂出让方式供地，2001年初，市政府明确经营性用地一律实行招标或拍卖方式供地。将全市土地一级市场的出让、出租，二级市场的转让、出租、抵押以及经营性用地的招标拍卖和挂牌出让全部纳入市场。 2004年国务院28号文件下发后，根据昆山土地市场发展需要，市政府明确要求试行工业用地挂牌出让，经过充分准备，2005年4月19日，玉山镇两宗工业用地挂牌出让获得成功，面积分别为35.19亩和36.37亩，起始价均为12万元/亩，共有10家企业参加了现场竞价。最后两块地分别以14.3万元/亩、13.9万元/亩成交

资料来源：作者根据昆山相关土地集约利用资料整理。

从2002年起昆山正式确立城乡一体化规划，实施了城乡规划全覆盖。无论是道路、桥梁等基础设施，还是学校、医院等公共资源，甚至产业园区都进行统一规划、统一建设。随着覆盖全市域“三规合一”城市总体规划的批准，昆山编制完成了片区规划、镇村布局规划和村规划，完善了统筹城乡的规划编制体系，规划全面统筹人口、产业和城乡空间发展布局。

按照“分片区发展、市域全覆盖、大区域联动”的理念，将全市927km^{2}市域作为一个整体进行规划，基本实现“工业向园区集中，人口向城镇集中，住宅向社区集中”的模式。在市域空间上，已经建立了一个基于片区概念的市域城镇架构与城乡空间统筹利用规划，并从中心城区、城市副中心、小城市和特色镇、新型社区、自然村落等五个层面加以推进，形成清晰合理的功能分区和空间布局。市域空间利用规划将全市划分为中心城综合片区、北部片区、东部沿沪片区、吴淞江工业片区、中部生态农业片区、阳澄湖休闲旅游片区、南部水乡古镇旅游片区等七个片区。

在市域全覆盖规划理念指导下，形成“一个中心城区—三个小城市—五个特色镇—若干新型社区—自然村落”的五级城市体系。中心城区规划东拓西扩，形成城市中心，以西部生态生活区为主体的西部城市副中心，和以昆山经济技术开发区为主体的东部城市副中心。3个20万人以上的现代化小城市规模的镇，即周市、张浦、花桥。市域保留周庄、锦溪、淀山湖、巴镇、千灯等五个传统特色镇。配合建设过程中的动迁改造，规划建设73个新型社区，全部建成后，70%左右的农民将实现集中居住。

同时在基本农田保护区，保留了105个自然村落，积极开展整理改造，保持了江南水乡的风貌。

一是加强生态环境建设。在社会主义新农村建设上，首先以“拆、整、洁、新、绿”为重点，全面展开村庄整理、水环境治理、污染治理、农田整治、农村绿化、基础设施完善等农村环境综合整治工作。昆山平均每年整治30个自然村落，新增绿化面积1000万m^2，创建一批国家卫生村镇，基本实现区域集中供水、垃圾集中处理、村村通公交、户户通电视。

二是拆除破旧和违章搭建物。一方面要拆除那些已经破旧、面临倒塌或已属危房的建筑物和构筑物；另一方面要根据村庄的建设规划，拆除那些影响消防通道和环境质量的违章建筑物，消除交通安全隐患。

三是对农村河道、路边、场地等进行集中整治。通过对农村生活河道的清淤和河道中旧船沉船的清除、旧桥的修复、危桥的改造，屋前屋后杂物、废旧物的回收、清理，家庭屋内物品堆放的整理，滩涂、畜禽养殖圈等的整治，形成环境整洁、堆放整齐、布局合理、河道清澈的农村新环境。

四是对现有农村风貌的改造。通过对村庄内废潭、废沟进行疏理改造，适当种植一些经济作物，使排水沟渠和新旧水塘明暗有序；对村庄内断头浜进行改造，变死水为活水，使水系畅通、水质变清；对户外墙壁灰改白，体现江南水乡“粉墙黛瓦村庄，小桥流水人家”的农村新面貌。

五是完善基础设施建设和绿化建设。根据村庄的具体情况，有条件的可以完善建设一些文化、娱乐的活动项目，增加农村居民休闲活动的空间，并通过对村庄道路的硬化、空地的绿化、夜间的亮化，达到村庄的美化。逐步将农村生活污水纳入处理，通过简易的处理装置，将农民的生活污水集中进行处理，改善、提高农村的水环境质量。

7.2.2 “全岛城市化”与城乡一体化建设

早在1997年，玉环就已经提出“全岛城市化”的口号，并在浙江省率先编制城乡一体化发展规划。1998年，玉环县进一步明确了中心城市、重点镇、一般镇、中心村四级梯度推进的城乡建设体系。2001年，规划有了新的突破，形成“一主一次、五轴联网”的生态型城市组合，在一定程度上解决了长期困扰玉环发展的用地空间问题，而且为有限的资源得以高效集中利用创造了良好条件。规划使玉环逐步形成以城关—坎门区为核心，涵盖陈屿与大麦屿港区的中心区、楚门清港片副中心区、环漩门区、沙门区和海域区在内的城市复合体，人口规模达58万~63万，网络化城市区的格局初步显现。此外，地方政府将309个行政村合并为55个中心村，加快了科技、机电、汽摩、阀门、眼镜、医药包装六大特色工业园区建设，使耕地向大户集聚，企业向园区集聚，通过二、三产的结构调整和空间集聚，推动人口的进一步集聚，带动第三产业发展，使得玉环城市化进程在进入21世纪以后明显加快。

2005年，这些规划顺利编制完成，又特别把农村纳入城市建设的总体规划。根据规划，玉环县将把城市化作为统筹城乡发展的主要方式，在更大的范围内优化资源要素配置，以增强城市对农村的辐射和带动作用。同时，把新农村建设作为统筹城乡发展的重要载体，促进“三农”工作上台阶，努力实现以城带乡、以乡促城、城乡联动、协调发展。2006年，县政府正式推出了“全岛城市化”的战略，以重点建设城南、港口、滨海、漩门新城和工业新城等五大新区，县政府希望通过5~6年的努力，在全面建设小康社会与和谐社会建设的考核中，走在台州地区甚至浙江省前列。到2010年，建成区由目前的14.5km^{2}再扩大一倍，拓展到30km^2，使全县城市化水平达到80%以上。我们在广泛研究了近年来与“全岛城市化”战略相关的规划的基础上，总结和概括为以下几部分。

1. 实施主体功能区划布局

2006年，县政府为了适应发展新型产业和建设“生态玉环”的需要，划分了优化开发、重点开发、限制开发、禁止开发四类主体功能区，着力建设“两区两带”。[1]

1）生态保护区

玉环县域境内的丘陵、山地、滩涂、湿地、水库、海岛、林地等，规划为生态保护区，承担全县的水源涵养、景观服务、水土保持、气候调节等功能。功能区内着重保护生态环境，发展生态经济，保障基本农田，治理水土流失，控制污水排放，实施低密度开发。严格限制环境污染产业，适度发展海洋旅游、乡村旅游、观光农业等产业，对已受到一定程度破坏的区域实施抢救性保护。在物种丰富、具有自然生态系统代表性、资源未受破坏的区域，合理增建森林生态、野生动植物、湿地和海洋等自然保护区。

2）城镇功能区

优化开发中心城区，适度开发一般镇乡。中心城区包括城关、坎门、陈屿在内的港南城市发展区和包括楚门、清港在内的港北城市发展区以及环漩门湾发展区，定位为县政治、经济、文化、教育、科研、物流中心，以第三产业和生活居住为主，优先发展吸纳就业能力强、附加值高的现代服务业，着重发展与中心城市定位相适应的精品高效农业，适度发展资源消耗低、科技含量高、环境污染小的高科技产业和都市型工业。芦浦、干江、沙门、龙溪等镇乡，着重完善基础设施，促进人口与产业集聚，配套发展科研、商业服务，成为集科、工、贸于一体的综合功能区。

3）环漩门湾产业带

重点开发环漩门湾产业带，包括漩门湾沿湾镇乡和工业功能区，即沙门→干江→龙溪→楚门→清港→漩门二期工业城→芦浦→县机电工业功能区→县汽摩配工业功能区。干江、沙门着重发展五金阀门、食品制造等特色产业，逐步引进台湾地区发达的半导体加工业，同时大力发展海洋渔业、滨海旅游、海洋生物医药等产业，完善商贸流通设施；龙溪、楚门、清港、芦浦等乡镇，结合漩门二期工程，依托科技工业功能区、龙溪阀门工业功能区、医药包装基地、观光生态农业园等产业载体，形成以阀门、水暖等优势产业为主导，家具、医药包装、旅游业和生态农业为重点的产业区，配套完善金融、现代物流、信息和技术咨询等现代服务业，成为玉环近、中期产业发展的支柱区域；城关、坎门抓住漩门三期开发和中心城区拓展的契机，依托机电工业功能区和汽摩工业功能区，着重发展汽摩配件、机电等制造业，大力发展商贸、现代物流、金融、餐饮等服务业，积极发展生态

[1] 参见：玉环县国民经济和社会发展第十一个五年规划纲要［M］，2006.

养殖业、水产品加工业、滨海旅游业，探索潮汐能开发利用。

4）海洋经济带

合理开发鸡山、海山、大麦屿、坎门港、大鹿岛、中鹿岛等区域，推动陆海联动，调整海洋产业结构，改善海洋生态环境，完善海洋服务功能，实现海洋资源的可持续开发利用。大麦屿着重加强贸易口岸、物流中心和临港型产业基地建设，发展港口运输、现代物流、船舶修造和货物装卸储存、港口货物批发零售等港口服务业，建设建材、钢材、化肥等基础性材料专业批发市场，并完善相应的配套基础设施。坎门港、鸡山、海山等地着重发展海水生态养殖、远洋渔业、滨海旅游、海洋医药等海洋产业，优化渔业经济结构，加大渔业应用基础研究和产业标准化的投入，推动渔业科技创新，提升水产加工和流通业发展水平，开发滩、涂等特色资源，并加强海洋生物资源养护；强化滨海旅游业合理布局，突出玉环特色，打造旅游精品；增加经费投入，加快海洋科技开发，提高海洋生物、化学物质提取的技术水平，推动医药化工行业向海洋拓展（表7－6）。

玉环县域功能区开发策略 **表7－6**

功能区域	产业政策	人口政策	资源环境政策	公共投资导向
生态保护区	加快产业转移	加大人口转移力度	强制性保护，严禁生态用地改变用途	加大生态补偿额度
城镇功能区	加快现代服务业发展	鼓励外来人口定居落户，促进人口集聚	加强污染治理和生态建设，严控建设用地增量	实行生态补偿，加大人口转业、就业培训
环漩门湾产业带	加快产业集聚，发展新兴产业	控制人口快速增长	控制环境污染，适当扩大建设用地增量	强化基础设施建设
海洋经济带	发展生态型产业，提升产业层次	加大海岛人口转移力度	严格控制环境污染	强化资源环境保护力度

资料来源：《玉环县国民经济和社会发展第十一个五年规划纲要》，2006年。

2. 城镇网络体系建设

拉大城区总体框架，推动中心城市由“三位一体”向“五位一体”发展，逐步跨入“环漩门湾时代”。到2010年，县域城镇体系得到初步完善和优化，各增长极的集聚和辐射功能进一步提升，以76省道为轴线的城镇带逐步强化，全县城市化水平达到65%。

构筑三大经济板块。一是突破“三位一体”的城市发展模式，拓展中心城市板块。在加快开发漩门二期、启动建设漩门三期的基础上，形成城关、坎门、陈屿、楚门、清港“五位一体”的发展格局。着力推进环漩门湾产业带的发展，区域发展战略重心跨入“环漩门湾时代”。二是通过工业化带动城市化，共同构筑经济增长点板块。以五门工业功能区和漩门工业城开发建设为契机，推动沙门崛起、芦浦振兴，依托76省道复线“工业长廊”使干江、龙溪实现跨越式发展。三是进一步强化可持续发展观，联合打造生态经济发展板块。借助大鹿岛开发和跨海大桥建设，引导海山、鸡山加快发展海岛休闲度假和观光旅游业。

完善城镇网络群。严格实施县域总体规划，做好环漩门湾沿线的规划控制，促进五大集镇竞相率先发展，构建起以中心城区（包括楚门、清港等集镇）为核心，干江、芦浦、龙溪等镇乡为腹地，交通互连、要素共享、功能互补的城镇网络群，推进各集镇之间的快速通道建设。发展与各镇乡定位相适应的产业，珠港镇定位为全县的经济、行政、文化、信息中心，发展科教文卫等现代服务业和科技型企业；楚门、清港镇重点发展工业、商业、旅游业；其他镇乡在现有基础上，根据资源禀赋和区位条件，重点发展农业、工业、商贸、海洋产业、旅游业等。

加强城镇服务管理职能。启动“一区三线”建设，将县科技文化中心周边区块打造成商贸中心和城市新亮点，对玉坎线、玉陈线和黄泥坎至迎宾门三线两侧实施道路沿线改造和街景立面建设，打造城市景观走廊。改造提升商贸流通、餐饮娱乐、养老服务、社区服务等服务业，加快发展现代化的教育文化、旅游休闲、娱乐时尚、体育健身、医疗保健等服务业，满足人民群众日益增长的物质生活福利和文化需求。提高文明城市创建水平，优化城市管理体制，细化区域管理内容、执法标准，扩大综合执法范围，建立健全规范化的执法程序。扩大市民对城市管理的参与度，推进城市管理社会化，提高城市管理工作效能。完成城区“清水工程”和县垃圾处理中心建设，综合整治城市环境秩序，努力塑造安全、优美的城区形象，到2010年，城市人均公共绿地达到8m^2，城镇居民住房成套率达到80%。

3. 城乡一体化建设

从2006年起，逐步进行新一轮土地利用总体规划修编，并使之与城市总体规划相衔接，增强规划的落地率。继续加大“一区三线”和坎门后沙改造建设力度，凸显城市形象。完成76省道复线等三个在建工程，加快黄泥坎第二隧道等三个续建工程进度，启动建设陈屿第二隧道及接线等三个工程，同时积极准备甬台温高速复线跨海大桥等三个项目的前期工作，逐步形成“四纵四连一环”的县域交通干道框架，衔接漩门二期开发建设和漩门三期围垦，加快中心城市板块由“三位一体”向包括楚门、清港在内的“五体一化”扩张，逐步推进区域发展战略重心从“本岛时代”向“环漩门湾时代”跨越。

完成县域道路网、住房保障、社区办公用房等专项规划编制，并实现了县域城市建设规划与土地利用规划的无缝对接。城市基础设施投入2.9亿元，启动喜来登·福朋五星级酒店建设，双港路、绕城公路、楚门家具城至收费站污水干管建设等一批工程项目强势推进，鹰东环海路、清水工程、人才公寓、果蔬批发市场等一批重点工程圆满完成预定目标。加快“城中村”和坎门后沙拆迁改造步伐，2007年拆除违章建筑总面积超过14万m^2。推进住房保障体系建设，商品房、安置房、农民建房、经济适用房和廉租房“五房工程”建设，改善和构建和谐人居环境。按照“三港一中心”平行式组团城市发展战略，融入“环漩门湾时代”的空间结构，玉环将充分发挥濒海环山的自然优势，统筹城乡一体发展，营造秀美风光，努力建设成温台沿海产业带的重要战略枢纽。

致力推进新农村建设。以“十百”工程为载体，深化农村环境综合整治，加强农村改厕后续管理，开展农村生活污水专项治理试点，实施村庄绿化试点工作，加快高山和海岛移民步伐，培育新型农民，逐步实现农民由体力型向技能型、本色型向素质型、松散型向紧密型、就业型向创业型转变，为新农村建设提供真正的社会基础。农村改厕和县乡道改造任务基本完成，全面实施城区清水工程。目前，玉环已实现城乡环卫一体、公交一体，并着手实施供水一体工程。

4. 立体化拓展城市发展空间

同时围绕“全岛城市化，城市全岛化”的发展战略目标，玉环也在积极探索城市建设空间向空中和地下的延伸，从而实现由平面建设向立体建设过渡，以达到城市建设的协调持续发展，为城市建设发展开辟新的空间。

一是全力集约土地资源。统筹城乡规划，鼓励城市建筑向高层、工业建筑向多层发展，提高单位面积土地产出效益。玉环的“多层厂房现象”主要表现在沿着玉环公路两侧，政府出台了鼓励企业建设多层厂房的相关政策，规定：第二层厂房的基础设施配套费给予减免50%，第三层以上予以全额减免。对翻、扩建企业予以直接减免；需要征用土地新建厂房的企业先实行全额征收，待组织验收合格后，按上述比例予以减免。同时，对多层厂房（非生产性用房除外）按照第三层以上（含第三层）15 元/m^2 的标准予以补助，补助资金从县先进制造业基地建设专项资金中列支。

同时，采取控制建筑密度，增加绿地率和强化景观设计等手段来提高建设土地利用率，采取“向空中要建设空间”的举措，启动百幢高楼工程建设，预计2009 年高楼将结顶30 幢，建筑面积达20 万 m^2。

二是合理利用地下空间。从可持续发展的长远利益出发合理规划城市地下空间，把小区停车场以及城市服务配套设施逐步移入地下，实施城市综合管线、人防设施和停车库的地下化。2007 年启动的海城花园地下大型超市建设，为节约城市空间开辟了新的路径。[1]

三是开发两大工业城，拓展发展空间，集约利用土地。国家宏观调控实施了更严格的土地政策，利用玉环得天独厚的海涂围垦资源优势，拓展发展空间，将潜在优势转化为现实优势，努力大力推进漩门工业城、滨港工业城开发，逐步形成了梯度开发、动态投入、加快产出的发展态势，有效保障了企业人园需求，形成了新的经济增长点。

7.2.3 城乡统筹与城市文明普及

“一切发达的、以商品交换为媒介的分工基础，都是城乡的分离。可以说，社会的全部经济史，都概括为这种对立运动……物质劳动和精神劳动的最大的一次分工，就是城市和乡村的分离。城乡之间的对立是随着野蛮向文明的过渡、部落制度向国家的过渡、地方局限性向民族的过渡而开始的，它贯穿着全部文明的历史并一直延续到现在……城市本身表明了人口、生产工具、资本、享乐和需求的集中；而在乡村里所看到的却是相反的情况：孤立和分散”。[2] 马克思早在《资本论》中就指出了相对分离的城乡关系，而如何处理这种分离的城乡关系，尤其是如何逐步消解新中国建立以来长期形成的城乡二元结构，也是当代中国社会面临的一个现实问题。党的十六届三中全会上提出了“五个统筹”，即统筹城乡发展、统筹区域发展、统筹经济发展、统筹人与自然和谐发展、统筹国内和对外

---

❶ 陈孝云．浙江玉环——着力拓展城市建设空间［J］．地下空间与工程学报，2006（3）．

❷ 马克思．资本论（第1卷）［M］．北京：人民出版社，1975：389－392.

开放，并且在上述五个“统筹”中，将统筹城乡放在了第一位，可见其意义重大。十七大报告进一步指出，要建立“以工促农、以城带乡”长效机制，形成城乡经济社会发展一体化新格局。城市化的进程伴随着城市内部的现代文明的不断孵化，同时也对周围的乡村地区产生辐射，这种辐射除了来自经济与生产要素的流通，还在于一种生活方式与文化属性的传递。

有资料表明：“当城市人口占20%以下时，城市的辐射功能开始表现出初级状态，即功能微弱；当城市人口占20%～30%时，城市的辐射功能开始表现为扩散；当城市人口占50%时，城市文明普及率达70%；当城市人口占70%时，城市文明普及率可达90%～100%。”❶ 英国詹姆斯·威尔文教授也曾指出：“随着城镇数目的增加和城市规模的扩大，城市对农村的重要性也增加了。城市为农村生活提供了较高的专门技术。城市的新技术、金融、技术思想传播到乡村。例如，在我们这个时代。农村生活的很大改善要归功于与城镇相联系的教育、文化和信息交流。”❷ 尤其在相对发达地区的城市化水平大幅提升后，地方政府加以公共政策性的引导，将会加快城市基础设施向农村的延伸、城市公共服务向农村的覆盖、城市现代文明向农村的传播、城市生活要素向农村的辐射。

在城市化率接近70%的昆山，政府通过强大的公共财政对城乡发展进行统筹，并将其城乡统筹的内容概括为八个方面：①城乡发展规划一体化；②资源配置一体化；③产业布局一体化；④基础设施一体化；⑤公共服务一体化；⑥就业社保一体化；⑦生态环境建设一体化；⑧社会管理一体化（表7－7）。

昆山“城乡统筹”的内容 **表7－7**

序号	主题	内　容
1	“城乡发展规划一体化”	即把城乡作为一个整体进行规划，进一步完善镇村布局规划、生产力布局规划、基础设施规划、水系规划、社会事业规划、生态环境规划，加快由总体规划全覆盖向专项规划全覆盖、控制性详细规划全覆盖推进，以全覆盖的规划体系引导城乡经济社会统筹发展
2	“资源配置一体化”	即进一步创新土地、资产、资金等生产要素的配置形式，按照“三个高于”的要求，进一步向“三农”倾斜，探索以工促农、以工强农、以企联村、以企带村的新路子
3	“产业布局一体化”	即根据城乡发展规划，明确区域功能定位和产业分工，不断完善各具特色、又协调统一的城乡产业群
4	“基础设施一体化”	即着眼于城乡设施衔接互补，不断完善道路、水利、公交、供水、环保等基础设施城乡一体化布局
5	“公共服务一体化”	即按照有利于逐步实现基本公共服务均等化的要求，加快完善公共财政体制，打破城乡分割的二元公共服务结构，尽快建立城乡一体的公共服务机制
6	“就业社保一体化”	即要求巩固和完善城乡统一的就业制度，完善低保、医疗、养老保障体系

❶ 张鸿雁．侵入与接替——城市社会结构变迁新论［M］．南京：东南大学出版社，2000：448.

❷ James Walvin. English Urban Life1776～1851. London：Hutchinson & Co. Ltd.，1984：10－11.

续表

序号	主题	内　　容
7	“生态环境建设一体化”	围绕全市经济社会战略性目标，通过建立城乡一体化的生态保护体系、污染治理体系和生态补偿机制，形成对自然资源合理开发、利用和保护的良好局面，维持全市区域的生态平衡和生态良性循环
8	“社会管理一体化”	即整合城乡管理机构，加快建立有利于统筹城乡经济社会发展的行政管理体系

资料来源：笔者根据昆山市政府相关文件整理。

在城乡统筹和城市文明的普及上，昆山市政府积极在制度层面和财政上予以支持，财政上的支持更多地表现为基础设施等方面的改善，而制度环境的建设则是在根本上为农村共享城市文明消除了障碍（图 7－5）。

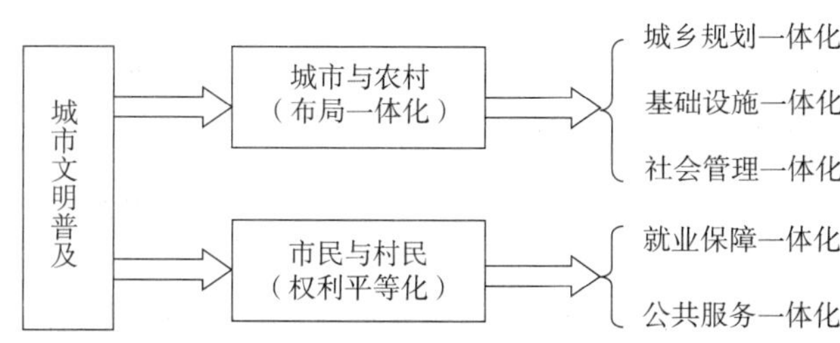

图 7－5　地方政府积极财政与制度投入性的城市文明普及

1. 建立城乡统一的户籍制度

昆山于 2003 年在江苏省率先取消农业人口和非农业人口的性质区别，户籍、身份不再成为农民进城定居、工作的障碍，农民从此实现了身份的转换，农村劳动力实现了无障碍就业。在昆山市政府文件中，已经不用“农民工”这个提法，而是统称“新市民”，通过户籍制度的不断改革尝试，从体制上消除了城乡壁垒，为实现城乡在政策上平等、产业上互补，缩小城乡差距，实现身份平等建立制度基础。

2. 建立城乡一体的就业保障制度

按照“坚持同一政策、落实同一待遇、提供同一服务、构建同一平台”的构想，一是建立城乡统一的就业、失业制度；二是建立城乡统一的劳动用工管理制度；三是建立城乡统一的职业培训制度；四是建立城乡统一的人力资源市场。在统筹城乡社会保障方面，昆山已经建立了以低保、基本养老、基本医疗、征地补偿、拆迁补偿为主体的农村“五道保障”。《昆山市灵活就业人员参加社会保险暂行办法》的出台，则最大限度地拓宽了参保范围，放宽了准入条件，突破了参保对象的身份界限，不再区分城镇、农村户口，规定只要是本市户口，未达到退休年龄的人员均可参加城镇职工社会保险，实现了本市居民无障碍参保和享受城镇职工社会保险待遇。同时，农村社会保险和城镇职工社会保险缴费基数相互贯通，农村居民养老保险和医疗保险缴费年限可按规定折算成对应的城镇职工养老保险和医疗保险缴费年限，个人账户也可相应转移，确保参保人员不论在何种状态都能享受社会保险待遇。

3. 统筹城乡社会事业与公共服务

在统筹城乡社会事业方面，昆山通过积极加大财政扶持力度，扩大公共财政覆盖农村的范围，在社会事业、公用设施、社会福利等方面已经建立起体系完整、覆盖城乡、惠及全民的公共服务体系，有效地促进了城市基础设施向农村延伸、城市公共服务向农村覆盖，推动了农村社区由传统向现代转变。在教育方面，扩大教育投入，打破城乡教育分割，基本实现教育均衡化；在文化方面，设立“文化发展资金”和“公益性基层文化设施建设发展引导资金”，加大公益性文化设施建设力度；在体育方面，按照体育专业规划，完善和加大城乡社区体育设施建设，推动城乡体育事业协调发展。

玉环县 2006 年推出的全岛城市化战略，主要目标就放在改变城乡二元结构，最终实现城乡一体化方面。所谓推进全岛城市化，就是促进城市基础设施向农村延伸，公共服务向农村覆盖，现代文明向农村辐射，实现城乡居民共享现代文明生活的发展模式。

1. 城乡一体化规划引导基础设施建设

为了加快城乡融合，早在 1997 年，玉环县就在全省率先编制了城乡一体化发展规划。在该规划的指导下，还衍生出了城乡规划、供水、环卫、信息和社会保障等许多领域的一体化。实施全岛城市化战略就是把玉环 378km^2 县域作为一个整体，对城市形成和功能布局加以规划重构。

作为海岛县，玉环与外界联系的交通动脉只有一条 76 省道，而且玉环还处在 76 省道的末端。玉环县城建成区面积拓展到 14.5km^2，形成了以城关为中心，坎门、陈屿为两翼的“三位一体”城镇格局。玉环县从 2003 年开始实施以村道路面硬化为主要内容的“康庄工程”，至今共完成 273.5km 的村道路面硬化，除了两个海岛乡外，包括外叶村在内，其余陆上所有通村公路都得到了硬化。不仅如此，随着公交一体化进程的推进，县城、各个城镇与面广量大的村庄也通过公共交通连在一起。加上近期将重点建设的城南、港口、滨海、漩门新城和工业新城等五大新区，玉环希望通过 5 ~ 6 年的努力，到 2010 年，建成区由目前的 14.5km^2 再扩大一倍，拓展到 30km^2，将使玉环城市化水平从目前的近 60% 上升至 80% 以上。

在农村电网改造、标准海塘、水库建造等基础设施建设方面的投资累计达 150 亿元。为推动城乡协调发展，该县在实施“十村示范、百村整治”中，近三年花了 1 亿元资金消灭了农村 3 万多只露天粪坑，建起了 550 多座漂亮的公厕。农村改水和“百村上网”工程有序展开，城乡环卫设施、给水排水和公共交通一体化也启动建设。同年，玉环县还掀起了“垃圾革命”，各乡镇纷纷兴建垃圾中转站，村级则建设垃圾中转房，配置垃圾桶。至目前，玉环已有 200 多座垃圾中转房建成并投入使用，新增垃圾箱近 25 万个，清洁、保洁已成为大多村民的自觉行为。2006 年，玉环县出台《“十一五”农村饮水安全工程规划》，农村改水计划进一步实施，延伸管网达 21.5km，改造旧管网 15km，扩容 3 座水厂，新建两座山区、海岛水厂，使 33 个村的饮用水安全得到了保证，实现了全县城乡供水同网、同质、同价，自来水普及率达到 80% 以上。

2. 信息化建设与城乡一体化

政府积极投入发展高速宽带信息网，加快政务、金融、外贸、广播电视、教育、科技等领域的信息化进程，促进电信、电视、计算机三网融合，推进政府上网、企业上网、家庭上网。以城关—坎门为中心发展县域电信网，设立电信通信中心，并分设城关、坎门、陈屿、漩门三期和楚门、清港、沙门、干江（含二期南区）市话分局。已建成包括光纤、数字微波、程控交换、移动通信等覆盖全国、通达世界的公用电信网，并建成了业务种类齐全、网点密布的公用邮政网，电话网规模容量迅速扩大。电话交换机容量已由1978年的1800门猛升至2007年的34.22万门。加快广播电视数字化、产业化进程，逐步形成以固话、宽带、移动等多种形式提供语音、数据、视频等多种业务，智能化、安全可靠的通信网络，为城乡信息化一体化建立网络基础。目前，全县电话普及率每百人达64部，而1978为0.38部，1988年为0.95部，1998年为25.94部。

目前，县域所有自然村光纤覆盖率达98%，257个村已接通宽带，27个社区已全部进入信息化时代。

“家家户户电脑房，百分之百把网上，企业家家有网站，产品放在淘宝网，百度谷歌双引擎，中文英语全用上，榕树下面交朋友，强国论坛闯天下，跑到天涯砸块砖，E网灌水不敢忘。”

——玉环乡村信息化建设的宣传语

信息化建设在很大程度上扭转了玉环县地处信息末端的不利位置，特别是农民，通过掌握信息化技术，改变了传统的生产生活方式，促进了新农村建设的经济文化发展。玉环县坎门镇水龙村工作人员：

“1999年水龙村实现户户通网以后，发生了三件喜事，第一件是一个意大利客商，在水龙在线网页上发现了我们水龙一个化油器厂生产的化油器，他专程到水龙，购买这个化油器，订了合同，成为水龙村第一个洽谈业务的外国人；第二件是湖南的长沙汽车配件有限公司，专程派人来到水龙调查了8家企业的汽车配件生产情况；第三件是水龙阀门厂生产的汽车配件，一位澳大利亚客商在上海网页上看到了这家企业的产品，也专程来到水龙这个厂了解，澳大利亚客商邀请这个厂的厂长专程到澳大利亚去，后来这个企业的产品成为澳大利亚这个客商的包商产品。”

3. 城乡就业保障水平的建设

1）提高社会保障水平

以实施五大保险为重点，扩大城乡社会保障覆盖率。建立工伤保险与工伤预防、职业康复相结合的机制，扩大工伤保险覆盖面。到“十一五”期末，覆盖面扩大到所有企业、事业单位。推进基本养老保险全覆盖，健全社会统筹与个人账户相结合的城镇职工基本养老保险制度。以城镇民营企业为重点扩大失业保险覆盖面，并且逐步将城镇企事业单位、社会团体和民办非企业单位全部纳入保险范围。扩大城镇职工基本医疗保险覆盖面，积极探索与医疗保险统一管理的生育保险医疗服务管理模式，全面实施新型农村合作医疗制度。采取多种手段，积极拓宽社会保障基金的来源渠道，加大对社保基金的运营和监管。完善以最低生活保障制度为基础，以被征地农民基本生活保障、农村“五保”和城镇“三无”对象集中供养、困难家庭救助等制度为主要内容的城乡社会救助体系。

2）扩大社会就业渠道

建立健全覆盖城乡的就业政策体系，完善市场导向的就业机制，充分挖掘各行业就业潜力，千方百计增加就业岗位，城镇登记失业率控制在4%以下。通过发展新型第三产业，构建扩大就业的新平台。加强就业培训，努力提高全体劳动者的素质，尤其是注重培养和增强失地农民、转业渔民、城镇下岗职工、失业人员的就业能力，帮助弱势群体实现就业和再就业。建立城乡统一的劳动力信息网，做好困难群体的就业工作。组织创业培训，鼓励无业人员自行创业。

切实提高农民素质，加快农民向市民转变。2001年以来，玉环在全县开展创建文化村、卫生村、文明村工作。3年来，共建成各类基层文化俱乐部150家。截至2009年，省市级文明社区创建率达33.3%。加快农民技能培训，2009年先后培训转移2万多人，成为浙江省21个农村劳动力转移培训阳光工程项目实施县之一；农民参保率达81.1%；鼓励农民“走出去”，33个欠发达村常年外出务工经商人员达万余人，占人口总数的67%。与此同时，新型的农村合作医疗在全县铺开，转产渔民被纳入社保统筹范围，被征地农民基本生活保障政策逐步落实。从2006年开始，政府还计划每年投入1200万元，用于农民健康工程建设。

4. 工业反哺农业，建设新农村

拓宽农民增收渠道。鼓励农民积极参与工商业经营活动、农村社区服务业和观光休闲农庄、度假村等，促进农民向二、三产业转移，达到转产增收、转业致富效果。增强农民自我发展能力，实施“农村劳动力培训工程”、“农民科技培训工程”。建设农民素质培训基地，改善培训设施，充实外来师资力量，创新培训手段，进行农民转产转业、岗位技能、现代农业实用技术、后备劳动力培训等。设立山区移民专项基金，通过土地整理等方式，解决下山农民的土地问题。积极引导库区、海岛居民向城镇聚集，异地致富。

建设农村新社区。按照县域村庄布局规划，结合山区移民、城中村改造搬迁和旧城改造，加快建设新村庄。按照区域共建、城乡联网、设施共享原则，完善城乡一体的交通、水利、能源、环卫等基础设施体系，加速农村与城市对接。实施农民饮用水安全和农村生活垃圾无害化处理等工程，行政村实行垃圾统一收集，集中处理率达到85%以上。

强化农村公共服务。加快城镇基础设施和公共服务向农村延伸，逐步形成城乡共享的基础设施和公共服务体系。构建城乡联动的农村卫生医疗服务体系，加强农村文化体育设施建设，倡导健康文明的生活方式。继续实施“千镇连锁超市”、“万村放心店”工程，合理布局农村商业网点，完善消费品流通网络，改善农村消费环境。开展农村普法教育，提供基本法律援助，改善农村治安状况。为各个行政村建立一个基层医疗服务网点，配备一位全科医生，建设村级文化俱乐部。

深化农村综合改革。加快农村土地使用法制化建设步伐，深入抓好二轮土地承包工作，探索建立土地使用权的流转机制。巩固农村税费改革成果，多渠道增加农业投入，逐步建立以国家投资为导向、农民投入为主体、多元化的农业投入机制，完善农民收入补贴制度。加强农村集体资产管理，加快推进村级集体经济股权量化。完善城乡统筹的就业制度，拓宽就业渠道，实现劳动力自由流动和平等竞争。加快农业人口向城镇转移的步伐，逐步建立城乡一元的户籍管理制度。探索建立多层次、广覆盖的农村养老保险体系，完善被征地农民基本生活保障、农村“五保”集中供养的农村社会救助体系。

7.3 消失的农民：职业与生活的蜕变

城市化和工业化的进程，最终的表现是建立在人的思想观念的更新、人的现代生活方式和人的现代化基础上的现代城市社会。早在20世纪60年代末，美国学者L·J·宾克莱在《理想的冲突——西方社会中变化着的价值观念》这一著作中就把现代生活方式作为回答人们应该“如何生活”的概念提出来，并侧重探讨了价值观念的变化对生活选择的影响。[1] 社会学家英格尔斯曾经指出：“当今任何一个国家，如果它的国民不经历这样一个心理上和人格上向现代性的转变，仅仅依赖外国的援助、先进技术和民主制度的引进，都不能成功地使其从一个落后国家跨入自身拥有持续发展能力的现代化国家的行列”。而自20世纪90年代以来狂飙突进的全球化进程，成为影响人类生活的重要变量。英国社会学大师吉登斯也指出“全球化以一种非常深刻的方式重构了我们的生活”。[2]

昆山和玉环在短短的30年时间里，几乎经历了西方典型意义上的工业化和城市化近百年所走过的历程，城市空间的急速增长、工业地景的汹涌蔓延，地方性与全球性文化元素在狭小的区域中碰撞、互动、交融。到2008年，昆山和玉环的农业经济占地区生产总值的比重分别只有1.1%和接近5%，工业化与城市化互动所产生的新城市景观和文化标志遍布在区域内。昆山近70%的城市化水平、玉环超过60%的城市化水平，正在逐步宣告区域性城市社会的来临。然而，从传统的农业为主的乡村生活到今天进入城市社会，建立在产业非农化、职业身份转换基础上的生活方式的变化才是区域社会转型的根本。生活方式和与之对应的人格、气质、个性和行为模式的转变，才是告别小农经济基础上的农耕文明的关键。

现代城市生活方式的产生，就是伴随着工业化出现的城市化进程。20世纪上半期，城市社会学研究的中心从欧洲转移到了美国的芝加哥，在那里形成了研究城市社会生活问题的“芝加哥学派”，其中研究城市生活方式问题的代表人物就是沃思。1938年他发表了“作为生活方式的城市性”这篇著名论文，在论文中他把城市特有的生活方式叫做城市性。然而，区域城市化与工业化进程的路径不同，使得这个与地区城市生活紧密联系的概念，在区域的表现形式与演化进程上呈现出一定的差异性，或者更进一步地可以称为“时空感”的差异性。

7.3.1 从农民到市民

根据前文的论述，昆山的工业化与城市化进程属于地方政府主导型的发展模式，工业

[1] （美）L·J·宾克莱．理想的冲突——西方社会中变化着的价值观念［M］．北京：商务印书馆，1984：416－419.

[2] （英）安东尼·吉登斯．失控的世界［M］．南昌：江西人民出版社，2001：4.

化的历程主要通过外来资本、技术、人员等生产要素在昆山的集聚来实现，地方政治精英们的制度与政策创新带来外商直接投资的地方嵌入与技术外溢，从整体上而言属于“外源型”工业化主导模式。同时这种以高新技术产业加工贸易参与全球生产网络的方式，更多地表现为“两头在外”，这种外商直接投资“地方嵌入”跟玉环的地方专业化市场网络、企业网络对接全球生产网络和承接国际产业转移的方式是迥异的。

外资经济的落户，吸引了大量的高级管理人员、技术工人和农村剩余劳动力，并带动了相关工业和生产、生活性服务业的发展。2002 年苏南在岗职工人数总计 278.16 万人，外企在岗职工人数达到 44.41 万人，占 15.96%。尤其是出口加工区建设之后，外资企业的大量涌入为昆山产业结构的优化和提升注入了新鲜的血液，也为昆山工业经济的快速崛起和社会结构的变迁奠定了产业基础。从规模以上外资企业吸纳就业的情况看，在 2001～2006 年期间，外资工业企业占昆山工业企业总数的比例，从 2001 年的 67% 增加到 2006 年的 80%，外资工业企业就业人员数占昆山工业企业就业人员总数的比例，从 2001 年的 76.05% 升至 2006 年的 91.17%（表 7－8）。

昆山规模以上外资企业吸纳就业情况 **表 7－8**

年份	工业企业		就业人员	
	个数	比重	人数（万人）	比重
2001 年	413	67%	12.29	76.05%
2002 年	437	68%	14.23	77.99%
2003 年	504	73%	19.58	82.37%
2004 年	615	77%	27.51	86.27%
2005 年	859	79%	39.45	86.91%
2006 年	971	80%	50.17	91.17%

资料来源：根据《昆山统计年鉴》数据整理。

值得注意的是，尽管轻工业在外资企业中占有相当重要的地位，但是外资投入的资本密集型和技术密集型产业，尤其是高新技术产业的比重越来越大，使得外资企业对劳动力素质要求较高，另一方面，外资企业人均产出较高，对农村剩余劳动力的直接吸纳能力相比于传统的乡镇企业要低得多。❶ 尤其是在昆山外资企业工作的务工人员中以青壮年外来人口居多，昆山本地较大龄农村劳动力和低技能劳动力则很难在其中谋得岗位。

针对本地大量低技能的农村剩余劳动力难以自发转移进入工业化生产的状况，昆山市政府为了实现更多人群的共同富裕、共同发展，于 2001 年 12 月 23 日召开“全市发展民营经济、实施富民工程”的千人动员大会，号召发展民营经济（主要定位于外向配套的生产、服务行业），将发展民营经济与鼓励创业、解决就业结合起来，动员民间力量，利用民间资本，扩大民间投资。自 2004 年以来，昆山建设了原创型企业基地 11 个，民营工业小区 27 个。截至 2007 年，昆山私营企业个数达到 2.1 万家，注册资本 402.43 亿元，民营

❶ 顾朝林，于涛方，李王鸣等．中国城市化 格局·过程·机理［M］．北京：科学出版社，2008：487.

经济的成长开始为本地农村劳动力转移提供大量的就业岗位。

同时，昆山根据自身的区位特点和工业化、城市化发展水平，将现代农村建设定位为发展“现代都市型农业”，提出了“以工业化致富农民，以城市化带动农村，以产业化提升农业”的目标。都市型现代农业的本质是投资农业、科技农业、项目农业，需要大量的资金、技术、信息、人才等优质的经济资源，这是传统农村无法解决的。以昆山千灯镇大唐生态园为例，3600 亩农田，共聘用了 150 名农业工人。女工月工资一般为 900 元，男工则有 1200 元。大唐生态园聘用的农业工人中，80% 为来自当地、年龄在 45 ~ 60 岁的农民。这些农民大多将自家土地流转给了生态园，各自分散的土地被集中起来，由政府负责招商，但农民对土地的 30 年所有权保持不变。当地农民算了一笔细账——自家土地流转给生态园，每亩地每年能有 500 元的保底数。生态园产出效益后，每年还能享受分红。保底数加分红，每亩地每年就能“坐收”600 ~ 800 元收入。另外，在生态园打工的工资每年也有 1 万多元。都市型现代农业使农民并未失去土地，身份却由农民转变成了“农业工人”。这是在不改变农村土地所有权的前提下，通过提高农业科技含量，形成“公司 + 基地 + 农户”的高效农业产业链，既解决了农业的产业升级，又可以防止农民在失地后失业的一种办法。

2004 年，昆山市政府开始实施以“人人有技能、个个有工作、家家有物业”为主要内容的“三有工程”。政府以政策和财政投入，把职业技能培训作为“个个有工作”的基础工程，以提高劳动者素质。同时，政府还建立创业指导服务中心、创业担保中心、农村社区管理服务中心等“三个中心”的城乡一体服务就业网络，通过项目配套、劳务挂钩和后勤服务等，将农民转移到更多相对稳定的就业岗位。

而所谓的“家家有物业”，根据昆山发展家庭物业的实践，我们把“家庭物业”定义为：居民以自身拥有的资金、技术、土地承包经营权等生产要素为资本，以各种物业项目为载体，依托股份合作组织，参与市场经营，获取经营性收入和财产性收入❶的一种致富方式。❷ 家庭物业现在已成为居民工资性收入之外的稳定增收来源。“房东经济”就是家庭物业的一种，外来务工人员大量涌入昆山，在一些外资企业比较多、比较集中的镇村，许多农民利用自己的住宅，腾出一部分房间出租给外来打工者以获取租金，这种通过房屋出租增加农民收入的经济行为被称为“房东经济”。

在沪宁高速公路以南、321 国道以北的枫景苑就安置有 4 个村的 1000 多户拆迁农民。原来 400m^2 的住宅用地置换成物业小区，可折享获得 2 套 77m^2 的小户、3 套 91m^2 的中户和 1 套 118m^2 的大户住房，外加两个 27m^2 的车库。留 3 套自住，余下可以出租获得租金收入。昆山全市有物业的农户比重由 2003 年的 51.4% 上升到 2006 年的 70.75%。2007 年，昆山农民从“房东经济”中人均获得租金收入达到 770 元，占到同期内农民家庭人均总收

❶ “财产性收入”是指家庭拥有的动产（如银行存款、有价证券等）、不动产（如房屋、车辆、土地、收藏品等）所获得的收入。它包括出让财产使用权所获得的利息、租金、专利收入等；财产营运所获得的红利收入、财产增值收益等。

❷ 程瑶．昆山小康社会建设与富民之路［M］//张国华，张二震主编．改革开放的昆山之路．北京：人民出版社，2008：179.

入的6.4%。

从农村居民家庭的实际收入构成来看，工资性收入正成为昆山农民收入的主要来源，而财产性收入和转移性收入正成为昆山农民收入增长的新渠道。1990年，昆山市农村居民家庭人均经营性收入[1]为1427元，占人均总收入比重的64.7%，工资性收入占总收入的34.4%；2007年，人均总收入11945元，其中工资性收入达到7629元，占总收入的63.9%，经营性收入的比重下降到19.1%。农民家庭经营收入比重的整体下降趋势，主要与农业收入的比重下降有关。2007年昆山市农民家庭经营人均纯收入只有1263元，但其中农民家庭经营第二、第三产业的人均纯收入为970元，非农产业纯收入占农民家庭经营纯收入的比重为76.8%，这说明农业收入在昆山农村居民家庭收入的比重已经微乎其微。

同时，随着家庭物业的普遍推广，农村居民的财产性收入增长很快，2007年，人均财产性收入达到953元，占总收入比重的8%，其中，租金收入占财产性收入的80.8%，这在一定程度上说明“房东经济”对实现昆山农民收入增长的重要贡献。此外，受城市化以及政府对农业反哺政策的影响，农村居民的转移性收入的比重上升到9%。这与昆山近年来加大对农业的反哺力度，通过加大财政转移支付力度对农业进行价格补贴和建立健全农村社会保障体系有关。

从城乡居民家庭对现代化耐用品的消费上看，到2007年年底，昆山市城镇居民平均每百户家庭拥有：家用汽车19辆、助力车45辆、摩托车40辆、彩色电视机231台、热水器119台、空调器231台、移动电话219部、家用电脑79台；农村居民平均每百户家庭拥有：自行车158辆（电动自行车69辆）、汽车9辆、摩托车79辆、彩色电视机185台、家用空调149台、热水器107台、移动电话195部、电话机114部、家用电脑53台。面对这样的数据，我们似乎已经很难再将他们称为“农民”，职业的转换与收入结构的非农化以及现代生活消费的普及，身份、户籍等制度限制的消失，使得他们更多的是栖居在乡村空间的市民家庭，而让我们很难联想起传统的“日出而作，日落而息”的“小农”生活。

7.3.2 从渔民到企业家

2008年玉环本地的大小企业超过1万家，对于这个总人口不到40万人的小岛来说，这意味着几乎平均每三户就有一个老板，而老板就是企业家。西方社会发展到19世纪，人们将企业家具有的某些特征归纳为企业家精神，在英文术语使用上，企业家（Entrepreneur）和企业家精神（Entrepreneurship）常常互换。“企业家”这一概念则是由法国经济学家让·巴蒂斯特在1800年首次提出的，即企业家使经济资源的效率由低转高；“企业家精神”则是企业家特殊技能（包括精神和技巧）的集合。或者说，“企业家精

[1] “农村居民家庭经营性收入”指农村住户以家庭为生产经营单位进行生产筹划和管理而获得的收入。农村住户家庭经营活动按行业划分为农业、林业、牧业、渔业、工业、建筑业、交通运输业、邮电业、批发和零售贸易餐饮业、社会服务业、文教卫生业和其他家庭经营。

神”指企业家组织建立和经营管理企业的综合才能的表述方式，它是一种重要而特殊的无形生产要素。

早年生活在玉环的居民以渔民为主，恶劣贫瘠的生态环境使得他们难以像昆山的农民那样，可以守着农地安稳地享受着“苏湖熟、天下足”的田园生活。为了生存，他们必须向大海讨生活。台州金海马家具公司的W总回忆道：

我们小时候很苦的，谁不想有安稳的好日子过哦。但在我们玉环是不一样的，你不下海打鱼你就没法生活了。我们小时候家里就很少种田，种了没几天，台风就来了，台风一来就全报销了，然后你再种几天，台风又来了……我们基本不能指望种田，所以我们玉环很少人种田，我们小时候家里人就去打鱼，打回来做鱼粉，鱼粉卖掉换些粮食。

我们小时候都会修渔船，坏了就自己修修，很苦，但什么活都会干，木工、修船……我们那时候的邻居家很会修渔船，他们家能自己造出来，很聪明，很会动脑筋，现在搞机床制造了，厂办得也很大了。

随着社队企业和股份合作经济的制度确认，玉环的企业数量出现了井喷式增长，出现了“块状经济”、中小企业网络、产业集群……玉环的几大产业集群并不是外来转移的产物，草根性极强，这与当地的地缘人文等原生态本土基因唇齿相依。同时在市场化环境中成长起来的产业集群具有十分优秀的自我调整、演化完善的机能。这种机能，用玉环家具协会副会长金云斌的话来说就是，“我们玉环普遍有一种企业家精神”。什么是真正的企业家精神呢？从“企业家精神”这个术语的内涵上分析，精神首先是一种品质，企业家精神也是表明企业家这个特殊群体所具有的共同特征，是他们所具有的独特的个人素质、价值取向以及思维模式的抽象表达，是对企业家理性和非理性逻辑结构的一种超越、升华。企业家群体独有的、显著的精神特征和其他群体特征是有区别的，人们日常也把它看做是成功的企业家个人内在的经营意识、理念、胆魄和魅力，并通过此标尺识别、挑选和任用企业家。

熊彼特关于企业家是从事“创造性破坏（creative destruction）”的创新者观点，凸显了企业家精神的实质和特征。一个企业最大的隐患，就是创新精神的消亡。一个企业，要么增值，要么就是在人力资源上报废，创新必须成为企业家的本能。创新是企业家艰苦工作的结果，是企业家活动的典型特征，从产品创新到技术创新、市场创新、组织形式创新等。创新精神的实质是“做没做过的事，而不是将已经做过的事做得更好”。

我的床前放着一箱红酒，晚上我睡不着的时候，就起来一边喝酒一边上网。我们做企业，时时刻刻大脑里都在想着企业发展。这根弦是歇不下来的，总在不停地思考，要想企业的管理，要想我的产品，产品的设计、产品的生产、产品的管理……做实业确实很辛苦，但是很有成就感，我就是每天都要看新东西，想新问题，做新事情，找新概念……

——W总

马克斯·韦伯在《新教伦理与资本主义精神》中写道：“这种需要人们不停地工作的事业，成为他们生活中不可或缺的组成部分。事实上，这是唯一可能的动机。但与此同时，从个人幸福的观点来看，它表述了这类生活是如此的不合理：在生活中，一个人为了他的事业才生存，而不是为了他的生存才经营事业。”货币只是成功的标志之一，对事业的忠诚和责任，才是企业家的“高峰体验”和不竭动力。

“在玉环企业自行销售产品、直接面向市场的过程中，企业家才能培养出来。其他的一些方式只能培养管理能力，而培养不出市场的开拓能力。”

从前文的叙述可以发现，玉环人与我们印象中的浙商一样，似乎天生就具有强烈的经商意识、流动迁徙偏好和企业家才能。自1978年以来，玉环县普普通通的农民们出于自身寻求生存的本能，完全依靠自己的人力资本完成了原始积累，依靠敢冒风险的企业家精神，通过从事贸易、家庭作坊式的生产方式，慢慢完成资本积累的同时形成企业家能力。应该说，冒险是企业家精神的天性。坎迪隆（Richard Cantillion）和奈特（Frank Rnight）两位经济学家，将企业家精神与风险（risk）或不确定性（uncertainty）联系在一起。没有甘冒风险和承担风险的魄力，就不可能成为企业家。

“我们真的是穷怕了，当时也管不了那么多，就估计着上海可能会有市场。说起来真是让人笑话，当时我连镇子都没有出过，还叫着要联系业务，都不知道业务究竟在哪里？抱着试一试的心态，带着粮票车票，坐轮渡到上海，也不知道上海往哪里去订业务？结果到了上海，我们带去的鱼粉没有人要，一下子赊了很多钱，但就是这样，我们也从上海了解了信息，就是他们需要虾粉，当天我们就连夜赶回玉环，造虾粉，就这样一步一步地发展起来了。”

——J总

完成资本原始积累以后，玉环县的大部分农民开始投资办企业，进行工厂制或公司制运作。他们中的大多数出身于农民，有些甚至是文盲。他们所依靠的不是先进的知识，是经验性的东西。因此他们的知识结构、资金实力决定他们只能进入一些传统产业。在实业投资以后，浙江企业家又进一步积累经验。但仅仅靠冒风险是不行的，真正能力强的一批企业家渐渐冒出来，他们具有比较强的市场经济运作能力，有能力去整合小企业。企业家在重大决策中实行集体行为而非个人行为。尽管伟大的企业家表面上常常是一个人的表演（One-Man Show），但真正的企业家其实是擅长合作的，而且这种合作精神需要扩展到企业的每个员工。企业家既不可能也没有必要成为一个超人（superman），但企业家应努力成为蜘蛛人（spiderman），要有非常强的“结网”的能力和意识。

“我们玉环人有一点与其他地方商人不一样的地方，就是我们不藏私，我们比较抱团。只要不涉及企业核心机密的最新技术，我们对同行们基本是放开的。很多时候，我这边的单做不完，就要发单给别人做，你发给他做，就要对他有技术要求，有时候就要放开技术。这样形成了一个好处，就是比较容易形成产业上的集群效应，我们也可以节省企业初创时期的技术投入……而且对于我们这些有研发能力的大企业来说，这样也就会不停地逼我们不断地开发新产品、新技术……一个成功的企业家目光一定要放远，我跟老婆和儿子就讲，我们现在不在乎一年是赚8000万元还是1个亿，赚1个亿就是一年12个月，赚8000万元我跟老婆说我们就当是一年10个月。而且我跟儿子讲，老爸以后不是留一座金山给你，金山银山都有空掉的一天，我要留给你一个品牌。人家以后就不会说我留多少钱给你，人家就说什么什么品牌是我们家的。我跟他（儿子）说，品牌留给你，以后你要做的就是要把它变成百年品牌……”

创新精神是浙江文化最显著的特征，巨大的生机和创造力是其文化的生命能量；自主创新、敢为天下先的思维品格，构成了浙江人在经济改革中致力于制度创新，实现体制外增长的精神动力；善于经营、富于机变的文化性格，赋予浙江人在适应市场机制中胜人一筹的素质和优势。浙江文化蕴涵的自主创新精神与现代经济具有内在的兼容性，它对浙江企业家阶层的形成具有内源性的影响。正是这些潜藏在浙江人意识深处的独特的传统文化精神和价值取向，在新的历史条件下的复苏，造就了大批具有创新精神的民间企业家，使浙江大地在改革开放之后很短的时间内，涌现出成千上万的农民企业家，从而为民营工业的发展做好了人力资本方面的准备。

“大家知道，玉环缺人、缺技术，没有高校，也没有研究所，你要这个创新，人从哪里来，技术从哪里来，所以玉环比较重视技术创新，也比较重视技术的保护，这是知识产权，1985 年《知识产权法》出台以后，我们玉环就比较重视专利了，鼓励大家申请专利，鼓励跟大家搞合作，进行创新，创新意识贯穿了玉环民营经济的发展，也比较符合‘海纳百川、自强不息’的玉环精神，这又是玉环当地海洋文化、人文精神的重大体现。”

——原玉环科技局副局长

1995 年的台州方科方向盘厂，在短短一年之间申请了 8 项专利，10 年后，方科成为全国方向盘企业专利最多的企业，达到 50 多项，其中发明 15 项。一度出现申报专利车水马龙的景象。方科集团成立了玉环县第一个专利管理机构，制订了玉环县第一个属于企业自己的专利管理条例。当 20 世纪 90 年代中期开始，国家整体告别“短缺经济”，从卖方市场转向买方市场时，国内的各类企业发展都经历了一场血与火的考验。以低成本制造低质量或者被称为假冒伪劣起家的“浙江制造”和苏南乡镇企业都出现各种各样的问题。然而，在苏南模式终结的同时，“浙江制造”却在表面的坍塌后实现了“华丽的转身”。产权体制的明晰，技术创新的内在动力，让企业的发展在危机面前迸发出更强的生命力。在危机的风暴面前，不是内里怯弱的崩盘，而是以强者强自内心的勇气，迎接一场质化蜕变的洗礼。

过去的 30 年，浙江省从一个既无自然资源优势又无政策优惠的贫困落后地区，发展成为中国经济实力最强大、人民幸福感最强的省份，特别是其民营经济的持续快速发展，这是与作为其经济主导力量的浙商，如何从“农民”到企业家、从小到大、从单个到群体、从个人致富到成就一个企业、从做好一个企业到推动区域经济发展、从地方到全球、走出去影响中国和世界的奋斗历程而分不开的。企业家精神，特别是建设型企业家精神在经济增长中发挥了关键性作用。遍及海内外的 500 万浙商“敢为天下先，勇争天下强”的精神，创造了一个个奇迹。玉环的实践也告诉我们，是人的创造力和制度的灵活性才使这个资源贫瘠的区域在过去的 30 年时间里成长为中国最有经济活力的地区，这也启示我们在这场或可称为人的思想解放的革命中，我们必须去重视和探索某些一成不变的东西。也唯有这些东西才是解开诸如“温州之谜”、“台州之谜”、“义乌之谜”、“宁波之谜”……的正确答案。

7.3.3 从乡土底色到全球意识

提起第一代的浙商，大多数人的印象就是这是一群大多文化素养并不是很高的农民。无数媒体都曾提及这样一个不完全统计，浙江几百万中小企业主中，有80%出身于农民。2003年中国社会科学院公布的中国公众人文社会科学素养调查中，浙江公众的总体达标率为7.5%，低于全国平均水平。

在玉环家具行业的企业家中，Q总出生于一个普通的农民家庭，现在是柏林家具的董事长兼总经理。在2001年从事家具行业之前，大约10年的时间，一直是为老板开车或是自己送货的驾驶员。当我们第一次见面，好奇于他酒后驾车的稳定性时，他毫不掩饰，坦言自己开车有10来年，大车、小车、皮卡都开过，以前就是替老板开车送货的驾驶员。2001年创业后，5年的时间里把自己的厂子一手拉扯成年销售超过8000万元的民营企业家。而他本身就是大字不识一个的“文盲企业家”，他的电话号码本上面记满了符号、图画和数字，姓杨的就画一只羊，并按照杨姓的级别不同而画上小羊和大羊，县委书记是大羊，镇委书记就是小羊。在此，我们无意于嘲笑或正面鼓励Q总的做法，这个故事只是中国转型体制背景下的一个极端个案而已。这些文化水平较低的浙江商人们，曾不止一次被人诟病为“低级”、“落后”的代名词。

“以前别说是去国外，就是上海都可能要坐车、倒车折腾个两三天。现在出去了，看多了，自然也就不一样了，有的时候和老外也能用英语扯两句了。”

当这场推行市场经济为主体的改革行进到第30年头之时，当全球化已经成为不可逆转的趋势之时，这些出身于底层的草根商人们是否能够延续他们的成功？新一代的浙商群体又如何抹去身上的乡土底色而成为能够管理和经营现代企业，尊重契约和规则制度的现代企业家，便已成为摆在所有浙江几百万企业家们面前的难题。他们只有大胆地走出去并引进来，才是这个优秀群体身上企业家精神的集中体现，也是民营经济得以持续发展，而不是短期逐利行为的关键所在。

“今年家具特别流行混搭和后现代元素，你问我什么是后现代，嘿嘿，说白了我自己也不知道。在我脑子里，什么是后现代，这么和你说吧，就是拿我们家具来说，以前做家具都是有系列、有风格的，比如说你是做美式的，我是做欧式的，他是做中式的，各个风格和系列之间都是互相不冲突的。”

“从去年开始，柏林、米兰的国际家具展会上，出现了混搭和后现代，就是把这些不同风格的家具组合在一起，只要够个性，够酷，适合自己的就好，像他们北欧人、美国人就特别喜欢这种后现代一点的家具，当然啦，混搭也不仅仅体现在家具风格上，在单体家具的功能搭配上也体现了混搭，就比如说，以前我们买沙发，都是成套买，现在的人就喜欢只买一个三人位的沙发，旁边配两把休闲椅，或者是贵妃椅，总之就是全乱了，说穿了，我想象的后现代和混搭就是一个字，乱和没有规矩！”

“不过我很赞同这种没有规矩的做法，想当年，我们玉环人做了多少没有规矩的事情，才换来了今天的发展，人哪，有了规矩就麻烦了，做事情前怕狼、后怕虎，什么也干不成。所以我觉得一个成功的企业家，要做一个成功的企业，需要知识、需要文化、需要读书，但知识和文化要为我所用，不能把书给读死了，读死书那就真的是死路一条了，所以今年我去俄罗斯参展的时候，那个后现代特别对我的胃口，一眼就相中了，这是今后5年家具设计的主潮流！”

——Q总

浙江的农民企业家们，小到做一颗纽扣，大到造一辆汽车，都在用最朴素的预言表达他们对全球市场的关注，在这种关注之下，尽管他们甚至用一种带着泥土味的表达方式，但我们仍然可以深刻地体会到蕴涵在这朴素语言以及原始刺激下蠢蠢欲动的全球意识。对浙商来说，改革开放30年，他们的30年发展史，就是西方300年企业发展史的浓缩和集中。30年前，他们大多数是农民，或者是下岗工人，甚至是无业游民，在基本生存压力的激励下，他们从体制的边缘和缝隙里开始了自己的冒险之旅。所以，在浙商身上，可以同时找到冒险家、资本家、革新家和经营者、经理人五种企业家的特征，可谓“全科式企业家”。在全球化的时代里，他们在不断接受惨痛教训的实践过程中所形成的朴素的全球意识，可能正是我们这个在奋进中的民族所迫切需要留住的珍贵财富。

“吉利人要换标，也是全球招标。要招高人，也是全球招。‘远景’车上市前先要到国际前沿阵地去‘留学’，接受全球考验。‘远景’上市也是‘全球上市’。”

“不要吵，不要闹，自主品牌撑大腰；中国车，飞多高，奋战十年变大雕”。

——吉利汽车股份有限公司董事长李书福写的歌词

当弗里德曼教授得出“世界是平的”的结论之时，我们不得不承认，经济全球化已然成为社会生产力和科学技术发展的客观要求和必然结果，同时它也是国际生产力、国际产业分工和国际价值高度发展的产物。在一个生产体系和企业分工的全球化时代里，一个后发国家如何抓住经济全球化时代为我们带来的机遇，首先就需要市场经济的主体构成——企业家以及他们所带领的企业具有高屋建瓴的全球意识，意识到全球化在为我们带来挑战的同时，由于其运作方式和手段的双边性和多边性，也为我们尽可能地站在巨人的肩膀上，迅速获得技术学习能力和技术溢出效应，而提供了前所未有的机遇。当前，中国制造业的比较优势正在日益成为全球共享性资源，市场开放度的提高，使得那些庞大的经济组织通过在中国本土生产、当地销售，共享着中国劳动力低成本等优势。但是，如果仅仅满足于产业链最低端的制造环节的比较优势，那么我们的国家就永远无法实现一个完整意义上的工业化发展过程。

2008年延续至今的金融风暴以及随之而来的连锁反应，已经证明了依附于国际产业分工体系之上，满足于享受劳动力低廉的比较优势，最终只会让企业风雨飘摇地走在一个非良性发展道路之上，随时都有可能招致灭顶之灾。我们已不能仅仅将全球意识的萌生与扎根限定于模仿与跟班的低级阶段，而应实施产业链上溯战略，在与跨国公司的合作与竞争过程中，强化消化吸收和二次创新，提高产业自主创新能力。

如果说，在玉环完成工业化与城市化的第一步——成为国际生产分工与产业制造链的不可或缺的重要一环——与其他区域的步骤不尽相同的话，那么此后，他们在产业升级与城市化推进的每个步骤，玉环县的农民企业家们都切切实实地为中国的工业化升级路线提供了一个相对理想的分析模板。只有一个真正具有敏锐全球意识、具有自我完善与创新升级能力的企业家，才能在如狼似虎的商业竞争业态下顽强地生存下来并得以发展壮大。

8

结语与思考

（1）本书所探究的是将改革开放以来的区域城市化进程，置于外部环境上中国逐步进入开放型经济条件的“全球化”背景、内部环境上中国内在体制转型的“制度变迁”背景中，以地方中心的视角，以探索地方“制度厚度”建设为切口，展示区域发展中各行为主体的表现样态，追溯地方政府的角色与行为、地方产业化形成机理、城市化进程物化景观空间的生成机制，来展现区域城市化与工业化进程中的路径差异。根据本书对昆山和玉环的实证研究，笔者尝试用图 8－1 形成区域研究的“扎根性”理论框架（左为昆山、右为玉环）。

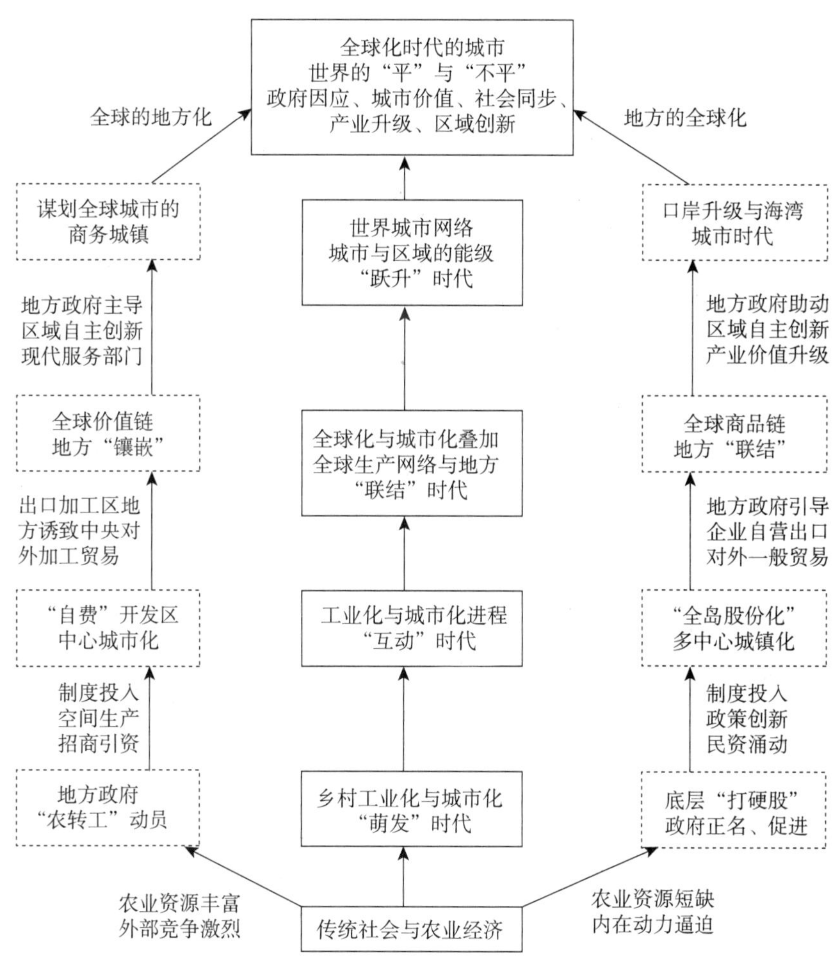

图 8－1 区域城市化动力与国际化路径研究的“扎根性”理论框架

该理论框架虽然以昆山和玉环的实证研究作为理论归纳的基础，但是由于昆山和玉环两个区域所呈现的地方全球化（玉环）、全球地方化（昆山）类型学意义，在大都市以外的绝大多数的中国区域都能从其中找到自身所对应的社会发展时空参照阶段。同时区域创新发展的主导类型的差别：地方政府（昆山）与民营经济（玉环）的呈现，也为大部分区域在区域创新中的主体识别提供参照系，进而对应自身的具体条件，发现所处社会发展阶段区域内的创新主体与潜在主体，获得区域创新发展的动力。笔者认为，正是由于地方

“制度厚度”的建设，及其与国家宏观体制转型的诱致与互动、与全球化力量的联结与嵌入，造就了区域工业化、城市化与国际化的发展路径。

（2）昆山和玉环的案例是改革开放以来中国现代化进程的一个缩影，但是两个区域的发展实践指涉出对于地区的发展，除却市场区位的因素、地方社会的人文因素，尤其是作为发展主体的个人、企业家群体、地方的政治精英们，他们之间的互动、协商，他们对外部制度环境、全球化进程的因应策略，才是促使地区工业化与城市化发展的关键。

市场区位的优越与否、自然资源禀赋的优劣与否，并不是制约地区发展的决定性因素。关键在于这个地方的人、人群，以及这些人们与地域结构之间相处已久所产生的文化氛围。费孝通先生在20世纪80年代深入各地调研时，在对地方的发展实践经验进行概括时，曾先后提出过“苏南模式”、“珠江模式”、“温州模式”和“耿车模式”。提起前三者大多数都是耳熟能详的，但是苏北地区早年的“耿车模式”大家往往都很陌生。

早期的“耿车模式”与集体经济相对发达的“苏南模式”有很大差别，成长于经济欠发达、生产力处于中下层次的淮北农村地区。与早期的浙南地区农村发展环境有些类似，苏北地区历史上饱受洪水肆虐，经济积累很薄弱。浙南地区由于高度紧张的人地关系，农业经济时期也属于偏僻落后区域。

在20世纪80年代，耿车地方基层政府博采“苏南模式”、“温州模式”之长，形成了“四轮齐转、双轨并进”复合所有制发展的“耿车模式”。四轮齐转是指乡、村、联户、户四个层次办企业；双轨并进是指合作经济与个体经济交织发展，其中户办企业占有较大比重。在耿车1985年的乡镇企业总产值中，乡办企业占29.5%，村办企业占15.2%，联户办企业占16.9%，而户办企业占到了38.4%，超过乡镇企业总产值的1/3。相比之下，苏南模式则是以乡村两级集体企业为主。以当时无锡县为例，1985年乡镇企业产值为36亿元，其中乡村两级企业产值占95.7%，组办、联户办和户办企业产值占4.3%。[1] 可见此时的“耿车模式”更接近于当年“温州模式”和台州地区的发展。然而就在“耿车模式”试图走出一条欠发达地区乡村工业化之路时，“苏南模式”的如日中天以及所获得的制度性承认，却在区域发展的制度与政策层面对“耿车模式”发展的空间产生了挤压。“苏南模式”的登峰造极使得“苏南模式”江苏化，然而“橘生淮南则为橘，生于淮北则为枳”。原先获得发展的个体私营经济被认为是妨碍乡镇企业发展的重要因素，苏北地区的基层政府为了在原本薄弱的集体经济基础上发展乡镇企业，大力整顿市场秩序，以查封假冒伪劣来清理中小个体私营经济，使得正在成长中的个体私营经济错失“短缺经济”卖方市场的机遇。自此以后，“耿车模式”逐步地悄无声息，换回的是苏北地区原生工业化进程的顿挫。等到苏北地区重新启动工业化进程，已经是20世纪90年代末的“招商引资”时代，一步迟，步步迟，区域发展的差距使得长江两岸竟恍如隔世。

（3）地方的创新与创业意识对于工业化与城市化有着独特的贡献。这里所说的创新，绝不仅仅是指技术创新，更重要的是理论创新、体制创新、管理创新、人文创新，是一个全面的概念。同样的碳元素，不同的结构组合，既可以成为很软的石墨，又可以成为最硬

[1] 胡同恭．耿车模式和苏南模式比较研究［J］．中国农村经济，1988（3）．

的金刚石。打破原有结构，实现新的功能，这就是创新。一个地区的发展有赖于该地区的集体创新以及认同和容纳创新行为的环境。这种宽容的环境指的是一种人文环境、制度环境，尤其是对于中国体制转型的时代背景，制度环境所给予创新行为的包容是尤为宝贵的。

无论是昆山还是玉环，地方政府最擅长的一点就在于“说服中央，保护地方”。昆山的自费“开发区”，中国第一个出口加工区的诞生，这些工业地景和城市空间生长的每一步，都凝结着地方的制度创新与制度诱致，创新的过程就是从无到有的过程，催生新生事物的过程，摆脱既有窠臼的过程，也是主动承担风险的过程。玉环地方政府对股份合作经济的保护与政策性鼓励、“全岛股份化”的制度设计同样是地方性制度创新的过程，从早期面临各方的质疑，尤其是在政治路线问题被放在第一位的时代，顶住压力的同时寻求支持是一个艰辛的过程。

“历经千辛万苦、走遍千山万水、敲开千家万户、想遍千方百计、说尽千言万语”是浙江个体经营者创业的真实写照；“绿灯亮赶快走，黄灯亮抢道走，红灯亮绕道走”，则是浙江民营企业抢抓机遇谋发展的经验总结。但是我们将这两条放在昆山的工业化与城市化进程来看，这样的形容也并不为过。宣主任他们80多次进京，以一个县级市的身份去花尽心思说服各个部委领导，“违法的事情不做，违规的事情不得不做”打的也是一个“黄灯压线”的擦边球。只有反常规才可能是创新，创新绝不是在重复的过程中改进，而是敲碎规矩的限制，获得更强的穿透性与跨越性。

我们在玉环调研时，偶遇一位刚从义乌工商学院回到玉环的大三学生，他的一席话，促使我陪同的政府招商代表团临时改变了行程，下一个目的地改为义乌。

“我们学校的同学，一般是大一的时候，一个月能赚1000块钱，大二的时候，一个月能赚2000块钱，大三的时候，一个月大约能赚3000块钱，到大四，一般的一个月也要赚4000块钱……我们都在淘宝网上有铺子，学校门口还专门开了一条公交线路，通到我们进货的市场，我们去进货就方便多了……

大二的时候，我们就有一门课，是关于淘宝网与国际金融的，还有一些企业讲师会过来讲国际商务谈判与电子商务……我们的辅导员跟我们说，我们不是去‘找饭碗’的人，我们将来是‘造饭碗’的人……”

(4) 两个地区的工业化与城市化进程达到了一个相当高的程度，超过60%的城市化水平，农业经济比重都在6%以下（昆山仅有1.1%），工业化的发展都进入了中后期。两个案例虽然是中国改革开放30年来地方区域发展的先行者，但是它们所呈现的区域社会发展仍只是一种中间状态，或称一种社会理想类型的过渡状态（高度工业化）。在当代全球化、信息化趋势与中国工业化、城市化进程相叠加的条件下，我们认为区域社会未来的理想是后工业社会与知识社会。

奈斯比特在《大趋势》一书中提出，“我们仍然认为自己是生活在工业社会里，但是事实上我们已经迈入了一个以创造和分配信息为主的经济社会”。在信息社会里，“知识生产力已经成为生产力、竞争力和经济成就的关键因素。知识已经成为最主要的工业，这个工业提供经济社会生产所需的重要资源”。在信息社会里，价值不随劳动而增加，而是随知识而增加。

创意经济的兴起对人类认识不同社会团体或社会阶层产生了深远影响。20 世纪 60 年代，Peter Drucker 和 Fritz Machlup 将发达工业经济中大量涌现的一批全新类型的工人群体定义为“知识工人”。知识和科技的创新和学习成为社会的主流价值，大学和研究机构的重要性日益增加，产业与大学的合作愈趋密切，回流教育和在职训练，成为维持个人与企业竞争能力的必要做法。

在贝尔那里，后工业社会可以用五个方面的特征来加以说明：①经济方面：从产品生产经济转变为服务性经济，服务业包括商业、贸易、个人服务、交通、金融、运输、教育、医疗和政府部门等。②职业分布：专业与技术人员阶级处于主导地位。贝尔指出：“后工业社会第一个最简单的特点，是大多数劳动力不再从事农业或制造业，而是从事服务业，如贸易、金融、保健、娱乐、研究、教育和管理。”❶ ③中轴原理：理论知识处于中心地位，它是社会革新与制定政策的源泉。“显然，后工业社会是双重意义上的知识社会。首先，技术革新的根源越来越依赖于研究开发（更直截了当地说，在科学与技术之间，由于理论性知识已成为核心问题，所以一种新的关系正在逐渐形成）。其次，从社会整体状况来看，知识所占据的比重（占国民经济生产总值的比率的增大及雇佣比率的增大）也在逐步增大”。贝尔指出，后工业社会既是一个知识社会和服务社会，同时也是一个以信息为中心的社会。“如果说工业社会主要以‘能源’为中心的话，那么后工业社会就是一个以‘信息’为中心的社会”。④未来的方向：控制技术发展，对技术进行鉴定。贝尔认为，在后工业时代，人类已经掌握了预测经济成长的技术。也就是说，已经有能力事先推算出成长可能带来的负效应（比如公害），并以这一推测为基准，对技术进展状况进行系统性的技术管理。⑤制定政策：创造新的“智能技术”。❷ 在今天的社会里“任何一项选择，都好似反映在测量仪器上的量原子一样不可捉摸”，然而这些量原子聚集的形式却能够用图形清晰地表示出来，就像几何学家对高度和地面进行三角测量一样。

当前，浙江的人力资本积累正在形成迸发性增长，一大批掌握着现代科学技术的新创业者正在脱颖而出，一个新创业时代正在展开。生存压力正在转变为以实现自我价值为基础的发展激励，企业家精神正在从以经验为基础转变为以知识为基础；经济社会体制越来越以知识为动力，渐进地实现着一系列根本的转变。这种知识是建立在现代教育基础之上，以科学知识、技术智能等为核心内涵的人类文明结晶。玉环的企业家们也在慢慢摸索的过程中，培养一种与现代经济相适应的强大的文化竞争力。学习是企业家精神的关键。荀子曰：“学不可以已”。真正的学习，涉及人之所以为人此一意义的核心。昆山的地方政府一直在研究着世界，不停地寻找参照系，以获得学习的目标关照。

---

❶ 丹尼尔·贝尔. 后工业社会的来临［M］. 北京：商务印书馆，1986：14.
❷ 丹尼尔·贝尔. 后工业社会的来临［M］. 北京：商务印书馆，1986：14.

然而这种学习的过程还只是区域社会转向知识社会的铺垫，区域社会的知识化、信息化、智识化，在更大的程度上取决于该区域高级生产者服务业比重的提升，以及城市和区域在世界城市网络中的能级跃升。一个全球城市区的节点、一个全球生产网络中的自主创新体系，未来必然是一个学习型、网络化、全球生产网络高层化、智识社会阶层主体化和人才流动国际化的区域。

（5）这种在30年的时间里，几乎走完西方近百年工业化与城市化进程的区域社会发展，对于区域的自然生态资源而言是一个近乎疯狂的改造过程。区域城市化和工业化的过程既是社会财富有效积累的过程，也是资源与能源消耗增长的过程。从另外的角度认识，城市既是社会发展的动力、社会发展的核心形态，同时城市本身作为一个巨型消费体，在很多方面与自然的发展是相对立的。区域工业化与城市化狂飙突进的直接后果之一就是资源和能源消耗比重的增加。

正如张鸿雁教授指出的，中国的现代化是以高消耗、高污染和低产出为基本特征的“资源依赖型现代化”，对于人均占有资源有限的区域而言，“资源依赖型现代化”对可持续发展的负面影响十分明显。❶ 从早期工业化的轻纺工业起步，“低、小、散”的家庭工业与股份合作经济，到几大工业产业集群、承接国际产业转移；玉环没有“铁”、“铜”、“木”，却承担着全国13%的汽摩配产业、60%以上的阀门产业、最大的欧式新古典家具产业、最大的金属炊具产业，一个生态禀赋薄弱的海岛以脆弱的生态环境支撑着一个强大的制造业基地。同样，昆山承担着世界1/3的笔记本产能，2000万台数码相机和2000万台手机的产能，尤其是处在贴牌生产代工制造的阶段，我们的工业化和城市化都建立在对自然资源极大消耗的基础上。

《2006中国能源发展报告》开篇就指出：“我们面对的资源和环境压力比过去任何时候都更加严峻，尽管资源约束并非中国经济发展的绝对障碍，但中国并不具有特别资源优势，人口众多、人均资源不足是基本国情，多年来依赖大量资源消耗，推动了中国经济的快速增长。与此同时，经济增长的代价是资源消耗过度和环境破坏严重。因此能源短缺危机与环境约束压力同时并存”。❷ 这个报告还引用了罗马俱乐部报告《增长的极限》中的一句话：“我们不只是继承父辈的地球，而且是借用了儿孙的地球”。在我们考察玉环的同时，也遇到不少来自安徽等内地后发地区的政府招商人员，他们的目的就在于将很多资源密集型和劳动密集型的企业引进到当地。与此同时，玉环的众多制造业企业也在寻求外部的发展空间，玉环土地成本的持续上扬、环境承载的有限供应，使得玉环的企业家们把目光投向了后发的、土地成本较低的、生态环境较好的地区。但是我们也在担忧，这种产业的梯度外迁，是否会带来更大的能源消耗与环境污染。

尤其对于当代中国的后发地区而言，当我们为了短期的工业经济效益而破坏了我们赖以生存的自然生态，我们是否还有能力去重塑自然。“1962年出版的《寂静的春天》一书中，雷切尔·卡森（Rachel Carson）让世人意识到DDT以及其他化学农药致命的影响。卡

❶ 张鸿雁等．循环型城市社会发展模式——城市可持续创新战略［M］．南京：东南大学出版社，2007：9.

❷ 崔先民主编．2006年中国能源发展报告［M］．北京：社会科学文献出版社，2006：1.

森告诉我们，继续滥用这些‘死神灵药’将导致未来某时间的‘寂静的春天’。这本书使公众对化学污染和环境保护态度发生了巨大的变化”。[1] 我们也在反思，后发地区是否有必要依然遵循工业化与城市化发展的一般规律，是否可以依据自身的特色用更加创造性的方式错位发展，还是这种创造性的思想只能在经历过典型意义的工业化和城市化过程之后才会出现？

[1] 戴斯·贾丁斯．环境伦理学——环境哲学导论［M］．北京：北京大学出版社，2002：4.

附 1：“昆山自主创新课题研究”外资企业调研问卷

基本信息

公司名称______________地区______________创办年份______________

注册资本______________万元（人民币）

贵公司员工人数______________人，其中管理和技术人员______________人

公司2006 年销售额

2006 年出口额（万美元）

2006 年进口额（万美元）

2005 年年底固定资产存量（人民币/万元）

2006 年新增固定资产投资（人民币/万元）

公司所处行业______________

主要产品____

1. 贵公司的性质是

A. 外商独资　B. 中外合资　C. 中外合作

2. 贵公司来源于

A. 欧洲　B. 美国　C. 日本　D. 韩国

E. 中国台湾　F. 中国香港　G. 其他

3. 贵公司主要的贸易形式是

A. 来料加工　B. 进料加工　C. 来样加工　D. 一般贸易

E. 其他

4. 贵公司的主要产品属于

A. 中间投入品（如零部件）　B. 最终产品（如整机）

5. 贵公司的主要产品是

A. 为母公司生产　B. 为母公司的子公司生产

C. 为其他厂商生产　D. 直接提供市场

6. 贵公司的主要产品在本地加工贸易的增值率大约是

A. 2% ~3%　B. 4% ~5%　C. 6% ~8%　D. 9% ~10%

E. 10% 以上

7. 在本地投资以来，本公司的主要产品的生产工艺的复杂性

A. 有了根本的提高　B. 有了较大的提高

C. 保持不变　D. 有所降低　E. 有很大的降低

8. 贵公司的主要产品面向的市场是

A. 欧洲　B. 美国　C. 日本　D. 韩国

E. 中国台湾　F. 中国香港　G. 中国大陆　H. 其他国家和地区

9. 贵公司在大陆投资之初有无自有品牌

A. 有　B. 无

10. 如果目前尚无自有品牌，贵公司是否打算建立自有品牌

A. 是　B. 否　C. 还未考虑过

11. 贵公司的主要产品属于

A. 自有品牌生产（OBM）　B. 贴牌生产（OEM）

C. 自有设计代工生产（ODM）

12. 若贵公司兼有以上几种生产方式，请估计2005年每种方式占产值的比重

OEM ________________　ODM ________________

OBM ________________

12.1 与2001年相比，以上比重有变化吗

OEM（增加/减少）　ODM（增加/减少）　OBM（增加/减少）

13. 贵公司的原材料和零部件在中国国内的采购比率约为

A. 小于10%　B. 10% ~20%　C. 20% ~30%

D. 30% ~40%　E. 40% ~50%　F. 50%以上

14. 贵公司在中国国内采购的原材料与零部件的方式为

A. 直接向生产企业订购　B. 深加工结转

C. 通过国内贸易公司采购　D. 通过境外机构采购（先出口，再进口）

E. 其他

15. 贵公司在中国国内采购原材料与零部件（或机器设备）的主要障碍有（可多选）

A. 国内产品价格高于进口品　B. 国内产品质量不稳定

C. 国内产品交货不及时　D. 深加工结转手续太繁琐

E. 国内采购出口退税时间太长　F. 母公司的发展战略安排

G. 国外客户要求使用进口原材料或零部件

H. 其他

16. 近几年贵企业提高竞争力的主要途径是

A. 降低成本　B. 发展品牌

C. 改进原有的产品　D. 创造全新的产品和服务

E. 战略性合并（购并）　F. 投资兴建新的工厂（购买设备）

G. 改善与供应商（客户）的关系　H. 吸引、培养人才　I. 其他

17. 贵公司拥有专利

总共（项）	发明（项）	外观设计（项）	实用新型（项）	其他（项）

18. 贵公司目前研发人员有______________人

19. 2006年研发投入____________________万元

20. 2006年引进国外技术费用，包括专利、专有技术及支付国外技术专家的费用______________万元

21. 2006年引进国内技术费用，包括专利、专有技术及支付国内技术专家的费用______________万元

22. 贵公司现阶段自主创新的形式主要是（可多选）

A. 引进消化吸收基础上再创新　　B. 集成创新

C. 原始创新　　D. 其他

23. 目前贵公司进口设备占所有设备的比重为

A. 0%～10%　　B. 10%～30%　　C. 30%～50%

D. 50%～80%　　E. 80%以上

24. 贵公司提升技术水平的主要形式（可多选）

A. 购买先进设备　　B. 独立进行研发

C. 与其他企业合作研发　　D. 委托研发

E. 与国内高校或科研机构合作开发　　F. 与国外高校或科研机构合作开发

G. 国外引进　　H. 国内引进

25. 贵公司在本地使用的技术在世界上处于

A. 最先进水平　　B. 较先进水平　　C. 中等水平

D. 较低水平　　E. 最低水平

26. 贵公司在本地使用的技术在中国处于

A. 最先进水平　　B. 较先进水平　　C. 中等水平

D. 较低水平　　E. 最低水平

27. 贵公司目前使用的技术与在本地投资之初相比较

A. 有很大的提高　　B. 有较大的提高　　C. 保持不变

D. 有所下降　　E. 有较大的下降

28. 若提高了，则技术提高的原因是（可多选）

A. 母公司技术的提高　　B. 竞争对手技术的提高

C. 消费者对产品要求的提高　　D. 出于节省劳动力、原材料等成本的考虑

E. 其他

28.1 若技术保持不变，其原因是（可多选）

A. 当地的知识产权保护力度不够，担心核心技术泄密

B. 自主创新风险太大　　C. 技术引进成本太高

D. 现有技术可以满足市场的需要　　E. 其他

29. 贵公司与高等院校科研机构合作关系（可多选）

A. 非常紧密　　B. 比较紧密　　C. 一般

D. 比较松散　　E. 没有合作

29.1 如果有联系，是和＿＿＿＿＿＿＿具有合作关系
A. 本土的院校　B. 海外院校　C. 两者都有
30. 贵公司与其他企业技术合作情况关系（可多选）
A. 非常紧密　B. 比较紧密　C. 一般
D. 比较松散　E. 没有合作
30.1 如果有联系，是和＿＿＿＿＿＿＿具有合作关系
A. 本地的三资企业　B. 本地的本土企业
C. 海外的企业　D. 两者或三者都有
31. 贵公司在昆山有无专门的研发部门
A. 有　B. 没有
31.1 如果没有，其原因是
A. 服从母公司的全球战略布局　B. 当地人力资源的素质较低
C. 公司的资金实力所限　D. 当地市场对技术要求不高
E. 其他原因
31.2 如果有，近期有无将研发部门迁往其他地区的计划
A. 有　B. 没有
31.3 如果近期没有迁移的计划，其原因为
A. 需要和生产企业靠近　B. 当地人力资源的素质高
C. 与上下游企业合作紧密　D. 政府对企业研发的优惠政策
E. 当地良好的金融、物流和通信等服务　F. 其他
32. 贵公司目前的技术创新动力
A. 相当大　B. 比较大　C. 一般
D. 比较小　E. 没有
32.1 如果有技术创新的动力，您认为主要来源于
A. 同行业企业的竞争　B. 生产成本上升的压力
C. 市场需求的变化　D. 发包企业对产品质量的要求
E. 当地政府对创新的政策鼓励　F. 其他
33. 贵公司技术创新的主要资金来源（可多选）
A. 自有资金　B. 国内银行贷款　C. 境外银行贷款
D. 政府专项资金　E. 国内风险投资　F. 发行企业债券
G. 国外风险投资　H. 股市筹资
34. 贵公司技术创新资金主要用于（可多选）
A. 试探性研究　B. 支持主流业务的研发
C. 支持形成新业务的研发　D. 支持新业务发展的研发
35. 在未来三年，贵企业在技术创新方面会采取＿＿＿＿＿＿＿举措（可多选）
A. 增加设备投入　B. 增加人才投入　C. 增加专利购买
D. 通过并购　E. 其他

36. 在自主创新过程中，贵公司认为政府政策的作用

A. 非常大　B. 比较大　C. 一般

D. 比较小　E. 很小

37. 您认为当前昆山市政府强调自主创新有无必要

A. 非常必要　B. 比较有必要　C. 无所谓

D. 没必要　E. 根本没有必要

38. 你怎样看待创新中的失败者

A. 非常尊重　B. 尊重　C. 同情

D. 不关心　E. 嘲笑

39. 你认为企业家创新成功的主要因素是（可多选）

A. 运气　B. 好学　C. 勤奋

D. 政府支持　E. 充裕资金　F. 人才

G. 个人的技术水平　H. 个人受教育程度

I. 企业团队氛围　J. 个人的勇气

40. 您是否认为外资企业对昆山的本土企业自主创新有帮助

A. 有很大的帮助　B. 有帮助　C. 不好说

D. 几乎没有帮助　E. 没有帮助

41. 您认为昆山本地文化氛围对自主创新是否具有促进作用

A. 作用非常大　B. 作用较大　C. 作用一般

D. 几乎没有作用　E. 没有作用

42. 贵公司今后创新的思路是什么（可多选）

A. 自我研究开发　B. 与研究机构合作

C. 学习国外经验　D. 争取政府支持

E. 与外资企业配套　F. 吸引人才

G. 购买专利

43. 贵公司在技术创新或其他创新中所采取的做法（可多选）

A. 建立有利于创新的组织机构　B. 建立有效的管理方式

C. 领导充分重视　D. 加大对创新的投入

E. 建立创新文化　F. 其他

44. 您认为以下哪些因素是阻碍本企业当前技术创新活动的主要因素

A. 缺乏技术创新资金　B. 科技人才严重流失

C. 缺乏技术信息、市场信息　D. 缺乏雄厚的技术积累与技术储备

E. 缺乏与外界技术合作的渠道　F. 技术创新决策的难度和风险太大

G. 缺乏政府部门的有力支持　H. 受国家标准、政策法规、税收等的限制

I. 现有的产品市场很好，不需要技术创新

J. 缺乏有利于创新的机制与创新的文化氛围

K. 其他（请说明）

45. 您认为下列政策对企业技术创新活动的影响（重要）程度如何

A. 优惠贷款政策　B. 给予研发和成果产业化配套资金

C. 政府投资基金的参与　D. 知识产权保护政策

E. 鼓励企业研发的财政税收政策　F. 高新技术孵化平台

G. 政府科技计划　H. 政府采购

I. 科研开发仪器设备进口的减免关税　J. 鼓励风险投资的政策

K. 其他（请说明）

46. 贵公司的生产过程中在本地是否有外包的部分

A. 有　B. 没有

47. 贵公司的生产是否有外包给江苏以外其他地区的企业

A. 有　B. 没有

47.1 如果有，贵公司是基于什么样的考虑而舍近求远

A. 本地企业缺少专门的设备　B. 本地人力资源的素质欠佳

C. 本地企业的交货不及时　D. 母公司的战略安排

E. 其他

47.2 如果贵公司是委托本地企业进行外包的，那么主要是委托__________进行

A. 本土企业　B. 本地的外资企业

48. 贵公司选择民营企业做外包，主要标准是

A. 成本低　B. 产品质量符合要求　C. 当地政府有鼓励措施

D. 交货及时　E. 其他

49. 贵公司目前与民营代工企业有技术和管理合作吗

A. 有　B. 没有

49.1 如果有，这种技术和管理合作主要是（可多选）

A. 提供必要技术和管理咨询　B. 提供相关技术的设备

C. 提供相关技术设备购买的贷款　D. 提供相关技术的人力资源培训

E. 提供相关技术和设备的购买渠道

49.2 如果没有，在将来有没有合作的打算

A. 有　B. 没有　C. 没考虑过

50. 贵公司目前在民营代工企业中持有股份吗

A. 没有　B. 有（比例为）________________

51. 您认为民营代工企业最需要改善的是

A. 提升研发能力　B. 改善管理　C. 提高人员素质　D. 进一步降低成本

E. 质量的稳定性　F. 购买先进设备　G. 其他

52. 贵公司选择外资企业做外包，主要原因是

A. 产品质量的稳定　B. 技术较先进

C. 该外资企业是母公司的合作伙伴　D. 其他

53. 贵公司目前与外资代工企业有技术和管理合作吗

A. 有　　B. 没有

53.1 如果有，这种技术和合作主要是（可多选）

A. 提供必要技术和管理咨询　　B. 提供相关技术的设备

C. 提供相关技术设备购买的贷款　　D. 提供相关技术的人力资源培训

54. 贵公司目前在外资代工企业中持有股份吗

A. 没有　　B. 有（比例为__________）

55. 贵公司的外方（含台湾地区）管理人员约占技术管理人员总数的__________%

56. 贵公司管理人员和技术人员来源的途径主要是（可多选）

A. 母公司分派　　B. 在公司内部选拔

C. 从本地人才市场招聘　　D. 从外地人才市场招聘

E. 通过专业中介机构猎头　　F. 通过公司内外社会关系

G. 其他__________

57. 贵公司是否对员工提供培训的机会

A. 前期集中培训　B. 定期培训　C. 不定期培训　D. 没有培训方案

58. 如果提供培训机会，其培训内容主要是

A. 业务技术　B. 外语　C. 经济管理　D. 计算机　E. 其他

59. 是否提供出国培训的机会

A. 有　　B. 没有

60. 贵公司管理人员和技术人员的流失

A. 很大（平均在职1~2年左右）　　B. 比较大（平均在职2~3年左右）

C. 一般（平均在职3~5年左右）　　D. 不大（平均在职5年以上）

61. 您对目前公司的人才储备状况满意吗

A. 非常满意　B. 满意　C. 一般　D. 不满意

E. 很不满意

62. 贵公司认为过去5年间，当地人才素质

A. 有了较大的提高　　B. 有所提高

C. 基本保持不变　　D. 下降

63. 如果您认为人才素质提高了，主要原因在于

A. 正规学校的教育水平提高　　B. 各类培训机构的质量提高

C. 人才流动充分　　D. 政府引进人才的政策

E. 其他________

64. 贵公司认为昆山的人才引进政策与服务

A. 很满意　B. 比较满意　C. 一般

D. 不太满意　E. 很不满意

65. 贵公司经营资金的主要来源是（请选择并按重要程度排序）

A. 国外母公司投入　　B. 企业自有资金积累

C. 从本地金融机构贷款　D. 从外地金融机构贷款

E. 国际金融市场融资　F. 从其他企业以股权或债权方式融资

66. 贵公司认为当地融资的成本

A. 很高　B. 比较高　C. 中等　D. 比较低　E. 很低

66.1 如果认为较高，其主要原因是

A. 金融品种较少，融资渠道较单一　B. 金融服务质量较差

C. 金融市场的垄断格局　D. 国家对外企融资的政策限制

E. 其他

67. 贵公司产品的物流服务提供者主要来自

A. 本公司有独立的物流体系　B. 当地专业的物流公司

C. 江苏其他地区的物流公司　D. 国内其他地区的物流公司

E. 国外物流公司

68. 若选择国外物流公司，其主要原因是

A. 收费低　B. 服务好　C. 速度快

D. 与母公司有业务联系　E. 其他

69. 您认为服务业，尤其是生产性服务业（金融、物流等）的发达程度对制造业有无影响

A. 有很大影响　B. 有一定影响　C. 一般

D. 影响比较小　E. 没有影响

70. 您认为当地最需要发展的服务业是

A. 现代物流业　B. 金融保险　C. 法律、会计等专业咨询服务

D. 信息服务　E. 人力资源培训　F. 教育　G. 其他

71. 请您综合地评价当地的服务业水平（可多选）

A. 与境外相比有很大差距　B. 在中国大陆处于较发达水平

C. 在中国大陆处于中等水平　D. 在中国大陆处于较不发达水平

E. 其他

72. 最后，请您就企业自主创新方面提一个最关心的问题和建议

____

问卷调查到此结束，谢谢您的配合与支持！

附 2：“昆山自主创新课题研究”本土企业调研问卷

基本信息

公司名称________________

公司地址________________

公司创办的年份________________年

公司注册资本________________万元

公司人员规模________人，其中管理和技术人员________________人

公司 2005 年销售额________________万元

公司 2006 年销售额________________万元

2005 年年底固定资产存量为________________万元

2006 年新增资产投资为________________万元

公司所处行业________________

公司主要产品________________

2006 年贵公司创造的增加值________________万元

1. 贵公司目前的性质是

A. 国有企业　B. 集体企业　C. 个体或私营企业　D. 其他企业

2. 贵公司是

A. 乡镇企业改制而来　B. 本地资本投资兴建

C. 外来资本投资兴建　D. 其他

3. 贵公司的产品性质属于

A. 中间品（如零部件）　B. 最终产品（如整机）

4. 贵公司目前的经营情况是

A. 很好　B. 良好　C. 一般　D. 不佳

E. 很差

5. 贵公司的产品位于最终产品整条价值链的位置属于

A. 核心环节，附加值高　B. 高端环节，附加值较高

C. 低端环节，附加值较低

6. 贵公司预计 2007 年产品销售将增长

A. 0% ~20%　B. 20% ~40%　C. 40% 以上　D. 不如现在

7. 进出口及加工贸易基本情况

2005 年出口总额________________万美元

其中加工贸易出口额____万美元

2005 年进口总额____万美元

其中加工贸易进口额____万美元

2006 年出口总额____万美元

其中加工贸易出口额____万美元

2006 年进口总额____万美元

其中加工贸易进口额____万美元

如果贵公司有加工贸易，请回答

7.1　贵公司若存在加工贸易，您认为加工贸易对于贵公司的意义在于（可多选）

A. 获得了稳定的市场，进入国际市场　　B. 稳定的盈利，积累资本

C. 推动公司的技术进步　　D. 推动公司产品结构升级，附加值提高

E. 获得现金的经营管理理念　　F. 其他

7.2　若加工贸易推动了贵公司的技术进步，您认为其主要途径是（可多选）

A. 通过委托方提供的图纸或技术细节获得有关制造技术

B. 委托方对于产品质量的较高要求迫使企业进行技术创新

C. 委托方对本公司进行技术指导以使产品达到技术标准

D. 委托方派遣技术人员到本公司进行协助

E. 本公司派遣人员到委托方进行学习

F. 其他

7.3　贵公司加工贸易的主要形式

A. 来料加工　　B. 进料加工

8. 公司对目前的经营环境

A. 很满意　　B. 满意　　C. 一般　　D. 不满意

E. 很不满意

9. 您认为近年来贵公司经营的外部环境中______________改进最大

A. 社会环境　　B. 政府服务环境　　C. 政策环境

D. 产业配套状况　　E. 基础设施状况

10. 您认为目前妨碍贵公司发展的最大问题是

A. 资金　　B. 人才　　C. 产品缺乏竞争力

D. 公司内部管理　　E. 宏观经济政策　　F. 其他（请说明）

11. 贵公司目前的产品与服务主要提供给（可多选）

A. 省内市场　　B. 国内省外市场　　C. 国外市场

D. 国内市场和国外市场并重

12. 贵公司目前的主要市场竞争对手是（可多选）

A. 国有企业　　B. 集体企业　　C. 个体及民营企业　　D. 外资企业

13. 贵公司是通过______________与外资企业发生过联系

A. 为外资企业提供配套产品及服务　　B. 购买外资企业的产品与服务

C. 与外资企业是竞争对手　　D. 其他途径（请说明）

14. 贵公司认为外资企业对本公司的发展影响是

A. 促进了本公司的发展　　B. 对本公司的发展构成了威胁

C. 没有影响

15. 外资企业对贵公司未来发展可能造成的竞争影响是在

A. 产品市场　　B. 人才市场　　C. 原料市场

D. 技术市场　　E. 其他（请说明）

16. 本地的外资企业对贵公司技术水平提高的作用

A. 很大　　B. 比较大　　C. 一般

D. 很小　　E. 没有

17. 若外资企业有利于贵公司技术水平的提高，途径是（可多选）

A. 人员流动　　B. 对外资企业观察模仿

C. 外向配套中外企的技术溢出　　D. 外企进入的竞争压力

E. 塑造良好的自主创新氛围　　F. 其他（请说明）

若公司为外资企业提供中间品配套（包括组装）请回答 18－27，否则请跳过

18. 贵公司为外资企业配套是在企业开业之初就开始的吗?

A. 是　　B. 否

19. 贵公司目前在本地区为多少家外资企业提供配套

A. 1 家　　B. 2~4 家　　C. 5~7 家　　D. 8 家以上

20. 贵公司是如何获得配套机会的（可多选）

A. 政府部门介绍　　B. 展览会　　C. 外资企业主动联系

D. 通过其他途径了解信息，主动联系外资企业　　E. 其他

21. 目前配套销售额占贵公司的销售额比重为

A. 20% 以下　　B. 20%~40%　　C. 40%~60%

D. 60%~80%　　E. 80% 以上

22. 贵公司接受外资配套企业技术支持的模式是（可多选）

A. 设定质量标准及其监督执行　　B. 提供技术支持与指导

C. 持有贵公司股份进行技术开发　　D. 共同投资进行技术开发

E. 其他

23. 外资企业是否给予贵企业技术指导

A. 是　　B. 否

23.1 如有，形式是（可多选）

A. 提供技术文件　　B. 派遣技术人员　　C. 详细说明技术细节

D. 提供机器设备　　E. 为本公司进行人员培训　　F. 其他

24. 贵公司为外资企业提供配套时（可多选）

A. 只是按外资企业提供的图纸和要求进行生产

B. 应外资企业的要求对本产品作较大改进、改型的加工（比如涉及机械结构、电路结构、软件功能上的重大改动）

C. 经历了从简单代工向具有一定研发和设计功能的转变

25. 外向配套对于贵公司技术水平提高有重要推动作用吗

A. 是　　B. 否

26. 是否会将外资企业委托的生产任务再分包给其他企业

A. 是　　B. 否

27. 贵公司的设备购买是否得到了为其提供配套的外资企业的指导和建议

A. 是　　B. 否

如果贵公司有加工贸易，请回答

28. 目前进口设备占所有设备的比重约为

A. 小于20%　　B. 20%～40%　　C. 40%～60%

D. 60%～80%　　E. 80%以上

29. 贵公司的技术水平目前在国内处于

A. 填补国内空白（国内没有使用过此类技术或生产过此类产品）

B. 国内先进技术（居国内先进水平，但已有国内企业使用同类技术和生产同类产品）

C. 国内成熟技术（在国内已经不属于先进水平的技术）

30. 贵公司现阶段自主创新的形式主要是（可多选）

A. 引进消化吸收基础上再创新　　B. 集成创新

C. 原始创新　　D. 其他（请说明）

31. 贵公司拥有专利数

总共（项）	发明（项）	外观设计（项）	实用新型（项）	其他（项）

32. 贵公司目前研发人员有______人

33. 2006年研发投入______万元

34. 2006年引进国外技术费用，包括专利、专有技术及支付国外技术专家的费用______万元

35. 2006年引进国内技术费用，包括专利、专有技术及支付国内技术专家的费用______万元

36. 贵公司与本土高等院校科研机构的合作关系是

A. 非常紧密　　B. 紧密　　C. 一般

D. 比较松散　　E. 没有合作

37. 贵公司有无与境外的研究所有合作关系

A. 有　B. 没有

38. 贵公司与其他企业的技术合作关系是

A. 非常紧密　B. 紧密　C. 一般

D. 比较松散　E. 没有合作

39. 贵公司有无与境外的企业有合作关系

A. 有　B. 没有

40. 贵公司提升技术水平的主要形式（可多选）

A. 购买先进设备　B. 与其他企业合作研发

C. 与国内高校或科研机构合作开发　D. 委托开发

E. 独立进行研发　F. 与国外高校或科研机构合作研发

G. 国外引进　H. 国内引进

41. 贵公司目前技术创新的动力

A. 相当大　B. 比较大　C. 一般

D. 比较小　E. 没有

42. 如有技术创新的压力，主要来源于（可多选）

A. 同行企业的竞争　B. 生产成本上升的压力

C. 发包企业对产品质量的需求　D. 市场需求的变化

E. 当地政府对创新的政策鼓励　F. 其他（请说明）

43. 贵公司的原材料和零部件的国内采购率为

A. 小于10%　B. 10%～20%　C. 20%～30%　D. 30%～40%

E. 40%～50%　F. 50%～60%　G. 60%～70%　H. 70%以上

44. 贵公司有无自有品牌

A. 有　B. 无

44.1 如无，贵公司是否打算建立自有品牌

A. 是　B. 否　C. 不清楚

44.2 如有，其销售额占贵公司总销售额的比例

A. 小于10%　B. 10%～30%　C. 30%～50%

D. 50%～70%　E. 70%以上

45. 贵公司是否有计划在近两年内开发新产品

A. 有　B. 没有

45.1 如果有，新产品是（可多选）

A. 现有产品更高技术水平的系列

B. 现有行业中更高技术含量的环节（如从外国零部件制造转向核心零部件的制造）

C. 新行业产品

46. 企业技术创新资金主要用于（可多选）

A. 试探性研究　B. 支持主流业务的研发

C. 支持形成新业务的研发　　D. 支持新业务发展的研发

47. 总体来说，贵公司近3年来技术水平

A. 大大提升　　B. 显著提升　　C. 有所提升　　D. 基本没有提升

48. 贵公司有无专职研发部门或者人员

A. 有专职的研发部门　　B. 无专职研发部门

C. 无专职研发部门，但有兼职人员　　D. 无

49. 贵公司技术和管理人员中本科以上（含本科）的比重大约为

A. 小于10%　　B. 10% ~30%　　C. 30% ~50%

D. 50% ~70%　　E. 70%以上

50. 贵公司有没有从外国聘请技术和管理人才

A. 有　　B. 没有

51. 在自主创新过程中，贵公司认为政府政策的作用

A. 很大　　B. 比较大　　C. 一般

D. 作用很小　　E. 没有作用

52. 贵公司专利技术的主要来源（可多选）

A. 原始自主研发　　B. 集成创新　　C. 引进后再研发　　D. 合作创新

E. 委托创新　　F. 专利许可合同　　G. 其他方式

53. 企业技术创新的主要资金来源是

A. 自有资金　　B. 国内银行贷款　　C. 境外银行贷款　　D. 股市筹资

E. 政府专项资金　　F. 国内风险投资　　G. 发行企业债券　　H. 国外风险投资

54. 是否认为本土企业在与外资企业的竞争中处于不利的地位

A. 是　　B. 否　　C. 不清楚

55. 如果您认为本土企业确实处于竞争的不利地位，那么其主要原因是（可多选）

A. 资金、技术等方面的差距　　B. 先进的管理经验

C. 对国际市场渠道的占有　　D. 母公司的支持

E. 政府对外资企业的“超国民待遇”　　F. 其他

56. 您认为下列哪些是阻碍本企业当前技术创新活动的主要因素

A. 缺乏技术创新资金　　B. 缺乏高层次的技术带头人

C. 缺乏中层的技术人才　　D. 缺乏技术信息、市场信息

E. 缺乏开发的实验装备与条件　　F. 缺乏雄厚的技术积累与技术储备

G. 缺乏与外界技术合作的渠道　　H. 技术创新决策的难度和风险太大

I. 缺乏政府部门的有力支持　　J. 现有产品市场很好，不需要技术创新

K. 缺乏有利于创新的机制与创新文化氛围　L. 缺乏清晰的技术创新战略和规划

M. 其他（请说明）

57. 您认为下列政策对企业技术创新活动的影响重要程度如何？

A. 优惠贷款政策　　B. 给予研发和成果产业化配套资金

C. 政府投资基金的参与　　D. 知识产权保护政策

E. 鼓励企业研发的财政税收政策　F. 高新技术孵化平台
G. 政府科技计划　H. 政府采购
I. 科研开发食品设备进口的减免关税　J. 鼓励风险投资的政策
K. 其他（请说明）

58. 贵公司认为，政府应该首先在____________方面加大对本土企业的支持
A. 信贷　B. 科技　C. 人才
D. 通关、审批、信息等政策服务　E. 市场开拓
F. 税收　G. 其他（请说明）

59. 贵公司今后最大的经营重点是什么（可多选）
A. 开发新产品　B. 降低成本　C. 扩大销售量
D. 建立自有品牌　E. 其他

60. 您认为昆山市政府强调自主创新有无必要
A. 非常必要　B. 比较有必要　C. 无所谓
D. 没必要　E. 根本没必要

61. 贵公司怎样看待创业和创新的失败者（可多选）
A. 非常尊重　B. 尊重　C. 同情
D. 不关心　E. 嘲笑

62. 您认为企业家创新成功的最主要的因素是（可多选）
A. 运气　B. 自己的受教育程度　C. 勤奋
D. 政府支持　E. 充裕资金　F. 人才
G. 好学　H. 自己的技术水平　I. 企业团队氛围
J. 个人勇气

63. 制约贵公司自主创新的主要困难是什么
A. 自己受教育的程度　B. 人才缺乏
C. 资金短缺　D. 团队精神低迷
E. 信息不畅　F. 技术差距太大
G. 其他（请说明）

64. 贵公司认为国家加强知识产权保护对创新的影响是什么
A. 积极促进　B. 有所促进　C. 没有影响　D. 有所限制
E. 很大限制

65. 您认为昆山本地文化氛围对昆山自主创新是否有促进作用
A. 作用非常大　B. 作用比较大　C. 有些作用
D. 几乎没有作用　E. 没有作用

66. 贵公司认为今后创新的思路是什么
A. 自我研究开发　B. 与研究机构合作　C. 学习国外经验　D. 争取政府支持
E. 与外资企业配套　F. 吸引人才　G. 购买专利

67. 贵公司在技术创新或其他创新所采取的做法是

A. 建立有利于创新的组织机构　　B. 建立有效的管理方式

C. 领导充分重视　　D. 加大对创新的投入

E. 建立创新文化

68. 最后：请您就企业自主创新方面提一个最关心的问题和建议

____

____

____

____

____

问卷调查到此结束，谢谢您的配合与支持！

参考文献

一、英文部分

[1] Ad van der Woude, Akira Hayami, Jan de Vries. Urbanization in History [M]. Oxford: Clarendon Press, 1995: 53.

[2] Amin A., Thrif. Globalization, Institution and Regional Development in Europe [M]. Oxford University Press, 1994.

[3] Amin A., Graham S. The Ordinary City [J]. Transactions of the Institute of British Geographers NS, 1997, 22: 411-429.

[4] Amin A., et al. Post-Fordism: A Reader [M]. Oxford: Blackwell Publishers, 1994.

[5] Bater J. H. Adjusting to Change: Privilege and Place in Post-Soviet Central Moscow [J]. The Canadian Geographer, 2001, 45 (2): 237-252.

[6] Beauregard R. A., Haila, A. The Unavoidable Incompleteness of the City [J]. American Behavioral Scientist, 1997: 41 (3): 327-341.

[7] Beauregard R. A. Urban Restructuring in Comparative Perspective [M]//R. A. Beauregard, ed. Atop the Urban Hierarchy. Totowa, NJ: Rowman and Littlefield Publishers, 1989: 239-274.

[8] Beaverstock J. V., Smith R. G., Taylor P. J., Walker. D. R. F., Lorimer H. Globalization and World Cities: Some Measurement Methodologies [J]. Applied Geography, 2000 (20): 43-46.

[9] Brenner N., Theodore N. Spaces of Neoliberalism: Urban Restructuring in North America and Western Europe [M]. Malden: Blackwell Publishing, 2002.

[10] Brian J. G. Restructuring and Decentralization in a World City, copyright by the American Geographical Society of New York, 1996.

[11] Burawoy M., Verdery K., et al. Uncertain Transition: Ethnographies of Change in the Postsocialist World [M]. Lanham: Rowman and Littlefield Publishers, 1999.

[12] Cartier C. City-space: Scale Relations and China's Spatial Administrative Hierarchy [M]// L. J. C. Ma, F. Wu, eds. Restructuring the Chinese City: Changing Society, Economy and Space [M]. London: Routledge, 2005.

[13] Castells M. The Rise of the Network Society: The Information Age: Economy, Society, and Culture (Volume I) [M]. Oxford: Blackwell, 1996.

[14] Castells M. The Rise of the Network Society [M]. Oxford: Blackwell, 1996.

[15] Chan K. W. Cities with Invisible Walls: Reinterpreting Urbanization in Post-1949 China. Hong Kong: Oxford University Press, 1994.

[16] Chang S. D. Some Aspects of the Urban Geography of the Chinese Hsien Capital [J]. Annals of

the Association of American Geographers, 1961, 51 (1): 23 - 45.

[17] Chang S. D. Some Observations on the Morphology of Chinese Walled Cities [J]. Annals of the Association of American Geographers, 1970, 60 (1): 63 - 91.

[18] Cohen M. A. The Hypothesis of Urban Convergence: Are Cities in the North and South Becoming More Alike in the Age of globalization [M]//Cohan M. A., Ruble B. A., Tulchin J. S., Garland A. M., et al. Preparing for the Urban Future: Global Pressures and Local Forces. Washington D. C.: The Woodrow Wilson Center Press, 1996: 25 - 38.

[19] Davis D. S., Kraus R., Naughton B., Perry E. J., et al. Urban Spaces in Contemporary China: The Potential for Autonomy and Community in Post-Mao China. Washington D. C. and NY: Woodrow Wilson Center Press and Cambridge University Press, 1995.

[20] Dick H. W., Rimmer P. J. Beyond the Third World City: The New Urban Geography of Southeast Asia [J]. Urban Studies, 1998, 35 (12): 2303 - 2321.

[21] Dicken P. Global Shift: Reshaping the Global Economic Map in the 21st Century [M]. 4th ed. New York: Guilford Press, 2003.

[22] Ding X. L. Institutional Amphibiousness and the Transition from Communism—the Case of China [J]. British Journal of Political Science, 1994, 24 (3): 293 - 318.

[23] Dorothy J. Solinger. Contesting Citizenship in Urban China. University of California Press, 1999: 15 - 27.

[24] Dunning J. H. The Eclectic Paradigm as an Envelope for Economic and Business Theories of MNE activity [J]. International Business Review, 2000 (9): 163 - 190.

[25] Dunning J. H. Location and the Multinational Enterprise: A Neglected Factor [J]? Journal of International Business Studies, 1998 (29): 45 - 67.

[26] Dunning J. H. Reappraising the Eclectic Paradigm in the Age of Alliance Capitalism [J]. Journal of International Business Studies, 1995 (26): 461 - 497.

[27] Dutton M. Streetlife in China [M]. Cambridge: Cambridge University Press, 1998.

[28] Fan C. C. The Elite, the Natives, the Outsiders: Migration and Labor Market Segmentation in Urban China [J]. Annals of the Association of American Geographers, 2002, 92 (1): 103 - 124.

[29] Fincher R., Jacobs J. M., Erson K. Rescripting Cities with Difference [M]//J. Eade, C. Mele, et al. Understanding the City: Contemporary and Future Perspectives. Oxford: Blackwell Publishers, 2002: 27 - 48.

[30] Friedmann J. Where We Stand: A Decade of World City Research [M]//Knox P. L., Taylor P. J., ed. World Cities in a World-System. Cambridge: Cambridge University Press, 1995: 21 - 47.

[31] Friedmann J. A General Theory of Polarized Development [M]//N. M. Hansen, ed. Growth Centers in Regional Economic Development. New York: The Free Press, 1972.

[32] Friedmann J. The World City Hypothesis [J]. Development and Change, 1986 (17): 69 - 84.

[33] Fung K. I. Urban Sprawl in China: Some Causative Factors [M]//L. J. C. Ma, E. W. Hanten, et al. Urban Development in Modern China. Boulder: Westview Press, 1981: 194 - 221.

[34] Giddens. Sociology: A Brief But Critical Introduction [M]. London: The MacMillan Press,

1982: 46.

[35] Ginsburg N., Koppel B., McGee T. G., et al. The Extended Metropolis: Settlement in Transition in Asia [M]. Honolulu: University of Hawaii Press, 1991.

[36] Goldstein G. S, Gonberg T. J. Economics of Scope and Economics of Agglomeration [J]. Journal of urban Economics, 1984.

[37] Gottdiener M. Urban Analysis as Merchandising: The "LA School" and the Understanding of Metropolitan Development [M]//J. Eade, C. Mele, et al. Understanding the City: Contemporary and Future Perspectives. Oxford: Blackwell Publishers, 2002: 159 - 180.

[38] Granovetter M. Economic Action and Social Structure: The Problem of Embeddedness [J]. American Journal of Sociology, 1985 (91): 481 - 510.

[39] Gu C. L., H. Y. Liu. Social Polarization and Segregation in Beijing [M]//J. R. Logan, et al. The New Chinese City. Oxford: Blackwell Publishers, 2002: 198 - 211.

[40] Hall T., Hubbard P., et al. The Entrepreneurial City: Geographies of Politics, Regime and Representation. Chichester, NY: John Wiley and Sons, 1998.

[41] Hanink D. M The International Economy: A Geograph ical Perspective [M]. New York: John Wiley & Sons, 1994.

[42] Harvey D. The Urbanization of Capital [M]. Oxford: Blackwell, 1985.

[43] Harvey D. From Managerialism to Entrepreneurialism: The Transformation in Urban Governance in Late Capitalism [J]. Geografiska Annaler, 1989, 71B: 3 - 18.

[44] Harvey D. The Condition of Postmodernity: An Enquiry into the Origin of Cultural Change [M]. Cambridge and Oxford: Blackwell Publishers, 1990.

[45] Harvey D. Flexible Accumulation Through Urbanization: Reflections on "Post-Modernism" in the American City [M]//A. Amin, et al. Post-Fordism: A Reader. Oxford: Blackwell Publishers, 1994: 361 - 386.

[46] Hirschman A. O. The Strategy of Economic Development [M]. New Haven: Yale University Press, 1958.

[47] Ho S. P. S. China's Land Resources and Land-use Change: Insights from the 1996 Land Survey [J]. Land Use Policy, 2003, 20 (3): 87 - 107.

[48] Ho S. P. S., Lin G. C. S. Emerging Land Markets in Rural and Urban China: Policies and Practices [J]. The China Quarterly, 2003, 175: 681 - 707.

[49] Ho S. P. S., Lin G. C. S. Converting Land to Nonagricultural Use in China's Coastal Provinces [J]. Modern China, 2004, 30 (1): 81 - 112.

[50] Hodgson G. M. Varieties of Capitalism and Varieties of Economic Theory [J]. Review of International Political Economy, 1996, 3: 380 - 433.

[51] Hotelling H. Stability in Competition [J]. Economic Journal, 1979 (3): 41 - 57.

[52] Hubbard P., Hall T. The Entrepreneurial City and the "New Urban Politics" [M]//T. Hall, P. Hubbard, et al. The Entrepreneurial City: Geographies of Politics, Regime and Representation. Chichester, NY: John Wiley and Sons, 1998: 1 - 26.

[53] Hymer S. The International Operations of National Firms: A Study of Direct Investment

Ph. D. Dissertation [M]. Cambridge: MIT Press, 1960.

[54] IMF, Balance of Payment Statistics, 2002, 2004.

[55] J. Palen. The Urban World [M]. New York: Mc Graw Hill Book Company, 1987: 9.

[56] James Walvin. English Urban Life 1776 ~ 1851 [M]. London: Hutchinson & Co. , Ltd. , 1984: 10 - 11.

[57] Knox P. L. Globalization and Urban Change [J]. Urban Geography, 1996 (17): 115 - 117.

[58] Kresl P. K. The Determinants of Urban Competitiveness: A Survey [M]//Kresl P. K. , Gaert G. , ed. North American Cities and the Global Economy. London: Sage, 1995: 46.

[59] Krugman P. Increasing Returns and Economic Geography [J]. Journal of Political Economy, 1991 (99): 483 - 499.

[60] Krugman P. Geography and Trade [M]. Cambridge: MIT Press, 1991.

[61] Krugman Paul. On the Number and Location of Cities [J]. European Economic Review, 1993 (37): 293 - 298.

[62] L. Mumford. The Culture of Cities [M]. Harcourt: Brace and Company, 1934.

[63] Leaf M. Urban Planning and Urban Reality under Chinese Economic Reforms [J] . Journal of Planning Education and Research, 1998, 18: 145 - 153.

[64] Leaf M. The Culture of Planning and the Culture of Governance: Modernism and Traditionalism in the Rebuilding of China's Cities [Z]. Paper Presented at the International Conference on Globalization. The State and Urban Transformation in China. Hong Kong Baptist University, 2003: 15 - 17.

[65] Leitner H. , Shepard E. Unbounding Critical Geographic Research on Cities: The 1990s and Beyond [J]. Urban Geography, 2003, 24 (6): 510 - 528.

[66] Lever W. F. The Post-fordist City [M]//R. Paddison. et al. Handbook of Urban Studies. Thousand Oaks: Sage, 2001: 273 - 283.

[67] Lewis Munford. The Culture of Cities [M]. London: Martin Secker & Warburg Ltd. , 1938: 480.

[68] Li S. M. , Wu F. L. Contextualizing Residential Mobility and Housing Choice: Evidence from Urban China [J]. Environment and Planning A, 2004, 36: 1 - 6.

[69] Lin G. C. S. Red Capitalism in South China: Growth and Development of the Pearl River Delta [M]. Vancouver: University of British Columbia Press, 1997.

[70] Lin G. C. S. Toward a Post-socialist City? Economic Tertiarization and Urban Reformation in the Guangzhou Metropolis, China [J]. Eurasian Geography and Economics, 2004, 45 (1): 18 - 44.

[71] Lin Nan. Local Market Socialism: Local Corporatism in Action in Rural China [J]. Theory and Society, 1995, 24 (3).

[72] Logan J. R. Three Challenges for the Chinese City: Globalization, Migration, and Market Reform [M]//J. R. Logan, et al. The New Chinese City: Globalization and Market Reform. Oxford: Blackwell Publishers, 2002: 3 - 21.

[73] M. Northam. Urban Geography [M]. New York: John Wiley & Sons, 1978.

[74] Ma L. J. C. Commercial Development and Urban Change in Sung China (960 - 1279) [J]. Ann

Arbor, MI: Department of Geography, University of Michigan: Michigan Geographical Publication, 1971 (6).

[75] Ma L. J. C. Urban Transformation in China, 1949 – 2000: A Review and Research Agenda [J]. Environment and Planning A, 2002, 34 (9): 1545 – 1570.

[76] Ma L. J. C. China's Changing Urban Administrative System: Spatial Restructuring and Local Economic Development [Z], 2004a.

[77] Ma L. J. C. Economic Reforms, Urban Spatial Restructuring and Planning in China [J]. Progress in Planning, 2004b, 61 (3): 237 – 260.

[78] MacLeod G., Raco M., Ward K. Negotiating the Contemporary City: Introduction [J]. Urban Studies, 2003, 40 (9): 1655 – 1671.

[79] Marcuse P., van Kempen R. Globalizing Cities [M]. Oxford: Blackwell, 2000; Scott A. J., ed. Global City-Regions: Trends, Theory, Policy [M]. Oxford: Oxford University Press, 2001.

[80] Marcuse P., Van Kempen R. Globalizing Cities: A New Spatial Order [M]? Oxford: Blackwell Publishers, 2000.

[81] McGee T. G. The Southeast Asian City: A Social Geography of the Primate Cities of Southeast Asia [M]. New York: Preager, 1967.

[82] Mumford. The Preindustrial City: Past and the Present [J]. American Sociological Review, 1961, 8: 656 – 657.

[83] Mydral G. Economic Policy and Underdeveloped Regions [M]. London: Gerald Duck Worth, 1957.

[84] Nee V. A Theory of Market Transition: from Redistribution to Markets in State Socialism [J]. American Sociological Review, 1989: 663 – 681.

[85] Nelson J. M., Tilly C., Walker L. Transforming Post-Communist Political Economies [M]. Washington D. C.: National Academy Press, 1998.

[86] Noble A. G. Chinese Cities: A Research Agenda [J]. Urban Geography, 1986, 7 (4): 279 – 290.

[87] North D. Institutions, Institutional Change and Economic Performance [M]. Cambridge: Cambridge University Press, 1990: 6.

[88] O. Connor R. Indigenous Urbanism: Class, City and Society in Southeast Asia [J]. Journal of Southeast Asian Studies, 1995, 26: 30 – 45.

[89] Overbeek H., et al. Restructuring Hegemony in the Global Political Economy: The Rise of Transnational Neoliberalism in the 1980s [M]. New York: Routledge, 1993.

[90] Pannell C. W. Past and Present City Structure in China [J]. Town Planning Review, 1977, 48 (2): 157 – 172.

[91] Pannell C. W. China's Urban Geography [J]. Progress in Human Geography, 1990, 14: 214 – 236.

[92] Perroux F. Economic Space: Theory and Application [J]. Quarterly Journal of Economics, 1950 (64): 89 – 104.

[93] Perroux F. Note Sur la Notion de PÉle de Croissance [M]//I. Livingstone, ed. Development Eco-

nomics and Policy: Selected Readings. London: George Allen & Unwin, 1955.

[94] Pickvance C. State Socialism, Postsocialism and Their Urban Patterns: Theorizing the Central and Eastern European Experience [M]//J. Eade, C. Mele, et al. Understanding the City: Contemporary and Future Perspectives. Oxford: Blackwell Publishers, 2002: 183 – 203.

[95] Piore M. J., Sabel C. F. The Second Industrial Divide: Possibilities for Prosperity [M]. New York: Basic Books, 1984.

[96] Porter M. E. The Competitive Advantage of Nation [M]. New York: The Free Press, 1990.

[97] Porter M. E. Clusters and the New Economics of Competition [J]. Harvard Business Review, 1998, 76 (6).

[98] Pred A. Place as Historically Contingent Process—Structuration and the Time-geography of Becoming Places [J]. Annals of the Association of American Geographers, 1984, 74 (2): 279 – 297.

[99] R. Florida. The Rise of the Creative class: And How It's Transforming Work, Leisure, Community and Everyday Life [M]. Philadelphia: Basic Books, 2002.

[100] Rugman A. A New Theory of the Multinational Enterprise: Internationalization Versus Internalization [J]. The Columbia Journal of World Bussiness, 1980.

[101] Sassen S. Losing Control? Sovereignty in an Age of Globalization [M]. Chichester: Wiley, 1997.

[102] Sawyers L. Urban Form and the Mode of Production [J]. Review of Radical Political Economics, 1975, 7: 52 – 68.

[103] Smart A. The Emergence of Local Capitalisms in China: Overseas Chinese Investment and Patterns of Development [M]. S. M. Li, W. S. Tang, et al. China's Regional Development. Hong Kong: Chinese University Press, 2000: 65 – 95.

[104] Soja E. Postmetropolis [M]. Oxford: Blackwell Publishers, 2000.

[105] Stark D., Bruszt L. Postsocialist Pathways: Transforming Politics and Property in East Central Europe [M]. Cambridge: Cambridge University Press, 1998.

[106] Steinhardt N. S. Chinese Imperial City Planning, 1990. Honolulu: University of Hawaii Press, 1990.

[107] Szelenyi I. Cities under Socialism—and After [M]//Andrusz G., Harloe M., Szelenyi I., et al. Cities after Socialism: Urban and Regional Change and Conflict in Postsocialist Societies. Oxford: Blackwell Publishers, 1996: 286 – 317.

[108] Tang W. F., Parish W. L. Chinese Urban Life under Reform: The Changing Social Contract [M]. Cambridge: Cambridge University Press, 2000.

[109] Taubmann W., Fan J. Migrant Enclaves in Large Chinese Cities [M]//J. R. Logan, et al. The New Chinese City. Oxford: Blackwell Publishers, 2002: 183 – 197.

[110] Taylor P. J., Catalano G., Walker D. R. F. Exploratory Analysis of the World City Network [J]. Urban Studies, 2002, 39 (13): 2377 – 2394.

[111] Tsai K. S. Back-Alley Banking: Private Entrepreneurs in China [M]. Ithaca: Cornell University Press, 2002.

[112] Walder A. Local Bargaining Relationships and Urban Industrial Finance [M]//Lieberthal K. G., Lampton D. M. Bureaucracy, Politics and Decision Making in Post-Mao China. Berkeley: Universi-

ty of California Press, 1992: 308 – 333.

[113] Walder A. G. The State as an Ensemble of Economic Actors: Some Inference from China's Trajectory of Change [M]//J. M. Nelson, C. Tilly, L. Walker, et al. Transforming Post-Communist Political Economy. Washington D. C.: National Academy Press, 1997: 432 – 452.

[114] Walters M. Globalization [M]. 2nd ed. London and New York: Routledge, 1995.

[115] Wei Y. D. Decentralization, Marketization and Globalization: The Triple Processes Underlying Regional Development in China [J]. Asian Geographer, 2001, 20 (1/2): 7 – 23.

[116] Wei Y. H. Large Chinese Cities: A Review and Research Agenda [J]. Asian Geographer, 1995, 14 (1): 1 – 13.

[117] Wu F. L. Internal Structure of Chinese Cities in the Midst of Economic Reform [J]. Urban Geography, 1995, 16 (6): 521 – 554.

[118] Wu F. L. The New Land Development Process and Urban Development in Chinese Cities [J]. International Journal of Urban and Regional Research, 1996, 20 (2): 330 – 353.

[119] Wu F. L. Polycentric Urban Development and Land-use Change in a Transitional Economy: The Case of Guangzhou [J]. Environment and Planning A, 1998, 30: 1077 – 1100.

[120] Wu F. L. Place Promotion in Shanghai, PRC [J]. Cities, 2000, 17 (5): 349 – 361.

[121] Wu F. L. The (post-) Socialist Entrepreneurial City as a State Project: Shanghai's Reglobalisation in Question [J]. Urban Studies, 2003, 40 (9): 1673 – 1698.

[122] Wu W. P. Migrant Housing in Urban China: Choices and Constraints [J]. Urban Affairs Review, 2002a, 38 (1): 90 – 119.

[123] Wu W. P. Temporary Migrants in Shanghai: Housing and Settlement Patterns [M]//J. R. Logan, et al. The New Chinese City. Oxford: Blackwell Publishers, 2002b: 212 – 226.

[124] Xiang B. Native Place, Migration and the Emergence of Peasant Enclaves in Beijing [J]. The China Quarterly, 1998, 155: 546 – 581.

[125] Yeh A. G. O. Urban Spatial Structure in a Transitional Economy: The Case of Guangzhou, China [J]. Journal of the American Planning Association, 1999, 65 (4): 377 – 394.

[126] Yeh A. G. O., et al. Bibliography on Socio-Economic Development and Urban Development in China [Z]. University of Hong Kong, Centre of Urban Planning and Environmental Management, 1999.

[127] Zhou Y. X., Ma L. J. C. Economic Restructuring and Suburbanization in China [J]. Urban Geography, 2000, 21 (3): 205 – 236.

[128] Zhou Y. X., Ma L. J. C. China's Urbanization Level: Reconstructing a Baseline From the Fifth Population Census [J]. The China Quarterly, 2003 (173): 176 – 196.

二、中文部分

[1]（德）阿尔弗雷德·韦伯．工业区位论［M］．北京：商务印书馆，1997.

[2]（德）奥古斯特·勒施．经济空间秩序——经济财货与地理间的关系［M］．北京：商务印书馆，1995.

[3]（德）杜能．孤立国同农业和国民经济的关系［M］．北京：商务印书馆，1986.

[4]（德）恩格斯．英国工人阶级状况［M］//马克思恩格斯全集．第2卷．北京：人民出版社，1957：303.

[5]（德）克里斯塔勒．德国南部中心地原理［M］．北京：商务印书馆，1998.

[6]（德）马克思．资本论［M］．第1卷［M］．北京：人民出版社，1975：389－392.

[7]（法）H·孟德拉斯著．农民的终结［M］．李培林译．北京：中国社会科学出版社，1991.

[8]（法）谢和耐．中国社会史［M］．南京：江苏人民出版社，1995：353－354.

[9]（加）梁鹤年．精明增长［J］．城市规划，2005（10）.

[10]（美）约翰·N·德勒巴克，（美）约翰·V·C·奈编．新制度经济学前沿［M］．张宇燕等译．北京：经济科学出版社，2003：14.

[11]（美）塞缪尔·P·亨廷顿．导致变化的变化：现代化，发展和政治［M］//（美）西里尔·E·布莱克．比较现代化．杨豫等译，上海：上海译文出版社，1996：50－51.

[12]（美）Edward W. Soja. 后大都市　城市和区域的批判性研究［M］．李钧译．上海：上海教育出版社，2006.

[13]（美）J. Friedmann. 中国城市化研究的四个论点［J］．汤茂林译．现代城市研究，2007（7）.

[14]（美）K·J·巴顿著．城市经济学：理论和政策［M］．北京：商务印书馆，1984：14.

[15]（美）L·芒福德．城市发展史：起源、演变和前景［M］．倪文彦，宋峻岭译．北京：中国建筑工业出版社，1989.

[16]（美）L·J·宾克莱．理想的冲突——西方社会中变化着的价值观念［M］．北京：商务印书馆，1984：416－419.

[17]（美）M·P·托达罗著．第三世界的经济发展（上册）［M］．于同申等译．北京：中国人民大学出版社，1988：354.

[18]（美）R. Park. 城市社会学［M］．北京：华夏出版社，1987：5.

[19]（美）R·罗伯森．全球化［M］．伦敦：萨吉，1992：8.

[20]（美）阿瑟·刘易斯．劳动无限供给下的经济发展［M］．北京：商务印书馆，1984：89.

[21]（美）安德鲁·G·沃尔德．作为工业厂商的地方政府：对中国过渡经济的组织分析[J]．应星译．国外社会学，1996（5－6）.

[22]（美）戴慕珍．中国地方政府公司化的制度化基础［M］//甘阳，崔之元编．中国改革的政府经济学．牛津：牛津大学出版社，1997.

[23]（美）戴斯·贾丁斯．环境伦理学——环境哲学导论［M］．北京：北京大学出版社，2002：4.

[24]（美）丹尼尔·贝尔．后工业社会的来临［M］．北京：商务印书馆，1986.

[25]（美）道格拉斯·诺斯．制度、制度变迁、与经济绩效［M］．上海：上海三联书店，1994.

[26]（美）道格拉斯·诺斯．新制度经济学及其发展［M］//孙宽平主编．转轨、规制与制度选择．北京：中国社会科学出版社，2004：10.

[27]（美）弗朗索瓦·佩鲁．增长极概念［J］．经济学译丛，1988（9）.

[28]（美）霍利斯·钱纳里，莫尔塞斯·塞尔昆著．发展的格局［M］．李小青等译．北京：中国财政经济出版社，1989.

[29]（美）罗威廉．导言：长江下游的城市与区域［M］//林达·约翰逊主编．帝国晚期的江南城市［M］．成一农译．上海：上海人民出版社，2005：1.

[30]（美）迈克尔·波特著．竞争论［M］．高登第，李明轩译．北京：中信出版社，2003：237.

[31]（美）曼纽尔·卡斯特尔著．网络社会的崛起［M］．夏铸久，王志弘等译．北京：社会科学文献出版社，2003：496－497.

[32]（美）曼纽尔·卡斯特尔著．网络社会的崛起［M］．夏铸久，王志弘译．北京：社会科学文献出版社，2001：504.

[33]（美）诺斯著．经济史中的结构与变迁［M］．陈郁等译．上海：上海三联书店，1991：12.

[34]（美）彭慕兰．世界经济史中的近世江南：比较与综合观察——回应黄宗智先生［J］．史建云译．历史研究，2003（4）.

[35]（美）彭慕兰．大分流：欧洲、中国及现代世界经济的发展［M］．史建云译．南京：江苏人民出版社，2003.

[36]（美）萨森著．全球城市［M］．周振华译．上海：上海社会科学院出版社，2001.

[37]（美）托夫勒．再造新文明［M］．北京：中信出版社，2006：37.

[38]（美）西蒙·库兹涅茨著．各国的经济增长［M］．常勋等译．北京：商务印书馆，1985：87.

[39]（美）西蒙·库兹涅茨著．现代经济增长［M］．戴睿等译．北京：北京经济学院出版社，1989：1.

[40]（日）青木昌彦著．比较制度分析［M］．周黎安译．上海：上海远东出版社，2001：238.

[41]（日）斯波义信．宋代江南经济史研究［M］．方健，何忠礼译．虞云国校．南京：江苏人民出版社，2001：（“前言”）4.

[42]（英）K·J·巴顿著．城市经济学：理论和政策［M］．上海社会科学院部门经济研究所城市经济研究室译．北京：商务印书馆，1984：8－9.

[43]（英）E. Howard. 明日的田园城市［M］．金经元译．北京：商务印书馆，2002.

[44]（英）R·J·约翰斯顿主编．人文地理学词典［M］．柴彦威等译．北京：商务印书馆，2004：774.

[45]（英）安东尼·吉登斯．失控的世界［M］．南昌：江西人民出版社，2001.

[46]（英）彼得·迪肯．全球性转变——重塑21世纪的全球经济地图［M］．刘卫东译．北京：商务印书馆，2007.

[47]（英）戴维·格伦斯基．社会分层［M］．北京：华夏出版社，2006：745－746.

[48]（英）弗兰克．白银资本——重视经济全球化中的东方［M］．刘北成译．北京：中央编译出版社，2000.

[49]（英）卡尔·波普尔著．开放社会及其敌人（第二卷）［M］．陆衡等译．北京：中国社会科学出版社，1999：158－159.

[50]（英）马歇尔著．经济学原理［M］．朱志泰译．北京：商务印书馆，1997：281－286.

[51] 昆山申建知识产权保护“特区”［J］．21世纪经济报道，2006.

[52] 昆山市（县）历届人民代表大会政府工作报告决议汇编（1949－2002）（下卷）［M］.

[53] 马克思恩格斯全集（第四十六卷）（上册）［M］．北京：人民出版社，1979.

[54] 马克思恩格斯全集（第3卷）［M］．北京：人民出版社，1957：29.

[55] 马克思恩格斯选集（第二卷）［M］．北京：人民出版社，1974：109.

[56] 柏兰芝，潘毅．跨界治理：台资参与昆山制度创新的个案研究［J］．城市与设计学报，2003（9）：59－91.

[57] 包群，赖明勇，阳小晓．外商直接投资、吸收能力与经济增长［M］．上海：上海三联书店，2006：23－24.
[58] 陈佳贵等．中国地区工业化进程的综合评价和特征分析［J］．经济研究，2006（6）.
[59] 陈家勤．浙江扩大出口的成功经验值得借鉴和重视［J］．财贸经济，2002（8）.
[60] 陈柳钦，黄坡．产业集群与城市化：基于外部性视角［J］．重庆社会科学，2006（7）.
[61] 陈明祺．从空间经济学到地方社会学——台湾自行车产业厂商存活率的事件史分析（1980－1996）［D］．台中：东海大学，2002.
[62] 陈文晖，王玉国．论港口与城市发展互动［J］．中国工程咨询，2006（5）.
[63] 陈孝云．浙江玉环——着力拓展城市建设空间［J］．地下空间与工程学报，2006（3）.
[64] 陈学杰，金建明，向绪爱．环漩门湾时代玉环县域经济发展研究［J］．今日玉环，2008.
[65] 陈颐．中国城市化与城市现代化［M］．南京：南京出版社，1998.
[66] 陈振光，宋平．加入WTO与全球化时代中国城市发展［J］．国外城市规划，2002（5）.
[67] 崔功豪，马润潮．中国自下而上城市化的发展及其机制［J］．地理学报，1999（2）.
[68] 崔先民主编．2006年中国能源发展报告［M］．北京：社会科学文献出版社，2006：1.
[69] 戴相龙．加速把天津港建设成为现代化国际深水大港［J］．港口经济，2003（6）.
[70] 单强．江南区域市场研究［M］．北京：人民出版社，1999：71.
[71] 樊树志．江南市镇：传统的变革［M］．上海：复旦大学出版社，2005.
[72] 费孝通．江村经济［M］．南京：江苏人民出版社，1985：12.
[73] 费孝通．江村五十年［M］//费孝通．爱我家乡．北京：群言出版社，1996：149.
[74] 费孝通．乡土中国［M］．北京：三联书店，1985：2.
[75] 费孝通．乡土中国［M］．北京：北京出版社，2005：4.
[76] 费孝通．行行重行行［M］．银川：宁夏人民出版社，1992.
[77] 费孝通．人的研究在中国［M］//费孝通选集．福州：海峡文艺出版社，1996：369.
[78] 费孝通．小城镇 大问题［M］//论小城镇及其他．天津：天津人民出版社，1986.
[79] 费孝通．小城镇 再探索［M］//论小城镇及其他．天津：天津人民出版社，1986.
[80] 费孝通．小城镇在四化建设中的地位和作用［M］//论小城镇及其他．天津：天津人民出版社，1986.
[81] 傅衣凌．明清社会经济史论文集［M］．北京：人民出版社，1982：152，158.
[82] 傅筑夫．中国古代城市在国民经济中的地位和作用［M］//中国经济史论丛（上册）．北京：三联书店，1980：321－386.
[83] 耿礼文，孔金法．关于全岛城市化战略的多维解读［J］．今日玉环，2007.
[84] 龚浔泽．江苏脉动——网络时代的区域新观察［M］．南京：江苏人民出版社，2008：29－30.
[85] 顾朝林，于涛方，李王鸣等．中国城市化 格局·过程·机理［M］．北京：科学出版社，2008.
[86] 顾朝林，赵令勋．中国高技术产业与园区［M］．北京：中信出版社，1998.
[87] 顾朝林．中国城镇体系——历史·现状·展望［M］．北京：商务印书馆，1992：132.
[88] 顾朝林等．长三角全球城市区空间建构［J］．长江流域资源与环境，2006（6）.
[89] 国家统计局．中国统计年鉴（1983）［M］．北京：中国统计出版社，1983：20，22，216.

[90] 何念如，吴煜．中国当代城市化理论研究［M］．上海：上海人民出版社，2007：47.

[91] 河冰．盛泽之纺绸业［J］．国际贸易导报，1932（4－5）．转引自：吴江蚕丝业档案资料汇编［M］．南京：河海大学出版社，1989：187.

[92] 胡大平．弹性生产，全球资本主义和社会主义改革——20世纪后半叶资本主义的变化及其政策启示［J］．南京大学学报（哲学社会科学版），2003（4）.

[93] 胡同恭．耿车模式和苏南模式比较研究［J］．中国农村经济，1988（3）.

[94] 黄宗智．长江三角洲的小农家庭与农村发展［M］．北京：中华书局，1992：21.

[95] 黄宗智．发展还是内卷？十八世纪英国与中国——评彭慕兰《大分岔：欧洲，中国及现代世界经济的发展》［J］．李放春译．历史研究，2002（4）.

[96] 黄宗智．三十年来美国研究中国近现代史（兼及明清史）的概况［J］．中国史研究动态，1980（9）.

[97] 江小涓．理解科技全球化——资源重组、优势集成和自主创新能力的提升［J］．管理世界，2004（6）.

[98] 金经元．近现代西方人文主义城市规划思想家［M］．北京：中国城市出版社，1998.

[99] 金习．我省发展外向型经济的基本思路和起步问题［J］．浙江经济，1988（3）：2－4.

[100] 金祥荣，朱希伟．"温州模式"变迁与创新：兼对若干转型理论假说的检验［J］．经济理论与经济管理，2001（8）.

[101] 康少邦，张宁编译．城市社会学［M］．杭州：浙江人民出版社，1986.

[102] 柯文，在中国发现历史——中国中心观在美国的兴起［M］．林同奇译．北京：中华书局，1989：167，174.

[103] 李伯重．多角度看江南经济史（1250－1850）［M］．北京：三联书店，2003：391－393.

[104] 李伯重．工业发展与城市变化：明中叶至清中叶的苏州［J］．清史研究，2001（3），2002（1－2）.

[105] 李程骅．优化之道：城市新产业空间战略［M］．北京：人民出版社，2008.

[106] 李建强，屠启宇等．大学校区、科技园区、公共社区联动发展：区域创新体系建设的理论与实践［M］．上海：上海社会科学院出版社，2007：50.

[107] 李健，宁越敏，汪明峰．计算机产业全球生产网络分析——兼论其在中国大陆的发展［J］．地理学报，2008（4）.

[108] 李王鸣，王纯彬．"温州模式"主导下城市化地区弱中心现象分析——乐清市个案研究［J］．城市规划，2006（3）.

[109] 李小建等．经济地理学［M］．北京：高等教育出版社，2007.

[110] 李迎生．关于现阶段中国城市化模式的探讨［J］．社会学研究，1988（2）.

[111] 廖丹清．中国城市化道路与农村改革和发展［J］．中国社会科学，1995（10）.

[112] 林广，张鸿雁．成功与代价——中外城市化比较新论［M］．南京：东南大学出版社，2000：3.

[113] 刘石吉．明清时代江南地区的专业市镇［M］//刘石吉．《明清时代江南市镇研究》论文集．北京：中国社会科学出版社，1987.

[114] 刘玉照．村落共同体、基层市场共同体与基层生产共同体——中国乡村社会结构及其变迁［J］．社会科学战线，2002（5）.

[115] 吕拉昌，魏也华．新经济地理学中的制度转向与区域发展［J］．经济地理，2005（7）．

[116] 罗荣渠主编．现代化——理论与历史经验的再探讨［M］．上海：上海译文出版社，1993.

[117] 马津龙．“温州模式”的来龙去脉［J］．决策咨询，2001（8）：10－12.

[118] 苗长虹，魏也华．技术学习与创新：经济地理学的视角［J］．人文地理，2007（5）．

[119] 宁越敏．新城市化进程——90年代中国城市化动力机制和特点探讨［J］．地理学报，1998（5）．

[120] 牛凤瑞．中国城市化应走大、中、小并举的道路［J］．中国农村观察，1995（1）．

[121] 齐世荣．高校世界史配套教材·现代卷［M］．北京：高等教育出版社，2008.

[122] 丘海雄，徐建牛．市场转型过程中地方政府角色研究述评［J］．社会学研究，2004（4）．

[123] 邱海雄，徐建牛．广东产业集群技术创新中的地方政府行为［J］．管理世界，2004（1）．

[124] 任放．施坚雅模式与国际汉学界的中国研究［J］．史学理论研究，2006（2）．

[125] 任放．施坚雅模式与中国近代史研究［J］．近代史研究，2004（4）．

[126] 任放等．施坚雅模式与中国传统市镇研究［J］．浙江社会科学，2000（5）．

[127] 沈建法．空间、尺度与政府——重构中国城市体系［M］//吴缚龙，马润潮，张京祥主编．转型与重构——中国城市发展多维透视．南京：东南大学出版社，2007.

[128] 施端宁．“温州模式”：转型时期的制度创新［J］．社会科学战线，2003（2）．

[129] 施坚雅主编．中华帝国晚期的城市［M］．叶光庭等译，陈桥驿校．北京：中华书局，2000：4.

[130] 石忆绍，顾萌青．外资驱动下长江三角洲地区城市化发展［J］．现代城市研究，2003（4）．

[131] 史晋川，金祥荣，赵伟等．制度变迁与经济发展：温州模式研究［M］．杭州：浙江大学出版社，2002：178.

[132] 史晋川，吴晓露．禀赋约束与制度演进视角下的外向型经济发展——以浙江省台州市为例［J］．浙江大学学报（哲学社会科学版），2005（6）：34－45.

[133] 宋林飞．中国经济发展模式的理论探讨：费孝通的一项重要学术贡献［J］．江海学刊，2006（1）．

[134] 孙达人．中国农民变迁论［M］．北京：中央编译出版社，1996：4.

[135] 孙津．比较社会学引论——为了人和社会的延续［M］．北京：北京广播学院出版社，2004：1.

[136] 孙施文．城市规划哲学［M］．北京：中国建筑工业出版社，1997.

[137] 孙施文．现代城市规划理论［M］．北京：中国建筑工业出版社，2007.

[138] 台州市委政研室课题组．县域经济发展的成功典范：玉环现象的启示［OL］．央视国际，2009-01-14.

[139] 汤茂林等．对推进中国城市化研究的若干方法论思考［M］//张鸿雁，李强主编．中国城市评论（第4辑）［M］．南京：南京大学出版社，2008：82.

[140] 田明，何流．中国城市化的发展趋势及未来模式［J］//现代城市研究，2000（6）．

[141] 童星．发展社会学与中国现代化［M］．北京：社会科学文献出版社，2005：429－430.

[142] 汪玉凯，刘旭涛，郎佩娟．中国行政体制改革20年［M］．郑州：中州古籍出版社，

1998：43－49.

[143] 王笛．跨出封闭的世界——长江上游区域社会研究（1644—1911）[M]．北京：中华书局，1993：226.

[144] 王国斌．转变的中国——历史变迁与欧洲经验的局限 [M]．李伯重，连玲玲译．南京：江苏人民出版社，1998：34.

[145] 王海燕．两岸直航，大麦屿港将迎来发展的春天　玉环到台湾只需 6 小时 [J]．今日玉环，2008.

[146] 王缉慈．创新的空间——企业集群与区域发展 [M]．北京：北京大学出版社，2001.

[147] 王缉慈．现代工业地理学 [M]．北京：中国科学技术出版社，1994.

[148] 王缉慈．新的产业空间：高技术产业开发区的发展与布局 [M]．北京：北京大学出版社，1993.

[149] 王小鲁，夏小林．优化城市规模　推动经济增长 [J]．经济研究，1999（9）.

[150] 王兴平．中国城市新产业空间——发展机制与空间组织 [M]．北京：科学出版社，2005.

[151] 王旭，黄柯可主编．城市社会的变迁 [M]．北京：中国社会科学出版社，1998：47.

[152] 王铮等．理论经济地理学 [M]．北京：高等教育出版社，2003.

[153] 魏后凯主编．现代区域经济学 [M]．北京：经济管理出版社，2006：96.

[154] 魏心镇，王缉慈．新的产业空间——高技术开发区的发展与布局 [M]．北京：北京大学出版社，1993.

[155] 吴承明．从传统经济到现代经济的转变 [J]．中国经济史研究，2003（1）.

[156] 吴克铨等．唯实　扬长　奋斗——昆山经济发展的探索与实践 [M]．苏州：古吴轩出版社，2005：（前言）2.

[157] 吴丽娅．当代中国城市化机制研究 [D]．南京：南京大学博士论文，2005：26.

[158] 武力．1978—2000 年中国城市化进程研究 [J]．中国经济史研究，2002（3）.

[159] 夏铸九．"全球经济中之跨界资本：台湾电子工业之生产网络"．两岸科技产业合作与发展前景研讨会（清华大学台湾研究所主办，天津，2000 年 6 月 11 日）.

[160] 夏铸九．全球经济中的跨界资本——台湾电子工业之生产网络 [J]．城市与设计学报，2000（11－12）.

[161] 盛泽镇志 [M]．南京：江苏古籍出版社，1991：451.

[162] 新望．论块状经济 [J]．温州论坛，2003（2）.

[163] 熊月之等．中国城市史研究综述 [M]//马学强，郁鸿胜，王红霞．中国城市的发展　历程、智慧与理念．上海：上海三联书店，2008：376.

[164] 徐康宁．国际生产网络与新国际分工 [J]．国际经济评论，2007（6）.

[165] 徐琴．政府主导型城市化的绩效与成本 [J]．学海，2004（6）.

[166] 徐琴，周蜀秦．长三角城市体系建构分析 [M]//长三角区域发展报告 2005．北京：社会科学文献出版社，2005：360.

[167] 徐维尧，卢丽华．小企业与大市场对接的内涵、特征及对接度研究 [J]．中国工商经济，2001（7）：49－54.

[168] 许涤新主编．当代中国的人口 [M]．北京：中国社会科学出版社，1988：294－295.

[169] 许涤新主编．当代中国的人口［M］．北京：中国社会科学出版社，1988：493.
[170] 许学强，张文献．对外开放地区农村城镇化动力初探——以广东四邑为例［J］．热带地理，1986（2）.
[171] 许学强，周一星，宁越敏．城市地理学［M］．北京：高等教育出版社，1996：45.
[172] 薛凤旋，杨春．外资：发展中国家城市化的新动力——珠江三角洲个案研究［J］．地理学报，1997（3）.
[173] 薛福成．强邻环伺谨陈愚计疏［M］//庸庵海外文编（第二卷）.
[174] 阎小培，林初，许学强．地理·区域·城市——永无止境的探索［M］．广州：广东高等教育出版社，1994：151－152.
[175] 颜璐，邓璇．外向型经济背景下“助动型”政府运行机制探析：以东莞厚街镇政府为例［J］．经济前沿，2002（11）：20－22.
[176] 杨瑞龙，杨其静．阶梯式的渐进制度变迁模型——再论地方政府在中国制度变迁中的作用［J］．经济研究，2000（3）.
[177] 杨瑞龙．“昆山之路”的制度创新意义［J］．现代经济探讨，2005（4）.
[178] 杨瑞龙．中国制度变迁方式转换的三阶段论［J］．经济研究，1998（1）.
[179] 杨善华，苏红．从代理型政权经营者到谋利型政权经营者［J］．社会学研究，2002（1）.
[180] 杨守松．昆山之路［M］．北京：人民出版社，1995.
[181] 杨小凯，张永生．新兴古典经济学和超边际分析［M］．北京：人民出版社，2000：77－79.
[182] 杨友仁．全球经济中的区域再结构：新竹新工业空间与区域发展的个案研究［J］．城市与设计学报，1999（七、八期合刊）.
[183] 杨友仁．经济地理学的制度转向——一个理论性回顾与研究取向的建议［J］．“国立”台湾大学建筑与城乡研究所学报，2004：69－80.
[184] 姚立新．试论经济特区与经济技术开发区［J］．城市规划，1993（6）.
[185] 叶静怡．发展经济学［M］．北京：北京大学出版社，2003：65－127.
[186] 叶南客．中国人的现代化［M］．南京：南京出版社，1998.
[187] 叶庆祥．跨国公司本地嵌入——理论、实证与政策选择［M］．杭州：浙江大学出版社，2008：1.
[188] 叶裕民．中国城市化之路：经济支持与制度创新［M］．北京：商务印书馆，2001.
[189] 易千枫，张京祥．全球城市区域及其发展策略［J］．国外城市规划，2007（5）.
[190] 于涛方，顾朝林，涂英时．新时期的城市和城市竞争力［J］．城市规划汇刊，2001（4）.
[191] 余光亚．加工出口区与经济发展［M］．南京：东南大学出版社，2006.
[192] 玉环县财政局课题组．玉环县城市建设推出十大市场化投资方式［J］．浙江财税与会计，2003（4）.
[193] 袁瑞娟，宁越敏．全球化与发展中国家城市研究［J］．城市规划汇刊，1999（5）.
[194] 詹淑红，陈君岳．实现从温饱到小康的跨越［J］．今日玉环，2008.
[195] 张国华，张二震主编．改革开放的昆山之路［M］．北京：人民出版社，2008：46.
[196] 张弘．开发区带动区域整体发展的城市化模式——以长江三角洲地区为例［J］．城市规划汇刊，2001（6）.

[197] 张宏. 招才引智的模式演化及机制建构——以台州市玉环县为个案 [J]. 台州论坛, 2008 (4).
[198] 张鸿雁. "合法化危机": 中国城市化社会问题论 [J]. 探索与争鸣, 2006 (1).
[199] 张鸿雁. "制度投入主导型" 城市化论 [J]. 城市管理, 2006 (2).
[200] 张鸿雁. 城市·空间·人际——中外城市社会发展比较研究 [M]. 南京: 东南大学出版社, 2003: 8.
[201] 张鸿雁. 侵入与接替——城市社会结构变迁新论 [M]. 南京: 东南大学出版社, 2000: 486.
[202] 张鸿雁. 论当代中国城乡多梯度社会文化类型与社会结构变迁——依据"社会事实"对"二元结构"的重新认知 [J]. 南京社会科学, 2007 (11).
[203] 张鸿雁. 论中国封建城市经济发展的总体特点 [J]. 中国史研究, 1997 (3).
[204] 张鸿雁等. 循环型城市社会发展模式——城市可持续创新战略 [M]. 南京: 东南大学出版社, 2007: 9.
[205] 张辉等. 全球价值链下北京产业升级研究 [M]. 北京: 北京大学出版社, 2007: 14.
[206] 张京祥, 吴缚龙, 崔功豪. 城市发展战略规划——透视激烈竞争环境中的地方政府管治 [J]. 人文地理, 2004 (3).
[207] 张京祥, 殷洁, 罗震东. 地域大事件营销效应的城市增长机器分析——以南京奥体新城为例 [J]. 经济地理, 2007 (3).
[208] 张京祥. 西方城市规划思想史纲 [M]. 南京: 东南大学出版社, 2005: 132.
[209] 张京祥等. 体制转型与中国城市空间重构 [M]. 南京: 东南大学出版社, 2007: 16.
[210] 张明如. 刘易斯劳动力流动模型的一种修正及新解释 [J]. 广州大学学报 (社会科学版), 2005 (4).
[211] 张钱江. 大力发展对外贸易和对外经济技术合作 [M]//涛声动地——十年外经贸作品集. 杭州: 杭州大学出版社, 1998: 235.
[212] 张荣. 1993 年, 我县启动非公企业人员专业技术资格评审——民企"土专家"有了评职称的渠道 [J]. 今日玉环, 2008.
[213] 张树成. 昆山对外开放的实践探索与经验 [J]. 现代经济探讨, 2007 (2): 21 - 25.
[214] 张庭伟. 对城市化发展动力的探讨 [J]. 城市规划, 1983 (5).
[215] 张晓明, 张成. 长三角巨型城市区初步研究 [J]. 长江流域资源与环境, 2006 (6).
[216] 张晓平, 刘卫东. 开发区与中国城市空间结构演进及其动力机制 [J]. 地理科学, 2003 (2).
[217] 赵纲. 中国城市发展史论集 [M]. 台北: 联经出版事业公司, 1995: 139 - 140.
[218] 赵燕菁. 高速发展条件下的城市增长模式 [J]. 国外城市规划, 2001 (1).
[219] 甄峰等. 信息技术影响下的区域城市网络: 城市研究的新方向 [J]. 人文地理, 2007 (2).
[220] 甄锋, 顾朝林. 信息时代空间结构研究 [J]. 地理研究, 2002 (2).
[221] 郑弘毅. 农村城市化研究 [M]. 南京: 南京大学出版社, 1998: 3 - 7.
[222] 中国大百科全书·地理卷 [M]. 北京: 中国大百科全书出版社, 1986: 32.
[223] 周晓虹. 传统与变迁——江浙农民的社会心理及其近代以来的嬗变 [M]. 北京: 三联书

店，1998：2.

[224] 周晓艳，黄永明. 全球生产体系下台湾地区的个人计算机产业集群升级［J］. 当代亚太，2007（1）.

[225] 周振华. 崛起中的全球城市——理论框架及中国模式研究［M］. 上海：上海人民出版社，2008.

[226] 周振华. 全球化、全球城市网络与全球城市的逻辑关系［J］. 社会科学，2006（10）.

[227] 周振华. 增长轴心转移——中国进入城市化推动型经济增长阶段［J］. 经济研究，1995（1）.

[228] 朱虹. 中国乡村经济的起飞——结构性动因与地方政府法团化［J］. 二十一世纪，2001.

[229] 朱文轶. 进程之始——1948－1949年的沈阳［J］. 三联生活周刊，2009（4）.

[230] 诸大建. 管理城市成长：精明增长理论及对中国的启示［J］. 同济大学学报（社会科学版），2006（4）.

[231] 庄雄平. 玉环县人大财经工委：玉环工业经济发展战略研究与思考［J］. 今日玉环，2008.

[232] 邹农俭. 苏南农民非农民化研究［M］. 北京：人民出版社，2000.

[233] 邹农俭. 中国农村城市化研究［M］. 南宁：广西人民出版社，1998.

[234] 左学金等主编. 中国人口城市化和城乡统筹发展［M］. 上海：学林出版社，2007：43－44.